Jennifer Louden

Zeit für dich

Neue Kräfte schöpfen aus der Stille
Das große Retreat-Buch für Frauen

Jennifer Louden

Zeit für dich

Neue Kräfte schöpfen aus der Stille
Das große Retreat-Buch für Frauen

Verlag Hermann Bauer
Freiburg im Breisgau

Die Deutsche Bibliothek – CIP-Einheitsaufnahme

Louden, Jennifer:
Zeit für dich : neue Kräfte schöpfen aus der Stille ;
das große Retreat-Buch für Frauen / Jennifer Louden.
[Übers.: Elisabeth Liebl].
3. Aufl. – Freiburg im Breisgau : Bauer, 1998
  Einheitssacht.: The woman's retreat book ⟨dt.⟩
  ISBN 3-7626-0588-2

Die amerikanische Originalausgabe erschien 1997 bei
HarperSanFrancisco unter dem Titel
*The Woman's Retreat Book. A Guide to Restoring, Rediscovering, and Reawakening
Your True Self – in a Moment, an Hour, a Day, or a Weekend*
© 1997 by Jennifer Louden

Übersetzung: Elisabeth Liebl
Lektorat: Ute Orth

3. Auflage 1998
ISBN 3-7626-0588-2
© für die deutsche Ausgabe 1998 by
Verlag Hermann Bauer KG, Freiburg im Breisgau
Einband: Berres & Stenzel, Freiburg im Breisgau
Satz: CSF · ComputerSatz GmbH, Freiburg im Breisgau
Druck und Bindung: Clausen & Bosse GmbH, Leck
Printed in Germany

Für meine Schwester Michele

INHALT

Einführung

Wenn wir diesen Ort nicht aus eigenem Willen aufsuchen, wird unser Geist uns zu ihm führen. Wir müssen uns zurückziehen, um überleben zu können.
Marcie Telandar, Therapeutin,
Schriftstellerin und Ritualmeisterin

Die Liebe zu Einsamkeit und Zurückgezogenheit durchzieht mein Leben wie ein roter Faden. Früher waren sie mir ein Hilfsmittel, um dem Kontakt mit anderen Menschen auszuweichen. Heute haben sie mich zu meinem wirklichen Selbst geführt, so daß ich nun echte Beziehungen mit anderen eingehen kann.

Ich habe jahrelang darüber nachgedacht, wie Frauen oder Liebespaare sich Gutes tun könnten. Ich habe zu diesem Thema Kurse gegeben und Bücher geschrieben. Immer tiefer tauchte ich in dieses Thema ein und hatte am Ende doch nur Bruchstücke in der Hand. Irgendwann fragte ich mich also: »Warum tust du das eigentlich? Weshalb kannst du dieses Thema nicht loslassen?« Die Erklärung war ganz einfach: Je mehr ich zu verstehen versuchte, weshalb Selbstzuwendung so wichtig ist, um so weniger begriff ich. Ich konnte nie genau sagen, was daran nun tatsächlich so bedeutsam war.

Bis ich ein Retreat machte

. . . und mein wirkliches Selbst kennenlernte. Erst da verstand ich, daß Selbstzuwendung mir hilft, die richtige Wahl zu treffen; eine Wahl, die meine Persönlichkeit zum Ausdruck bringt, die mir erlaubt, mit meinem innersten Wesen – dem, was Alice Walker »natürliches Selbst« nennt – in Kontakt zu treten, ihm zuzuhören und es schließlich zum Kern meines Lebens zu machen. Ich komme mir dabei selbst immer näher: Mehr und mehr kann ich in mich hineinschauen, um herauszufinden, was ich selbst denke, fühle und brauche, kann den Blick aber auch nach außen richten, um zu sehen, was andere denken, fühlen und brauchen. Und am Ende bringe ich beides zusammen. Das hört sich einfach an, aber für Millionen von Frauen, mich eingeschlossen, ist dies ein revolutionärer Akt.

Ich habe die Einsamkeit immer schon geliebt. Einige meiner schönsten Kindheitserinnerungen hängen damit zusammen: ich allein auf dem Fahrrad im kalten Winterwind, ich allein auf dem riesigen Sandhaufen im Hof oder bei der Erkundung gottverlassener Anwesen. Von den zehn Jahren, die zwischen dem Verlassen meines Elternhauses und der Gründung meiner kleinen Familie liegen, habe ich sieben allein verbracht. Als ich 27 war, las ich jede Zeile, die die Dichterin und Fürsprecherin der Einsamkeit May Sarton schrieb. Ich überlegte ernsthaft, wie ich ihren Lebensstil wohl nachahmen könnte. Ich füllte ganze Karteikästen mit Informationen über Künstler- und Schriftstellerkolonien, Reisen in die Wüste, Yoga-Retreats – kurzum über alle Wege, bei denen die Suche nach dem Lebenstraum im Vordergrund stand. Und doch – so wohltuend ich sie auch empfand – war Einsamkeit für mich nicht mehr als ein Fluchtweg. Anthony Storrs Worte in *Solitude. A Return to Self* paßten auch auf mich: »Es gibt Menschen, für die es schwierig ist, in Gegenwart anderer sie selbst zu bleiben, sogar wenn es sich dabei um den Ehepartner, den/die Verlobte/n oder um einen wirklich engen Freund handelt. Diese Menschen zeigen anderen ihr wahres Selbst niemals ganz, auch wenn ihnen dies wohl kaum bewußt ist. Daher haben sie ein besonderes Bedürfnis nach Einsamkeit, das über den gelegentlichen Wunsch nach Alleinsein weit hinausgeht . . .« Ich lief vor der Nähe zu anderen Menschen weg, statt zu versuchen, mein wahres Selbst kennenzulernen – ob allein oder in der Gegenwart anderer.

Daher überrascht es wahrscheinlich niemanden, daß dieses Buch über Retreats für mich schwierig zu schreiben war. Monatelang tappte ich völlig im dunkeln und konnte einfach keinen Ansatzpunkt für dieses Thema finden. Schließlich gab mir meine Intuition einen Hinweis: *Deine innere Stimme wird dir sagen, was ein Frauenretreat ist und wie es ablaufen soll.* Nun, um mich von meiner inneren Stimme führen zu lassen, mußte ich aufhören, dauernd geschäftig herumzulaufen, mich still hinsetzen, dieser Stimme zuhören und vertrauen. Unglücklicherweise war dies gar nicht so einfach. Daß das, was ich dachte, völlig in Ordnung war, eben weil ich davon überzeugt war, fiel mir erst gar nicht ein. Ich schaffte es einfach nicht, meinem inneren Wissen zu vertrauen. Gott sei Dank fand ich aber auch das Gegenmittel zu diesem Mangel an Vertrauen, das mir eingab: »Kümmere dich nicht weiter darum, und mach dir einen Plan.«

Meine Freundin, die Schriftstellerin und feministische Theoretikerin Kay Hagan, führt dieses »Kümmere dich nicht weiter darum« in ihrem Buch *Fugitive Information* weiter aus:

»Eine psychologische Beraterin, die sich auf die Midlife-crisis, besonders bei Frauen, spezialisiert hatte, schockierte mich vor ein paar Jahren mit der Aussage, daß sie damit aufgehört habe, ihren Patientinnen zu sagen, daß sie sich selbst lieben sollten. ›Das war ein völlig falscher Ratschlag!‹ meinte sie. Als ich mich von meiner Überraschung erholt hatte und sie fragte, was sie den Frauen statt dessen denn nun raten sollte, antwortete sie: ›Ich sage ihnen, daß sie sich so verhalten sollen, als wenn sie sich selbst liebten. Wenn eine Frau nämlich darauf wartet, daß sie sich selbst liebt, kann es sein, daß es nie so weit kommt.‹«

Ich wagte also den entscheidenden Schritt ins Thema »Retreat«, und stellte mir vor, Selbstvertrauen zu haben, und betete, daß ich eines Tages auch an den Punkt kommen würde, an dem ich mir wirklich vertraute.

Was mir diesen Schritt ebenfalls erleichterte, war, daß ich meine Definition des Begriffes »Retreat« ein bißchen ausdehnte. Solange ich noch glaubte, für ein Retreat in abgelegene Gegenden (für mich konnte das nur heißen: hinaus in die Wildnis) reisen und dort mindestens eine Woche (möglichst noch länger) bleiben zu müssen, hatte ich nicht die geringste Chance. Ich hatte einen Beruf und ein Kind. Das hieß, daß längere Abwesenheit einfach nicht drin war. Ich zog mir also die Zwangsjacke über, die aus verspannter Schultermuskulatur, wirren Gedanken und der ewigen Litanei der Wenn-Sätze (»Ich werde ein Retreat machen, wenn Lilly größer ist, wenn wir mehr Geld haben etc.«) gewoben ist. Ich verlor mein wirkliches Selbst immer mehr aus den Augen, bis es mir schließlich vorkam, als könnte ich nur noch jammern. Dann begann ich, über Frauen im Retreat nachzulesen bzw. sie selbst zu interviewen. Ich sprach auch mit Frauen, die diese Art der Erfahrung ablehnten. Dabei fand ich heraus, was aus einem Retreat ein so aufbauendes, heilsames Erlebnis macht. Es ist nicht wichtig, wohin du gehst und wie lange du bleibst. Es ist nicht einmal nötig, überhaupt an einen anderen Ort zu gehen. Das einzig Wichtige ist, was du dir vornimmst und wieviel du dafür zu geben bereit bist.

Als ich erst einmal das archetypische Muster jedes Retreats (so etwas wie ein Grundmuster, eine Landkarte, ein Diagramm, ein Urbild aus dem kollektiven kulturellen Wissen, das unserer Seele zugrunde liegt) gefunden hatte, konnte ich jeden beliebigen Samstagmorgen zu einer erholsamen Erfahrung machen, indem ich mich an mein Wahres Selbst ankoppelte. Ich konnte meine nach außen gerichtete Geisteshaltung (»Was erledige ich als nächstes?«, »Was denken bloß die anderen von mir?«) ebenso loslassen wie das Netz von

Bindungen und Verpflichtungen, das mich mit der Außenwelt verknüpfte. Ich konnte mich plötzlich bei einer Tasse Tee mit dieser außerordentlich interessanten, eigenwilligen Frau in mir unterhalten, die nur darauf wartete, endlich einmal zu Wort zu kommen. Das machte mich glücklich und nachdenklich, aber auch wütend (»Wie konnte es nur zu diesem Bruch mit ihr kommen?«) und traurig (»Warum habe ich nur so lange gebraucht, um sie wiederzufinden?«). Ganz allmählich gewann ich mehr inneren Frieden und begann, mehr Möglichkeiten wahrzunehmen. An diesem Ort der Gnade stiegen in mir Bilder von frischgebackenen Brotlaiben auf, von Bergwanderungen und dem damit verbundenen wunderbaren Gefühl, nach körperlicher Anstrengung völlig naßgeschwitzt zu sein. Ich folgte dem archetypischen Muster und konnte dadurch dem Alltag, der endlosen Tretmühle der Verpflichtungen entfliehen. Ich konnte all die »Sollte« und »Müßte«, die ich mir gewöhnlich auflud, hinter mir lassen und einen Schritt in das tun, was T. S. Eliot »den Augenblick innerhalb und außerhalb der Zeit« nennt.

Einmal mehr hatte mein Inneres mich dazu geführt, daß ich über das schreiben mußte, was zu lernen für mich anstand. Die kleinen Retreats, die ich jeden Tag machte und in denen ich lernte hinzuhören, die kurzen Sonntagmorgen-Retreats und die wenigen Wochenend-Retreats haben mein Bewußtsein verändert. Mehr und mehr kann ich nun nach Alice Walkers Worten leben:

»Die Menschen müssen nur einfach lernen, daß sie o.k. sind, so wie sie sind. Darin liegt Schönheit und Freude. Immer mehr die Person zu sein, die wir wirklich sind. Diese Person ist einzigartig. Du bist diese Person – ein vollkommener Ausdruck dieses Augenblicks, dieser Zeit.«

Dadurch wird meine Beziehung zu den Menschen, die ich liebe, wahrhaftiger. Viele glauben, sie seien selbstsüchtig, wenn sie sich der eigenen Person zuwenden würden. Das ist ein Märchen! Die Wirklichkeit sieht so aus: Wenn du dein wahres Selbst nicht kennst und damit nicht in ständiger Verbindung stehst, kannst du auch nicht wirklich mit jemand anders zusammen sein, geschweige denn etwas geben.

Ein Retreat ist, wie jeder andere Akt der Selbstzuwendung, ein großer Schritt zu mehr Selbstliebe. Du gehst in ein Retreat, weil dir etwas fehlt. Das kann etwas ganz und gar Ungreifbares, Unbenennbares sein – wie ein Hauch, der deine Vorstellungskraft streift. Das kann der Wunsch sein, dein Wahres Selbst besser kennenzulernen, Frieden zu finden oder eine Antwort

auf eine drängende Frage. Oder das Bedürfnis, einmal ganz in Selbstliebe zu baden. Vielleicht ist es der Wunsch, etwas zu berühren, etwas Namenloses. Oder die Sehnsucht, von etwas gehalten zu werden, was größer ist als du selbst. Wie unbestimmt deine Vorstellungen von einem Retreat auch sein mögen, jede einzelne davon ist spirituell.

Was ist für mich spirituell? Spirituell sein bedeutet für mich, nur Dinge zu tun, die dem eigenen Leben Sinn verleihen und für es heilsam sind.

Ich kann mich nicht erinnern, von wem diese klugen Worte stammen, sie beschreiben in vollkommener Weise die lebensbejahende Spiritualität der Selbstliebe. Wie kannst du nun herausfinden, was deinem Leben eine sinnvolle und heilsame Richtung gibt? Im Retreat trittst du mit dem in Verbindung, was du im Innersten bist. Dies ist die Voraussetzung dafür, daß du auch das Unbenennbare erfassen kannst, was so viel größer ist als du selbst und doch in dir ist. Ich hoffe, du wirst dem zustimmen, was Cynthia Gale sagte. Sie ist Ritualkünstlerin und leitet Retreats in Cleveland: »Ich kann mir ein Leben ohne Retreat gar nicht mehr vorstellen. Diese wunderbare Möglichkeit, wieder Verbindung mit uns selbst aufzunehmen, wenn wir sie verloren haben, hilft uns nicht nur, wieder Fuß zu fassen und in Schwung zu kommen. Sie bringt uns auch in Kontakt mit höheren Ebenen unseres Daseins.«

Ich hoffe, daß die Geschichten und praktischen Vorschläge in diesem Buch dir helfen werden, den entscheidenden Schritt zu mehr Selbstvertrauen zu tun. Dieser Schritt wird dazu führen, daß du dein wahres Selbst wiederfindest und eine wirkliche Beziehung zu den Menschen, die du liebst, und zu dem Göttlichen in dir aufbauen kannst. Selbstvertrauen und Selbstliebe zu entwickeln ist ein lebenslanger Lernprozeß. Wie in jeder Beziehung gibt es auch hier Zeiten, in denen wir plötzlich feststellen, daß es schon eine Weile her ist, seit wir unsere Liebsten zum letzten Mal genauer betrachtet haben. Und dann gibt es – dem Himmel sei Dank – diese berauschenden Zeiten, in denen man sich täglich aufs neue verliebt. Sich zurückzuziehen, ein Retreat zu machen bringt uns – ebenso wie andere Formen der Selbstzuwendung (Frauengruppen, Therapie, Meditation oder Schreiben) – diese märchenhaften Zeiten zurück, in denen wir uns selbst lieben können. Es führt uns einen Schritt weiter auf dem Stufenweg zur Ganzheit. Ich bete dafür, daß du durch dieses Buch das bekommst, was für dich am wertvollsten ist – den Schatz deiner inneren Weisheit und Schönheit. Daß es ein Teil deines ununterbrochenen Weges zu mehr Selbsterkenntnis und Selbstliebe sein möge.
Namasté – Ich grüße das Göttliche in dir.

WIE DU DIESES BUCH VERWENDEST

Wie alle meine Bücher ist auch dies ein Nachschlagewerk, ein Schatzkästchen voll geheiligter Einsamkeit. Es dient der inneren Einkehr, ganz gleich für welchen Zeitraum und aus welchem Grund du sie planst. Ich hoffe, daß es dich durch viele Retreats begleiten wird. Das Wichtigste dabei ist:

Es gibt nicht nur einen einzigen Weg.

Die Anleitungen und Praxisvorschläge, die du hier findest, sind als »Rohmaterial« gedacht. Ändere sie, schreib sie um oder mische sie. Nimm ein Element aus einer Übung heraus und füg es in eine andere ein. Schreib so dein eigenes Retreat-Buch. Du kannst auch von einem Kapitel zum anderen springen. Du brauchst keineswegs das ganze Buch zu lesen, bevor du mit deinem Retreat loslegst. Und du mußt die Kapitel auch nicht nacheinander »abarbeiten«. Lies nur, was *dir* Spaß macht, was *dich* anspricht, und probier die Vorschläge dann aus. Wenn dir die Geschichte von Frauen etwas bedeutet, kannst du das Kapitel »Frauen im Retreat« lesen. Willst du sofort loslegen, dann schau dir den Abschnitt »Wie plane ich mein Retreat?« an. Wünschst du dir schon seit langem ein bißchen Rückzug ins Innenleben, findest aber einfach nicht die Zeit dafür, dann lies zuerst die Kapitel »Der Ruf ergeht« und »Mut«. Wenn du lange Anleitungen nicht magst, dann geh sofort zum Abschnitt »Die Praxis« über. Und solltest du dich im Laufe deines Retreats langweilen, dich ängstlich und verloren fühlen, so findest du vielleicht ein paar nützliche Tips in »Schwierigkeiten im Retreat«. Oder du fängst einfach mit einer Praxis an, die dich interessiert. *Mach dir dieses Buch zu eigen.* Erfinde deine innere Einkehr neu.

EIN ÜBERBLICK

Dieses Buch ist in sechs Abschnitte unterteilt. »Jedes Retreat braucht eine Form und einen Namen – Wie du ›ja‹ sagst« ist der Organisation gewidmet. Es führt kurz aus, was ein Retreat eigentlich ausmacht. Durch gründliches Studium der Geschichte der Frau und in Gesprächen mit weisen Frauen und Männern hat sich mir allmählich ein Grundmuster enthüllt, das bis zu den Anfängen menschlicher Zivilisation zurückreicht. Dieses archetypische

Muster ist deine »Landkarte«, dein Gefäß, in dem du die verschiedenen Elemente des Retreats zusammenmischst, um schließlich deine ganz persönliche »Mixtur« zu bereiten. An dieser Stelle entscheidest du, welche Art von Retreat du machen möchtest: ein langes Retreat (zwei Tage und länger) oder ein Mini-Retreat (einen Tag oder weniger), ein Retreat mit anderen zusammen (eine kleine Gruppe oder ein Freund/eine Freundin, mit dem/der du deine Einsamkeit teilst) oder ein Retreat mitten in der Welt (manche Retreats finden teilweise oder ganz an öffentlichen Orten statt).

Im Abschnitt »Der Einstieg« erfährst du, wie du dem archetypischen Muster Leben einhauchen und ein Eröffnungsritual gestalten kannst. Dort findest du auch grundlegende Elemente der Praxis, das A und O des Hörens auf die innere Stimme.

»Die Praxis« bietet Übungen, um bestimmte Themen gezielt anzugehen. Wir nennen diese Übungen »Praxis«, weil die Auseinandersetzung damit eine praktische ist − sie geschieht durch Üben, was bedeutet, daß sie niemals aufhört, weil es eben nicht nur eine einzige »vollkommene« Art des Übens gibt. Die Wiederholung verstärkt ihre Wirkung.

- Du kannst eine Praxis genauso durchführen, wie sie im Buch beschrieben ist.

- Du kannst sie einfach nur als Anregung nehmen und deine eigene Methode erfinden.

- Vielleicht möchtest du nur einen Teil der beschriebenen Übung machen oder zwei Vorschläge miteinander verbinden.

- Du kannst dir auch ein Element herauspicken, z. B. den Anfang der Kontemplationsübung, und es mit einer Übung aus einem anderen Buch, einem Video oder einer Kassette verknüpfen, die dich interessiert.

- Und du wirst in dein Retreat ganz sicher deine ganz persönlichen spirituellen und körperlichen Gewohnheiten einfließen lassen.

Der Abschnitt »Verschiedene Retreat-Vorschläge« sagt dir, welche Übungen gut zusammenpassen. Außerdem endet jeder Themenblock mit Tips, wie du die äußere Form deines Retreats gestalten kannst: als kurzes oder langes Retreat, als Gruppenretreat oder als Retreat in der Öffentlichkeit.

Einige Übungen verlangen eine gewisse Vorbereitung. Planst du also ein Retreat mit einer bestimmten Übung (vor allem wenn es ein längeres Retreat sein soll oder dafür ein Ortswechsel nötig ist), dann solltest du in »Was du brauchst« die einzelnen Praxisvorschläge lesen. Wenn irgend etwas darin sich nach Mühe und Arbeit anhört, dann laß es einfach aus und kürz so die Vorbereitungen ab. Das, was du unbedingt brauchst, findest du ohnehin im Kapitel »Wie plane ich mein Retreat?«. Probier verschiedene Möglichkeiten aus. Mach zuerst ein Retreat ohne Planung oder nur mit ganz wenigen Vorbereitungen. Als nächstes denk dir eines aus, bei dem du zu jedem einzelnen Vorbereitungsschritt deine Intuition befragst, so daß du ihn genüßlich auskosten kannst. Welchen Unterschied macht das für dich? Doch was immer du auch tust, die Vorbereitungen sollten dich nicht auf deinem Weg in die schöpferische Einsamkeit behindern.

Schließlich gilt es noch, dein Retreat zu einem guten Ende zu bringen. Da dies beim schöpferischen Rückzug von der Welt gewöhnlich vernachlässigt wird, hoffe ich, daß du dieses Kapitel nicht überspringen wirst. Es ist ungeheuer wichtig, dem Abschluß deines Retreats genügend Zeit und Energie zu widmen, auch wenn deine innere Einkehr nur kurz war und dabei scheinbar gar nichts passiert ist. Du solltest auch an deine Rückkehr ins Alltagsleben denken. Lies das Kapitel »Heimkehren« bereits vor, spätestens aber während deines Retreats.

Der Abschitt »Im Retreat mit anderen Menschen« soll dir zeigen, wie du eine solche Erfahrung mit einem Freund oder einen kleinen Gruppe gestalten kannst. Sie können dir bei deinem Rückzug in die Einsamkeit hilfreich zur Seite stehen. Ich stelle mir das ungefähr so vor: Den Hauptteil des Retreats bist du allein. In der restlichen Zeit triffst du dich mit anderen Menschen, um miteinander zu reden, nachzudenken, einander zu helfen und Rituale auszuführen. Nach diesem Grundmodell kann man jedes Retreat umgestalten. Du kannst sogar ein Retreat mit deinem Liebsten machen!

»Verschiedene Retreat-Vorschläge« enthält elf »Blaupausen« für Retreats. Diese Modelle zeigen Möglichkeiten, wie du verschiedene Übungen, deine eigene spirituelle Praxis und viel freie Zeit kombinieren kannst, um ein Retreat daraus zu formen. Ist dir die Idee, selbst ein Retreat zu erfinden, momentan einfach zuviel, dann such dir das Modell aus, das am besten zu dem paßt, was du willst. So erhältst du Starthilfe. In diesem Kapitel habe ich auch ein paar superkurze Retreatmöglichkeiten für Frauen beschrieben, die viel um die Ohren haben.

Die Vorschläge in diesem Buch sind auf der Grundlage meiner persönlichen Suche entstanden und spiegeln das wider, was ich und einige andere Frauen im Retreat erlebt haben. Damit sind die zahllosen Möglichkeiten zur inneren Einkehr keineswegs erschöpfend dargestellt. Weitere Ideen findest du in den Quellenangaben am Ende dieses Buches, wo ich eine Reihe von Büchern, Schallplatten und Videos zum Thema angeführt habe.

Ich wünsche mir, daß du dir aus diesen ganzen »Opfergaben« dein eigenes Retreatmosaik erschaffst, deine höchstpersönliche Form geheiligter Zeit, in der du für dich allein bist und mit deinem wahren Selbst sprichst. Ich hoffe, daß du dieses Buch immer wieder zur Hand nimmst und daß es dich jedesmal zu neuen Ein- und Aussichten inspiriert.

Jedes Retreat braucht eine Form und einen Namen – Wie du »ja« sagst

FRAUEN IM RETREAT

In jeder Frau gibt es – tief verborgen – einen Ort, an dem unser wahres Selbst lebt und wächst . . . An diesem Ort liegen unsere Reserven – unglaubliche Mengen an Kraft, Kreativität und Gefühlen, von denen wir selbst nichts wissen. Dieser weibliche Kraftort in uns liegt nicht an der Oberfläche. Er ist auch nicht hell und klar. Er ist uralt, dunkel und in der Tiefe verborgen.
Audre Lorde

Ebenso tut die Frau, die Jungfrau ist, »eins-mit-sich-selbst«, das was sie tut, nicht weil sie gefallen möchte, nicht damit man sie gern hat oder sie billigt, auch nicht zu eigener Bewilligung . . . sondern, weil das, was sie tut, wahr ist.
Esther Harding, *Frauen-Mysterien einst und jetzt*

Als ich mit meinen Recherchen begann, glaubte ich zu wissen, was ein Retreat ist. Doch diese Vorstellung veränderte sich, wurde offener und weiter, je mehr Bücher ich las und je mehr Gespräche ich mit anderen Menschen führte. Zahllos waren die unterschiedlichen Retreaterfahrungen und unglaublich verschieden die Inhalte und Formen der einzelnen Retreat-möglichkeiten. Ja, die Geschichte von »Frauen im Retreat« reichte zurück bis in die Anfänge menschlicher Zivilisation. So hörte ich fasziniert von den Frauen in der Schlucht von Thesmophoria in Griechenland und war ganz aufgeregt, als ich Geschichten von Frauen las, die anstrengende Retreats in der Wildnis machten. Als ich May Sartons *Journal of a Solitude* zum zweiten Mal las, wäre ich am liebsten auf und davon gegangen, um irgendwo allein zu leben, vorzugsweise in Maine natürlich. Und als ich mich mit den Legenden über die mittelalterliche Einsiedlerin und Mystikerin Juliane von Norwich beschäftigte, wurde aus dem winzigen Büro, in das ich mich täglich zurück-ziehe, ein weiter Raum. Vor allem weil sich damit eine weitere Tür zu öffnen schien. Die literarischen und künstlerischen Errungenschaften von George Sand, Emily Dickinson, Georgia O'Keeffe, Louisa May Alcott, Willa Cather und anderen erstaunten mich zutiefst, da sie nur dadurch entstanden waren, daß diese Frauen etwas taten, was den damaligen und heutigen gesellschaftli-chen Regeln vollkommen zuwiderlief: Sie zogen sich von der Welt zurück. Ehrfurcht und Angst bewegten mich, als buddhistische Frauen mir von ihren dreimonatigen Schweige-Retreats erzählten. Und Kindheitserinnerungen an die ersten Rückzugsorte stiegen in mir auf: Zelte, die wir im Haus aus

---

alten Decken und Küchenstühlen gebaut hatten, und unser Klubhaus mit dem großen Schild »Für Jungs verboten«.

Die Vorstellung davon, was ein Retreat ist, wurde also immer unbestimmter. Ist Einsamkeit dabei wichtig? Macht Einsamkeit allein schon ein Retreat? Muß man dabei unbedingt schweigen? Oder meditieren? Ernst sein? Mußt du Probleme haben oder in einer Lebenskrise stecken? Kannst du es auch zu Hause machen? Muß man dabei fasten? Wie lange dauert ein richtiges Retreat – einen ganzen Tag, eine Woche, einen Monat? Geht es auch, wenn man nur drei Stunden Zeit hat? Oder gar nur drei Minuten? Meine Verwirrung wuchs. Wie sollte ich Frauen helfen, eine ganz persönliche Retreaterfahrung zu machen, wenn ich selbst nicht wußte, worum es ging. Was macht ein Retreat eigentlich aus? Wie üblich suchte ich die Antwort darauf in Aufzeichnungen über weibliche Erfahrungen – in historischen und literarischen Texten ebenso wie in den Interviews, die ich führte.

Und plötzlich fiel es mir wie Schuppen von den Augen: Mein Titel war ja »Das Retreat-Buch für Frauen«. Warum ein Retreat speziell für Frauen? Worin unterschied sich ein Frauenretreat von anderen? Und warum wandte ich selbst mich nur an Frauen?

Nach sechs Monaten, die ich schreibend, lesend und mit mir selbst hadernd verbracht hatte, liefen die Fäden eines Nachmittags nun zusammen. Ihre Intuition offenbart einer Frau, was ein Frauenretreat ist und wie es abläuft. In einem Frauenretreat geht es darum, daß wir einen Schritt vom Alltag zurücktreten, um auf unsere innere Stimme zu hören und uns auf unser wahres Wesen einzustellen. Uns auf uns selbst beziehen, um uns zu regenerieren. Es geht darum, dem zu vertrauen, was wir als heilig empfinden, ohne uns auf äußere Bestätigung stützen zu müssen. Es bedeutet, sich Zeit zu nehmen für das Wesentliche in unserem Leben, unseren Musen freien Lauf zu lassen und uns auf unsere Träume zu besinnen. Ein Retreat ist ein Ort, an dem du deine persönlichen Wertvorstellungen stärken kannst, indem du das, was du brauchst, auch dann tust, wenn du es brauchst, und nicht erst, wenn du selbst oder jemand anderes dir die Erlaubnis dazu gibt. In einem Frauenretreat geht es darum, mit *liebevoller* Selbstdisziplin über Vorstellungen hinauszugelangen, die dir unnötige Grenzen auferlegen, Veränderungen in Gang zu bringen und zu einem sinnvollen Abschluß zu führen.

Jeder von uns hat seinen persönlichen Rhythmus, so etwas wie Ebbe und Flut in der Persönlichkeit, einen instinktiven Zyklus, in dem sich energiegeladene Zeiten, in denen man nach außen geht, abwechseln mit nach innen gewandten Perioden, in denen man der Welt den Rücken kehrt und sich dem Sein widmet. In der ersten Phase buddelt man in der Erde, macht seinen Abschluß an der Uni, arbeitet seine Ideen aus und verkauft sie dann. In der zweiten blickt man nachdenklich in den Regen hinaus, pflanzt Blumenzwiebeln im Garten und nährt seine Vorstellungskraft. Wenn wir aber die zweite Phase des Zyklus unterbewerten und ihr deshalb weniger Platz einräumen als der ersten, handeln wir gegen unseren ureigensten Rhythmus und laufen Gefahr, uns in Zombies zu verwandeln – ohne eine Spur von Leben. Wir erlauben uns selbst nicht mehr, unser Inneres wieder aufzutanken. May Sarton beschreibt in *Journal of a Solitude,* wie schrecklich ein Leben ohne Phasen des Alleinseins sein kann:

»Ich verliere meine Mitte. Ich fühle mich zersplittert, zerstreut, wie Stückwerk. Ich muß Zeit für mich selbst haben, Zeit, in der ich über jede meiner Begegnungen mit anderen nachdenken kann, das Wesentliche daran erkennen, den Kern, um zu verstehen, welche Auswirkungen diese Begegnung auf mich hatte.«

Zur Zeit kümmern wir uns viel zuwenig um unser Sein, den Blick nach innen. Wir leiden unter *hambre del alma,* dem Hunger der Seele. Wenn wir unser Verlangen nach Rückzug nicht akzeptieren und erfüllen, wenn wir uns weigern, auch einmal zu sagen: »Ich will einfach mal nichts tun« oder »Ich möchte stricken, meinen Schrank aufräumen oder schlicht allein sein«, nehmen wir uns selbst etwas weg. Wir glauben, daß unsere Kinder verhungern, wenn wir uns Zeit für uns selbst nehmen, daß die Katze verdurstet und unsere Firma bankrott geht. Wir kriegen alles »auf die Reihe«, und unser Leben magert dabei zum Skelett ab. Fast immer besteht das größte Hindernis letztlich in einer einzigen Frage: Glaube ich wirklich, daß ich es wert bin, ein Retreat zu machen? Ist der ganze Kram denn wirklich nötig? Kann ich nicht einfach eine Tablette schlucken?

Du, ich, jeder von uns – wir müssen lernen, die Zeit des Rückzugs genauso zu schätzen wie die aktive Zeit, in der wir uns der Welt wieder zuwenden. Kannst du dir vorstellen, daß es genauso wichtig ist, einen Tag lang allein zu sein, wie zur Arbeit zu gehen? Hast du den Mut zu glauben, daß es genauso

Zeit für dich. Das große Retreat-Buch für Frauen

23

wichtig ist, die innere Einkehr zu einem wesentlichen Bestandteil deines Lebens zu machen, wie eine Million Dollar zu verdienen?

Um diesen neuen Glauben weiter zu stärken, müssen wir den Wert des Sich-Zurückziehens erkennen lernen. Wir müssen aus erster Hand erfahren, daß erst die Einsamkeit uns erlaubt, unser innerstes Wesen, unsere Authentizität wiederzuentdecken. Marion Woodman schreibt in dem Interview, das sie in *The Feminine Face of God* gibt:

»Ein Problem, das Frauen heutzutage haben, ist, daß sie den Strom ihres eigenen Lebens nicht finden und sich seinem Fluß nicht anvertrauen wollen. Sie wollen keine Zeit darauf verwenden, sich selbst zu entdecken, weil sie das für selbstsüchtig halten. Sie wachsen auf in dem Bemühen, es anderen recht zu machen, und fragen sich nur selten: ›Wer bin ich eigentlich?‹ Sehr selten! Und dann scheint ihnen das Leben immer sinnloser, weil sie nur für andere leben und nicht für sich selbst.«

Bereits als Kind stellte ich mir immer vor, wie es sei, in einem Kanu den Fluß hinunterzufahren, der unter Nordflorida durchfließt. Den Fluß deines Lebens zu finden ist ebenso geheimnisvoll und aufregend, wie Fantasiereisen es sind. Kim Chernin schreibt in *Reinventing Eve,* daß wir, um unseren persönlichen Fluß zu finden, bereit sein müßten, unsere Ausreden und unsere Nachgiebigkeit, mit der wir uns in dieser Welt eingerichtet haben, Schicht für Schicht abzutragen, bis wir nackt vor uns selbst stehen − als Frauen.

Den Fluß deines Lebens zu suchen ist ein schwieriges, scheinbar aussichtsloses Unterfangen, so als würdest du versuchen, ein Stück Eisen mit einer Pinzette zu formen. Es ist auch ein hartes Stück Arbeit, weil du dich dabei ganz aufgeben mußt. Du mußt schließlich nicht nur so lange graben, bis du endlich auf die Wasserader stößt (von der manche gar nicht glauben, daß es sie gibt), sondern du mußt auch noch in diese trübe Brühe springen und schwimmen! Meine Freundin Jeanie fragte mich einmal: »Aber wieso nennst du das denn Rückzug? Wovor ziehst du dich denn zurück?« Deinen eigenen unterirdischen Fluß zu suchen heißt, daß du dich dem äußerlichen »Sturzbach der täglichen Pflichten« entziehst, wie meine Schwägerin Diana das nennt. Du bewegst dich damit aber auch auf dich selbst zu, auf einen inneren oder äußeren Ort der Zurückgezogenenheit, der Intimität und der Kontemplation.

Kim Chernin schreibt darüber in ihrem Bericht über ihr Initiationsretreat in

Reinventing Eve. Sie war an einem Punkt angelangt, an dem sie gleichzeitig gelangweilt und ruhelos, niedergeschlagen und mutlos war. Daher beschloß sie, in die Berge in der Nähe von Dublin zu fahren. Bei einem alten Landsitz, den sie noch nie zuvor gesehen hatte, hielt sie an:

»Ein alter Mann kam aus dem Pförtnerhäuschen heraus; er war sichtlich überrascht, als er mich sah, tippte aber trotzdem mit dem Finger an die Mütze und zeigte mir die Glocke am Tor. Ein finster dreinblickender Hund kam auf mich zu, zerrte an seiner Leine und knurrte mich an. Ich hatte ein paar Kekse dabei und warf ihm einen hin. . . . Dann ging das Tor auf, ein paar Handbreit nur. Ich ging hindurch und drehte mich um, um dem alten Mann, der es hinter mir schloß, mit der Hand ein Zeichen zu geben. . . . Von dem Augenblick an, als er in seinem Häuschen verschwunden war, überfiel mich panikartig die Angst vor dem Alleinsein. . . . Am liebsten wäre ich zum Auto zurückgelaufen und so schnell wie möglich nach Dublin zurückgefahren.«

Trotzdem ging sie weiter. Plötzlich schien die Zeit stillzustehen und die Natur, »die ich mir immer als rohe Urgewalt vorgestellt hatte, schien mit einem Mal strahlend lebendig«. Zweifel über ihre rationale Art, die Welt zu sehen, stiegen in ihr auf. War es möglich, daß »alles, was man mir über das Universum erzählt hatte, nur auf Annahmen beruhte, daß alles nur eine Sache der Wahrnehmung und keineswegs die einzige und unumstößliche Wahrheit war.«

»Es war zu spät, um wegzulaufen. Ich, der Verstandesmensch schlechthin, war meinen heftigen Gefühlen ausgeliefert. Ich konnte dagegen ankämpfen, weglaufen oder sie annehmen und herausfinden, was sie zu bedeuten hatten. Ich fand mich vor einem riesigen Baum wieder. Ein Blitz hatte ihn an der Wurzel fast in zwei Teile gespalten, und in dieser verkohlten, gewölbten Höhle hatte sich ein strahlend gelbgrünes Moos eingenistet. Ich starrte den Baum an, es war eine Art natürlicher Altar. Mit diesem Gedanken versuchte ich mich abzulenken, denn in der Zwischenzeit tat mein Körper etwas völlig Verrücktes. Ich nahm es wie von außen wahr, wollte dagegen ankämpfen, tat es aber trotzdem. Schließlich war es soweit. Ich sank vor dem Baum auf die Knie. Tränen strömten über mein Gesicht. Ich, die in einer Familie atheistischer Marxisten aufgewachsen war – lag ich wirklich auf den Knien und betete?«

Geschichten wie die von Kim Chernin tauchen in Erfahrungen weiblicher Retreat-Teilnehmer immer wieder auf. Sobald wir der Normalität entflie-

---

hen, drängt sich uns die Ehrfurcht vor dem tieferen Sinn des Lebens, vor allem, was heilig ist, geradezu auf.

Es gibt viele Gründe, ein Retreat zu machen: Wir wollen über unser Leben nachdenken, unsere Weisheit feiern, uns der Trauer hingeben oder dem Akt der Schöpfung widmen oder uns vielleicht einfach nur erholen. Aber all diese Gründe beruhen auf einem, der ihnen zugrunde liegt. Der Zweck jedes Retreats ist es, den Sinn unseres Lebens wiederzufinden. Wenn uns das Leben flach und sinnentleert erscheint, dann nicht, weil wir eine bestimmte Sache tun oder nicht tun, sondern weil wir nicht wissen, weshalb wir es tun, da es keinen inneren Zusammenhang mit unserem Leben hat. »Ich glaube, die Frau wehrt sich weniger gegen das stückweise Verausgaben als gegen das sinnlose Verausgaben. Wir fürchten nicht so sehr, daß unsere Energie durch kleine Lecks entweichen könnte, als daß sie ›durch den Abfluß‹ geht . . .« schrieb Anne Morrow Lindbergh 1955 in ihrem Buch *Muscheln in meiner Hand.* »Jeder Mensch, besonders aber jede Frau, sollte einmal im Jahr, einmal in der Woche, einmal am Tag allein sein. Wie revolutionär das klingt . . .«

Ein Retreat läßt dich zurücktreten von deiner Rolle als Frau, die nur für andere da ist. Es zeigt dir den Weg zu einem Selbst, das seine Beziehungen zu anderen Menschen voller Freude genießt, weil es ein Zentrum hat, von dem aus es Kontakte knüpfen kann. Mit deinem eigenen, ganz persönlichen Retreatmodell schaffst du dir einen Ort, an dem du deine tiefsten Bedürfnisse, deine Gefühle, Motive entdecken kannst – weit weg von den Ansprüchen und Bedürfnissen anderer.

Aber gerade hier gehen wir der »Weiblichkeit« in die Falle. An diesem Punkt prallt unser Wunsch nach Rückzug auf die gesellschaftlichen Normen, wie »gute« Frauen sich zu verhalten haben, auf unsere Finanzen, auf unsere eigenen Wertvorstellungen und familiären Verpflichtungen, und mit einem gewaltigen, herzzerreißenden Knall werden wir in unserem Vorhaben gestoppt. Ein Retreat – unmöglich! Einige von uns finden nicht einmal die Zeit, sich eine Stunde allein in der Badewanne zu aalen. Du mußt all deinen Mut zusammennehmen, um endlich glauben zu können, daß du Zeit zum Träumen brauchst, Zeit, um die verstaubte Schatztruhe deiner Hoffnungen aufzureißen und deine Gedanken, Erinnerungen und Phantasien hervorzukramen. Um dir damit deine Zukunft auszumalen. Um darüber zu brüten und dann der Vergangenheit adieu! zu sagen. Um dich zurückzuziehen. »Frauen sind von Natur aus auf Beziehungen und Zusammensein eingestellt. Aber ohne ein tiefverwurzeltes Gefühl ihrer selbst kann keine Frau eine wirkliche Beziehung aufbauen. Ohne dieses Gefühl, das ihr eine innere Unabhängigkeit von allen Rollenmodellen und sozialen Verpflichtungen gibt, läuft sie Gefahr, zum Opfer zu werden, zur Dienerin«, warnen Marion Woodman und Elinor Dickson in ihrem Buch *Dancing in the Flames*. Anderen verbunden zu sein und für sie zu sorgen ist ein wichtiger, wertvoller und wunderbarer Bestandteil unseres Lebens. Seelisch und emotional geben wir unaufhörlich. Wir wollen das so, einige von uns müssen es sogar. Doch wir müssen uns auch Zeit für die Einsamkeit nehmen, wo wir uns selbst finden und hegen können, sonst verfangen wir uns im Netz unserer Beziehungen und verlieren den Kontakt zu unserem wahren Wesen. Wenn das geschieht, verlieren wir aber nicht nur den Sinn unseres Lebens, wir verlieren uns selbst, das tiefverwurzelte innere Wissen darum, wer wir sind und warum wir hier sind.

Dieser erste Schritt erfordert Mut.

Diesen Mut kann ich dir nicht geben, auch wenn ich mir während des Schreibens vorstelle, wie ein Strom strahlendweißer Energie und Kraft direkt in dein Herz fließt. Ich möchte meinen Geist mit deinem verschmelzen lassen wie der Vulkanier Spock, um dich davon zu überzeugen, wie lebenswichtig es ist, dir Zeit für dich zu nehmen, und zwar nicht nur einmal im Leben oder einmal im Jahr, sondern immer dann, wenn dein Lebensrhythmus es wirklich verlangt. Ich habe lange genug in der Wüstenlandschaft meines Geistes verbracht, um zu wissen, welche verheerenden Auswirkungen es hat, wenn man allzulange versucht, immer lieb und nett zu sein und alles auf die Reihe zu kriegen, in der Hoffnung, sämtlichen Erwartungen gerecht zu werden. Die Cantadora Clarissa Pinkola Estés beschreibt diesen Zustand in *Die Wolfsfrau* so:

Siehe: *Mut*

» . . . sind sie [die Frauen] rastlos, von einer vagen Trauer umflort. Sie spüren eine unbestimmbare Angst und Verlassenheit: ›O mein Gott, warum hast du mich verlassen?‹ Wehmütig zupfen sie Fäden aus ihren Rocksäumen und starren stundenlang aus Fenstern. Und das ist kein vorübergehendes Unwohlsein. Dieses ›Sich-nicht-mehr-wohl-in-seiner-Haut-Fühlen‹ bleibt und wächst und wird im Lauf der Zeit immer intensiver.«

Du aber kannst deinen Mantel anziehen, deinen Geldbeutel einstecken und mit einem freundlichen »Ihr kommt sicher auch ohne mich zurecht« die Tür hinter dir schließen. Geh! Besteh auf dein Recht! Warte nicht auf Erlaubnis. Nimm dir die Zeit! Ich sage nicht, daß du diese Zeit *finden* sollst. Das ist ein absurder und gefährlicher Ausdruck. Zeit liegt nicht einfach so herum und wartet darauf, daß wir sie finden. Sie ist schwer zu fassen. Sie will, daß du sie formst wie Ton, daß du sie genau in die Form bringst, die deine Tage haben sollen. Weigerst du dich und bringst weiterhin deine Morgenstunden damit zu, dir Sorgen zu machen, während du dich am Nachmittag um deine Lieben kümmerst, immer in der Hoffnung, daß irgendwann einmal ein paar Minuten für dich übrigbleiben werden, dann wird die Zeit dich anschmieren, und du wirst mit jedem Tag immer nur schneller und weiter rennen müssen. Die Zeit fordert von dir, daß du erkennst, wie unendlich kostbar sie ist. Du kannst ihre Quantität nicht verändern! Also gib ihr die Qualität, die du haben willst.

EIN NEUER WEG

Vielleicht erschreckt es dich ein wenig, daß du nun plötzlich ein Retreat für dich entwickeln sollst. Keine Vorschriften, kein vorgezeichneter Weg. Ich zeige dir hier einen Einstieg, mache ein paar Vorschläge, aber letztlich mußt du dein eigenes Retreat finden, *denn nur so kannst du zu deinem wahren Selbst gelangen.* Was will ich damit sagen? Daß wir alle Traditionen in den Wind schlagen sollen, ob sie nun von Zen–Buddhisten oder von Benediktinern stammen? Daß wir alles, was nach Gehorsam und Disziplin riecht, meiden sollen? Nein! Ich meine nur, daß wir unseren eigenen Weg finden müssen, unsere ganz persönliche Art, langsamer zu machen, innere Einkehr zu halten und auf unsere innere Stimme zu hören. Einen Weg, *der in unser Leben paßt und der aus unserem weiblichen Wissen erwächst.* Erst als ich erfuhr, daß die Worte »Gehorsam« und »Zuhören« einen gemeinsamen sprachgeschichtlichen Ursprung haben, fiel mir auf, daß mein Vorschlag – auch von einem traditionelleren Standpunkt aus gesehen – gar nicht so radikal war. Ich bitte dich zu gehorchen: auf dein Herz zu hören und ihm Folge zu leisten.

WOZU BRAUCHE ICH DANN EIN BUCH?

Wenn deine innere Stimme festlegt, was ein Frauenretreat ist und wie es abläuft, wozu dann dieses Buch?

Ich kann mich noch gut an mein erstes selbstgestaltetes Retreat erinnern. Ich hatte am Ende überhaupt nichts davon, weil ich nicht wußte, was ich mit all der freien Zeit anfangen sollte. Ich besuchte meine Freundin Mary in ihrer kleinen Pension in Inverness in Kalifornien. Ich hatte eine vage Vorstellung von Retreat im Kopf und ein paar tolle Bücher, mit denen ich arbeiten wollte, sowie mein Tagebuch im Handgepäck. Inverness war einer meiner Lieblingsorte. Und ich habe dort wirklich schöne Erfahrungen gemacht. Ich konnte mich entspannen, Seehunde in einer kleinen Bucht beobachten und mit Mary zu Abend essen. Ich sagte mir, daß ich im Retreat sei, und das machte diese Zeit irgendwie besonders und strahlend, aber es war einfach nicht genug. Ich wußte einfach nicht, wie ich tiefer gehen konnte. Die Frage, was ich denn als nächstes tun sollte, verfolgte mich. Ich wurde von Schuldgefühlen, Langeweile und Verwirrung geplagt. Die Zeit, die ich mir für mich genommen hatte, hatte nichts von der Reinheit und Intensität, die ich bereits in organisierten Gruppenretreats erfahren hatte. Ich war enttäuscht und nicht frisch aufgeladen, wie ich es mir vorgestellt hatte.

Also machte ich jahrelang kein eigenverantwortliches Retreat mehr. Ich hatte das Gefühl, das sei sowieso witzlos.

Manchmal reicht es, wenn man sich einfach zurückzieht und auf sein Inneres hört. Aber oft ist es ganz nützlich, wenn man Leitlinien hat, ein Modell, an das man sich halten kann, einen Rahmen, ein mystisches Gefäß, in das man sein Selbst einfließen und wie in einer Alchemistenküche vor sich hin köcheln lassen kann. Je länger wir unser wahres Selbst vernachlässigt haben, je geschäftiger wir waren und je mehr wir uns in das Leben anderer verstrickt haben, um so schwieriger ist es, diese Dinge bleiben zu lassen und nur mit uns zu sein. Der Zweck dieses Buches ist es, dir die ersten Schritte auf diesem Weg zu zeigen.

DAS ARCHETYPISCHE MUSTER

Retreats gibt es, seit es Menschen gibt. Ob es nun Frauen waren, die sich während der Menstruation in Hütten zurückzogen, die biblischen Gestalten Ruth und Judith, Einsiedlerinnen, die sich in ihrer Kammer einmauern ließen, oder Künstlerinnen wie Emily Dickinson, Georgia O'Keeffe und Annie Dillard – Frauen haben sich immer schon in die Einsamkeit zurückgezogen, sich nach innen gewandt, auch wenn ihre Geschichte (verglichen mit der von Männern im Retreat) dürftig und schlecht dokumentiert erscheint.

Das erste Frauenretreat fand statt, als menstruierende Frauen sich vom restlichen Stamm absonderten. Anfangs hatte das vielleicht ganz handfeste biologische Gründe: Sie versteckten sich in Höhlen und auf Bäumen, um mit dem Geruch ihres Blutes keine wilden Tiere anzuziehen. Doch warum wurde dieser rituelle monatliche Rückzug quer durch die Kulturen beibehalten, als es schon längst keine Gründe mehr dafür gab? Sicher nicht, um Frauen Zeit für sich selbst zu schenken. Nichtsdestotrotz entwickelte sich über die Jahrtausende hinweg zusammen mit unserem Bewußtsein auch die Idee des eigenen Bereichs von Frauen, von Frauen außerhalb von Raum und Zeit: das Urbild des Retreats.

Das Grundmuster eines Retreats besteht aus drei wesentlichen Elementen: ritueller Rückzug, Grenzzustand (ein Auf-der-Schwelle-Stehen, ein zeitloser Ort irgendwo dazwischen) und Rückkehr.

Als erstes ist da der rituelle Rückzug. Eine der Bedeutungen des Sanskrit-Wortes *rtu,* das gewöhnlich mit »Ritual« übersetzt wird, ist *Menstruation.* Die Menstruation hat uns das Ritual geschenkt. Das Ritual stellte die menstruierenden Frauen außerhalb des normalen Stammeslebens. Es bedeutete, daß *eine wesentliche Bewußtseinsveränderung stattfand* – genau das ist der Zweck eines Retreats. Dieses Ritual erlaubte den Frauen, ihre Alltagspflichten zu vergessen. In der Einsamkeit, die es ihnen schenkte, traten die Frauen aus den räumlichen und zeitlichen Zusammenhängen ihres Alltagslebens heraus und betraten eine geheime, abgelegene Welt: den Ort der Schwelle, den Grenzzustand, die Zeit außerhalb der Zeit.

Der Rückzug vom Stammesleben aufgrund der Menses war meist alles andere als bequem: bei einigen Stämmen wurden Mädchen z. B. in eine Hängematte eingewickelt und tage- oder wochenlang so aufgehängt, daß sie den Boden nicht berührten; bei anderen wiederum wurden die Frauen bis zum Hals mit Erde bedeckt. Die am häufigsten anzutreffenden Tabus waren, daß Frauen während der Menstruation das Licht nicht sehen durften, daß sie sich selbst oder das lebenswichtige Wasser nicht berühren durften. Aber gerade diese extremen Bedingungen zwangen die Frauen dazu, den Blick nach innen zu richten. So entstand die zweite Phase dieses archetypischen Musters: ein Weg, dem eigenen Inneren zu lauschen. Die Therapeutin Marcie Telander schreibt:

»Auf diese Weise lernte das menschliche Tier, seine Aufmerksamkeit nach innen zu richten. Der Blick wendet sich immer nach innen, wenn äußere

Sinneseindrücke wegfallen (oder zuviel werden). Das Bewußtsein, mit dem wir unserem Alltag begegnen, kann nicht auf dieselbe Weise Einkehr halten. Richtest du deine Aufmerksamkeit aber auf einen Stein, ein Mandala, einen Fluß, eine Kerze, das Gesicht eines Babys, auf eine Blume oder eine Katze, so kannst du den inneren Aufruhr, den ganzen Druck vergessen, der auf dir lastet, und dich der Weisheit zuwenden, die du tief in dir trägst.«

Da es ihnen nicht erlaubt war, am normalen Leben teilzuhaben, waren die Frauen praktisch gezwungen, sich einer Zwischenwelt zuzuwenden, wo Alltag und Zeit aufgehoben sind. Sie sind ja weder das eine, noch das andere, nicht das, was sie waren, noch das, was sie nach ihrer Rückkehr sein werden. Und so beschäftigen sie sich damit, die Geschichte des Stammes zu erzählen, ihr Wissen über die Kräuterwelt zu erweitern, Körbe zu flechten oder einfach nichts zu tun.

Der dritte Teil des Musters ist die Rückkehr in die Alltagswelt. Wenn die menstruierende Frau ihre Hütte verließ, so geschah das im Wissen um ihren veränderten Status. Die Schriftstellerin und Kulturhistorikerin Judy Grahn schreibt in ihrem Buch *Blood, Bread and Roses,* daß die Verwandten und Freunde der Frau ein Fest feierten, dabei ihren Vorfahren und Geistern Opfergaben brachten und ähnliche Riten vollzogen wie bei einer Hochzeit.

Dies ist das archetypische Muster des Retreats, so alt wie die Menschheit. Dies sind die Elemente, die du − allein oder in der Gruppe − wiederbeleben kannst und die dir erlauben, deinen Geist von der Sorge um andere zu *reinigen* und deine Zeit zu segnen, um einem höheren Zweck zu dienen.

Deine Vorhaben und die rituelle Vorbereitung ebnen dir den Weg in den Grenzzustand. Die Konzentration deiner Aufmerksamkeit läßt dich dort heimisch werden, damit du die leise Stimme deiner inneren Weisheit hören kannst.

Durch bewußt gestaltete Rückkehr in dein gewohntes Leben nimmst du mit, was du in der anderen Welt durch Zuhören gelernt hast. Sie ist das Zeichen, mit dem du anerkennst, daß dein Bewußtsein sich gewandelt, erweitert hat. Du hast dich verändert.

DER ARCHETYP DES RETREATS IN DER GESCHICHTE DER FRAU

Ein Blick auf unsere Frühgeschichte läßt uns bereits das Urbild des Retreats erkennen. Thesmophoria war ein dreitägiges Frauenfest, welches das Mysterium der Wiedergeburt feierte und vermutlich auf das Jahr 6000 v.Chr., vielleicht sogar noch weiter, zurückgeht. Betty DeShong Meador erzählt die Geschichte dieses Ritus in *Uncursing the Dark:*

»Der Ritus von Thesmophoria beginnt mit einer dreitägigen Vorbereitungszeit, während der die Frauen Reinigungsrituale vollziehen. . . . Sie haben keine sexuellen Kontakte mehr. . . . So beginnen sie, sich von den Männern zurückzuziehen. Sie schlafen allein in ihren Häusern und geben sich vollkommen ihrer Weiblichkeit hin. . . . Sie essen Knoblauch, um ihre Männer mit ihrem unangenehm riechenden Atem in die Flucht zu schlagen. . . . Jeden Tag versammeln sie sich bei Einbruch der Dunkelheit auf den ausgewählten Feldern. . . . Dort bauen sie sich die Hütten, in denen sie während des Rituals schlafen werden.«

Am ersten Tag des Rituals steigen die menstruierenden Frauen mit neugeborenen Ferkeln, die noch von der Mutter gesäugt werden, hinab in eine Schlucht und opfern sie der Schlangengottheit, indem sie ihnen den Bauch aufschlitzen. Dann tragen sie das verweste Schweinefleisch wieder hinauf (niemand konnte bisher hinreichend erklären, wie dieses Fleisch in weniger als einem Tag schlecht werden konnte). Am zweiten Tag vermischen sie das verfaulende Fleisch mit Saatgut, machen Bilder aus einer Art Mehlpaste und schaffen diese in ihren Körben wieder in die Schlucht hinunter. Dort fasten sie schweigend und sitzen blutend auf der Erde. Nachts findet dann eine Art »Gruppensitzung« des ganzen Stammes statt, bei der alles, was verborgen, verschwiegen oder stillschweigend hingenommen wurde, nun in aller Öffentlichkeit geäußert wird. Betty Meador schreibt, daß durch lautes Schreien Verdrängtes enthüllt, falsche Schamgefühle beseitigt und die Frauen wieder auf eine normale Ebene heruntergeholt wurden. Am dritten Tag verbrennen sie die Fleisch-Samen-Bilder auf den frisch gepflügten Feldern und singen der Schlangengottheit Lobgesänge, bevor sie wieder in ihre Hütten zurückkehren.

Obwohl ich dir nicht vorschlage, daß du dir bei der erstbesten Gelegenheit vom Bauern ein rosa Schweinchen für dein nächstes Retreat holst oder daß du tonnenweise Knoblauch ißt, um deinen Partner endlich zur Zustimmung zu bewegen (»Hauptsache, du gehst! Der Geruch ist nicht mehr auszuhalten!«), hat dieses Ritual durchaus etwas mit unserem heutigen Leben zu tun. Wir schrecken davor zurück, ein kleines Schwein zu opfern. Doch dieses Opfer stellt vielleicht nur bildlich dar, wie schwer es für uns ist, uns Zeit für ein Retreat zu nehmen, uns von unseren Pflichten zu befreien. Betty Meador interpretiert das so: »Sie opfert die Anforderungen der Familie, der Kinder, des Dorfes. . . . Sie lebt eine Vision, die weiter reicht als die Bilder von der treusorgenden Mutter und weiter als die sicheren Strukturen der Gemeinschaft.« Thesmophoria ist nichts anderes als ein Bild für den Abgrund, in den wir steigen müssen, wenn wir die Teile unseres Selbst suchen, die wir lieber nicht sehen würden. Es symbolisiert unseren Abstieg ins Mysterium, wo wir Erwartungen und die Kontrolle loslassen müssen.

»Bevor eine Frau unserer Tage ihre schöpferischen Kräfte ausleben kann, muß sie den Abstieg wagen. Sie muß sich sammeln, um sich vom Trott des Alltagslebens zurückzuziehen. Sie muß tief in den Abgrund hinunter.«

Frauen erfahren im Retreat, auch wenn es nur ein paar Stunden dauert, häufig ein Gefühl des Abstiegs in tiefere Welten. Dies ist ein wesentlicher Teil des Retreats. Dieses Gefühl lehrt uns, bescheiden zu bleiben, mit Pioniergeist dabeizusein und uns von dem Perfektionisten in uns loszulösen. Wir lernen, unsere Grenzen zu akzeptieren. Sehr häufig ist dies das Nadelöhr der Initiation, das wir durchschreiten müssen, um unsere innere Stimme wirklich hören und authentisch fühlen zu können. Das Mysterium von Thesmophoria zeigt uns, daß Frauen schon vor mehr als 9 000 Jahren kurzfristig die Fesseln ihrer Beziehungen durchschnitten haben und in ihre dunkle Seite hinabgestiegen sind, um wie neugeboren daraus hervorzugehen. Was diese Frauen geschafft haben, können wir auch. Und wir müssen nicht einmal mit unseren Händen in verwesendem Schweinefleisch herumwühlen.

Frauen im Retreat − gerade in prähistorischer Zeit können wir uns viele Möglichkeiten ausmalen. Niemand weiß z. B., welchen Zweck die weitläufigen unterirdischen Tempel (mehr als 30 an der Zahl) auf den Mittelmeerinseln Gozo und Malta, die man etwa auf 3 500 bis 2 500 v.Chr. datiert, erfüllten. Sie könnten für religiöse Zeremonien, für Begräbnisfeiern, ja sogar zum Lagern von Getreide genutzt worden sein. Es gibt keine genauen Informationen. Doch so wie die Tempelruinen beschrieben werden, liegt der Schluß nahe, daß sie als Ort des Rückzugs für Frauen dienten. Das

Hypogäum ist das spektakulärste Heiligtum auf Malta. Über eine Fläche von 6 000 Quadratmetern eiförmige Höhlen, die alle miteinander verbunden sind. Dazu eine Haupthalle mit gewölbter Decke und polierten ockerfarbigen Wänden. Andachtsräume, Grabstätten und ein riesiger Raum mit einem Loch in der Wand. Wer in dieses Loch hineinspricht, wird im gesamten Hypogäum gehört. Man glaubt, daß die Menschen ins Hypogäum kamen, um dort Ruhe und Heilung von Krankheiten zu finden. Daß eine Orakelpriesterin ihnen dort die Zukunft vorhersagte, vermutlich indem sie ihre Träume deutete. Und Gelehrte meinen, daß auf Malta möglicherweise Priesterinnen in der Wahrsagekunst ausgebildet wurden. Vielleicht zogen sich weibliche Schamanen und Priesterinnen – nachdem sie zuvor in Wäldern und Höhlen gelebt hatten – über Jahrtausende in solche Tempel zurück, um allein zu sein und heilendes Wissen zu empfangen.

Stell dir folgendes Eröffnungsritual für dein Retreat vor: Du schreitest über eine riesige, mit einer weiten Spirale geschmückte Schwelle in ein unterirdisches Heiligtum, das nur vom Schein der Öllampen erhellt wird. Dort begrüßen dich kundige Priesterinnen, die dir zeigen, wie du dich entspannen und deine innere Stimme vernehmen kannst. Spür, wie du dich in einer dieser eirunden Höhlen zusammenrollst, wie die Erde dich im wahrsten Sinne des Wortes hält und du nichts anderes mehr wahrnimmst als deinen eigenen Herzschlag. Wie würde sich das anfühlen? Was könntest du an so einem Ort lernen?

Der Kampf um die Einsamkeit und was er uns kostete

Auch in der durch schriftliche Quellen belegten Geschichte (also nicht in der Vor- und Frühgeschichte) gibt es zahllose Beispiele, wie das Urbild des Retreats immer wieder von Frauen neu belebt wurde. Tief getroffen hat mich die mittelalterliche Tradition der Einsiedlerin, einer besonders extremen Form von Retreat, die zeigt, welche Kämpfe wir Frauen ausfechten mußten, um allein sein zu können. Die Geschichte von Frauen im Retreat, Frauen, die die Einsamkeit suchen, ist auch eine Geschichte des weiblichen Kampfes um Autonomie. Du kannst dich nicht entspannen und deinem wahren Selbst lauschen, geschweige denn darüber hinaus gelangen, wie es die großen Meditierenden vorlebten, wenn du nicht selbst über dein Leben bestimmst. In der gesamten Weltgeschichte, zumindest in dem schriftlich belegten Teil, hatten Frauen weder Freiheit noch Gelegenheit, weder Zeit noch Geld, um wenigstens lesen und schreiben zu lernen. Wie also sollten sie der Welt den Rücken kehren und sich meditierend in eine Höhle zurückziehen? Wenn eine von uns allein bleiben, vor allem allein leben wollte, wurde sie lächerlich gemacht (»alte Jungfer«), aus dem vergleichsweise sicheren Leben im Haus ihres Vaters oder Ehemanns vertrieben, ins Gefängnis geworfen oder sogar getötet.

Nur hin und wieder taucht in der Frühgeschichte des Patriarchats ein Lichtblick auf, der erahnen läßt, daß es auch damals Frauen gegeben hat, die sich in die Einsamkeit zurückzogen. Marion Woodman und Elinor Dickson bringen in ihrem Buch *Dancing in the Flames* ein Beispiel aus dem alten Griechenland:

»Erst als Hera endgültig genug von Zeus' ewigen Seitensprüngen hatte, änderten die Dinge sich grundlegend. Sie verließ ihn und kehrte an den Ort ihrer Geburt, auf die Insel Euböa, zurück. Dort, in der Einsamkeit, fand sie zu ihrem eigentlichen Wesen.«

Es wird auch berichtet, daß Hera einmal im Jahr ein rituelles Bad im Meer nahm, um ihre Jungfräulichkeit, ihr Eins-Sein mit sich selbst wiederherzustellen. Die biblische Figur Ruth verbrachte viel Zeit allein auf den Feldern, wo sie mähte und erntete. Judith dagegen kann als Schutzherrin der Einsiedlerinnen gelten, denn von ihr sagt die Bibel, daß sie ihre Zeit »tugendhaft« allein in ihrem Zimmer verbrachte. »Im großen und ganzen aber«, so schreibt Philip Koch in *Solitude,* »besaßen Frauen nicht die Form von Selbstbestimmtheit, die nötig ist, wenn jemand freiwillig in die Einsamkeit gehen will. Sie standen immer unter der Vorherrschaft eines Mannes.«

Weitere Hinweise, die den weiblichen Kampf um Rückzug und Einsamkeit belegen, finden wir in der Geschichte frühchristlicher Klöster. Zwischen dem 9. und dem 12. Jahrhundert fanden Frauen einen Weg, sich ein Leben aufzubauen, das ihnen Zeit für sich gab und die Möglichkeit, ihrer inneren Weisheit zu folgen. In einem Interview erklärte die feministische Historikerin Barbara Walker: »Unter dem Vorwand, christliche Jungfrauen bleiben zu wollen, zogen Frauen sich ins Kloster zurück, wo sie Zeit genug hatten, ihre eigene Gedankenwelt zu formen. Zu Anfang, als die Frauenklöster noch nicht so stark von der Kirche beeinflußt waren, gingen sehr viele adlige Frauen ins Kloster, um dort selbstbestimmt leben zu können.« Eine dieser Bewegungen waren die Beginen. Die Beginen waren ein Laienorden, aus dem man auch wieder austreten konnte. Sie zogen sich nicht vom gewöhnlichen Leben zurück, hatten keine Führer und verzichteten nicht auf ihr Hab und Gut (was der Kirche später ein großer Dorn im Auge war). An manchen Orten bauten sie ganze Städte auf, die ihnen gehörten und von ihnen geleitet wurden. Sie gründeten im ganzen Land Krankenhäuser und Altenheime. Der Lebensstil der Beginen bot Frauen immense Freiheiten, so daß sie auch genügend Zeit für sich selbst fanden. Daher blieb es nicht aus, daß das Gesetz sie bald ächtete. 1312 beraubte die männliche Inquisition sie ihrer Ländereien, ihrer Häuser, ihrer Freiheit, da sie ». . . von einer Art Wahnsinn befallen, die Heilige Trinität disputieren und das göttliche Wesen, und Meinungen über Dinge des Glaubens und die Sakramente vertreten . . . Da diese Frauen *niemandem irgendeinen Gehorsam* versprechen und nicht auf ihren Besitz verzichten oder sich zu einer genehmigten (Ordens-)Regel verpflichten, . . . haben wir beschlossen . . ., daß ihre Art zu leben für immer verboten ist und daß sie alle zusammen aus der Kirche Gottes ausgeschlossen sind.« So zitiert Barbara Walker in ihrem Werk *Das geheime Wissen der Frauen.* (Die Hervorhebungen stammen von mir.)

Doch die Frauen im Mittelalter gaben nicht auf. Am Ende des 12. oder gegen Anfang des 13. Jahrhunderts taucht die Figur der Einsiedlerin auf. Einsiedlerinnen ließen sich *freiwillig* lebenslang in eine kleine Zelle in der Nähe ihrer Kirche einschließen. Nach einer ehrfurchtgebietenden Zeremonie, die in Wirklichkeit ein Begräbnisritual war, wurde die Tür von außen verriegelt oder zugemauert. Verließ die junge Frau ihre Zelle im Laufe ihres Lebens wieder, so wurde sie exkommuniziert. Carol Flinders beschreibt die Zelle der Juliane von Norwich in *Enduring Grace* so: »Ein ziemlich großer Raum, der auch einigermaßen komfortabel war. Auf der einen Seite war er über Fenster mit der Kirche verbunden, auf der anderen mit einem kleinen Raum, der als Sprechzimmer diente.« Was brachte Frauen dazu, einen so extremen Schritt zu vollziehen, der mit unseren Maßstäben gar nicht mehr nachzuvollziehen ist? »Ein Zimmer für sich allein, eine Tür, die man schließen konnte. Frauen waren gewöhnlich bereit, einen sehr hohen Preis dafür zu zahlen. . . . Vielleicht diente das ganze dramatische Ritual, mit dem eine Einsiedlerin eingeschlossen wurde, nur dazu, ihr Sicherheit zu geben, einen Raum, den niemand zu betreten wagen würde«, meint Flinders.

Die Einsiedlerin war vor Verfolgung sicher. Sie wurde als Abbild des Glaubens von der Gemeinschaft verehrt und als spirituelle Ratgeberin immer wieder befragt. Was aber war mit den Frauen, die als Hexen verbrannt wurden? Der berüchtigte *Hexenhammer,* der *Malleus Maleficarum,* ein Handbuch für die Verfolgung und Bestrafung von Hexen, besagt: »Sobald eine Frau selbst denkt, denkt sie Böses.« William Monter, der Prozeßakten aus dieser Zeit studiert hat, führt dazu aus, daß weniger als die Hälfte der Frauen, die wegen Hexerei angeklagt wurden, zur Zeit der Anklage verheiratet war. Seiner Ansicht nach ist es kein Zufall, daß das Urbild der Hexe, das immer wieder im Volksgut auftaucht, eine alleinstehende, ältere Frau ist, die zurückgezogen in den Wäldern lebt. Zwei Kontinente verfielen dem Wahn der Hexenverfolgung, der mehr als 300 Jahre andauerte. Welch tiefverwurzelte Angst vor Einsamkeit und Zurückgezogenheit erfaßte damals unsere westliche Psyche? Und welch ein schlagendes Beispiel für die kollektive Angst vor der alleinlebenden Frau.

Trotzdem gab es Frauen, die sich in die Einsamkeit zurückziehen konnten. Nehmen wir z. B. große Mystikerinnen wie Teresa von Avila, die darauf bestand, daß jede ihrer Nonnen eine Tür haben solle, die niemand ohne ihre Erlaubnis öffnen dürfe. Carol Flinders sieht dies als ersten Vorläufer zu Virginia Woolfs *Zimmer für sich allein*. Auch Scholastika, die Schwester des Hl. Benedikt, gründete ihren eigenen Orden. Hildegard von Bingen bot in ihrem Kloster, in dessen Einsamkeit sie zahlreiche Meisterwerke schuf, vielen Frauen Zuflucht. Doch am interessantesten sind vielleicht die Jugendjahre der Katharina von Genua. Gefangen in einer Ehe ohne Liebe und einem kostspieligen, adligen Lebensstil, den sie verabscheute, betete sie darum, drei Jahre lang von Krankheit heimgesucht zu werden. In diesen drei Jahren hatte sie mehrfach Visionen, die schließlich ihr Leben und das vieler anderer grundlegend veränderten.

Allgemein schien Krankheit oft das einzige Mittel zu sein, das Frauen einen Rückzug vom Alltagsleben erlaubte. Man denke nur an die Ohnmachten viktorianischer Frauen, die sie regelmäßig aufs Sofa zwangen. Anthony Storr beschreibt dies in *Solitude. A Return to the Self* so:

»Zu Zeiten der Königin Viktoria zog eine Dame sich nachmittags gewöhnlich zurück, um sich auszuruhen. Das war schon deshalb nötig, weil die gesellschaftlichen Konventionen von ihr verlangten, daß sie jederzeit und immerdar für andere da sein müsse, ohne ein Recht auf die Erfüllung ihrer eigenen Bedürfnisse zu haben. Diese nachmittägliche Ruhepause erlaubte ihr, sich von ihrer Rolle als ergebene Zuhörerin und dienstbarer Geist zu erholen, die keinen Raum für Selbstausdruck bot.«

Vielleicht leitete sie ihr Retreat mit Sätzen ein wie: »Ich bekomme wieder meine Migräne. Nanny, kümmere dich um die Kinder.« Dann zog sie die Vorhänge zu und schlug die Bettdecke zurück. Mag sein, daß sie sich noch einen kühlenden Waschlappen über die Augen legte. Sie ließ ihren Geist umherschweifen, vielleicht schrieb sie ein bißchen oder nähte. Bevor sie wieder ins normale Leben zurückkehrte, steckte sie ihr Haar wieder hoch und öffnete die Vorhänge. Natürlich stand diese Zuflucht nur Frauen höherer Gesellschaftsschichten offen. Dem weitaus größten Teil der Frauen jedoch war sogar dieses bißchen Stille und Zeit für sich verwehrt.

Sogar Florence Nightingale nahm zur Krankheit Zuflucht, um von den endlosen Haushaltspflichten befreit zu sein und in der Einsamkeit ihres Schlafzimmers lesen und schreiben zu können. Cynthia Gale, eine Ritualkünstlerin, die heute selbst Retreats leitet, empfindet ihre eigene Krankheit als Geschenk:

»Mit 30 war ich Dekanin am Sarah-Lawrence-College und für die Neueinschreibungen zuständig. Ich arbeitete etwa 100 Stunden pro Woche und stellte in New York textile Objekte aus. Mit 31 hatte ich Multiple Sklerose und konnte buchstäblich nicht mehr die Hand vor Augen sehen. An diesem Punkt begann für mich ein langer Genesungsprozeß. Mein Leben bedurfte der Heilung auf jeder Ebene. Meine Krankheit war mein großes Retreat – nicht mein erstes, aber mein längstes. Sie bot mir Ruhe. Ich brachte ganze Tage einfach im Bett zu. Ich konnte nicht lesen, ich konnte am Leben nicht teilhaben, wie andere Menschen es tun.«

Cynthia Gales Krankheit war eine Initiation. Sie bot ihr eine Möglichkeit zum Rückzug, die sie nicht ausschlagen konnte. Ihre Schmerzen und ihre Blindheit versetzten sie in den Grenzzustand, in dem ihre Entschlossenheit, geheilt zu werden, sie sensibel für die innere Stimme machte. Dieses »Retreat« veränderte ihr ganzes Leben. Sie begann, sich mit Schamanen und ihren Ritualen zu beschäftigen und schließlich entsprang daraus ihre Ritualkunst.

Jahrhundertelang haben Frauen nach einem Ort gesucht, an den sie sich zurückziehen können, ein Zimmer für sich allein. H.G. Wells schreibt über diesen Wunsch seiner Frau Jane in seiner Autobiographie, daß sie ihm erklärte, was sie gerne hätte und er davon begeistert gewesen sei. In dieser geheimen Wohnung, die weit weg war von ihrem Alltag, der sich nur um ihn drehte, habe sie geträumt, geschrieben und nachgedacht. Dies war der Ort, »an dem sie ununterbrochen, doch ohne Erfolg etwas suchte, von dem sie glaubte, es verloren oder nie besessen zu haben.« In Doris Lessings Erzählung *Zimmer 19* sehnt sich eine Engländerin der gehobenen Mittelschicht so heftig nach einem Raum für sich, in dem sie die Suche nach ihrem verlorenen Selbst aufnehmen kann, daß sie Selbstmord begeht, als ihre Suche scheitert. Für viele arme und unterdrückte Frauen erfüllte der Kirchenraum solche Funktionen. Clarissa Pinkola Estés erzählt in *Die Wolfsfrau* eine Geschichte aus ihrer Kindheit, in der es genau darum geht:

»Viele fromme Frauen standen vor fünf Uhr morgens auf, nahmen ihren Weg durch die grauen Morgennebel und knieten im eiskalten Hauptschiff der Kirche nieder, die großen Kopftücher tief ins Gesicht gezogen, so daß sie rechts und links fast nichts sehen konnten. Sie vergruben ihr Gesicht in den roten Händen und beteten oder erzählten Gott Geschichten. Sie nahmen Frieden, Stärke und Einsicht in sich auf. Manchmal nahm Tante Katerin mich mit. Als ich eines Tages bemerkte: ›Es ist so schön still hier‹, nahm sie mich in die Arme, zwinkerte mir zu und meinte: ›Das darfst du aber keinem Menschen sagen. Es ist ein ungeheuer wichtiges Geheimnis‹. Und es war tatsächlich so, denn der stille Gang durch die Frühnebel zur Kirche und das Sitzen im Halbdunkel der Kirche selbst waren die einzigen Gelegenheiten, bei denen Frauen zu jener Zeit nicht gestört werden durften.«

Frauen haben also immer wieder eine Möglichkeit gefunden, allein zu sein. Ihre Geschichte zeigt uns, was zu einem Retreat unbedingt notwendig ist: äußerste Entschlossenheit. Emily Dickinson, Alice James, Louisa May Alcott, Aphra Behn, George Sand, Anne Morrow Lindbergh, May Sarton, Alice Koller, Anne Bastille, Annie Dillard, Gretel Ehrlich und Terry Tempest Williams sind Beispiele für kreative Frauen, die auf ihre innere Stimme hörten und die Konventionen auseinandergenommen, umgangen, zerschmettert und verändert haben − um überleben zu können.

Georgia O'Keeffe z. B. führte diesen Kampf im Winter 1928/29. Sie hatte gerade ihr bis dahin erfolgreichstes Jahr als Malerin hinter sich, was bedeutete, daß sie nun auch über ein beträchtliches eigenes Einkommen verfügte. Doch sie fand immer weniger Zeit für sich selbst, da sie nicht nur ihrer eigenen Arbeit wegen berühmt geworden war. Nein, auch Stieglitz' Bilder von ihr, aufsehenerregende erotische Akte, hatten dazu beigetragen. In der Öffentlichkeit war sie vor allem bekannt, weil sie als Frau malte und Stieglitz sie fotografiert hatte. Ihre eigenen Bilder kamen in dieser Reihe erst ganz zum Schluß. Darunter litt Georgia O'Keeffe ganz beträchtlich, so daß sie nach ihren alljährlichen Ausstellungen gewöhnlich krank wurde. Auch ihr hektisches gesellschaftliches Leben, der Druck, immer »verfügbar« zu sein und die turbulenten Sommer am Lake George mit Stieglitz' Familie und seinen Freunden setzten ihr zu. »Stieglitz' Mutter war gestorben, so daß Georgia als Frau des ältesten Sohnes die Aufgabe zufiel, den Sommeraufenthalt für die vielköpfige Familie zu organisieren. Neben ihrer Kunst war dies eine enorme Belastung, noch dazu für jemanden, der alles so peinlich genau erledigte wie Georgia«, schreibt ihre Freundin Anita Politzer in dem Buch *A Woman on Paper*. Die Malerin entschloß sich also, am Lake George ein Haus für sich allein zu kaufen, »um die Ruhe zu finden, die sie brauchte«. Doch Stieglitz war dagegen. Er hatte andere Vorstellungen von Familie und Sommern mit der Familie. Und so wurde Georgia immer erschöpfter, und ihre Krankheit verschlimmerte sich. Einer der drei Ärzte an ihrem Krankenbett meinte sogar, sie sei dem Tode nahe. Nur einer war klug genug, ihr »wirkliche Ruhe und genügend Zeit, um nach ihrem eigenen Rhythmus zu leben« zu verordnen. Dieser Rat und die Meinung eines anderen bekannten Arztes, der ihr empfahl, »sich nicht mehr in den hektischen Sommern am Lake George zu verausgaben«, unterstützten ihr Vorhaben, den Sommer in New Mexico zu verbringen. Was Stieglitz veranlaßte, allen, die es hören wollten, zu verkünden, daß »das größte Unglück über sie hereingebrochen« sei. Auch Georgia machte sich Sorgen, aber sie spürte, daß für sie »viel auf dem Spiel stand«. Anita gestand sie, daß es die härteste Entscheidung ihres Lebens gewesen sei, nach New Mexico zu gehen. Und doch blühten sie und ihre Malerei dort regelrecht auf. Bis auf das Jahr 1939, in dem sie ihre Reise nach Hawaii machte, verbrachte sie jeden Sommer und schließlich sogar ihre letzten Jahre in der Natur New Mexicos — weite Zeitspannen davon allein.

Hier höre ich dich sagen: »Aber ich bin doch keine geniale Malerin. Für mich ist ein Retreat doch gar nicht wichtig.« Diese Idee kann leicht aufkommen, da die Beispiele, die wir von Frauen im Retreat haben, sich fast ausschließlich um besonders mutige, begabte oder reiche Frauen drehen, so daß du schließlich das Gefühl haben magst, daß du es nicht wert bist, ins Retreat zu gehen, oder dir so etwas nicht leisten kannst. Aber in *Muscheln in meiner Hand* zeigt Anne Morrow Lindbergh, wie man das Urbild modernen Bedürfnissen anpaßt und die Einsamkeit auf ein vertretbares Maß zurechtstutzt:

»Ein völliges Sich-Zurückziehen ist nicht möglich. Ich kann meine Pflichten nicht abschütteln. Ich kann nicht ständig auf einer einsamen Insel wohnen. . . . Ich muß irgendwie einen Ausgleich finden . . . Das Pendel muß zwischen Einsamkeit und Gemeinsamkeit, zwischen Einkehr und Rückkehr schwingen.«

Drei Wochen allein in einer Hütte am Meer. »Wie himmlisch!« seufzen wir. Kein Schweinefleischopfer, kein Beten um eine Krankheit. Sie brauchte keine Hütte aus Zweigen und keinen Stamm, der sie bei ihrer Rückkehr feiert. Und trotzdem erwacht hier das Urbild vom Retreat zum Leben. Sie läßt alles zurück, was ihr vertraut ist:

»Am schwersten fällt mir die Trennung; Abschiednehmen ist immer schmerzlich, selbst wenn es nur für kurze Zeit ist. Ich empfinde es wie eine Amputation. Ein Glied wird ausgerissen, ohne das ich nicht leben kann. Und dennoch, ist es einmal geschehen, entdecke ich in der Einsamkeit etwas unglaublich Kostbares. Das Leben flutet reicher, intensiver, voller in die Leere zurück.«

Sie lebt im Grenzraum mit der Einsamkeit, dem Geräusch der Wellen. Sie meditiert über Muscheln und schreibt. Sie plant ihre Rückkehr und ist sich bewußt, wie schwierig es sein wird, die innere Ruhe beizubehalten, die sie während des Retreats erlangt hat. Deshalb nimmt sie einen Talisman mit, der sie daran erinnern soll, was sie gelernt hat. (»Die Muscheln werden mich daran erinnern; sie müssen meine Insel-Augen sein.«) Sie legt die Muscheln in ihre Sisaltasche, als Teil ihres Abschiedsrituals.

Es braucht nicht mehr als den Willen zum ersten Schritt, um das archetypische Muster wieder zum Leben zu erwecken, und zwar so, daß es in dein Leben paßt und aus deiner »Zeit für dich« − selbst wenn es nur fünf Minuten in deinem Auto sind − eine strahlende und heilende Erfahrung macht. Wie Lindbergh schreibt: »Wenn die Frauen davon überzeugt wären, daß ein freier Tag oder eine stille Stunde ein vernünftiges Ziel ist, dann fänden sie auch einen Weg, es zu erreichen.« Glaubst du, daß das für dich eine gute Sache wäre? Bist du bereit, etwas in Betracht zu ziehen, das ein Stückchen außerhalb der Normalität liegt? Die ausgetretenen Wege der Sicherheit und des Alltagslebens zu verlassen? Bist du bereit, den ersten Schritt zu tun?

Wie plane ich mein Retreat?

Wir ziehen uns nicht nur von den Sorgen und Anforderungen zurück, die die äußere Welt uns verursacht, wir ziehen uns vor allem von der unaufhörlichen inneren Litanei unserer Befürchtungen zurück, um Raum für die Geburt von etwas Neuem zu schaffen.
Deena Metzger: *Writing for Your Life*

Siehe: *Frauen im Retreat*

In diesem Kapitel findest du einen kurzen Überblick über all das, was ein Retreat ausmacht, die Schritte, die du jedesmal, selbst in kurzen Retreats, wiederholen wirst. Es soll dir kurz und knapp zeigen, wie man das Grundmuster zum Leben erweckt. Du solltest es immer dann lesen, wenn du ein Retreat planst oder wenn du sofort loslegen und dich nicht länger mit den Einzelheiten beschäftigen willst.

- Bereite dich vor.

Nimm dir etwas vor. Dein *Vorhaben* ist es, das deine freie Zeit in etwas Besonderes verwandelt, etwas, was mehr ist als einfach nur »Ferien«. Donna z. B. machte die Übung im Kapitel »Mein Vorhaben« einfach nur so. Sie war sich nicht einmal bewußt, daß sie Zeit für sich brauchte. So war sie ziemlich erstaunt, als die Übung ihr zeigte, daß sie sich eine neue Richtung für ihr Leben wünschte. Wenn du dir etwas vornimmst, heißt das, daß du schon ein bißchen Zeit auf die Vorbereitung verwendest (die häufig nur ein paar Minuten dauert). Diese kurze Zeit ist ein Signal, daß du es ernst meinst mit deinem Rückzug, daß er von der Normalität abweichen, von Achtsamkeit und Mitgefühl geprägt sein wird und daß es dabei ausschließlich um dich geht. Die Vorbereitungen leiten auch den Vorgang des Langsamerwerdens, des Sich-nach-innen-Wendens ein, der für jedes Retreat so wichtig ist. Auch tägliche Mini-Retreats oder Retreats in der Öffentlichkeit verlaufen besser, wenn man ihnen zu Anfang ein paar Minuten der Planung widmet. Um deinem Vorhaben für dieses Retreat auf die Spur zu kommen, mußt du nur den folgenden Satz vervollständigen:

Siehe: *Mein Vorhaben.* Dort findest du genauere Hinweise.

In diesem Retreat möchte ich mich selbst fragen, . . .

Bleib dabei liebevoll und offen. Halte dein Vorhaben so einfach wie möglich.

Wie plane ich mein Retreat?

- Markiere deinen Rückzug aus dem täglichen Leben mit einer Zeremonie, und schaff dir einen magischen Kreis.

Eine symbolische Handlung leitet gewöhnlich den Rückzug vom Alltag ein und schafft einen − körperlich und/oder seelisch − sicheren Ort, an dem wir uns von der Welt abschließen können. Diese Signale sagen deiner Seele, daß du nun die »andere« Zeit betrittst. Cynthia Gale beschreibt ihre Retreats so: »Ich versuche eigentlich nur, alles, was ich tue, ernst zu nehmen. Wenn ich mich also hinsetze und Tee trinke, dann trinke ich nicht einfach nur Tee. Ich denke darüber nach, welchen Tee ich nehme, wo ich mich hinsetzen, in welche Richtung ich schauen werde und wie sich diese zehn Minuten von meiner übrigen Zeit unterscheiden.« Dieser Vorgang des Loslösens ist deshalb so wichtig, weil du nicht immer Zeit haben wirst, dich für ein Retreat an einen anderen Ort zu begeben, vor allem wenn du arbeiten gehst oder kleine Kinder hast. Möglicherweise bleiben dir nur ein paar Stunden oder gar nur Minuten für dich selbst. *Rückzug bedeutet nicht, daß du lange wegbleiben mußt oder keine Menschenseele sehen darfst. Es geht dabei darum, daß deine Gedanken sich nicht mit etwas anderem beschäftigen, wenn du das nicht willst.*

Eines der schönsten Dinge am archetypischen Muster des Retreats ist der Rückzug in deinen eigenen, geheiligten Raum. Such oder schaff dir diesen Raum, deinen magischen Kreis. Das kann dein Bett sein, dein Garten oder die Visualisierung eines Ortes in der Natur, den du liebst. Das kann ein dicker Ast an einem Baum sein oder einfach nur der Telefonhörer, der nicht auf der Gabel liegt, deine für jedermann geschlossene Bürotür oder ein Gebet, in dem du dir vorstellst, wie du von schützendem Licht und Liebe umflutet wirst. Erfinde nun eine Zeremonie der Loslösung von der Welt. Vielleicht etwas Ungewöhnliches wie eine Zeit in einer Schwitzhütte. Oder etwas Einfacheres wie ein ausgiebiges, reinigendes Bad, eine Ruhepause auf einer extra dafür ausgesuchten Decke, während der du eine Kerze beobachtest oder eines deiner Lieblingsgedichte liest, oder ein langer Spaziergang.

Siehe: *Dein Eröffnungsritual*. Und: *Wo mache ich mein Retreat?*

- Hör in deinem magischen Raum auf deine innere Stimme.

Dieses Sein im magischen Kreis, im Grenzzustand, ist vielleicht der Teil des Retreats, der in unserer modernen Welt am schwierigsten ist, vor allem wenn du ein Retreat in der Öffentlichkeit planst oder deine innere Einkehr kurz halten mußt. Und doch ist es das Herzstück jedes Retreats, der Punkt, an dem die eigentliche Verwandlung stattfindet. Du bewegst dich außerhalb deines Alltagslebens. Du machst keinen Abwasch, gehst nicht ans Telefon

Siehe: *Und was soll
ich tun?* Außerdem:
*Mut, Kontemplation,
Die Praxis des Zu-
hörens.* Und alle
Vorschläge in *Die
Praxis.*

und kümmerst dich nicht um andere. Du arbeitest nicht, siehst nicht fern, du hörst keine Nachrichten, liest keine Zeitung. Du tust nichts, was du normalerweise tun würdest. Du teilst dir deine Zeit anders ein und tust nur Dinge, die den von dir gefaßten Vorsatz unterstützen und dich auf deine innere Stimme hören lassen. Es gibt Millionen Wege, dies zu erreichen. Du kannst dir Fragen stellen, die dich nachdenklich machen. Du kannst in dein Tagebuch schreiben, was du empfindest oder warum du jetzt ein Retreat machst. Vielleicht bewegst du dich lieber zu Musik, denkst über Verse aus einem Gedicht oder den Psalmen nach oder stellst dir vor, wie deine Gottheit dich segnet. Du könntest auch malen, am Strand spazieren gehen, stricken oder auf dem Sofa liegen und Musik hören. Wichtig ist nur, daß du schließlich in deine Mitte gelangst und eine echte, unverfälschte Beziehung zu dir selbst aufbaust. Stille und Einsamkeit sind dabei von entscheidender Bedeutung. Du kannst deine innere Weisheit nicht finden und so lernen, dich selbst zu akzeptieren, ohne eine gewisse Zeit allein und in Schweigen zu verbringen.

Ein anderer Weg, den geheiligten Raum zu betreten, ist, unseren gewohnten, bequemen Rahmen zeitweise zu verlassen. Auf diese Art und Weise lernen wir, uns selbst und unser Leben unter einem anderen Blickwinkel zu sehen. Unsere Bequemlichkeiten hinter uns zu lassen kann heißen, ganz allein eine schwierige Wanderung zu unternehmen oder zu Hause zu bleiben und auf Fernseher und Telefon zu verzichten. Sehr häufig löst diese Art von Retreat Angst aus. Dieser Angst zu begegnen, nicht vor ihr wegzulaufen bereichert die Retreat-Praxis ungemein. Das soll nicht bedeuten, daß du dich absichtlich in Gefahr begeben sollst. Es geht nur darum, den ganzen, uns langsam abstumpfenden Komfort einmal hinter uns zu lassen und wieder Risiken einzugehen.

• Kehre in den gewohnten Rahmen von Raum und Zeit zurück.

Verändert in die Welt zurückzukehren ist der letzte Schritt des Retreats. Das hört sich einfach und unkompliziert an, doch ist der Schritt aus dem magischen Raum in den »normalen« Raum alles andere als leicht. Du mußt dich zu dem bekennen, was du während deiner inneren Einkehr getan hast, an welchem Ort du warst und wie du dich dort verändert hast. Dies gilt auch, wenn dein Rückzug von der Welt nur ein paar Minuten gedauert hat. Sag folgende Worte: »Ich kehre aus meinem Retreat zurück. Ich habe dort dies und jenes getan und aus diesem Grunde . . . .« (Setz hier ein, was du gelernt hast.) Widme deiner Rückkehr ruhig ein wenig Zeit, so daß du die Errungenschaften deines

Retreats nicht sofort verlierst, wenn du dich wieder der täglichen Schlacht-ordnung deiner Pflichten zuwendest. Bring einen Talisman mit zurück. Das kann alles sein, ein kleiner Stein oder eine Menge lebhafter Erinnerungen. Überleg dir, wie du das, was du erlebt hast, deinen Lieben mitteilst, wie du dich körperlich auf die Rückkehr in den häuslichen Alltag oder die Arbeit vorbereiten kannst. Denk darüber nach, was dir den Wiedereintritt ins normale Leben vereinfachen würde.

Wie plane ich mein Retreat?

Siehe: *Heimkehren, Dein Abschlußritual* und *Nimm dein Retreat mit*

ALLERHAND NÜTZLICHES FÜRS RETREAT

Im folgenden findest du eine Liste von Dingen, die dir im Retreat nützlich sein können. Aber mach dir damit nicht zuviel Streß. Du kannst auch improvisieren, wenn du ohne diese Sachen klarkommen willst oder dir etwas anderes einfällt. *Gestalte alles so einfach wie möglich!* Laß dich von dieser Liste nicht nervös machen – ein einfacher Spaziergang kann schon ein Retreat sein!

Außerdem kannst du bei den einzelnen Praxisvorschlägen den Abschnitt »Was du brauchst« lesen.

• Dein Tagebuch und einen Stift.

• Malutensilien – vom Marker bis hin zu Buntstiften oder Wasserfarben. Alles, was du bereits hast, was du möchtest oder dir leisten kannst.

• Große Bögen Papier, idealerweise 30 Zentimeter breit und 40 Zentimeter lang und möglichst dick. Wenn du so etwas nicht zur Hand hast, tun es andere Formate auch.

• Musik, die dich entspannt und deine Vorstellungskraft anregt; Musik, die dir Lust macht, dich zu bewegen; Musik, die dich in Kontakt mit deinen innersten, deinen tiefsten Gefühlen bringt, auch wenn dies z. B. Trauer sein sollte.

Weitere Vorschläge findest du in den Quellenangaben und im Kapitel *Trauer.*

• Eine Abspielmöglichkeit für deine Platten, Kassetten oder CDs an deinem Retreat-Ort – eine eigene Stereoanlage oder ein tragbares Gerät. Leih dir eins aus, wenn du keins hast.

• Einen Gedichtband, der dich inspiriert und dir Kraft gibt.

Siehe: *Quellen*

• Einen Fotoapparat und Filme. Mach Bilder von dir selbst, vom Licht, das durch die Vorhänge deines Wohnzimmers fällt, von den Bäumen, die sich gegen den Himmel strecken, kurz von allem, was ausdrücken kann, wie du dich gerade fühlst, gleichgültig ob es nun besonders schön oder besonders scheußlich ist. Mach »emotionale Schnappschüsse«, die du nach deiner Rückkehr in dein normales Leben einbauen kannst.

- Natur − die Wüste, einen Park, eine Zimmerpflanze, einen Hinterhof, eine Schale aus Stein.

- Eine Trommel oder Rassel. Du kannst selbst eine Rassel herstellen, indem du Kies oder kleine Steine in eine Büchse gibst (Teebüchsen sind dafür super). Wenn du Kinder hast, leih dir einfach ihre Musikinstrumente aus. Jodie z. B. überlegte schon, ob sie nicht die Kindertrommel ihres Sohnes mitnehmen solle. Trommeln klingt vielleicht ein bißchen sehr nach New Age, nach Robert Bly und süßlich-blödsinnigem Quatsch mit Soße. Viele Leute scheinen das schrecklich zu finden und reagieren mit Ironie darauf. Für mich bleibt dieses Instrument eine außergewöhnlich machtvolle Möglichkeit, aus dem Gedankenstrom des Alltags aus- und in die Welt der Imagination einzutreten, die Energie fließen zu lassen. Es gibt keine »richtige« Art, die Trommel zu schlagen oder die Rassel zu spielen − erlaub dir, damit ein bißchen herumzuprobieren. Nimm dir Zeit. Es kann dauern, bis du deinen Rhythmus findest.

- Kleinigkeiten, die dir guttun − frisches Brot, schmeichelnde Bodylotions, duftende Blumen, ein samtweicher Bademantel.

- Ein besonderes Kleidungsstück. In Ann Linneas Roman *Deep Water Passage* gibt Christina Ann einen wundervollen Pullover aus purpurfarbener Wolle, als sie in ihr Kajak-Abenteuer-Retreat fährt. Ann ist überrascht, weil sie noch nie etwas so Schönes zum Campen mitgenommen hat. Doch Christina erinnert sie: »Annie, du gehst nicht einfach nur campen. Du brauchst etwas, was dich während der Reise schützt und umhüllt.« Worin hüllst du dich auf deiner Reise? In welchen Sachen fühlst du dich kreativ, sicher, sinnlich, voller Energie, mutig oder wohlig beschützt? In einer Fransenstola, einem Seidenschal, mit Schlapphut oder deinen ausgelatschten Wanderstiefeln?

- Einen Handschmeichler, Talisman oder etwas anderes, was dich, wenn du es hältst, siehst oder trägst, tröstet und an die Liebe in deinem Leben erinnert, sei es nun die eines Liebhabers, eines Kindes oder deines Gottes.

Frankie hatte immer einen kleinen Bären aus Speckstein in der Tasche, der sie an ihren Liebsten erinnerte. Sandy suchte sich während ihres Retreats ihren Anker in einem wundervollen Amulett, das sie von einer Freundin bekommen hatte. Ich trage immer eine kleine Buddhafigur aus Holz mit mir herum und Georgia O'Keeffe mußte wenigstens einen vollkommen runden Stein bei sich haben.

- Während eines Mini-Retreats oder eines Retreats in der Welt ist eine Retreat-Tasche oder –Schachtel ganz nützlich, die man mitnehmen oder an einem nahen Ort aufbewahren kann. Darin trägst du die oben aufgeführten Dinge mit dir, eine Flasche Wasser und alles, was du sonst noch brauchen könntest.

WAS DU AUF KEINEN FALL MITNEHMEN SOLLTEST

- Arbeit. Es werden jetzt keine Rechnungen bezahlt. Du erledigst auch nicht schnell ein paar Anrufe oder siehst nach, ob du E-Mails bekommen hast. Keine Verträge oder Schriftsätze! Keine Schreibmaschine, kein Referat! Keine Stopfnadel und kein Kinderkostüm, das dringend genäht werden muß. NICHTS! Wenn du ein Retreat in der Welt machst, dann halte dich von der Arbeit fern, auch wenn das bedeutet, daß du deinen Schreibtisch aufräumen oder das Haus verlassen mußt.

- Das Telefon. Wenn du auf einem langen Retreat der Kinder oder des Geschäfts wegen erreichbar sein mußt, dann bitte alle, die dich möglicherweise anrufen, es einmal klingeln zu lassen, aufzulegen und dann noch einmal anzurufen. In allen anderen Fällen solltest du das Telefon abstellen oder irgendwo vergraben, sogar wenn du dich nur für ein paar Minuten zurückziehst. Und: Keinen Piepser, keine Faxe, kein Handy!

- Keine Uhr. Die Sonne zeigt dir, wann du nach Hause zurück mußt. Wenn du in Alaska im ewigen Winter lebst oder im untersten Stockwerk eines Wolkenkratzers, wo nie auch nur ein Lichtstrahl hingelangt, oder wenn du nur wenig Zeit hast und zu einem ganz bestimmten Zeitpunkt aufhören mußt, stell dir einen Wecker. Machst du ein Retreat in der Öffentlichkeit, so nimm deine Uhr ab. Selbst wenn es nur für ein paar Minuten ist − es hilft!

Wie plane ich mein Retreat?

Siehe: *Und was soll ich tun: Überprüfen, wo du stehst.* Außerdem: *Die Praxis des Zuhörens: Die Schattenseiten des Sich-Verwöhnens.*

Siehe: *Mut: Wie du Unterstützung von anderen bekommst*

Siehe: *Im Retreat mit anderen Menschen*

• Zeitungen, Fernsehen, Radio, Groschenromane, Videospiele, Computer – alles, was den Zauber deines Retreats bricht. (Du kannst im Retreat auch eine Talkshow ansehen oder einen dieser dicken Romane aus dem 19. Jahrhundert lesen. Entscheidend ist dabei, daß du diese Wahl bewußt triffst und damit nicht vor dir selbst wegläufst, weil es dir besser gefällt, in all deinen alten Mustern festzustecken. Klär dies mit der Frage: »Hilft mir das, meinen Vorsatz zu verwirklichen?«)

• Negativ eingestellte Menschen. Einige von euch werden diese Vorschläge zusammen mit einem Freund/einer Freundin oder einer Gruppe umsetzen. Vielleicht suchst du dir auch nur jemanden aus, der dich ins Retreat begleitet oder es für dich koordiniert. Wenn das so ist, dann achte bitte darauf, daß diese Person dich wirklich unterstützt. Oder hast du deine Freundin/deinen Freund nur dabei, weil du seine/ihre Gefühle nicht verletzen möchtest? Verschwende deine Zeit im Retreat nicht auf Menschen, die dich auslaugen, deprimieren oder vom Weg abbringen. Andererseits kann es in jeder Gruppensituation Spannungen, Ärger, Mißverständnisse oder Menschen geben, die man nicht mag. Sei dir im klaren darüber, daß gerade diese Unannehmlichkeiten häufig unschätzbare Einsichten für uns bereithalten, wenn wir sie nur richtig sehen.

• Emotionaler Ballast. Gut, ich mache Spaß, aber nur ein bißchen. Was wäre, wenn du eine bestimmte Leidenschaft, ein bestimmtes Gefühl, eine Sorge wirklich zurücklassen könntest? Welches Gefühl würdest du wählen? Schreib es auf ein Stück Papier, wickle dieses um einen Stein, segne es und laß es zurück.

DER RUF ERGEHT

Tief im Innern mußte es etwas geben, was in der Einsamkeit entstanden und geformt worden war – einen Ort, an dem die Essenz dessen, was ich war, bin und sein werde, vielleicht bis ans Ende meiner Tage verborgen liegt und darauf wartet, durch mein unablässiges Schweigen entdeckt zu werden.
Doris Grumbach: *50 Days of Solitude*

Was war dein erster Gedanke, als du dieses Buch zur Hand nahmst?

> Genau das brauche ich jetzt!

> Das hört sich toll an, aber ich habe wirklich keine Zeit.

> Was genau ist ein Retreat eigentlich?

> Klingt ziemlich ausgefallen! Und zu teuer! Ich bin ein praktischer Mensch.

> Ich habe ja schon hin und wieder ein Retreat gemacht, aber ich möchte jetzt gerne tiefer gehen.

> Ich hätte ja gar nichts dagegen, wenn man dabei nicht nur herumsitzen würde. Ich muß dabei etwas zu tun haben.

> Hört sich ja schrecklich an! Ich weiß nicht, ob ich wirklich allein sein könnte.

Mach dir deine Reaktionen jetzt klar. Fragen stellen und auf die inneren Antworten lauschen – das ist der Anfang. Schreib nieder, was dir einfällt, oder sprich es zumindest laut aus.

Der »Ruf« ist das Zeichen, daß du jetzt ins Retreat gehen sollst. Du hast dich lange genug nur um die nach außen gerichtete Seite des Lebens gekümmert. (Höre ich dich da sagen: »Viel zu lange!«?) Nun ist es Zeit, den Blick nach innen zu richten.

Zeit für dich. Das große Retreat-Buch für Frauen

49

Hörst du den Ruf? Anfangs erscheint er dir vielleicht wie aus weiter Ferne, ziemlich schwach noch, aber er ist da. Ein dünnes Stimmchen, das dich anfleht, dich endlich um dein Innenleben zu kümmern. Oder sind es Bilder von besinnlichen Augenblicken in freier Natur? Möglicherweise sind es auch ein paar Zeilen aus einem Gedicht oder einem Lied. Setz dich für einen Augenblick ruhig hin. Jetzt! Versuch nicht, aktiv etwas zu tun. Atme einfach nur tief und ruhig und hör dir zu.

Was hast du gehört? Eine Art Gebrüll womöglich? Ein klares »Ja«, »Nein« oder »Bald«. Vielleicht ist deine innere Stimme ja eher laut und sagt dir genau, was du tun sollst. »Dein Leben ist eine Tretmühle. Spring doch um Himmels willen endlich ab! Du brauchst eine Atempause! Du brauchst frische Luft und Einsamkeit.« Wunderbar. Hör auf deine innere Stimme. Wir empfangen sehr häufig klare Botschaften von unserem Selbst, die uns genau sagen, was wir tun sollen, wahre Schatzkarten, auf denen der Fundort in riesigen, feuerroten Buchstaben leuchtet, doch leider hören wir sehr oft nicht auf das, was wir hören. Wenn du deine innere Stimme vernimmst, dann *hör dir zu!* Sich zurückzuziehen bedeutet nicht, daß du eine Woche in einem indischen Tempel verbringen mußt; ein Nachmittag allein genügt oft schon, wenn du dir nur zuhörst.

Manchmal löst dieses stille Sitzen und In-sich-hinein-Horchen eine Art Wehmut aus, so als würde man nach langer Zeit heimkehren, als habe man all das bereits erlebt: »O, ich erinnere mich! Aber ich habe das nicht mehr getan, seit ich ....« (Setz ein, was für dich paßt: » . . . seit ich sieben, in der Schule oder das letzte Mal krank war.«) Vielleicht fallen dir auch all die Versprechen ein, die du dir selbst gegeben hast, all die guten Vorsätze, endlich besser auf dich aufzupassen. Du fragst dich, wie du nur so weit vom Weg abkommen konntest. Wieder einmal. Es ist schön, aber auch ein bißchen unheimlich, wenn du dir selbst jetzt noch einmal versprichst, deine Bedürfnisse mehr zu respektieren.

Siehe: *Nimm dein Retreat mit*

Willst du es wirklich noch einmal wagen? Ja, du mußt sogar! Denn der Zyklus von Sein und Tun ist derselbe wie der von Erinnern und Vergessen. Wie Persephone in der Sage von Demeter und Persephone blühst du auf, stirbst und wirst wieder geboren. Du gerätst in Kontakt mit deinem inneren Wissen über das, was du bist und brauchst, und dann verlierst du dich langsam, Stückchen für Stückchen, wieder ans äußere Leben. Und steigst erneut in den Abgrund, um dich selbst zu finden. Du kommst von einem einwöchigen Retreat zurück und bist voller Liebe für dich selbst und die deinen. Ein paar Wochen lang meditierst du jeden Morgen, ernährst dich gesund und nimmst dir einmal im Monat ein paar Stunden Zeit für dich selbst. Du machst regelmäßig Yoga und führst sogar ein Tagebuch. Aber dann vergißt du dich wieder, verlierst dich und das Bewußtsein deiner selbst. Das bedeutet nicht, daß Retreats sinnlos sind und du versagt hast. Das ist der ganz natürliche Kreislauf des Werdens und Vergehens. Jedesmal wenn du deine innere Einkehr hältst, erlangst du ein weiteres Mosaiksteinchen, das aus Wissen, Mut oder dem Erkennen deiner Ziele besteht. So kannst du allmählich deinem Leben die Form geben, die du dir wünschst. Das dauert wirklich ein Leben lang, weil dieser Prozeß das Leben selbst ist.

Manchmal wenn du versuchst, in dich hineinzuhorchen, fällt dir das Stillsitzen ganz besonders schwer. Du fühlst absolut nichts. Das ist in Ordnung. Ich habe das selbst erlebt und die meisten anderen Menschen ebenso. Du kannst den Ruf trotzdem hören, er ergeht vielleicht nur in einer anderen »Sprache«, z. B. in der Sprache der andauernden Müdigkeit oder der ständig wiederkehrenden Unpäßlichkeiten. Möglicherweise drückt er sich aber auch in Unmengen negativer Gefühle aus, die dann die Tür zu deinem Herzen verstopfen wie ungebetene Werbesendungen den Briefkasten: »Hätte ich doch bloß nicht so viel Arbeit . . .« oder »Wenn meine Kinder erst älter sind, dann . . .« Womöglich zeigt sich dein Bedürfnis nach Rückzug auch in dem Gefühl, immer für den nächsten Monat, das nächste Semester, das nächste Frühjahr zu leben − immer in der Erwartung irgendeines geheimnisvollen Tages in der Zukunft, an dem wir endlich in der Lage sein werden, etwas ganz Wunderbares zu tun, wie Estés in ihrem Buch *Die Wolfsfrau* schreibt. Ich nenne das die »Erst-wenn-Litanei«: »Wenn ich meinen Doktortitel erst habe, nehme ich mir ein wenig Zeit für mich« oder »Wenn die Kinder ihr Abitur in der Tasche haben, werde ich ein langes Retreat machen«. Der Aufruf, dich endlich um dein höheres Selbst zu kümmern, äußert sich oft in einer bestimmten Sehnsucht: Sehnsüchtig schleichst du am »Zentrum für freien Tanz« vorbei, liest die Programme der Volkshochschule oder starrst auf das Fleckchen Wald, das du von deinem Bürofenster aus siehst. Worauf wartest du denn noch? Frag dich selbst! Hör auf zu lesen, schließ deine Augen und stell dir diese Frage: »Worauf warte ich eigentlich?«

Hast du deinen Ruf endlich vernommen, so taucht häufig noch eine andere beunruhigende Frage auf: »Und was, wenn ich dann ständig ins Retreat will?

Ich kann doch nicht meine Arbeit aufgeben, meine Kinder verlassen und in einer einsamen Hütte im Wald leben!« Eine weitere, ziemlich verbreitete Reaktion ist: »Schon wieder etwas, was ich tun muß! Ich brauche keine weitere Verpflichtung, die mir Schuldgefühle einflößt.« Beides sind sinnvolle Einwände. Doch auch im Rückzug von der äußeren Welt gibt es unterschiedliche Formen, unterschiedliche Zyklen, die sich je nach Person und Lebensalter unterscheiden.

Die Kapitel *Mut* und *Schwierigkeiten im Retreat* helfen extrovertierten Menschen, einen Einstieg in ein Retreat zu finden, bei dem sie allein sind.

Siehe: *Wie lange?: Die vier Zweige des Retreat-Baums* und *Im Retreat mit anderen Menschen*

Extrovertierte Menschen brauchen weniger und kürzere Retreats. Für sie ist das Alleinsein, gerade am Anfang, der schwierigste Teil des Retreats. Diese Menschen ermüden leicht, wenn das Retreat länger dauert, da sie dort etwas tun, was für sie ungewöhnlich ist: Statt ihre Energien nach außen zu richten, lenken sie sie nach innen. Häufig fühlen sie sich gefangen und empfinden tiefe Angst. Für sie ist es günstig, während des Retreats die Unterstützung von einem Freund oder einer Gruppe zu haben.

Introvertierte Personen hingegen würden sich am liebsten jeden Monat zwei Wochen lang zurückziehen, und zwar an möglichst abgelegene Plätze wie die Galapagos-Inseln. Sie haben weniger Probleme mit der Angst vor dem Alleinsein, sondern eher damit, daß sie ihr Bedürfnis, oft und lange allein zu sein, nur schwer durchsetzen können. Natürlich vermischen sich diese Typen bei den meisten Frauen, so daß deine Erfahrung irgendwo dazwischen liegen wird.

Auch das Alter beeinflußt unser Bedürfnis nach einem Retreat entscheidend. In *Jubilee Time* beschreibt Maria Harris, wie sie den biblischen »Jubiläums-Sabbath« − die zwei Jahre vom 49. bis zur Vollendung des 50. Lebensjahres − zum Retreat-Modell für ältere Frauen umgestaltet hat. »Auf diese Art und Weise«, so schreibt sie, »könnten wir zwei Dinge auf einmal erreichen: Wir würden der Weisheit und Würde des Alters die nötige Achtung erweisen und gleichzeitig unser Bedürfnis nach Ruhe und Frieden erfüllen.« Als Deena Metzger, Dichterin, spirituelle Lehrerin und Therapeutin, 60 wurde, machte sie vier Retreats. Zur Wintersonnenwende verbrachte sie zehn Tage am nördlichen Polarkreis. Die Frühjahrs-Tagundnachtgleiche feierte sie in einer kleinen Bucht in Hawaii, wo sie Delphine beobachten konnte. Zur Sommersonnenwende kehrte sie an den Polarkreis zurück. Während der Herbst-Tagundnachtgleiche war sie auf dem Berg Sinai.

»Bei jedem Wechsel der Jahreszeiten stellte ich mir dieselbe Frage, für deren Ausarbeitung ich mir viel Zeit genommen hatte: ›Was ist während des

nächsten Drittels meines Lebens gut für mich?‹ Ich möchte weder das erste noch das zweite Drittel noch einmal erleben. Ich möchte wissen, wie ich mein Leben in dieser Phase richtig gestalten kann.«

Marion Woodman und Elinor Dickson schreiben in ihrem Buch *Dancing in the Flames:*

»Die erste Hälfte unseres Lebens ist meist dem aktiven Tun gewidmet. Wir entdecken, wer wir sind, indem wir zur Schule gehen, einen Beruf wählen, heiraten, Kinder zur Welt bringen und sie erziehen. Die zweite Hälfte unseres Lebens verlangt von uns ein tieferes Bewußtsein unseres Wesens, eine Identität des Seins, die nicht in unserem Ego, sondern in unserer Seele wurzelt.«

Das heißt nicht, daß junge Frauen weniger ins Retreat gehen sollten oder es weniger nötig hätten. Marion Woodman z. B. erklärte in einem Interview:

»Viele junge Frauen machen ein Retreat, weil sie ständig auf Achse und von ihrem Beruf so in Anspruch genommen sind, daß sie ein wenig Frieden bitter nötig haben. Sie finden es meist schwieriger, still zu bleiben, als ältere Frauen. Junge Frauen, die sich für ein Retreat entscheiden, wollen ›sein‹, sie wollen ihre eigene Welt kennenlernen.«

Wenn du in der aktiven Phase, im Tun, steckst, kommt der Wunsch nach innerer Einkehr vielleicht nur hin und wieder auf und ist deshalb leicht in den Griff zu kriegen. Es scheint dir wichtiger, die Karriereleiter hinaufzuklettern oder den richtigen Partner zu finden. Und doch brauchst du vielleicht gerade jetzt ein wenig magische Zeit am allernötigsten.

Ob du nun jünger oder älter bist, wenn du dein Innenleben jahrelang vernachlässigt hast, ist die Aussicht auf ein Retreat für dich wahrscheinlich eher erschreckend. Fang also erst einmal klein an: Mach regelmäßig ein paar Mini-Retreats, oder zieh dich mit einem Freund oder einer Gruppe in die Einsamkeit zurück. So lernst du allmählich, deiner inneren Weisheit zu lauschen.

Siehe: *Mut* und *Verschiedene Retreat-Vorschläge*

Unsere persönlichen Rhythmen sind unauflöslich verbunden mit denen des Universums, die jede Frau empfindet, auch wenn sie durch ihre Persönlichkeit sozusagen gefiltert werden. Der bekannteste Rhythmus ist wohl der von

Der Ruf ergeht

Siehe: *Wie lange:*
Das Mini-Retreat

Tag und Nacht, der 24stündige Rhythmus der Erdumdrehung, der oft ein mehr oder weniger starkes Bedürfnis nach Stille und Alleinsein mit sich bringt, nach einer Zeit, in der wir die gefühlsmäßigen Eindrücke des Tages ordnen und mit uns selbst ins reine kommen können. Es gibt verschiedene Methoden, wie wir diesem Rhythmus gerecht werden können: ein ausgiebiges Bad oder eine Dusche, ein wenig Gymnastik allein in der freien Natur oder mit Kopfhörern im Fitneß-Studio, ein Nickerchen, wenn das Baby schläft, oder abends im Bett ein paar Seiten lesen, ohne sich wirklich auf die Worte zu konzentrieren. Einige von uns brauchen mehrere Retreat-Phasen im Laufe eines Tages (und nehmen sie höchst selten), vor allem wenn wir viel Streß haben oder eine Tätigkeit ausüben, die uns nicht gefällt.

Es gibt auch einen monatlichen Rhythmus, der bei jüngeren Frauen manchmal mit der Regel oder dem prämenstruellen Syndrom zusammenfällt. Dieser Zyklus verlangt gewöhnlich eine etwas längere Retreat-Zeit, einen Nachmittag etwa oder einen ganzen Tag. Vielleicht erfüllst du dir dieses Bedürfnis jetzt schon, indem du alleine einkaufen gehst (das Auto ist ein prima Rückzugsort), verschiedene Dinge erledigst, dich allein in ein dunkles Kino setzt, um einen Film anzusehen, oder indem du gerade krank genug wirst, um einen Tag im Bett bleiben zu können.

Manchmal taucht das Bedürfnis, innere Einkehr zu halten, auch im Jahresrhythmus auf, etwa wenn der Winter beginnt, der Todestag eines Verwandten sich jährt oder dein Geburtstag wiederkehrt. Womöglich gibt es eine »Pilgerfahrt« in deinem Leben: die Heimkehr zu deinen Eltern, wo du im Planschbecken deiner Kindheit herumtollen kannst, oder die regelmäßige Radtour auf einen bestimmten Berggipfel mit deiner besten Freundin aus alten Schulzeiten.

Darüber hinaus gibt es aber auch Phasen in deinem Leben, die nur einmal auftauchen, meist in Zeiten von Krise und Veränderung, wenn wir von einem Lebensabschnitt in den nächsten übergehen, wie z. B. an einem »runden« Geburtstag. In diesen Zeiten haben wir meist das Bedürfnis, einen Strich unter unser bisheriges Leben zu ziehen und uns anzuschauen, was wir bis jetzt getan haben, um entscheiden zu können, wie es weitergehen soll. Der Tod eines geliebten Menschen, ein neues Job-Angebot oder eine Scheidung lösen gewöhnlich das Verlangen aus, sich zurückzuziehen und den Blick nach innen zu wenden.

Wenn diese Lebenszyklen entsprechend erkannt und beachtet werden, ohne daraus eine neue Verpflichtung für unser Leben entstehen zu lassen, wenn du den Ruf in die Einsamkeit wahrnimmst und in einer Weise darauf antwortest, die dir wirklich guttut, dann werden Gleichgewicht, Zufriedenheit, Gesundheit und innere Ausgeglichenheit bei dir einkehren. Dir bewußt Zeit für dich selbst zu nehmen, deine Absichten zu klären und ein paar einfache Schritte zu machen, die dir helfen, dein Retreat aus ganzem Herzen zu bejahen, bedeutet, daß du aus deiner inneren Quelle schöpfst – vom Wasser des Lebens.

GESCHICHTEN

Patricia erzählt in *The Feminine Face of God* von ihrem Ruf in die Einsamkeit. Diese Geschichte zeigt eindringlich, wie wichtig es ist, sich selbst zuzuhören, auch nachdem man bereits entschieden hat, ein Retreat zu machen. Patricia wollte ihr Retreat bei einem französischen Nonnenorden machen, und zwar in der Woche vor Ostern.

»Etwa einen Monat, bevor ich fahren sollte, geschah während meiner täglichen Meditation etwas Merkwürdiges. Ich vernahm alle paar Tage eine innere Stimme, die zu mir sagte: ›Du mußt die spirituellen Übungen des Heiligen Ignatius machen.‹ Da ich nicht katholisch war, kannte ich diese Übungen nicht. . . . Aber die Stimme ließ nicht locker. Also war das erste, was ich tat, als ich in dem Meditationszentrum ankam, daß ich Schwester Maria W., die sich während meines Aufenthaltes um mich kümmern sollte, fragte, ob wir diese Übungen irgendwie in mein Retreat einbauen könnten. Sie schien freudig überrascht von meiner Frage. . . . Dann sah sie mir tief in die Augen und fragte, ob ich ein bestimmtes Problem bearbeiten wolle. Die Frage überraschte mich. Ich hatte an nichts Bestimmtes gedacht, als ich hierher kam. Eigentlich verlief mein Leben in letzter Zeit ziemlich glatt. Also dachte ich nach. Und schon ein paar Minuten später hörte ich mich plötzlich sagen: ›Ja, da gibt es etwas. Wissen Sie, ich hatte vor etwa zwölf Jahren eine Abtreibung und möchte, daß diese Wunde heilt.‹«

Siehe: *Kontemplation*

Patricia meditierte also über die Geschichte des Lahmen, den seine Freunde zu Jesus getragen hatten, damit er geheilt werde. Während einer aktiven Imaginationsübung erlebte sie folgendes:

»Nach einiger Zeit täglichen Meditierens fühlte ich eines Tages, wie mich

drei meiner besten Freunde auf einer Bahre trugen. Zwei hielten sie am Kopfende, der dritte an meinem rechten Fuß. Obwohl ich wußte, daß jemand die Bahre dort hielt, wo mein linker Fuß war, konnte ich an dieser Stelle niemanden sehen. Deshalb hob ich den Kopf und machte eine erschreckende Entdeckung: Es war keine Person, die mich dort hielt, sondern ein fein gearbeitetes, goldenes Seil, das irgendwo im Himmel festgemacht schien. Meine Augen folgten dem Seil, und so sah ich, daß ein Kind das andere Ende hielt – das schönste und winzigste Kind, das ich je gesehen hatte. Und über diesem himmlischen Cherub schwebte ein wunderbarer Engel, der es in seine ausgestreckten Flügel hüllte und beschützte.«

»In diesem Augenblick der Zeitlosigkeit . . . hörte [ich] eine Stimme: ›Das Licht dieses ungeborenen Kindes wird dich nach Hause geleiten. Du kannst dieses Geheimnis nicht ergründen, aber wisse nun, daß du geheilt bist.‹«

»Als ich später an diesem Nachmittag unter den Lichttupfen, die der Laubschirm einer würdigen Eiche auf die Erde malte, auf Schwester Maria W. wartete, durchpulste mich die ganze Wahrheit dieser Worte. Ich hatte meine Seele wiedergefunden. Es ging mir wieder gut, ich war ganz geworden. Diese wunderbare Heilung hatte mir die Macht des Gebetes und die Bedeutung der Gnade gezeigt.«

MEIN VORHABEN

Im Vorhaben steckt die Kraft der Erfahrung.
Cynthia Gale, Ritualkünstlerin

Weshalb mache ich ein Retreat?
Was will ich im Retreat tun?
Wie verschaffe ich mir genügend Zeit, um es wirklich zu tun?

Hast du einmal die erste Frage beantwortet, wird dir die Antwort auf die beiden anderen nicht mehr schwerfallen.

Im Retreat geht es nicht um fertig formulierte Ergebnisse, sondern um Fragen. Hast du deine Frage gefunden, so ist damit die wichtigste Grundlage für ein fruchtbares Retreat bereits gelegt. In deiner Frage drückt sich aus, wonach du dich seit langem unausgesprochen sehnst.

So schreibt Christina Baldwin, Lehrerin in den Peer-Spirit-Circle-Workshops, in ihrem Buch *Calling the Circle:* »Versuch zu verstehen, wonach du dich sehnst.« Finde heraus, was dir fehlt.

Mir war durchaus klar, daß es für das Erschaffen des magischen Kreises enorm wichtig war, ein Vorhaben zu formulieren, aber ich dachte dabei nur an positive Aussagen wie: »Während der nächsten 24 Stunden werde ich nett zu mir selbst sein.« Ein Gespräch mit Christina half mir dabei, einen weit fruchtbareren Weg zu finden, der sehr viel besser zu dem paßte, was ein Retreat für eine Frau meiner Ansicht nach war: Versuch herauszufinden, wonach du dich aus tiefstem Herzen sehnst bzw. was dir im Leben am meisten fehlt, und formulier diese Sehnsucht dann als Frage. Stell dir vor, du machst ein Retreat und drückst dein Vorhaben dabei folgendermaßen aus: »Während der nächsten 24 Stunden will ich mich fragen: Wie kann ich liebevoller mit mir selbst umgehen?« Spürst du den Unterschied? Die erste Formulierung klingt zwar positiv, ist aber in sich geschlossen, fast eine neue Verpflichtung. Außerdem regt sie die Phantasie nicht annähernd so an wie die zweite, die den Horizont offen läßt, Mut einflößt und verlockend wirkt. Ein Vorhaben in Form einer Frage drückt deine Bedürfnisse und Sehnsüchte aus, bleibt aber trotzdem offen für das Unbekannte, die Gefühle und Erfahrungen, die du während des Retreats machen wirst. Schließlich hat jedes

Retreat sein Eigenleben und seine eigene Richtung. Nur wenn du offen und beweglich bleibst, ohne dein Ziel aus den Augen zu verlieren, wird es dich in genau die Richtung führen, in der unschätzbare Kostbarkeiten und wunderbare Einsichten auf dich warten.

Machst du aus deinem Vorhaben eine liebevolle Frage, so hat deine innere Weisheit einen Anknüpfungspunkt, auf den sie sich richten kann, die leuchtende Essenz deines Retreats: »Weshalb mache ich dieses Retreat? Um dieser Sehnsucht, dieser Frage willen.« Dein Vorhaben ist ein Anker, auf den du zurückgreifen kannst, wenn du dich verloren fühlst und dein Alltagsleben vermißt, wenn du Angst oder Schuldgefühle hast und dir wie der größte Egoist vorkommst. Es hilft dir, deine Zeit so zu verwenden, daß du etwas davon hast, was vor allem bei Mini-Retreats sehr wichtig ist. Doch ganz gleich, ob du nun fünf Minuten oder fünf Tage zur Verfügung hast, dein Vorhaben hilft dir in jedem Fall, das Beste aus dieser Zeit zu machen.

Es wirkt wie ein Katalysator und spornt dich an, alle Gründe, weshalb du vielleicht doch nicht ins Retreat gehen solltest, beiseite zu schieben. Du kannst dein Vorhaben auch als Schutzschild benutzen, als »Ausrede« sozusagen, als Zweck, den du allzu neugierigen Zeitgenossen unter die Nase reiben kannst. Es lindert die Furcht vor der Leere, die Furcht, die entsteht, sobald wir die Rituale und Ablenkungen unseres Alltagslebens hinter uns lassen und uns der nackten Tatsache stellen müssen, daß wir nun Zeit für uns selbst haben. Halte dich an deine Frage, als sei sie ein persönlicher Stern, der dich über den dunklen Ozean hinweg nach Hause bringt.

WAS EIN VORHABEN NICHT IST

Ein Vorhaben ist kein Ziel, auch wenn du es vielleicht anderen so erklärst. Es gibt höchstens die Richtung an, in die dein Tun laufen wird. Ein Ziel aber ist ein Endzweck, etwas, auf das man alle Anstrengungen hin ausrichtet. Ein Vorhaben ist weniger ergebnisorientiert und hilft dir, im Hier und Jetzt zu bleiben. Wir konzentrieren uns nicht, sondern lassen das Sein sich einfach entfalten. Ein Ziel zu haben bedeutet, getrieben zu sein, den Blick immer auf die Zukunft zu richten, dieses Ziel erreichen zu wollen, es schaffen zu müssen, alles richtig zu machen. Dein Vorhaben als Ziel zu formulieren würde den ursprünglichen Zweck zunichte machen. Es würde dich aus dem Zustand des Seins herausholen und ins Tun zurückschleudern. Das englische

Wort für »Vorhaben«, *intention,* hat seine Wurzeln im lateinischen *intendere,* was bedeutet: »sich nach etwas strecken«. Marion Woodman und Elinor Dickson schreiben in *Dancing in the Flames:*

»Unser Vorhaben führt uns vielleicht nicht direkt zu einem erleuchteten Herzen, aber es verleiht unseren Erfahrungen Sinn und ist offen für Informationen aus unseren bewußten und unbewußten Anteilen.«

Dein Vorhaben sollte dich weder zu hochgespannten Erwartungen noch zu vollgestopften Zeitplänen verleiten. Beides würde deine Intuition in eine Zwangsjacke stecken, deine Kreativität ersticken und dein ewig schnatterndes Ego fördern. E. A. Miller schreibt in ihrem Essay »Equipment and Pretense« in *Solo,* daß sie dachte, sie müsse mindestens ein Wunder erleben, um sich die Tiefe ihrer Erfahrung in der Einsamkeit zu beweisen, wie »die Stimme meiner (vor fünf Jahren verstorbenen) Mutter zu hören, die mich für meine Unabhängigkeit lobte, die ganze Nacht wach zu bleiben, um in den Morgenstunden ein von Inspiration getragenes Meisterwerk niederzuschreiben, oder mich am Lagerfeuer an ein Versprechen zu erinnern, das ich vor langer Zeit abgelegt und seither vergessen hatte, nämlich mein Leben den Armen zu widmen.« Je mehr du dich von deinen Erwartungen fesseln läßt, um so stärker wird in dir die Stimme, die fragt: »Tue ich das Richtige?« oder »Ist jetzt schon etwas passiert?« und »Warum ist bis jetzt noch nichts geschehen?« Solche Fragen blockieren bloß das Nach-innen-Kommen, sie hemmen dein Vertrauen in die Tatsache, daß das, was geschieht, genau das ist, was du jetzt brauchst. Wie die Anthropologin Angeles Arrien es so schön ausgedrückt hat: »Öffne dich für die Ergebnisse deines Handelns, aber laß dich nicht davon leiten.« Hältst du dein Vorhaben einfach, so daß es bestimmte Auswirkungen zwar fördert, jedoch nicht erzwingt und dich nicht zu übertriebenen Erwartungen verleitet, gehst du der Enttäuschung aus dem Weg und kannst die Früchte deines Retreats ungehindert ernten.

Veränderungen in Geist und Seele sind sehr subtil und brauchen manchmal Jahre, um zum Tragen zu kommen. Es geschieht fast immer etwas, wenn du ein Retreat machst. Fast immer gibt es neue Einsichten und tiefen Segen. Doch diese Dinge sind auf den ersten Blick oft schwer erkennbar, ja kaum auszumachen. Kannst du akzeptieren, daß der Rückzug von der Welt für dein Wohlbefinden ganz wesentlich ist und daß seine Bedeutung sich einfach im Lauf der Zeit zeigen wird, in der Fragen gelebt werden, in der Hinwendung nach innen geschieht, ohne krampfhaft nach einer Antwort zu suchen?

Mein Vorhaben

Siehe: *Schwierig-
keiten im Retreat*

Ich habe damit durchaus meine Schwierigkeiten, gerade weil ich Mutter bin, was bedeutet, daß ich selten und wenn, dann wenig »freie« Zeit habe, sie für mich also ungeheuer kostbar ist. Mache ich auch das richtige Retreat? Finde ich den richtigen Ort? Werde ich alles richtig machen? Das lautstarke Poltern der Sorgen in meinem Hinterkopf ist wie eine atmosphärische Störung, der ich immer erst entkommen muß, bevor ich mir selbst erlauben kann, mich in die Einsamkeit zurückzuziehen. Ich habe den Verdacht, daß diese Gedanken − wie Nebelwände − nur dazu da sind, mich von meinen Gefühlen abzutrennen und mich daran zu hindern, daß ich mich der Erfahrung öffne. Es ist so viel einfacher und vertrauter, sich Sorgen und Enttäuschungen hinzugeben, als sich dem Leben zu öffnen. Wenn ich auf meine Erwartungen höre, vernehme ich die Stimmen anderer Menschen oder die Teile meines Selbst, die bereits Schaden genommen haben und deshalb hinterhältig an mir herumnörgeln. Höre ich auf diese Stimmen, dann verliere ich den Kontakt zu meinem Innenleben und richte mich zu sehr nach außen. Ich verliere die Essenz meines Retreats. Am Ende bin ich erschöpft und voller Angst, statt ausgeruht und wie neugeboren daraus hervorzugehen.

Mach es so einfach und entspannt wie möglich. Ein bestimmtes Ergebnis zu erhoffen ist in Ordnung. Es jedoch zu erwarten, zu planen oder zu verlangen schadet dir nur. Bleib offen für das Geheimnis.

Wie du dein Vorhaben ausarbeitest

Lies die nachfolgenden Sätze und vervollständige sie. Schreib dabei auf, was immer dir in den Sinn kommt. Nimm dir soviel Zeit wie möglich, und versuch nicht, die Ergebnisse zu kontrollieren. Mir hilft es, einen Kurzzeitwecker auf zwei Minuten einzustellen und während dieser Zeit einfach los- und immer weiter zu schreiben, um die Sätze − einen nach dem anderen − zu vervollständigen. Mach diese Übung auch, wenn du dir nicht sicher bist, ob du überhaupt jemals ein Retreat machen möchtest oder wann, für wie lange und wo. Wir bewegen uns hier im unberührten Raum des Möglichen. Hier zählt es nicht, daß du glaubst, keine Zeit zu haben, weil du drei Kinder unter fünf hast, oder daß du noch nie etwas gemacht hast, was dem hier auch nur entfernt ähnelt. Und auch nicht, daß du jeden Tag Zazen machst und schon über 200 Retreats hinter dir hast. Hier geht es darum herauszufinden, was du genau in diesem Moment wirklich brauchst. Pioniergeist. Alles ist möglich. Für fünf Minuten.

Mein Vorhaben
Nutz diese Übung
vor allem zu Be-
ginn eines Mini-
Retreats. Sie hilft
dir, ruhiger zu
werden und dich
zu konzentrieren.

- Wenn ich jetzt das Wort *Retreat* höre, denke und fühle ich . . .

- Was ich in einem Retreat jetzt am liebsten hätte, ist . . .

- Was ich an einem Retreat am meisten fürchte, ist . . .

- Was ich mir von einem Retreat erhoffe, ist . . .

Stell dir diese Sätze wie ein Netz vor. Am Anfang wirfst du es aus, weit und schnell, um so viele Fische wie möglich zu fangen, aber wenn du es wieder einziehst, wird nur der dickste Fisch darin hängenbleiben: deine Frage, dein Vorhaben.

Lies, was du geschrieben hast. Was fällt dir auf? Was jagt dir einen Schauer über den Rücken, einen angenehmen, positiven Schauer? Welche Gedanken kehren immer wieder? Frag dich selbst, während du liest: »Welche Frage gibt es jetzt in meinem Leben?« Oder: »Was ist mir jetzt am allerwichtigsten?« In *Der vierfache Weg* fragt Angeles Arrien sich, was jetzt in diesem Augenblick für ihr Leben »Herz und Sinn« hat. Kreis die Begriffe ein, die dich anmachen, sich dir aufdrängen, an dir zerren. Kannst du ein bestimmtes Thema ausmachen? Willst du es?

Nun nimm die Worte, die du eingekreist hast. Wie fügen sie sich zu einer positiven, dich magisch anziehenden, *einfachen* Frage? Vielleicht hilft es dir, diesen Satz zu vervollständigen:

- In diesem Retreat möchte ich mich fragen, . . .

Was geschieht jetzt? Was fängst du nun mit deinem Vorhaben an? Das hängt natürlich davon ab, wie du dich fühlst. Womöglich bist du gut gelaunt, weil du nun sicher weißt, was du brauchst. Die Frage hat dir nur gezeigt, was du ohnehin schon wußtest. Dann geh über zum nächsten Kapitel. Vielleicht haben diese Übung und die Gedanken, die dabei auftauchten, dich auch völlig überrascht. Um so besser! Du hast einen inspirierenden Weg vor dir.

Vielleicht wird dir aber auch alles zuviel. Du bist wütend und frustriert, weil dein Bedürfnis nach Rückzug geweckt wurde und du keinen Weg siehst, es zu erfüllen − zumindest in den nächsten 1 000 Jahren nicht. Wenn du jetzt im Augenblick dieses Gefühl hast, dann hör auf zu lesen, und tu etwas, was dich von innen her zutiefst aufbaut: Hol dein altes Fahrrad aus dem Schuppen,

Siehe: *Wie lange?*

oder stell weiße Kerzen in deinem Badezimmer auf, und leg dich dann gemütlich in die Wanne, während sie auf dich herabfunkeln.

Und wenn dir bei dieser Übung einfach nichts eingefallen ist? In einem Frauenretreat gibt es nur sehr wenige Regeln, aber dies ist eine davon: Mach dir keinen Streß! Dieses Vorhaben soll ein Hilfsmittel für dich sein. Wenn dir jetzt keines einfällt, dann denk eine Weile nicht mehr daran. Es geschieht häufig, daß man ein Retreat beginnt, ohne die geringste Idee zu haben, wozu man es eigentlich macht, und plötzlich – nach ein paar Minuten oder Stunden – tritt unser Vorhaben sonnenklar zu Tage. In einigen traditionellen Retreatformen werden Vorsätze sogar absichtlich vermieden. Es heißt, daß sie den eigentlichen Zweck des Retreats, die Suche nach spiritueller Führung, auch verhindern können. Findest du, ein Retreat ohne ein bestimmtes Vorhaben wäre besser für dich? *Wenn du dir keinen Vorsatz sozusagen als Leitlinie gibst, dann ist es um so wichtiger, daß dein magischer Kreis, den du dir aus Einsamkeit und Ritualen erschaffst, auch wirklich funktioniert!*

Siehe: *Dein Eröffnungsritual* und *Wo mache ich mein Retreat?*

Willst du diese Übung einfach nicht machen – auch gut. Wenn du vorgegebene Fragen haßt, erfinde deine eigenen. Sie zählen genauso. Und wenn du Übungen an sich nicht magst, dann finde dein Vorhaben, indem du entscheidest, was du als erstes tun willst. Blättere das Buch durch, und schau, ob dich irgendeiner der Retreat-Vorschläge anspricht und welchem Zweck er dient. Lies das Kapitel »Und was soll ich tun?«, vor allem den Abschnitt »Die Qual der Wahl«. Womöglich lebst du auch allein und kannst dir überhaupt nicht vorstellen, warum jemand ein Retreat macht, um endlich allein zu sein. Schmökere ein bißchen in den Abschnitten »Die vier Zweige des Retreat-Baums« und »Das Retreat mit anderen Menschen« im Kapitel »Wie lange?« Es gibt nicht nur einen Weg, um herauszufinden, weshalb du jetzt ein Retreat brauchst. Dessen bin ich mir ganz sicher. Ich bin auch sicher, daß das einzig wirklich Wichtige ist, daß du Zeit für dich selbst findest und dir zuhören kannst. Wenn eine Frage oder ein Vorsatz dir dabei nicht hilft, dann laß es einfach.

Manchmal ist es tröstlich zu wissen, daß du im Retreat bist, um über deine Frage nachzudenken, *nicht weil du die Antwort schon weißt*. Du mußt nicht einmal die Wege kennen, auf denen du dein Thema erkundest. Es tut gut zu wissen, daß außer dir keiner dein Vorhaben kennt. Als Rhonda ihre Frage suchte, schrieb sie in ihr Tagebuch: »Und was ist, wenn meine Frage nicht gut genug ist?« Kein Vorhaben ist besser, großartiger, spiritueller oder mehr auf Veränderung ausgelegt als ein anderes. Wir sind in einer auf Wettbewerb ausgerichteten Gesellschaft aufgewachsen. Deshalb vergleichen wir uns ständig mit anderen, sogar im Retreat. Wenn solche Gedanken in dir entstehen, frag dich: »Gut genug für wen?« Oder: »Wer beobachtet mich?« Dein Vorhaben ist der Punkt, von dem deine Selbsterforschung ihren Ausgang nimmt. Es ist kein Maßstab, dem du genügen mußt. Du mußt hier auch nichts schaffen oder zu Ende bringen, du mußt keine Antworten finden. Denk immer daran: Es ist ein Vorhaben, kein Ziel. Du kannst dabei gar nicht versagen.

Dein Thema ist auch nicht in Stein gemeißelt. Häufig beginnt man ein Retreat mit einer bestimmten Frage, die sich dann während des Retreats verändert und genauer wird. In der Nacht vor ihrem Samstags-Retreat arbeitete Sandy für sich folgende Frage aus: »Wie kann ich einen Anker für meine innere Stärke finden und mein wahres Selbst kennenlernen?« Im Laufe des Tages veränderte sich dann die Fragestellung in: »Wie kann ich meine Selbstliebe vertiefen und lernen, mich zu achten und mir gutzutun?« Der Unterschied scheint geringfügig, aber dieser Prozeß des Feilens kann wie eine Erleuchtung wirken, wie ein strahlendes Licht, das sich plötzlich in deinem Herzen entfacht. Susan z. B. formulierte während eines Brainstormings folgende Vorhaben: »Mein Leben braucht neue Impulse. Welche?« Und: »Was soll ich in meinem Leben als nächstes anpacken?« Doch schon früh während ihres Ein-Tages-Retreats fiel ihr auf: »Meine Vorhaben drehen sich beide darum, etwas zu tun oder fertigzubringen, das genaue Gegenteil von dem, wonach ich mich eigentlich gesehnt habe. Ich mußte erst zur Ruhe kommen, um zu sehen, daß meine wirkliche Frage für dieses Retreat eine andere war: >Wie kann ich Ruhe finden und mit meinem inneren Selbst oder meinem Höheren Sein in Verbindung bleiben?<«

Überprüf während deines Retreats immer mal wieder dein Vorhaben. Stell dir folgende Frage: »Hat dieses Thema immer noch Bedeutung für mich?« Vielleicht kannst du auch spontan etwas schreiben oder malen, was dir hilft herauszufinden, worum es in deinem Retreat wirklich geht. Manchmal enthüllt sich dein wahres Vorhaben erst im Laufe des Retreats, und du erkennst erst am Ende, was das Thema deines Rückzugs in die Einsamkeit war! Das liegt daran, daß Retreats wie spiralförmige Wege sind, die dich immer wieder an die gleichen Punkte führen. Achte auf das, was am Ende herauskommt: Dies ist der fruchtbare Boden für zukünftige Retreats.

Möglicherweise findest du auch mehr als ein Vorhaben. Mein persönliches Retreat-Motto ist zwar: »So einfach wie möglich«, aber wenn du gerne mit

Siehe: *Die Praxis des Zuhörens* und *Schwierigkeiten im Retreat*

mehreren Fragen arbeiten möchtest, dann tu es, und laß dich nicht davon abhalten. Bei längeren Retreats kann es hilfreich sein, ein allgemeines Vorhaben zu formulieren und dann für jeden Tag eine besondere Frage zu stellen, damit du deinen Anker nicht verlierst. Du kannst auch zwei Themen auswählen, die einander ergänzen wie: »Wie kann ich mir selbst und anderen besser zuhören?« Und: »Wie kann ich lernen, die dunklen, schroffen Klippen in mir zu lieben?«

In jedem Fall soll diese Übung als eine Art Zauberstab dienen, der deine Vorstellungskraft in Gang bringt. Dein Vorhaben soll dir deinen Weg leuchten. Laß es nicht zur Zwangsjacke für deine innere Weisheit, zu einem bloßen »Ich muß« verkommen.

RETREAT-THEMEN ANDERER FRAUEN

Vielleicht ist es ja ganz nützlich, wenn du siehst, welche Vorhaben andere Frauen für sich gefunden haben. Manche von ihnen haben bereits Retreats gemacht, andere nicht.

Ich will mich mit folgender Frage auseinandersetzen:

> Kann ich mir erlauben, mich zu entspannen und einfach zu sein?

> Wie kann ich mich selbst mehr lieben?

> Was kann ich als nächstes für mein spirituelles Wachstum tun?

> Wie kann ich meine innere Fülle in mein Arbeitsleben einbringen?

> Ist dies für mich der richtige Ort zum Leben?

> Ist diese Beziehung gut für mich?

> Wie kann ich in meinem Leben mehr Zeit für mich schaffen?

> Wie kann ich mehr ich selbst sein – als Mutter, Ehefrau und im Beruf?

> Wie kann ich Frieden mit meinem Körper schließen?

Wie kann ich gleichzeitig Mutter und Künstlerin sein?

Wie kann ich wieder kreativer werden?

Wie kann ich meinem Leben mehr Licht, mehr Gesundheit verleihen?

Was will meine chronische Krankheit mir sagen?

Wie kann ich lernen, zu akzeptieren, daß niemand vollkommen ist – weder ich noch andere Menschen?

Wie kann ich die Traurigkeit, die ich empfinde, auflösen?

Warum ertrage ich mein Leben nicht mehr?

Wie sieht meine Beziehung zu Gott im Augenblick aus?

Was wird im nächsten Lebensdrittel für mich hilfreich sein?

Wie kann ich lernen, mit Krebs zu leben?

Wie kann ich diese zu Ende gegangene Beziehung loslassen?

Wie kann ich mich von meiner Erschöpfung erholen?

Wie kann ich darum trauern, daß ich nicht schwanger werden kann?

Wie kann ich damit aufhören, mich aller Welt verpflichtet zu fühlen, nur mir selbst nicht?

Wie kann ich meinen 33., 45., 50., 61., 80. Geburtstag feierlich begehen?

Wie kann ich lernen, mich allein wohl zu fühlen?

Was mag ich an mir, und wie kann ich es würdigen?

Soll ich diese Bindung festigen, indem ich eine Ehe eingehe?

Wie kann ich lernen, meine innere Stimme zu hören und sie zu achten?

Mein Vorhaben

Wie kann ich mein eigenes Leben leben, ganz aus meiner Mitte heraus?

Wie kann ich in meinem Leben Strukturen schaffen, die es mir erleichtern, mich selbst mit Liebe und Achtung zu behandeln?

Wie kann ich die Richtung ändern, in die mein Leben sich bewegt?

Wie kann ich lernen, das Alleinsein zu mögen?

Siehe: *Verschiedene Retreat-Vorschläge.* Dort findest du Tips.

Wie du siehst, sind die Gründe, warum Frauen ins Retreat gehen, genauso vielfältig wie sie selbst. Einige Fragen sind besser geeignet für lange Retreats, andere für ein oder mehrere Mini-Retreats. Wenn du es also bisher noch nicht getan hast, dann nimm dir jetzt ein paar Minuten Zeit, um dein Vorhaben herauszuarbeiten. Hör auf deine Herzenswünsche. Und weis einen Gedanken nicht gleich von dir, nur weil er dir im Moment unmöglich erscheint. Hab den Mut zu hoffen. Und trau dich, die Dinge so einfach wie möglich sein zu lassen. »Wie kann ich mich entspannen und einfach sein?« ist als Frage wirklich super, ein wunderbarer Ausgangspunkt, zu dem du immer wieder zurückkehren kannst.

Auf jeden Fall sollte dein Vorhaben zu dem Zeitraum passen, den du dir für dein Retreat vorgenommen hast. Selbst wenn du am liebsten einen Monat damit verbringen würdest, dich zu fragen, wie du deinen ersten Roman am besten anpackst, kann es doch sein, daß du nur ein verlängertes Wochenende für dich hast. Dann ist es sinnvoll, dein Vorhaben etwas enger zu fassen. Andererseits solltest du darauf achten, daß du dir nicht Möglichkeiten nimmst, nur weil du im Moment Angst hast und dir alles zuviel wird. Ein Thema für ein Retreat festzulegen heißt, einen Dialog zu führen zwischen dem, was realistisch und erreichbar scheint, und dem offenen Feld der Möglichkeiten. Liegt dir dein großes Thema am Herzen, dann vertrau dir selbst, auch wenn du glaubst, nicht genügend Zeit dafür zu haben, denn im Grenzreich der archetypischen Zeit sind drei Stunden, ein Tag oder zwei Tage manchmal so lang wie ein ganzes Leben. Sie können dir all die Bilder, Gefühle, Offenbarungen schenken, die du brauchst.

Hast du aber das Gefühl, daß die Umstände deines Retreats nicht günstig sind, um dein Vorhaben zu verwirklichen, dann solltest du deine Erwartungen überprüfen. Denk daran, daß du dein Retreat immer zu einem anderen Zeitpunkt machen kannst. Und sag dir auch: »Ich bin dort, wo es für mich am besten ist. Ich tue das, was für mich am besten ist.«

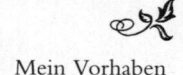
Du kannst Jahre mit einem Retreat-Thema zubringen. Um bestimmten Fragen vollkommen auf den Grund gehen zu können, braucht man häufig mehrere Retreats. Vielleicht gibt es ja auch ein Thema, auf das du immer und immer wieder zurückkommst.

GESCHICHTEN

Hier ein Beispiel aus meinem Retreat-Leben. Ich arbeitete dieses Thema für mich aus, als ich ein paar Tage ohne meine Tochter Lilly plante – zum ersten Mal, seit sie geboren war.

- Wenn ich das Wort *Retreat* höre, denke ich an . . . die Natur; Alleinsein in einer Hütte auf einem Gipfel des Big Sur oder in den Bergen von New Mexico; ich bin traurig, ängstlich, aufgeregt; mir ist nach Weinen; ich spüre den Wunsch, allein zu sein, aber trotzdem einen Lehrer zu haben; Yoga, Mountain-Bike-Fahren, ich denke daran aufzuatmen; keine Schuldgefühle; irgendein Ziel; wunderbares, gesundes Essen, das für mich gekocht wird.

- Was ich in einem Retreat jetzt am liebsten hätte, ist: umsorgt zu werden; in eine tiefe spirituelle Stille geleitet zu werden; die gute Mutter in mir kennenzulernen; wirklich von Grund auf aufgebaut zu werden.

- Was ich in einem Retreat am meisten fürchte, ist: meine Zeit zu verschwenden; mich von mir oder jemand anders antreiben zu lassen; keinen inneren Antrieb zu haben und meinen Geist zügellos in alle Richtungen rennen zu lassen.

- Was ich mir von einem Retreat erhoffe, ist: Ich möchte mit meinem innersten Wesen in Kontakt kommen; ich möchte mich im *kairos* aufhalten, der Zeitlosigkeit der alten Griechen; fähig sein, vollkommene Ruhe zu erlangen; weder von innen noch von außen gestört werden. Siehe: *Wie lange?*

Ich las also, was ich geschrieben hatte, und fragte mich dann: »Was ist für mich jetzt das *Allerwichtigste*?« Nun übernahm meine Intuition die Führung. Ich versuchte, ihr so wenig als möglich im Weg zu sein und nichts zu forcieren oder zu kontrollieren. Ich spürte, wie die Antwort in mir wuchs, nicht in Worten, mehr in einem Gefühl für das, was mir fehlte . . . Ich sehne

mich danach, wirklich umsorgt zu werden und Unmengen von Zeit für mich zu haben, ohne ständig unterbrochen zu werden. . . . Ich sehne mich nach Einsamkeit und der Natur. . . . Hmmm . . . Nun formt sich allmählich meine Frage:

Ich möchte mich in diesem Retreat fragen: Wie kann ich mich wirklich und wahrhaftig um mich selbst kümmern?

Wie du siehst, war mein Thema für ein Retreat nicht zu weit gefaßt und ließ trotzdem Raum für vieles. Es schreckte mich nicht ab, erweckte keine zu hohen Erwartungen, sondern lud mich ein, es mit Sinn zu füllen und während des Retreats von ihm erfüllt zu werden. Es war offen für Fragen, für Brainstorming − wie kann ich dieses Bedürfnis erfüllen? Es machte mich neugierig, aufgeregt, ein bißchen nervös. Im großen und ganzen eine angenehme Mischung aus Herausforderung und Sicherheit. Wie du vielleicht bemerkt hast, hätte aus dem, was ich zunächst geschrieben hatte, auch eine Menge anderer Themen hervorgehen können. Deshalb habe ich weiter gefragt und gesucht − nach dem, *was mir in diesem Moment* am meisten fehlte.

Die beiden letzten Fragen halfen mir, mir darüber klar zu werden, was ich nicht wollte und was ich von meinem Retreat haben wollte. Gleichzeitig aber zeigten sie klar die Erwartungen und Ängste, denen ich mich im Retreat würde stellen und die ich würde loslassen müssen.

Das nächste Beispiel stammt von Pam. Pam ist Ende 30, hat zwei Kinder und besitzt ein kleines Geschäft. Sie hatte zu diesem Zeitpunkt keine Ahnung, ob, wann oder wo sie jemals ein Retreat machen würde.

- Wenn ich das Wort *Retreat* höre, denke ich an: eine Hütte in einer natürlichen Umgebung; ich bin allein, trage locker sitzende Kleidung und bin nicht geschminkt; ich bin gleichzeitig ängstlich und erleichtert; fühle einen leichten Druck, mit dieser Zeit auch ja weise umzugehen, um über das, was ich aus meinem Alltagsleben kenne, hinauszugelangen.

- Was ich in einem Retreat jetzt am liebsten hätte, ist: Alleinsein; Wärme; Bequemlichkeit; gesundes Essen; Kontakt mit der Natur; ein Laptop; etwa fünf oder sechs Tage Zeit; Zeit, um alle Knoten zu lösen und in die dunklen Teile meiner Seele zu reisen.

- Was ich an einem Retreat am meisten fürchte, ist: Angst; ich habe Angst, leichtsinnig zu werden; die Einsamkeit so sehr zu lieben, daß die Rück-kehr schmerzhaft wird; ich habe Angst, daß ich − wenn ich mir selbst die Möglichkeit gebe, mein wahres Innenleben zu entdecken und auszu-drücken − am Ende nur feststellen werde, daß ich dazu nicht begabt genug, nicht geschickt genug bin.

- Was ich mir von einem Retreat erhoffe, ist: Ich würde gerne Kontakt zu mir ganz allein aufnehmen, zu meinem kreativen, meinem emotionalen, meinem körperlichen Selbst; ich würde gerne schreiben, um mich auf diese Weise selbst zu entdecken.

- In diesem Retreat möchte ich mich fragen: Warum bin ich so unsicher, was meine kreativen Fähigkeiten betrifft? Wie kann ich lernen, meiner inneren Stimme zu vertrauen? In diesem Retreat möchte ich Dehnübun-gen für meinen Körper machen und seinen Tages- und Nachtrhythmus genauer beobachten.

Nun bist du an der Reihe. Drück aus, wonach du dich im stillen sehnst. Form dieses Frage- und Antwortschema so um, daß es dir gerecht wird. Du wirst dazu nicht lange brauchen. Und es ist wunderbar, dem, was du suchst, einen Namen zu geben. Plötzlich paßt alles, die Helfer erscheinen, und Einsichten werden dir gleichsam aus heiterem Himmel zuteil. Komm! Du kannst es genausogut jetzt gleich tun!

Für Retreatteilnehmer mit Erfahrung

Du mußt vor allem darauf achten, daß du das richtige Maß findest, wenn du dein Retreat-Thema festlegst. Du solltest es dir nicht zu bequem machen (und nur das wiederholen, was du ohnehin schon hundert Mal gemacht hast), aber auch nicht zu viel von dir verlangen, weil du denkst, daß ein dreitägiges visionäres Fasten oder zehn Tage Schweige-Meditation nicht mehr ausreichen, um dich spirituell weiterzubringen. Du mußt zurück zu deinen Wurzeln gehen. Was hat *jetzt* für dich Sinn? Gerade wenn du bereits Retreats gemacht hast, die du nicht selbst organisiert hast, solltest du darauf achten, welche Erwartungen an Ablauf oder Unterstützung diese Erfahrun-gen mit anderen Personen oder Retreatzentren in dir geweckt haben. Es ist eine Sache, in einem Kloster aufzutauchen und dort sofort in die Wärme absoluter Stille gehüllt zu werden, und eine andere, diese Stille in deinem Heim zu schaffen. Beides ist gleich wertvoll, aber doch sehr verschieden.

WIE LANGE?

»Die viele freie Zeit, die Mönche zu haben scheinen, ist nicht das Privileg einiger weniger, die es sich eben leisten können, sich Zeit zu nehmen; es handelt sich dabei vielmehr um eine Tugend, die Tugend nämlich, jedem Tun die Zeit angedeihen zu lassen, die es braucht.«
David Steindl-Rast

Nimm dir diese Worte zu Herzen, wenn du anfängst, darüber nachzudenken, wann und für welchen Zeitraum du deine innere Einkehr planst. Auch Kathleen Norris, benediktinische Laienschwester und Schriftstellerin, die zwei neunmonatige Retreats in der St. Johns Abbey in Collegeville, Minnesota, gemacht hat, schreibt etwas Ähnliches in *The Cloister Walk*:

»In unserer Kultur erscheint die Zeit oft wie ein Feind. Sie verschlingt uns und spuckt uns wieder aus − und das mit erschreckender Leichtigkeit. Im Kloster gilt Zeit als Geschenk Gottes, als etwas, das man gut nutzen muß, statt sich selbst davon auffressen zu lassen. Eine meiner Freundinnen, die von Benediktinerinnen erzogen worden war, erklärte mir einmal, daß sie ihnen ihre gesunde Einstellung zum Thema ›Zeit‹ verdanke: ›Du kannst im Leben sowieso nichts vollenden‹, sagte sie. ›Das ist zwar demütigend und frustrierend, aber gleichzeitig auch in Ordnung.‹«

Wie wäre es also, wenn du deine Retreat-Erfahrung nicht mit der Frage beginnen würdest, wieviel du in der Zeit anfangen kannst, die dir zur Verfügung steht, sondern dich im Gegenteil fragen würdest: »Wieviel Zeit brauche ich für mein Vorhaben?« Gut, auf diese Frage gibt es vielleicht keine Antwort. Trotzdem ist sie es wert, gestellt zu werden. Wir bringen unser halbes Leben damit zu, die Dinge, die getan werden müssen, in den Zeitraum zu stopfen, den wir haben. Wir machen Witze und meinen, daß die Arbeit weniger wird, wenn wir weniger Zeit dafür haben. Aber ist das denn wirklich wahr? Oder haben wir nur Angst davor, was geschieht, wenn wir einer Aufgabe einmal unsere volle Aufmerksamkeit und all die Zeit widmen, die nötig ist? Vielleicht ändert sich damit ja unser Leben, unsere Sicht der Dinge. Möglicherweise werden wir traurig oder wütend darüber, daß wir so wenig Zeit sinnvoll verbringen. Was könnte geschehen, wenn du − nur dieses eine Mal − deine Bedürfnisse an die erste Stelle setzt und deine Zeitprobleme an die zweite?

Spiel ein bißchen mit dieser Idee: »Wenn ich alle Zeit der Welt für mein Retreat hätte, wie lange würde ich wegbleiben wollen?« Und erlaub dir, die Antwort zu vernehmen.

Bevor du nun in Panik ausbrichst, solltest du dir dieses Paradoxon einmal zu Gemüte führen: Gelingt es dir, in die Art von Zeit einzutreten, die T.S. Eliot in den *Vier Quartetten* beschreibt, so wirst du nicht viel von unserer zählbaren Zeit brauchen:

> Augenblick, den Augenblick in und außer der Zeit,
> Den Wachtraum, verloren im Sonnenstrahl,
> Den ungesehenen Thymian, das Wetterleuchten im Winter,
> Den Wasserfall oder Musik, so innig gehört,
> Daß sie nicht gehört wird, weil man selbst die Musik ist
> Solange sie forttönt.

Befindest du dich im Retreat erst im Grenzzustand, dann ist die Frage der Zeit nicht mehr so wichtig. Du gehst in den magischen Raum der Zeitlosigkeit über, den die alten Griechen *kairos,* Moment der Glückseligkeit, nannten. Dort versuchst du nicht mehr länger, deinem inneren Selbst zuzuhören, nein, du lebst, du *bist* dein inneres Selbst. Wenn du erst dort bist, dann zählt es nicht mehr, wieviel Zeit du zur Verfügung hast. Du wirst nicht einmal merken, wie sie vergeht.

Außerdem ist die Länge eines Retreats kein Maßstab für die Tiefe der damit verbundenen Erfahrung. Wenn du zu dem, was du jetzt erlebst, von ganzem Herzen »ja« sagen kannst, dann ist jede Minute, die du erübrigen kannst, bereits genug.

Stell dir selbst diese Frage: Wenn jetzt jemand ins Zimmer käme und dir sagen würde, daß du nur noch ein Jahr zu leben hättest, würdest du dann immer noch ein Retreat machen wollen?

Dies ist deine Probe aufs Exempel. Glaub nicht, daß das abgedroschen ist! Das stimmt einfach nicht!

Ja oder nein: Würdest du dieses Retreat machen? Keine Ausreden.

Wenn du jetzt »nein« sagst, solltest du vielleicht das Kapitel »Mein Vorhaben« noch einmal durchgehen und dich von neuem fragen: »Was hat jetzt für mich

Sinn? Was spricht mich am meisten an?« Womöglich möchtest du auch erst einmal ein Mini-Retreat machen, sozusagen um auf den Geschmack zu kommen. Oder du legst das Buch lieber mal für eine Weile weg. Du könntest auch deine Vorstellung von einem Retreat etwas erweitern – vielleicht möchtest du ein Retreat mit Freunden, Kindern, deiner Familie oder deinem Partner machen.

Wenn die Antwort hingegen »ja« lautet, wenn du auf jeden Fall gehen würdest, auch wenn du nur noch ein Jahr zu leben hättest, dann ist es nun an dir, diesen Traum zu verwirklichen. Und glaub mir, du wirst Mittel und Wege finden.

Bevor du nun dieses Buch wütend in die Ecke feuerst, weil ich mich offensichtlich für die Retreat-Päpstin in Person halte und von all deinen Zeit- und Energieproblemen überhaupt keine Ahnung habe, überleg dir bitte erst einmal, daß du von den vier unten vorgestellten Retreat-Arten wahrscheinlich die kürzesten am häufigsten machen wirst. Lange Retreats sind ungeheuer wichtig. Ich möchte dich wirklich ermutigen (ja auf Knien anflehen), dir hin und wieder Zeit für ein langes Retreat zu nehmen. Aber wenn du eben nur die halbe Stunde Zeit im Auto hast, bis das Fußball-Training deines Sohnes vorbei ist, oder eine Stunde für dich am Samstagnachmittag, wenn keiner zu Hause ist, oder gar nur deine zehn Minuten Arbeitspause, dann paßt ein Retreat auch da hinein. Ein Retreat muß keine große Sache sein, nichts Kompliziertes jedenfalls. Es hat auf jeden Fall die Kraft, deine Sicht der Dinge zu verändern oder dir gutzutun. Und wenn es dabei keinen Kampf gibt, ist trotzdem alles in Ordnung mit dir! Für bestimmte Frauen und zu bestimmten Zeiten ist es nicht schwierig, Zeit für ein Retreat zu finden. Wenn das bei dir der Fall ist, dann freu dich darüber! Gibt es aber Kämpfe und empfindest du es als Herausforderung, so laß mich dir sagen, daß das erste Retreat bei weitem am schwierigsten zu bewerkstelligen ist. Bald jedoch wird dir der Rückzug in deine innere Welt zu einer tief verwurzelten Gewohnheit, zu einem Akt der Selbstliebe werden.

DIE VIER ZWEIGE DES RETREAT-BAUMS

Du wirst im Laufe deines Lebens viele verschiedene Arten finden, innere Einkehr zu halten. Du wirst Retreats mit einem Lehrer machen oder Gruppenretreats. Du wirst Rückzüge erleben, die dich beruhigen, und solche, die

dich fordern. Doch die vier grundlegenden Arten von Retreat bleiben immer gleich: lange und kurze Retreats, Retreats mit anderen Menschen und solche in der Welt draußen.

Das lange Retreat

»Dies ist der Ort, den ich bei jedem Retreat immer wieder einnehme. Ich erkenne darin eine Kindheitserinnerung. . . . Es war Ostern, und ich hatte Geburtstag. Mein Vater hielt mich hoch in die Luft und sagte: >Schau dir die Welt an!< Diesen Augenblick suche ich in all meinen Retreats. Dieses tiefe, tiefe Gefühl von Geborgensein. Ich erkenne, wie klein ich inmitten all der Größe bin und fühle große Freude in mir.«
Marcie Telandar, Therapeutin, Schriftstellerin und Spezialistin für Rituale

Siehe: *Verschiedene Retreat-Vorschläge*

Zwei bis drei Tage — das ist der klassische Retreatzeitraum für Nicht-Geschulte. Zwei unserer ältesten Frauenmythen, der Mythos von Inannas Abstieg in die Unterwelt und das griechische Frauenfest von Thesmophoria, sind beides dreitägige Reisen in die Innenwelt. Das zweitägige Wochenende und der eintägige Sabbath als Zeiträume des Rückzugs von der Welt sind tief in unsere Psyche eingebrannt, vielleicht sogar schon mit unserer DNS verschmolzen.

Der große Vorteil daran ist: Zeit. Du hast Zeit, loszulassen, viel zu wagen, und Zeit, Abstand zu deinem Alltagsleben zu gewinnen. Du wirst staunen, wie lang zwei oder drei Tage sein können, wenn du dich einmal von den Fesseln der Uhr und der Pflichten losgemacht hast und in deinem eigenen Kosmos treibst. Sofort breitet sich die Zeit vor dir aus, wie sie es tat, als du noch ein kleines Kind warst. Sie wird bedrohlich, sobald du Gebiete erreichst, denen du dich bisher nicht zu nähern wagtest. Wahre Wunder geschehen, wenn du »ein bißchen draußen warst«, wie Wüstenindianer das nennen. Auch wenn das »bißchen draußen« bedeutet, daß du zwei Tage lang still in deiner Wohnung verbracht hast.

Der große Nachteil ist ebenfalls: Zeit. Wie genügend Zeit erübrigen? Der andere Nachteil liegt in der Gefahr, allein zu tief zu gehen. Dieses Problem kann entschärft werden, indem du darauf achtest, daß deine selbstgestalteten Retreats genau das widerspiegeln, was dein Leben gerade ausmacht. Wenn dies dein erstes oder dein erstes selbstorganisiertes Retreat ist, dann schneide dir bitte vom Kuchen nur ein Stück in einer Größe ab, die du auch verkraften kannst. Eine Woche allein in der Wildnis ohne Telefon, fließendes Wasser

---

Wie lange?

und ohne Möglichkeit, nach Hause zu kommen, ist vielleicht fürs erste zu viel. Ein sanfterer Einstieg wäre es, ein oder zwei Tage zu Hause zu verbringen und das Telefon einfach abzustellen. Achte bitte genau darauf, daß du dich nicht mit zu strengen Regeln überforderst. Die innere Stimme, die dich leitet, sollte voller Selbstliebe und -achtung sein. Wenn sie dich voller Selbsthaß dazu treibt, immer schneller, besser, stärker zu sein, dann läuft da etwas schief. Empfindest du große Angst vor dem Alleinsein, dann geh in ein Retreatzentrum, oder teil deinen Rückzug von der Welt mit einer Freundin. Fühlst du dich aber stark und erfahren genug, dann trau dich ruhig länger und auch mal ganz allein. Welches Retreat du machst, hängt nicht zuletzt von deinem Vorhaben ab. Je intensiver die Arbeit ist, die es dir abverlangt, um so sinnvoller ist es, für gut greifbare Unterstützung zu sorgen.

Siehe: *Mut: Wie du Unterstützung von anderen bekommst*

Siehe: *Verschiedene Retreat-Vorschläge*

Bestimmte Vorhaben oder Pläne lassen sich besser auf langen Retreats verwirklichen. Um Heilung von äußerster Erschöpfung zu finden oder ganz in die Zyklen der Natur einzutauchen, sind Weite und, wie bei einem langen Retreat, das Gefühl, Zeit im Überfluß zu haben, genauso wichtig wie in Situationen, in denen du eine wichtige Entscheidung zu fällen hast oder dir eine neue Lebensperspektive aufbaust.

Geschichten

Dies ist Sarals Geschichte ihres einmonatigen Retreats:

»Zu meinem 40. Geburtstag wollte ich mir einen Monat lang frei nehmen – keine Arbeit, keine sozialen Verpflichtungen. Mein Mann und meine Freunde gingen damit ganz wunderbar um, obwohl ich glaube, daß nicht einer von ihnen dieses Bedürfnis nach Einsamkeit wirklich verstand. Vierzig zu werden war für mich etwas ganz Besonderes, denn es bedeutete auch, mich ganz bewußt gegen eigene Kinder zu entscheiden, obwohl mir immer klar gewesen war, daß ich wahrscheinlich keine bekommen würde.«

»Als ich zu Beginn dieses Monats ins Retreatzentrum kam, fragte ich meine Betreuerin dort: ›Soll ich schweigen? Was soll ich in diesem Monat denn tun?‹ Sie war großartig und gab mir folgenden Rat: ›Versuch nicht, etwas Bestimmtes zu tun. Nimm dir nur wenig vor. Du mußt auch nicht schweigen. Achte darauf, was jeden Tag geschieht. Bleib im Augenblick.‹ Aufgrund dieses Ratschlags nahm ich zwei Beziehungen zu anderen Menschen auf, von denen vor allem eine mir unendlich viel gab. Ich half einem Mann (einem anderen Retreatteilnehmer), sich seinen Mißbrauchserfahrungen, die er als Kind gemacht hatte, zu stellen. Für diesen Mann war ich wie eine Mutter, was dazu führte, daß ich Mutterliebe empfand – auf eine Art und Weise wie nie zuvor in meinem Leben. Hätte ich mich dem Schweigen gewidmet, wäre mir diese Erfahrung nie begegnet. Was für mich an diesem Retreat am allerwichtigsten war, konnte nur geschehen, weil ich für alles, was kam, offenblieb.«

»Ich stellte jede Woche dieses Retreats unter eine Art ›Unterthema‹. So verbrachte ich die erste Woche damit, meine Tagebücher der letzten 15 Jahre zu lesen und über mein Leben nachzudenken, darüber, wo ich hergekommen war und wo ich hin wollte. Die nächsten beiden Wochen verbrachte ich mit sorgfältig ausgewählten Büchern. Zur Abwechslung arbeitete ich zwischendurch auf dem Feld oder widmete mich anderen Retreatteilnehmern.«

»Viele Tage verbrachte ich schweigend. Ab und zu ging ich aber morgens auch in das kleine Café im Ort, wo ich mich mit mir fremden Menschen unterhielt und dadurch neue Freunde kennenlernte. Obwohl die sozialen Kontakte im Café nicht zu meiner ursprünglichen Vorstellung von diesem Retreat paßten, stellte sich am Ende heraus, daß sie wichtig waren. Außerdem schrieb ich in diesem Café Hunderte von Briefen an meine Freunde, was mir zu Bewußtsein brachte, wie reich an Freundschaft ich war.«

»In der letzten Woche bereitete ich mich auf eine Visionssuche vor: drei Tage schweigend in Meditation, dann 24 Stunden allein im Wald und ohne Schlaf, 24 Stunden, in denen ich nur umherwanderte und meinen Gedanken nachhing. Ein Medizinrad half mir dabei. Nach diesem Schweigeretreat besuchten mich meine besten Freunde – einer pro Tag, an drei aufeinanderfolgenden Tagen – um mit mir den Nachmittag zu verbringen. Dies war meine Art, den Weg zurück in mein Leben zu finden.«

»Der letzte Tag meines Retreats war Halloween oder Samhain – wie die keltische Urform des Fests des Toten heißt. Ich saß am offenen Feuer und feierte so rituell das Ende meines Monats. Ich stieg den Berg wieder hinab, zurück in mein normales Leben. Das Retreat hatte mich unsagbar bereichert. Ich wußte nun, daß Einsamkeit immer ein wichtiger, ja lebensnotwendiger Bestandteil meines Daseins sein würde.«

Wie lange?

Das Mini-Retreat

»Warte nicht auf Ferien oder auf das Wochenende, wenn jedermann außer Haus ist. Einsamkeit ist etwas Wunderbares, aber große Mengen davon sind wie Ballen antiker Seide — so wunderschön, so schwierig zu bekommen, daß man niemals wagt, sie anzuschneiden. So bleiben sie also unberührt liegen, während wir zu uns selbst sagen, daß wir könnten, wenn wir nur wollten.«
Julia Cameron: *The Vein of Gold*

Für manche Frauen ist es fast unmöglich, alles hinter sich zu lassen und wegzugehen. Sie fühlen sich damit einfach unbehaglich. Doch je mehr du zu tun hast und je mehr du anderen gibst, um so wichtiger ist es für dich, deine »Tanks« aufzufüllen. Und hier kommen unsere Mini-Retreats ins Spiel.

Du kannst aus vielen Momenten ein Kurzretreat machen: zehn Minuten im Wartezimmer des Zahnarztes, die halbe Stunde, die du zum Brotbacken brauchst, der Spaziergang im Park während deiner Mittagspause, eine Autofahrt ohne bestimmtes Ziel, eine Radtour oder dein Yogakurs. Alles kann zum Mini-Retreat werden, wenn du nur das archetypische Muster beachtest: der rituelle Rückzug aus dem normalen Leben, der Eintritt in den Grenzzustand, in dem du deinem inneren Selbst lauschen kannst, und die bewußte Rückkehr in den Alltag.

Siehe: *Nimm dein Retreat mit*

Diese kurzen Retreats stellen eine enorme Bereicherung unserer Retreatpraxis dar. In wirklich kritischen Augenblicken können sie uns das Leben retten, so z. B. wenn wir im Krankenhaus am Bett eines kranken Familienmitglieds wachen und nur ein paar Minuten oder Stunden Ruhe finden können. Auch während hektischer Zeiten am Arbeitsplatz, wenn die Termine drängen, an freien (und daher vollgestopften) Tagen oder wenn du erst vor kurzem ein Baby bekommen hast, dann sind Kurzretreats absolut unverzichtbar. Sie können aber auch wie Erinnerungsstücke verwendet werden, die dein Leben mit dem seidenen Hauch der Zwiesprache mit dir selbst durchweben. Vielleicht machst du einmal im Jahr ein organisiertes Retreat, ein weiteres, selbstgestaltetes an einem verlängerten Wochenende und alle paar Wochen ein Mini-Retreat, das dich an die längeren Zeiten der Einkehr erinnert. Im übrigen kannst du auch einem Thema nacheinander mehrere Kurzretreats widmen. Wenn du das tust, solltest du jedesmal dasselbe Eröffnungs- bzw. Abschlußritual durchführen.

Siehe: *Wo mache ich mein Retreat: Ein Retreat zu Hause*

Kann ein Mini-Retreat denn genauso viel bringen wie ein längeres? Natür-

lich! Es stellt zwar durchaus eine Herausforderung dar, weniger Zeit zu haben, um loszulassen und unsere Sicht der Dinge zu ändern, doch häufig wirken Kurzretreats gerade deshalb besser, weil wir weniger Zeit aufwenden, uns weniger Sorgen um unsere Familie machen müssen und während des Retreats die Annehmlichkeiten unseres Heims genießen können. All das macht Mini-Retreats manchmal außergewöhnlich ergiebig.

Geschichten

Dies ist die Geschichte von Jasmine, die Lehrerin in der zweiten Klasse ist:

»In letzter Zeit mußte ich häufig zum Arzt. Ich liebe es, wenn ich allein im Wartezimmer sitze. Statt dort in einer Zeitschrift zu blättern, veranstalte ich ein kleines Retreat. Ich schlüpfe aus meinen Schuhen, lege mir meinen Lieblingspulli über die Schultern und stelle mir vor, ich bin auf den Bermuda-Inseln (wo ich vor etwa einem Jahr war) und fühle mich super. Jedesmal stelle ich mir dieselbe Frage, die meinen Eintritt in den Grenzzustand begleitet: ›Was empfinde ich?‹ Ich suche mir etwas, worauf ich meinen Blick konzentrieren kann, z. B. ein Bild mit Delphinen im *National Geographic*-Magazin, und lasse meinen Geist mit dieser Frage losziehen. Manchmal schreibe ich auch in mein Gebets-Tagebuch oder lese ein bißchen darin herum. Ich achte immer darauf, diese Zeit bewußt abzuschließen, denn einmal habe ich das versäumt und war danach ziemlich abgedreht, konnte nicht mehr richtig fahren usw. Wenn ich die Sprechstundenhilfe kommen höre, mache ich mich bereit. Ich ziehe meine Schuhe wieder an, nehme meinen Pullover runter und sage mir: ›Ich befinde mich in der Praxis von Soundso, bin aber innerlich an einem ganz anderen Ort.‹ Meine Retreat-Zeit ist mir heilig.«

Das Retreat mit anderen Menschen

Hier müssen wir zunächst einmal unterscheiden, ob du mit einer Gruppe arbeiten oder einfach nur jemanden um dich haben möchtest, der dich auf deinem Weg in die Einsamkeit unterstützt. Während eines Gruppenretreats lernst du von einem Lehrer oder du lernst dich selbst durch deine Kontakte zu anderen besser kennen. Das kann dir helfen, in deiner spirituellen Praxis eine neue Ebene zu erreichen oder starre Glaubenssätze dir selbst gegenüber aufzugeben. Bei der Art von Retreat jedoch, die in diesem Buch beschrieben wird, verbringst du den Großteil der Zeit allein. Freunde oder eine kleine

Siehe: *Im Retreat mit anderen Menschen* und *Verschiedene Retreat-Vorschläge: Ein 1tägiges Retreat mit einer Freundin*

Wie lange?

Siehe: *Im Retreat mit anderen Menschen: Der Traumkreis*

Gruppe von Menschen können dich unterstützen oder dir − wenn nötig − zu unterschiedlichen Zeitpunkten des Retreats ein Feedback geben. *Doch das zentrale Anliegen deines Retreats ist nicht das Sein mit und das Lernen von anderen.* Hier steht im Mittelpunkt, daß du lernst, mit dir selbst zu sein und deinem inneren Selbst zu lauschen. Auf diesem Weg der Einsamkeit kannst du dir von anderen helfen lassen. Wie Margret Mead sagte: »In Gruppen halten sich die Menschen gegenseitig fest, sie halten ihre Träume, die Träume jedes einzelnen.«

Um dir ein Beispiel zu geben: Drei Freundinnen fahren miteinander in eine kleine Pension am Meer oder auf einen abgelegenen Campingplatz. Jede hat ihr eigenes Zimmer oder Zelt. Morgens halten Sie einen »Traumkreis« ab, nachmittags meditieren sie zusammen und abends nehmen sie gemeinsam das Abendessen ein. Den Rest der Zeit verbringt jede für sich. Diese Art von Retreat paßt vor allem für extrovertierte Menschen, da es einen guten Mittelweg zwischen der völligen Einsamkeit und dem Aufgehen im Gruppenleben darstellt. Die Gruppe bietet eine Art von Struktur, innerhalb derer du auch mal Blödsinn machen (beim Abendessen) und über deine Erfahrungen mit anderen sprechen kannst (beim Traumkreis). Trotzdem bleibt das Augenmerk jeder einzelnen Frau auf ihr Retreat gerichtet. Du mußt dich nur in sehr geringem Ausmaß auf die Bedürfnisse der Gruppe einstellen und kannst die meiste Zeit tun, was du willst. Wenn du dich aber allein oder ruhelos fühlst, wenn du Angst vor dem Alleinsein hast oder mit jemandem über deine neuen Erkenntnisse sprechen willst, weißt du, daß Gleichgesinnte in der Nähe sind.

Was hat es für Vorteile, mit einer Freundin oder einer kleinen Gruppe ins Retreat zu gehen? Nun, auf deinem Retreat wird nichts geschehen, wenn du dich körperlich und seelisch nicht sicher fühlst. Wenn du Angst vor dem Alleinsein hast oder deine Retreat-Zeit an einem sehr abgelegenen Ort verbringen möchtest, ist es gar keine schlechte Idee, jemanden mitzunehmen. Anna und Sandy z. B. machen häufig zusammen ein Retreat auf dem Big Sur in Kalifornien. Dort wandern sie, jede in Hörweite der anderen, doch ohne miteinander Kontakt aufzunehmen. Auch wenn du dich emotional schwierigen, angsteinflößenden Themen zuwenden möchtest oder ein sehr ausgiebiges Retreat planst, kann es von großem Nutzen sein, wenn dabei jemand in Reichweite ist. Außerdem tauchen in kleinen Gruppen seltener Motivationsprobleme auf. (Die meisten Meditationsretreats sind so organisiert, auch wenn gewöhnlich noch ein erfahrener Lehrer anwesend ist.) Das gemeinsame Ziel kann ungeheure Energien wecken, wenn zwei

oder mehr Leute zusammen ein Retreat machen. Außerdem hast du dann jemanden, mit dem du deine Erfahrungen wieder aufleben lassen kannst, wenn du zurück bist und das Retreat langsam in deiner Erinnerung verblaßt oder du vor einer besonders schwierigen Entscheidung stehst. Und gerade wenn du zum ersten Mal ein selbstgestaltetes Retreat machst, ist es ausgesprochen beruhigend, jemanden zur Seite zu haben, der genau das gleiche tut wie du.

Die Nachteile? Geplapper. Wir Frauen lenken uns oft durch höfliche Konversation ab. Tratsch. Unsere Fürsorge ergießt sich in Small talk. Das ist die große Gefahr, wenn du dein Retreat zusammen mit Freunden oder sogar allein, aber in einem Retreatzentrum machst: Deine Blickrichtung kehrt sich vielleicht von innen nach außen, und du verlierst kostbare Einsichten, weil du zur falschen Zeit unwichtiges Zeug sagst. Das passiert vor allem beim gemeinsamen Essen oder Kochen. Man hackt miteinander Knoblauch und am Ende plaudert man über die Gewichtsprobleme oder den verflossenen Liebsten, statt seinen magischen Raum zu wahren und nach innen zu schauen. Dabei ist das Reden selbst noch nicht einmal der Auslöser; meist ist es eher das Thema der Gespräche oder die Vorstellung, man müsse einer anderen Frau nun »helfen«.

Ein anderer Nachteil liegt darin, daß es dich vielleicht zu sehr einschränkt, auf die Bedürfnisse anderer Frauen Rücksicht zu nehmen oder dich einem Stundenplan zu fügen, wenn du gerade dabei bist, den Sinn für deine eigenen Rhythmen wiederzugewinnen. Außerdem ist es verführerisch, unsere Zeit und Energie der Gruppe oder Freundin zu widmen und uns selbst wieder zu vernachlässigen. Wenn du ein Retreat mit anderen Menschen machst, solltest du dir ständig bewußt machen, wohin du deine Aufmerksamkeit und Energie richtest. Auf diese Art und Weise achtsam zu bleiben bringt dir deine eigenen inneren Abläufe näher, zeigt dir, welche spontanen Entscheidungen du triffst und welche schon hundertfach abgespielten Platten in deinem Kopf unterschwellig ablaufen. Aber das ist natürlich unendlich knifflig.

Geschichten

Eines meiner liebsten Retreats habe ich mit meiner Freundin Barbra geteilt. Wir hatten uns einen Tag freigenommen, um ihn miteinander am Strand zu verbringen – von neun Uhr morgens bis fünf Uhr abends. Wir suchten ein wildes Stück Strand aus, wo sich nur wenige Menschen aufhielten. Unser spontanes Eröffnungsritual sah so aus: Wir zeichneten einen Kreis in den

Wie lange?

Siehe: *Im Retreat mit anderen Menschen: Der Kreis des Zuhörens*

Die Fragen, mit denen wir uns beschäftigten, findest du in: *Verschiedene Retreat-Vorschläge: Ein 1tägiges Retreat mit einer Freundin.*

Sand, dessen Umriß wir mit Muscheln und Kieseln auslegten. Wir schufen eine Art Altar aus Sand und legten dort Dinge nieder, die sowohl für unser äußeres als auch für unser inneres Leben standen. Dann verbrannten wir Salbei und beteten gemeinsam. Wir beriefen einen Kreis des tiefen Zuhörens ein, um über unsere Freundschaft zu sprechen, bauten Figuren aus Sand, schliefen, schwammen, gingen jede für sich oder zusammen spazieren und . . . Die Zeit verging viel zu schnell und unser Abschlußritual war nicht kraftvoll genug, aber das Gefühl, tief miteinander verbunden zu sein, blieb trotzdem bestehen.

Die nächste Geschichte stammt aus Sandy Bouchers Buch *Turning the Wheel. American Women Recreating the New Buddhism:*

»An einem Sommerwochenende kommen in Marin County in Kalifornien Frauen aus den unterschiedlichsten Teilen der USA, z. B. aus Berkeley, Oakland, San Francisco und aus Marin selbst, zusammen, um gemeinsam zu meditieren. Ihre Sitzmeditation machen sie im großen, offenen Wohnzimmer des Hauses, die Gehmeditation im Hof. Das Schweigegebot wird strikt eingehalten. Formal gibt es keinen Lehrer als solchen.«

»Der Women's Sangha (die erste unabhängige Gruppe meditierender Frauen ohne Lehrer in den USA) hatte jede Teilnehmerin gebeten, etwas zu essen mitzubringen. An der Wand hängt ein Zettel, auf dem die Hausarbeiten aufgelistet sind. Jede Frau übernimmt ihren Teil.«

»Zwei Tage lang tun die Frauen nichts anderes als Sitzen und Gehen. Shinma Dhammadinna vom Taungpulu Kloster sitzt während der Meditationssitzungen am Stirnende des Raumes. Eine Meditierende, die Tänzerin und Aktionskünstlerin ist, leitet eine Bewegungsmeditation. Ein Theravada-Mediations-Lehrer von der nahe gelegenen Insight Meditation Society (Gesellschaft für Einsichtsmeditation) kommt vorbei, um eine kurze, respektvolle Rede zu halten.«

»Am Abend rollen die Frauen ihre Schlafsäcke im Wohnzimmer aus und legen sich schlafen. Am Sonntag unternehmen sie schweigend eine Wanderung in die gelb leuchtenden Ausläufer des Mount Tamalpais, wo sie eine Stunde lang ihre Sitzmeditation auf einer hoch gelegenen Wiese halten. Am Sonntagnachmittag erteilt eine der Frauen noch kurze Belehrungen zur Vipassana-Meditation. Das Retreat endet mit einer Metta-Meditation, einer Meditation auf Liebe und Mitgefühl.«

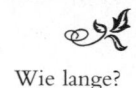

»Es ist ein sehr friedliches, konzentriertes Wochenende, an dem Frauen miteinander meditieren und schweigen, kochen und andere Hausarbeiten erledigen. Jede übernimmt Verantwortung für einen Teil des Retreats. Am Ende betonen viele Frauen, wie dankbar sie für diese unschätzbare Gelegenheit sind.«

Retreats in der Welt

Meine allerglücklichsten Erinnerungen als Teenager beziehen sich durchweg auf die Zeiten, die ich am Meer verbrachte. Der Ozean war für mich das Retreat schlechthin, der magische Kreis, der größer war als alles, was ich hineinlegen konnte. Das Meer tröstete mich, ganz gleich was ich durchlebte. Es war größer, weiter als meine Sorgen. Niemals blieb meine Gemütsverfassung wie zuvor, wenn ich am Meer gewesen war. Es war wie eine fortwährende Taufe.
Jennifer Freed, Therapeutin und Erzieherin

Siehe: *Verschiedene Retreat-Vorschläge*

Als Frau zu leben ist für die meisten von uns gleichbedeutend mit dem Eingeflochtensein in ein kraftspendendes, aber auch energiezehrendes Netz von Beziehungen, Arbeit und Pflichten. Häufig finden wir nicht einmal genügend Zeit für ein Mini-Retreat. In solchen Zeiten müssen wir einen Weg finden, uns inmitten schreiender Kinder, drängender Termine und überfüllter U-Bahnen zurückzuziehen. »Mach dein Retreat mit dem, was du hast«, schreibt Christina Baldwin, die Schöpferin des Peer-Spirit-Circle. Wenn alles, was dir zur Verfügung steht, die Fahrt von zu Hause zur Arbeit ist, dann nutz sie. Hast du nur einen Spaziergang in der Nachbarschaft für dich allein (selbstverständlich mit dem Baby an der Brust), eine halbe Stunde, die du dir im Urlaub vom Mittagessen mit deiner Familie abzwackst, um schnell auf den Markt zu gehen, oder deine Mittagspause, dann gilt, was uns der beliebte Werbeslogan immer wieder eingibt: »Packen wir's an!«

Clarissa Pinkola Estés schreibt in ihrem Buch *Die Wolfsfrau*:

»Für mich ist das Alleinsein wie ein aufklappbarer Wald, den ich überall mit mir herumtrage und jederzeit um mich ausbreiten kann, wenn ich es wünsche. Ich sitze in Gedanken am Fuß der riesigen alten Bäume meiner Kindheit, lehne mich gegen einen Baumstamm und stelle meine Fragen, erhalte die Antworten und löse meine Waldlandschaft dann wieder auf – bis zum nächsten Mal. Die Erfahrung ist kurz, direkt und kraftspendend.«

Während eines Spaziergangs, den ich letzten Sommer an einem überfüllten Strand machte, entdeckte ich, daß ich für die anderen total offen sein oder mich in mich selbst zurückziehen und mit dem Klang der Wellen allein sein konnte. Ich trug einen Hut und eine Sonnenbrille, was mir dabei sehr half. Entscheidend war jedoch mein Entschluß, allein zu sein. Wer kennt nicht Erfahrungen wie diese: Plötzlich ist man in einer lauten Menschenmenge wunderbar allein oder hat das Gefühl, der Sitzplatz im abgedunkelten Flugzeug sei wie ein eigenes Zimmer. Man ißt allein in einem überfüllten Restaurant, und die anderen Gäste weichen mit einem Mal wie von selbst aus unserem Bewußtsein. Wie schlendern durchs Museum, jeder für sich – seiner eigenen, geheimen Bewunderung hingegeben. Die sozialen Regeln der meisten Länder leisten dir hier Schützenhilfe: Niemand erwartet von dir, daß du mit Fremden sprichst, dich zu ihnen an den Tisch setzt oder mitten im hektischen Straßenlärm lächelst. Du kannst alles in ein Retreat verwandeln – deine Mittagspause, den Weg zur Arbeit, ja sogar die Zeit unter der Dusche, wenn du nur entschlossen bist, das Grundmuster zu aktivieren.

Diese Art von Retreat ist wie eine emotionale Atempause, Zeit, in der du deine Erlebnisse sichten kannst. Sie geben dir Halt auf deinem spirituellen Weg. Sie versetzen dich überhaupt erst in die Lage, zu arbeiten oder schöpferisch tätig zu sein. Ich sehe z. B. die Zeit, in der ich schreibe, als Retreat-Zeit an.

Einige Frauen tragen Talismane bei sich, die ihnen helfen, diese Retreats in der Welt als solche wahrzunehmen. Du könntest z. B. eine Mala oder einen Rosenkranz durch deine Finger gleiten lassen, dir ein Tagebuch im Westentaschenformat zulegen, ein Büchlein mit Meditationen für jeden Tag lesen, dich in einen Schal einhüllen oder die Kopfhörer aufsetzen und sanfte Musik hören. All diese Dinge sagen deinem Herzen: »Jetzt ist Retreat-Zeit und gleichgültig, wie kurz sie auch sein mag, sie ist wichtig für mich.«

Diese kurzen Besuche im Land der Einsamkeit und des Selbst helfen uns auf der Suche nach dem Sinn und Zweck unseres Lebens. Wir schaffen Verbindungen zwischen der Person, die wir in der Außenwelt sind, und unserem wahren Sein, so daß wir wahrnehmen können, was unsere Seele wirklich braucht. Das hört sich ziemlich ungewöhnlich an, ist in Wirklichkeit aber ganz einfach. Welche Frau hat nicht vergessen, was sie tief im Innersten braucht? Wenn wir nicht auf unsere innere Stimme hören, glauben wir schließlich, daß unser Leben aus Wiederholungen der Sendung »Lindenstraße« und den Schlußverkaufstagen der großen Kaufhäuser besteht, aus

unseren Bemühungen, unserem Kind einen Platz in Harvard zu sichern oder stellvertretende Produktionsleiterin von irgendwas zu werden. Obwohl sie so ganz ohne Heldentum und Romantik ablaufen, geben uns Retreats in der Welt die Chance, die Stimme unserer Seele zu vernehmen. Vielleicht sagt sie uns nur so banale Dinge wie: »Du brauchst mehr Bewegung.« Oder: »Du läufst vor etwas weg. Wenn du dich nicht damit auseinandersetzt, wirst du krank werden.« Oder auch: »Mach weiter so! Du machst das prima!« Ohne diese regelmäßigen Zwiegespräche sind wir verloren. Öffnen wir aber unser Leben der simplen und doch strahlenden Glut dieser Augenblicke, dann laufen wir Gefahr, genau die Frau zu werden, die wir sein wollen, und unser Innenleben leuchtet nach außen, so daß alle es sehen können.

Geschichten

Dies ist die Geschichte von Christina:

»Eine meiner liebsten Retreatformen ist es, mich einfach ins Auto zu setzen und acht Stunden lang in eine beliebige Richtung zu fahren. Mir bringt das ungeheuer viel, und ich mache es entweder allein oder mit jemandem, dem ich 100%ig vertraue, wie meiner Freundin Anne. Wenn wir so fahren, hören wir kein Radio. Wir schweigen entweder oder sprechen miteinander. Machst du es aber allein, kannst du dir ja diese acht Kassetten zum Thema »Wie werde ich ein vollständig erleuchtetes menschliches Wesen?« mitnehmen, für die du bisher nie Zeit hattest, und sie in aller Ruhe anhören. Nimm ein kleines Aufnahmegerät mit, und sprich mir dir selbst. Mach dir damit ›Notizen‹, wenn du irgendwelche Erkenntnisse hast. Hör auf nichts, was deinen Geist belasten könnte. Stille, Fahren mit weit offenen Fenstern, der Wind, der im Wagen röhrt – dieses weiße Rauschen kann außergewöhnlich sein.«

»Vor fast zehn Jahren hatte ich ein bemerkenswertes Erlebnis, als ich im Juli durch Minnesota fuhr. Ich kam von einer Konferenz und war auf dem Weg zu einer anderen. Obwohl ich eine Klimaanlage hatte, stellte ich sie nicht an. Ich saß nur einfach im Brüllen dieses weißen Windes – Hitze, Sommer – und ließ mein Haar flattern, und es fühlte sich an, als sei sein Atem mit mir im Wagen. Ich fuhr durch die Felder, auf denen der Weizen hoch stand, durch die wogenden, in Sommer getauchten Ähren. Etwa auf halbem Weg sagte ich plötzlich zu mir: ›Genau das werde ich tun.‹ Ich sagte das einfach nur so vor mich hin. Meine Absicht war so klar, daß ich von dem Versprechen, das ich mir gab, nicht mehr ein Wort weiß. Es war mehr wie eine Energieüber-

tragung, aber als ich wieder in mein bewußtes Selbst zurückkehrte, hatte ich eine tiefe innere Prägung erhalten, der ich folgte. Und hin und wieder, wenn ich etwas tue, spüre ich plötzlich, daß dies eines der Dinge sein muß, die ich mir damals versprochen habe.«

Doch welche Art von Retreat du auch wählst, wie lange du dich auch zurückziehst und was immer du dabei tust − all diese Dinge sind nicht so wichtig. Alles, was wirklich zählt, ist die innere Verpflichtung dir selbst gegenüber, die du eingehst. Das dicke »Ja, ich verdiene das! Ich brauche das!« in deinem Herzen. Wichtig ist, daß du dir selbst genug vertraust, um in der Stille deiner Seele deiner inneren Weisheit zu lauschen. Der ganze Rest ist nur Zuckerguß auf deinem Retreat-Kuchen.

WO MACHE ICH MEIN RETREAT?

DEIN GANZ KONKRETER UND DEIN SEELISCHER ZAUBERKREIS

Wirklich seltsam ist die Tatsache, daß Freunde, ja sogar die leidenschaftlichste Liebe für mich nichts Reales haben, solange ich nicht die Zeit habe, allein darüber nachzudenken, was mit mir geschieht oder geschehen ist. Ohne diese tollen, kraftspendenden Pausen wäre mein Leben trocken und dürr. Aber so vollständig klar wird mir das erst, wenn ich allein hier bin und meine gewohnte Zwiesprache mit dem alten Haus wieder aufnehme.
May Sarton: *Journal of a Solitude*

Wo willst du dein Retreat machen? Welche Art von Raum brauchst du? Warum spreche ich immerzu von *Räumen?* Betreibe ich heimlich ein Maklerbüro?

Ein Retreat-Raum trägt und hält die Energie deiner Erfahrung in sich. Dein Zauberkreis ist das Werkzeug für deinen Rückzug, für deinen Aufenthalt »an der Schwelle«. Ohne einen magischen Raum wird dein Retreat entweder nie Wirklichkeit, oder es wird sich nicht wie ein Retreat anfühlen, oder deine Energie wird schön langsam entweichen wie Luft aus einem platten Autoreifen. Dein magischer Kreis hilft dir auch, dich sicher zu fühlen, und dieses Gefühl der Sicherheit ist die Grundlage, die du brauchst, um an deinem Innersten zu arbeiten.

Es gibt verschiedene Wege, wie du dir einen magischen Raum schaffen kannst. Ein wirksames Eröffnungsritual z. B. erzeugt einen starken emotionalen Schutzkreis. Einen Ort auszusuchen, an dem du dich sicher und geborgen fühlst, schafft einen realen, ganz konkreten Kreis. Die Einsamkeit trägt zur Bildung des magischen Zirkels ebenso bei wie die Unterstützung durch eine andere Person vor oder während des Retreats. Gebete, Visualisierungen, dein Lieblingshut oder -mantel, ja sogar dein Auto können so einen Zauberkreis für dich bilden. Wichtig ist nur, daß du dich körperlich und seelisch aufgehoben fühlst, eingehüllt in einen Kokon − weit weg von der Welt, im »Zwischenreich«. Die Grenzen deines magischen Raumes verleihen dir Sicherheit: Du kannst warten, bis dein wahres Selbst zur Zwiesprache bereit ist; du kannst weiter an dir arbeiten und dich immer mehr auf deine

---

Einsichten und Erkenntnisse einlassen. Sie halten dich, wenn starke Emotionen dich durchschütteln oder wenn Freude dein Herz erfüllt.

Wie kannst du dir nun einen starken Zauberkreis schaffen?

DIE RICHTIGE UMGEBUNG

Der Ort, an dem du dein Retreat hältst, ist geheiligte Erde. Ich persönlich habe an vielen verschiedenen Orten Retreats gemacht: in Retreatzentren, zu Hause, im Ferienhaus meiner Freundin Anna, in einem Kanu, in der Wüste von New Mexico, in der Wildnis Kanadas, in Motels, Autos, Zügen, in Wildbachschluchten und Ohrensesseln. Und ich bin derselben Meinung wie Jack Zimmerman, der an der *Ojai Foundation* Therapeut und Retreat-Betreuer ist: »Das Land prägt das Retreat. Die Art und Weise, wie jemand sich auf seine Umgebung einstellt, bringt die Form des Retreats hervor.« Manche Orte passen zu bestimmten Vorhaben, andere nicht. Welche Umgebung du für dein Retreat aussuchst, hängt zum einen davon ab, was du tun möchtest, zum anderen davon, was für dich machbar ist.

Nehmen wir z. B. ein Retreatzentrum. Während der Retreats in der *Ojai Foundation* lebe ich allein in einer Jurte auf dem Gelände der Foundation und verbringe die meiste Zeit draußen. Ich weiß, daß niemand mich dort erreichen kann, wenn es sich nicht um einen wirklichen Notfall handelt. Morgens nehme ich an einer Meditation teil und spreche mit meinem Betreuer. Das gibt mir Sicherheit, daß immer Menschen in der Nähe sind, die sich um mich kümmern können, wenn mir das Alleinsein zu viel wird oder ich mich gänzlich von der Welt abgeschnitten fühle. Auch die Energie all derer, die dieses Gelände vor mir aufgesucht haben, hilft mir und stärkt meinen emotionalen Zauberkreis.

Siehe: *Quellen*. Dort findest du ein paar Bücher mit Angaben zu Retreatmöglichkeiten.

Tausende von Retreatzentren auf der ganzen Welt bieten mittlerweile eine erstaunliche Vielfalt von Programmen an. Viele sind gar nicht teuer oder bitten sogar nur um eine freiwillige Spende. Einige stehen auch für Ein-Tages-Retreats zur Verfügung (toll für ein Mini-Retreat, wenn du in der Nähe wohnst). Wann ist ein Retreatzentrum das Richtige für dich? Wenn du aufblühst, sobald du dein Alltagsleben hinter dir läßt. Wenn du etwas Besonderes brauchst, was von einem bestimmten Zentrum angeboten wird. Wenn du das Gefühl hast, daß ein bißchen Unterstützung dir emotional ganz guttun würde. Wenn es dir leichter fällt, neue Perspektiven an neuen Orten zu entwickeln. Wenn du denkst, ein Retreatzentrum sei die sicherste Möglichkeit, wie du dich als Frau allein in der freien Natur bewegen kannst.

Wann ist ein Retreatzentrum eine schlechte Wahl? Wenn es dir einfach zu viel Streß macht, dein Heim zu verlassen. Wenn dir eine neue Umgebung oder ein Retreatprogramm noch ein wenig Angst machen. Wenn du dich mit der Suche nach dem vollkommenen Retreatzentrum selbst lahmlegst oder das ganze um Jahre verschiebst, nur weil du jetzt nicht genug Geld hast, um nach Thailand zu fliegen. Wenn du bisher nur Mini-Retreats oder Retreats in der Welt gemacht hast. Oder wenn Ruhe und Frieden nicht zu deinem Vorhaben passen. Lautet deine Frage in diesem Retreat z. B. »Wie kann ich damit fertig werden, daß mein Mann mich verläßt?«, dann sind lächelnde Nonnen, die dich in Stille und Freundlichkeit einhüllen wollen, vielleicht nicht ganz das Richtige für dich. Du brauchst möglicherweise eher einen Ort, an dem du klagen, schreien, kreischen kannst. Vermutlich bist du dabei lieber daheim, wo du Krach machen kannst, soviel du willst. Oder im Haus einer Freundin, das kilometertief mitten im Wald liegt.

Was hältst du von einem Retreat bei dir zu Hause? Das kostet nichts, der Ort ist dir vertraut, und du fühlst dich in dieser von deiner Persönlichkeit geprägten Umgebung doch hoffentlich wohl. Die Vorbereitung kostet weniger Kraft, die Anreisezeit fällt ganz weg. Gerade für ein Kurzretreat sind deine vier Wände der beste Ort. Viele Frauen fühlen sich bei einem Retreat zu Hause am sichersten und am wohlsten. Und es ist der bestmögliche Ort, um sich folgenden Fragen zu widmen: Wie kann ich mir guttun? Wie kann ich aus meinem Zuhause ein Retreatzentrum machen? Wie kann ich meine spirituelle Praxis besser ins Alltagsleben einbringen? Wie kann ich lernen, die Dinge in Ruhe anzupacken und keinen Streß aufkommen zu lassen? Wie kann ich mich meiner Enttäuschung, meiner Trauer stellen? Und wenn du nur ein paar Stunden Zeit hast, solange dein Kind schläft, oder am Samstag nachmittag, wenn das Haus plötzlich leer ist und dir ganz allein gehört, dann ist dein Zuhause sowieso der einzig mögliche Ort für ein Retreat.

Ein Retreat zu Hause kann sich allerdings auch ganz schön schwierig gestalten, wenn du dich z. B. Beispiel leicht ablenken läßt (vor allem vom Telefon). Wenn deine Nachbarn oder Verwandten die Angewohnheit haben, einfach so hereinzuschneien. Wenn deine Kinder, dein Partner oder deine Zimmergenossin anwesend sind und ihre Gegenwart dich stört oder behindert. Wenn du allein lebst und das Alleinsein in deiner Wohnung dich

Wo mache ich mein Retreat?

Siehe: *Wo mache ich mein Retreat: Ein Retreat zu Hause* und *Was soll ich tun: Überprüfen, wo du stehst*

deprimiert oder dich einfach nicht in die richtige Stimmung bringt. Ein Retreat zu Hause wird nicht funktionieren, wenn du Hilfe von außen brauchst, um deinen Retreatplan einzuhalten und dich von Energiefressern wie ungesundem Essen, dem Telefon, Hausarbeit oder dem Fernseher fernzuhalten. Und wenn du riesige Schuldgefühle bekommst, weil du deine Mitbewohner, deinen Partner oder die Kinder bitten mußt, das Haus zu verlassen, solltest du auch das berücksichtigen. Fühlst du den unwiderstehlichen Drang, Staub zu wischen oder deine Steuererklärung zwei Monate zu früh zu machen, *obwohl du jetzt schon weißt, daß es dir hinterher leid tun wird,* dann mußt du aus dem Haus. Vielleicht ist es aber auch wichtig, daß du die Möbel polierst und dabei beobachtest, was in dir abläuft. Oder lag der Sinn dieses Retreats in deinen vier Wänden möglicherweise darin, daß du herausfindest, was du wirklich brauchst? Es nützt nichts, wenn du dir wie ein Versager vorkommst. Mach dein Retreat beim nächsten Mal einfach an einem anderen Ort.

Die Wohnung einer Freundin ist meist ein guter Mittelweg zwischen einem Retreatzentrum und dem eigenen Zuhause. Du wirst ja wohl (hoffentlich) nicht plötzlich den Drang verspüren, bei ihr Staub zu wischen. Und du hast deine Wohnung verlassen, was dir ein Gefühl des Ausstiegs aus der Alltagswelt geben kann. Außerdem weisen die Wohnungen von Freunden oft ganz zauberhafte Annehmlichkeiten auf. Das Landhaus meiner Freundin Anna z. B. ist ein höchst femininer, ganz in Pink gehaltener Ort voller Kerzen und Blumen. Die Fenster gehen aufs Meer hinaus, und im Garten ist immer eine Hängematte aufgespannt. Ein Retreat in der Wohnung einer Freundin ist dann gut, wenn es etwas gibt, was du von ihrem Raum lernen und mitnehmen möchtest; wenn du dir über die Gefahr der Ablenkung im klaren bist und dich entspannen kannst, ohne vor Angst, den Teppich schmutzig zu machen, wie auf rohen Eiern zu gehen. Und wenn du zu Hause raus mußt.

Ein Retreat bei einer Freundin funktioniert wahrscheinlich nicht, wenn es so abläuft, wie Christina Baldwin das scherzhaft beschreibt:

»Jemand gibt dir den Schlüssel zu seiner Hütte am See und du denkst: ›O super! Endlich einmal kein Telefon und kein Fernseher!‹ Dann trittst du ein und findest 20 Jahrgänge von *Schöner Wohnen* fein säuberlich aufgestapelt. Ich weiß ja nicht, was du in so einer Situation tun würdest. Ich müßte das ganze Zeug packen und in einer Ecke verstecken, da ich nach jeder Art von Lesestoff geradezu süchtig bin. Ich müßte etwas unternehmen, um mich ständig daran zu erinnern, daß ich nicht vorhatte, 20 Jahrgänge *Schöner Wohnen* zu lesen. Diese Schwäche haben übrigens viele Frauen, eine Art geistiges Makramee.«

Christina erklärt dann noch genauer, wie Frauen einander ganz wunderbar unterstützen können:

»Nehmen wir mal an, du hast eine Freundin, die in einem Haus lebt, das ein Zimmerchen extra über der Garage hat, und sie erlaubt dir, dich dort ein Wochenende lang zu verkriechen. Dann gehst du zu ihr und sagst: ›Ich bräuchte folgendes: Kannst du mir möglicherweise etwas zu essen auf einem Tablett vor die Tür stellen? Und ist es in Ordnung, wenn ich Lärm mache, schreie oder weine? Nicht daß jemand kommt, um nach mir zu sehen! Und kann ich alles, was man lesen kann, aus diesem Raum entfernen?‹ Was wäre, wenn Frauen einander soviel Raum geben könnten?«

Die Massagetherapeutin Saral Burdette hat genau das für eine Freundin getan: Sie hat ein Retreat organisiert, ihr ein Bad eingelassen, sie massiert, einen wunderschönen Ort hergerichtet und dafür gesorgt, daß es ihr an nichts fehlte. Kannst du dir vorstellen, das für eine Freundin zu tun, wenn sie später dasselbe für dich tut? Dies ist ein sehr liebevoller Weg, einander zu unterstützen – sich gegenseitig Raum für ein Retreat schaffen.

Retreats in freier Natur haben mein Leben geprägt. Dort erhole ich mich am besten, gleichgültig ob ich nur in meinem Garten sitze und die Krähen beobachte oder ob ich ganz allein auf Anacapa Island, vor der Küste Südkaliforniens, kampiere wie bei meinem allerersten Retreat. In der Natur fühle ich mich aufgehoben wie nirgendwo sonst. Wenn ich Schriftstellerinnen wie Annie Dillard, Terry Tempest Williams, Ann Linnea, Valerie Andrews oder Anne Morrow Lindbergh (u.a.) lese, sehe ich, daß ich damit nicht allein stehe. Bei den Frauen in meinen Workshops stehen Wasser und Natur häufig an erster Stelle, wenn es darum geht, wie sie am besten wieder zu sich selbst finden. Mein erstes Retreat in der Wildnis eröffnete mir eine völlig neue Welt. Es war der erste Schritt auf einem Weg, der mir schließlich erlaubte, meiner Sehnsucht nach Einsamkeit und einem geheiligten Raum nachzugeben und Frieden mit meiner weiblichen Seele zu schließen. Einige Jahre nach diesem Retreat fragte mich eine Freundin, wann ich mich denn zum ersten Mal als Frau gefühlt hätte. Ich antwortete ihr, das sei auf diesem Retreat gewesen, obwohl ich da schon 25 Jahre alt war. Damals lernte ich zum ersten Mal, was ungezügelte Weiblichkeit fern aller Damenhaftigkeit ist.

Siehe: *Die Praxis des Zuhörens: Die Göttliche Landschaft*

Wo mache ich mein Retreat?

Es gibt viele Möglichkeiten, ein Retreat in freier Natur zu machen: eine Tour, die von anderen geleitet wird, eine Hütte in den Wäldern, ein Zelt auf dem noch nicht erschlossenen Grundstück eines Freundes, ein Rückzug in eines der abgelegeneren Retreatzentren. Sehr häufig ist dabei der Aufenthalt in der freien Natur nur ein Aspekt deines Retreats, denn schließlich kann alles erneuernd auf dich wirken – ein Spaziergang auf einer Landstraße, bei dem du dem Geräusch des Windes in den Bäumen lauschst, eine Radtour in den Bergen, ein Ausflug auf Rollerskates durch die Nachbarschaft oder das Abzupfen brauner Blätter von den Pflanzen auf deiner Terrasse.

In welchen Fällen ist ein Ausflug in die Natur denn am sinnvollsten? Wenn du die Nase voll hast vom Lärm, der verschmutzten Luft und der düsteren Atmosphäre der Stadt. Wenn du in deinem Leben feststeckst und dein Tempo dich innerlich ausgebrannt hat. Wenn du in der Nähe deiner Wohnung ein Stück Natur (egal wie groß) hast, das du liebst – einen Park, einen Bach, eine Höhle. (Annie Dillards berühmter Tinker Creek liegt neben der Autobahn.) Und wenn du schon dein Leben lang davon geträumt hast, ein Abenteuer in freier Wildbahn zu erleben. Oder wenn du dich immer schon gern um deine Zimmerpflanzen, deinen Terrassengarten oder deinen japanischen Felsengarten gekümmert hast.

Siehe: *Mut: Wie du Unterstützung von anderen bekommst.* Dort findest du Tips, wie du einen Aufenthalt allein mit Mutter Natur sicherer machen kannst.

Wann ist ein Retreat in der freien Natur nicht angebracht? Vor allem, wenn das Wetter zu schlecht ist oder du dich wie viele Frauen nicht sicher fühlst, wenn du allein in freier Natur bist. Wenn äußerer Komfort eine wichtige Voraussetzung ist, damit du dich entspannen und deinen Blick nach innen richten kannst. Die meisten Frauen können sich ihrem Innenleben nicht zuwenden, wenn sie frieren oder sich nicht sicher fühlen. Beachte diese Punkte, wenn du dein Retreat planst. Laß aber nicht zu, daß sie dich an etwas hindern, was du immer schon tun wolltest.

Eine andere Möglichkeit, dein Retreat zu organisieren, bieten Hotels, Pensionen und Hotels in Kur- oder Badeorten. Die Preise dieser Einrichtungen machen ein Retreat allerdings für die meisten von uns kaum oder gar nicht möglich. Außerdem ist es häufig schwierig, dort eine gewisse Disziplin aufrechtzuerhalten. Man fühlt sich mehr wie im Urlaub als im Retreat. Rundum ist alles nur dazu da, es dir leicht und bequem zu machen, dich zu verhätscheln. Für erschöpfte Frauen hört sich das wunderbar an, aber dient es auch deinem Vorhaben? Diese bequemen »Heiligtümer« sind das Richtige für dich, wenn du Luxus brauchst, Ruhe, Frühstück im Bett und eine große Auswahl an Sportmöglichkeiten. Auch wenn du nicht gerne völlig allein bist,

sind diese Orte nützlich. Wenn aber der Anblick von Menschen, die nachmittags um vier auf der Terrasse ihren Aperitif schlürfen, dich von deinem
Vorhaben ablenkt, dann geh in ein Retreatzentrum, räum deine Wohnung
um, oder bitte ein Freundin um ihren Schlüssel.

Bitte laß auch die Orte, wo du ein Retreat in der Öffentlichkeit machen
kannst, nicht ganz außer acht. Such dir ein Plätzchen in der Nähe deiner
Wohnung oder deines Arbeitsplatzes, und zieh dich dorthin zurück, wenn
du unbedingt mal raus mußt und ein Mini-Retreat machen möchtest. Du
kannst diese Orte (vor allem die in der Nähe deiner Wohnung) auch im
Rahmen eines längeren Retreats nutzen. Ein Dachgarten, ein Fensterplatz in
deinem Lieblingscafé, ein spezieller Arbeitsplatz in der Bibliothek, ein Museum, dein Wagen, ein Brunnen, ein botanischer Garten, ein historisches
Gebäude, eine hübsche Promenade weit weg von den vielbefahrenen Straßen, eine Kutschfahrt im Park (Hast du schon mal eine allein gemacht?), ein
Tennisplatz, das öffentliche Aquarium im Zoo, eine Mole, eine Kirche, ja
sogar das Badezimmer − all dies sind denkbare Orte für einen Rückzug.
Wenn du erst einmal anfängst, dich nach solchen Nischen umzusehen, wirst
du erstaunt sein, wie viele stille Plätzchen dir auf einmal ins Auge springen.
Ein Rückzug in dein Selbst ist fast überall möglich. Wenn du sehr viele
Retreats in der Welt machst (weil du z. B. deinem fürchterlichen Job entkommen willst), dann zieh dich nach Möglichkeit immer an denselben Ort
zurück. Dadurch wird es schließlich einfacher, sich selbst schnell in einen
anderen Geisteszustand zu versetzen.

SEELISCHE GEBORGENHEIT SCHAFFEN

Seelische Geborgenheit entsteht aus zwei Dingen: aus deinem realen Zauberkreis (der wohl am meisten dazu beiträgt) und deinem Eröffnungsritual.
Du kannst dieses Gefühl stärken, wenn du ein Retreat zu Hause oder in der
Welt machst oder wenn du einfach mehr emotionale Unterstützung
brauchst. Probier die folgenden Tips aus:

• Stell dir bildlich vor, wie du beschützt wirst. Tu dies vor allem, wenn du
  das Gefühl hast, eigentlich gar nicht mehr im Retreat zu sein oder wenn du
  spürst, wie du in deinem Vorhaben wankend wirst (was häufig in Retreats
  in der Öffentlichkeit, z. B. während der Mittagspause oder am Arbeitsplatz, geschieht). Visualisiere einen Kegel aus strahlendhellem Licht, der

Wo mache ich mein Retreat?

dich umhüllt. Sieh, wie dieses Licht deinen Körper und deinen Geist mit schimmernder Schönheit umgibt. Es hüllt dich in einen Mantel von Frieden. Nichts, was sich außerhalb dieses Lichtkegels befindet, kann dich ohne dein Einverständnis erreichen. Und dieses Licht begleitet dich, wohin auch immer du gehst.

Siehe: *Frauen im Retreat: Der Archetyp des Retreats in der Geschichte der Frau*

- Stell dir vor, du bist an deinem Lieblingsort, dem Ort, an dem du dich vollkommen sicher, wohl, energiegeladen, gesund und selbstbewußt fühlst. Oder stell dir vor, du hältst dich in einem urzeitlichen Retreatzentrum wie dem Hypogäum auf Malta auf. Oder mit anderen Frauen zusammen in einer Menstruationshütte. Oder in deinem idealen Retreatzentrum. Nimm dir ein paar Minuten Zeit, um »deinen« Ort mit allen Sinnen zu genießen. Laß deiner Vorstellungskraft freien Lauf, und nimm dir alles, was du dir wünschst: eine Massage, Bäder in heißen Mineralquellen, ein wunderbares Gericht, das extra frisch für dich zubereitet wurde, eine Musikbox, die in der Ecke vor sich hin klimpert, oder den Ausblick auf die Rocky Mountains. Ruh dich aus, und genieß deine Vision ein paar Minuten lang.

Siehe: *Quellen*

- Such dir vor dem Retreat ein Gedicht, einen Song oder eine Meditation aus, und lern ein paar Zeilen davon (oder das Ganze, wenn du möchtest) auswendig. Such dir Worte aus, die dich in dein Zentrum bringen, zurück zu deinen Wurzeln, und sag sie vor dich hin, wenn du das Gefühl hast, daß du deinen Raum verstärken solltest.

Siehe: *Mut: Wie du Unterstützung von anderen bekommst*

- Nimm vor oder während des Retreats Kontakt zu anderen auf, wenn du Unterstützung brauchst.

- Schreib Tagebuch. Für sehr viele Menschen ist Schreiben gleichbedeutend mit Geborgenheit-Finden. Du kannst dich z. B. schreibend mit folgenden Sätzen beschäftigen: »Um mich geborgen zu fühlen, brauche ich . . .« Oder: »Ich fühle mich zentriert, wenn . . .« Du kannst auch deinen perfekten Zauberkreis beschreiben, ganz konkret und wie du ihn empfindest, und dir dann vorstellen, daß er sich um dich schließt, während du schreibst.

- Besorg dir eine Sonnenbrille, einen Hut, einen Mantel, Schal, Pulli, Morgenmantel oder ein anderes Kleidungsstück, in dem du dich wohl und geborgen fühlst. Trag es bei jedem Retreat. Dieser Trick wirkt besonders gut, wenn du viele Retreats in der Öffentlichkeit machst.

- Bitte deine Gottheit um Zuflucht und Schutz. Sprich dabei das »Gebet der Gelassenheit«, wie es die Anonymen Alkoholiker kennen. (Du findest es in vielen Büchern zum Thema »Sucht« oder »Alkoholismus«.)

Alles in allem entsteht dein magischer Kreis aus deinem Vorhaben, der Wahl deines Retreatortes und deinem Eröffnungsritual. Mach dir nicht zu viele Gedanken darüber, wie du diesen Kreis erschaffst, da er sich in dem Maß von selbst bildet, in dem dein Retreat Gestalt annimmt.

WIE FINDE ICH MEINEN RAUM?

Wenn du Hilfe brauchst, um deinen Raum zu finden, kannst du dich mit folgenden Fragen beschäftigen:

- Wenn Zeit und Geld keine Rolle spielen würden, wo würdest du dein Retreat dann machen wollen? Wo würdest du dich am besten aufgehoben fühlen? Welcher Ort würde dir auf der Suche nach neuen Dimensionen am meisten Unterstützung bieten? Das kann ein ganz bestimmter Ort sein − z. B. die »Lama Foundation« in New Mexico, »Esalen« im Big Sur oder »Omega« im Norden des Staates New York, wenn es um längere Retreats geht; eine Hütte am See für ein Ein-Tages-Retreat oder das Steilufer, an dem du täglich auf deinem Heimweg vorbeifährst, für ein Mini-Retreat; ein Buchladen ist prima, wenn du ein Retreat in der Welt machen möchtest. Es kann sich aber auch nur um bestimmte Qualitäten handeln, die dieser Ort haben sollte, wie z. B. gutes Essen, eine Bibliothek mit Büchern über Spiritualität, Ruhe, die Nähe zur Natur oder zu deinem Zuhause.

Siehe: *Quellen*. Dort findest du Literatur zu Retreat-zentren.

- Welche Art von Retreat planst du?

- Wie lange soll es dauern?

- Wieviel Geld hast du zur Verfügung? Ein Retreat sollte dein Leben nicht auch noch mit finanziellen Problemen belasten.

- Welchen Kompromiß zwischen deinem Ideal und deiner Wirklichkeit gibt es? Läßt er sich sowohl mit deinem Vorhaben als auch mit deinem

Leben vereinbaren? Wo findest du das richtige Maß an Unterstützung und Geborgenheit? Was kannst du tun, um dich stärker beschützt zu fühlen, wenn deine Umgebung dir noch nicht genug emotionale Hilfestellung bietet?

Den Ort für dein Retreat auszusuchen – das mag in fünf Sekunden erledigt sein, es kann aber auch ein bißchen Anstrengung erfordern. Du kannst dir zu diesem Zweck ein Buch kaufen oder ausleihen, in dem verschiedene Retreatzentren aufgeführt sind. Du kannst dich aber auch mit Freunden beraten, die möglicherweise Orte in der Nähe kennen. Vergiß nicht, dein Zuhause einmal mit den Augen des nach Einsamkeit Suchenden zu betrachten.

Abgesehen davon solltest du dir nicht zu viele Gedanken darüber machen, wo du dein Retreat machst. Schließlich ist es nicht allein der Ort, der dabei zählt. Ein Retreat zu machen heißt, einen Schritt von unserem Alltagsleben zurückzutreten und in unser Innenleben einzutauchen. Diese innere Landschaft ist es, die dich während deines Rückzugs vor allem beschäftigen wird. Vertraue darauf, daß der Ort, an den du dich zurückziehst, mit all seinen Gaben und Herausforderungen der perfekte Raum für dein Retreat sein wird.

Ein Retreat zu Hause

Dein Heim ist vermutlich der Ort, an dem du am häufigsten den Schritt in die Einsamkeit wagen wirst. Gleichzeitig ist es auch der schwierigste Ort für ein Retreat, weil dein Alltagsleben dort am stärksten präsent ist. Daher ist es zu Hause am schwierigsten, über unsere normalen Vorstellungen vom Leben hinauszugelangen – genau das, was du im Retreat ja erreichen willst. Außerdem fällt es uns dort schwerer, die Ungestörtheit unseres magischen Raumes herzustellen und bestimmte Ablenkungen (z. B. Putzen oder Telefonieren) zu vermeiden. Vielleicht hast du das Gefühl, daß dein Heim nicht außergewöhnlich genug ist, um dort ein Retreat zu machen. In diesem Fall kannst du den Bereich deines Zuhauses, wo du deine innere Einkehr halten willst, in einen geheiligten Raum verwandeln.

- Sorg dafür, daß du ungestört bist. Bitte bereits vor dem Retreat deine Freunde darum, während dieser Zeit nicht vorbeizukommen. Triff ein

Abkommen mit deinen Familienmitgliedern oder Mitbewohnern, und bitte sie, dich während des Retreats allein zu lassen. Häng ein »Bitte nicht stören«-Schild an die Tür, stell das Telefon ab und den Anrufbeantworter leise. Denk nach, was dich am meisten daran hindert, ungestört zu sein, und kümmere dich besonders darum. Das kann ziemlich schwierig werden, vor allem wenn du mit anderen Menschen zusammenlebst, und diese entweder sehr jung oder sehr alt sind oder deinem Retreat nicht gerade wohlwollend gegenüberstehen. Hast du das Glück, einen Raum zu haben, den du normalerweise nicht nutzt (ein Gästezimmer, eine Scheune oder den Garten hinter dem Haus), dann mach dein Retreat dort.

- Wandle die Energie deines Heims um. Mach sauber, bevor du mit dem Retreat anfängst. Räum auf, und sorg dafür, daß keine unerledigten Briefe und Rechnungen, keine halb fertigen Renovierungsarbeiten oder sonstige handwerkliche Beschäftigungen in Sichtweite verbleiben. Stell die Möbel um. Schmück den Raum mit Kerzen, Blumen oder Pflanzen. Schaff dir einen Altar. Leg Musik auf, oder besorg dir einen Luft-Ionisator, einen Weißes-Rauschen-Generator oder einen Zimmerbrunnen. Reinige vor allem den Bereich, den du benutzen willst. Öffne Fenster und Türen (und wenn es nur ein Spalt ist). Verbrenn Räucherwerk wie Weihrauch, Salbei, Zeder oder Sweetgrass im Raum. Geh damit im Uhrzeigersinn durch das Zimmer, im Osten beginnend, und widme den Ecken besondere Aufmerksamkeit. Du kannst diese Art Reinigung auch mit einer Sprühflasche voll Wasser machen, in das du deine Lieblingsessenzen gibst. Oder du gehst wie beschrieben durch den Raum und klatschst in die Hände bzw. läutest eine Glocke. Erspüre, wo Energie sich staut, wo Streitgespräche, Krankheit, Einsamkeit oder einfach die Anwesenheit von zu vielen Menschen den Raum in Mitleidenschaft gezogen haben. Rauch, Wasser oder Töne bringen die Energie wieder zum Fließen. Ruf am Ende die Art von Energie zu dir, die dein Retreat erfüllen soll: Lies ein Gedicht, bete, singe, oder sprich dein Vorhaben mit fester Stimme aus.

- Umgib dich mit Dingen, die dein Retreat unterstützen. Willst du dich beispielsweise mit dem Thema »Entspannung« beschäftigen, so ist möglicherweise dein Schlafzimmer der beste Raum dafür. Bezieh dein Bett frisch, und stell einen guten Lesesessel und eine passende Lampe hinein. Häng deine Lieblingsbilder auf (auch wenn das bedeutet, daß du den besten Druck aus dem Wohnzimmer abnehmen mußt), und stell eine riesige Vase voller Blumen auf. Vergiß nicht, ein paar deiner liebsten Bücher mitzunehmen. Oder brauchst du eher einen Platz zum Trauern?

Schaff dir viel Platz auf dem Boden, wo du dich gut bewegen kannst. Leg dort einen Teppich, eine Decke und ein paar Kissen aus. Zieh dann die Vorhänge zu, und entferne alles, was dich an glücklichere Zeiten, sprich an das erinnert, was du loslassen möchtest.

- Machst du zu Hause viele Mini-Retreats, dann solltest du all deine Retreat-Utensilien in einem Korb oder einem anderen Behälter verstauen und immer denselben Raum benutzen. Denk dir eine einfache Möglichkeit aus, wie du schnell deinen magischen Raum herstellen kannst. Du kannst dich beispielsweise immer ins Wohnzimmer zurückziehen. Leg dein Tagebuch in eine Schachtel, Kerzen, Buntstifte, ein paar inspirierende Bücher dazu, einen Duft, den du liebst, und ein Blatt Papier, auf dem du dein Vorhaben in großen Buchstaben aufgeschrieben hast. Wenn du dann die Tür hinter dir schließt, so daß deine Familie draußen bleibt, und du eine Stunde ganz für dich hast, schnapp dir als erstes deine Schachtel, und stell deinen magischen Kreis wieder her. Du wirst glücklich sein, all die Dinge wiederzusehen, die dich an dein Inneres erinnern. Dieses Wiederherstellen des magischen Raumes ist Teil des Eröffnungsrituals. Wenn du immer die gleiche Kerze anzündest und immer den gleichen Duft einatmest, immer die gleichen Hilfsmittel benutzt, erschaffst du dir deinen Retreatraum viel schneller.

Essen

Wenn du dich auf ein Retreat vorbereitest, solltest du dir folgende Fragen stellen:

- Wie kann Essen mir dabei helfen, mein Vorhaben zu verwirklichen?

- Wie kann Essen dieses Vorhaben behindern?

- Wie kann ich mir selbst durch Essen guttun?

Für einige Frauen hat Essen überhaupt nichts mit Streß zu tun. Was du ißt und wie du ißt, hat für dein Retreat überhaupt keine Bedeutung. Gleichgültig ob du nun bloß Karotten und Buttermilch zu dir nimmst oder dir voller Vorfreude ein dreigängiges Menü ausdenkst. Du verschwendest auf dieses Thema nicht viel Zeit. Das Essen für dein Retreat sollte einfach angemessen, nahrhaft und leicht zuzubereiten sein. Wenn du selbst dafür sorgst, dann kannst du dir eine kräftige Suppe, Reis und Bohnen, gedämpftes Gemüse, einen frischen Obstsalat oder einen Eintopf machen, bevor du loslegst.

Für andere Frauen hat das Thema »Essen« vielleicht eine große Bedeutung. Einige von uns haben keine Probleme mit dem Essen, sehnen sich aber einfach danach, endlich von dem abendlichen Aufschrei »Was gibt's denn zu essen?« erlöst zu werden. Viele von uns haben es auch satt, sich ständig auf den Geschmack anderer Menschen einstellen zu müssen. In diesen Fällen sind folgende Gedankengänge vielleicht ganz hilfreich:

• Was kann Essen dazu beitragen, dein Vorhaben zu verwirklichen? Wenn du z. B. vorhast, im Retreat herauszufinden, wie du liebevoller mit dir selbst umgehen kannst, so könnte dazu auch gehören, daß du dir Nahrungsmittel zugestehst, die du dir sonst regelmäßig verbietest. Saral beispielsweise garniert ihre Retreats gerne mit Schokolade, gutem Wein und einer Pfeife. »Es gibt Leute, die glauben, daß das gar nicht zu einem ›richtigen‹ Retreat paßt, aber es schmeckt mir eben nie so gut wie im Retreat.« Wenn deine Frage jedoch lautet, wie du gesünder leben kannst, ist es möglicherweise sinnvoll, Schokolade und Wein zu meiden. Willst du dich körperlich anstrengenden Aktivitäten widmen, dann sorg dafür, daß du nahrhaftes Essen bei dir hast, vor allem eiweißreiche Sachen zum Frühstück. Haferflocken mit Nüssen, Weizenkeime, Erdnußbutterbrot, Obst, Nüsse oder Eier sind in diesem Fall hervorragend.

• Ist es für dich wichtig, mit Essen versorgt zu werden? Frauen, die in ihrer Familie für das Essen verantwortlich sind, oder alleinlebende Frauen genießen es gewöhnlich, endlich mal nicht einkaufen, planen und kochen zu müssen. Das ist, als wären sie 25, solo und hätten die Taschen voller Geld. Such dir ein Retreatzentrum aus, das für *wirklich* gutes Essen bekannt ist. Wenn du dein Retreat zu Hause machst, kannst du ja eine Freundin (aber nicht jemanden wie mich, dessen kulinarisches Repertoire aus Makkaroni mit Käse und Makkaroni mit Käse und Tomaten besteht) bitten, für dich mitzukochen und dir die Sachen vor die Tür zu stellen. Oder leg dir einen Vorrat an fertigen Salaten und Zutaten für gesunde Sandwiches von einem Feinkost- oder Naturkostladen zu. Wenn du es dir leisten kannst, kannst du auch bei einem Lieferservice entsprechend Menüs vorbestellen und angeben, wann und wohin sie jeweils geliefert werden sollen.

• Für einige Menschen ist Kochen ein Weg, in die inneren Welten hinabzu-

steigen, genauso wie für andere die Meditation in einem japanischen
Zenkloster oder ein 800 Kilometer langer Wildwassertrip. Alix Kates
Shulman machte während ihrer Retreats in ihrer baufälligen Hütte am
Strand die Erfahrung, daß sie sich stärker bei sich selbst fühlte, als sie lernte,
aus gewöhnlichen Dünenpflanzen Salate zuzubereiten, Muscheln zu ernten und die Fische aufzusammeln, die die Möwen fallengelassen hatten.
Bei diesen Retreats fand sie ihren Mut wieder, überstand eine schwierige
Scheidung und fing wieder an zu schreiben. Ich persönlich ziehe es vor,
versorgt zu werden. Versuchst du aber, ein besseres Verhältnis zum Essen
zu bekommen, kannst du ein Mini-Retreat machen, in dem du dich
entweder von aufgesammelten Muscheln ernährst oder (was wahrscheinli-
cher ist) ein prächtiges Mahl für dich zubereitest oder in ein hübsches
Restaurant gehst.

- Du solltest dich so einfach und so leicht wie möglich ernähren. Laß die
  Finger von Nahrungsmitteln, die du gewöhnlich zu dir nimmst, um deine
  innere Stimme zu übertönen. Bei mir sind das z. B. Schokolade, Wein,
  Brot, Pasta und wieder Schokolade. Das sind die »Brechstangen« für
  meinen magischen Raum: Wenn ich diese Dinge esse, geht mir Energie
  verloren. Um sie voller Achtsamkeit zu mir nehmen zu können, müßte ich
  sie wählen, um mir gutzutun und weil ich mich mag. Nicht um unbe-
  queme Gefühle zu vermeiden oder um dem kritischen Selbst in mir einmal
  mehr recht zu geben und zu zeigen, daß man mir einfach nicht trauen
  kann, wenn ich die Kontrolle aufgebe. Wenn du aber trotzdem »verbotene
  Früchte« naschst, dann genieß sie einfach. Schuldgefühle sind von deiner
  »Gästeliste« im Retreat gestrichen.

- Wenn dein Retreat-Thema sich nicht ums Essen dreht (zu viel essen oder
  Dinge zu essen, die dir nicht guttun), dann solltest du deine innere Einkehr
  an einem Ort halten, an dem du deine Nahrungszufuhr mit einem liebevollen, aber wachsamen Auge kontrollieren kannst. In einem Retreatzentrum beispielsweise oder im Haus einer Freundin, die selten etwas
  Schmackhafteres als Hühnerbrühe und Zwieback da hat. Machst du das
  Retreat aber daheim, kannst du einfach alles Verführerische wegschließen
  und ein großes Schild in der Küche aufhängen, auf dem steht: »Wie kann
  Essen mein Retreat behindern oder bereichern?«

- Suchst du dir ein Retreatzentrum aus, dann achte darauf, daß dort auch
  fürs Essen gesorgt ist und daß das Angebot deinen Bedürfnissen entspricht.
  Oder ist es ein Problem für dich, wenn dort nachmittags Tee und Kekse

serviert werden und es nach dem Abendessen ein Dessert gibt? Wird dein Retreat vollständig scheitern, wenn das Essen schlecht ist?

- Versuche auf keinen Fall, während des Retreats eine neue oder besonders strenge Diät zu halten. Wenn Essen dir Spaß macht, und du z. B. dein erstes Retreat machst oder ein besonders schwieriges Thema bearbeiten möchtest, dann stell dir einen Speiseplan zusammen, der Raum läßt für kulinarische Trösterchen. (Nimm aber trotzdem nur eine kleine Packung Mohrenköpfe mit!)

- Das Fasten ist eine altehrwürdige Tradition beim Rückzug in die Einsamkeit, kann aber Schwierigkeiten bereiten, wenn du allein ins Retreat gehst. Laß es bitte sein, wenn du zum ersten Mal fastest, wenn du körperlich anstrengende Übungen vor dir hast oder wenn du dich allein an einem abgelegenen Ort aufhältst. Fasten sollte man nur, wenn man sich damit auskennt und sich entsprechend darauf vorbereitet hat. Willst du länger als ein oder zwei Tage fasten, brauchst du auf jeden Fall jemanden, der nach dir sieht.

GESCHICHTEN

Die Geschichtsbücher wimmeln nur so von Stories über Orte, die Frauen auf der Suche nach spiritueller Einsamkeit entdeckt oder geschaffen haben. Hier sind zwei davon:

Während der anstrengenden und sich immer länger hinziehenden Probezeit um einen festen Lehrstuhl an ihrer Universität erkrankte die Professorin Elizabeth Ellsworth schwer. Diese Krankheit half ihr, zwei Dinge zu erkennen: die Wichtigkeit einer fürsorglichen Haltung sich selbst gegenüber, und in welch hohem Maße diese von unseren Rückzugsmöglichkeiten abhängt. Die folgenden Zeilen stammen aus ihrem Beitrag »Claiming the Tenured Body« in *The Center of the Web. Women and Solitude,* das Delese Wear herausgegeben hat:

»In der Nähe der Farm, auf der ich lebe, gibt es eine alte Viehweide. Was sich dort abspielt, kann man von der Farm aus weder sehen noch hören. Als wir das Brennholz für den riesigen Holzofen schlugen (40 Zentimeter lange Scheite!), ließ ich sechs gerade, etwa 3 Meter lange Balken übrig. Im April darauf band ich die Balken an unseren alten orangefarbenen Gartentraktor und zog sie damit zur höchsten Stelle der Viehweide. Ich legte sie nebeneinander an den Platz, den ich seit dem letzten Oktober regelmäßig besucht hatte. Ich hatte immer meine Strohmatte mit hinauf genommen, weil ich eigentlich lesen oder arbeiten wollte, doch meist saß ich nur da und hörte dem Wind zu, und während das neue Semester Tag um Tag vorangeschritten war, hatte ich gesehen, wie sich die Blätter an den Bäumen rot und gelb färbten.«

»Im April wußte ich bereits, daß ich sehr viel Zeit an diesem Ort verbringen würde. Ich legte die Balken also wie Legosteine übereinander, so daß sie ein niedriges und ebenes Fundament für eine Plattform aus Zedernbalken bildeten, die etwa 2,5 Meter im Quadrat maß und die ich mir dort gewünscht hatte. Zum Schutz gegen Gewitter, Regen, Staub, Sonne und Wind, die dieses Fleckchen Erde häufig innerhalb von nicht mehr als einer halben Stunde heimsuchten, schlug ich Nägel in die Balken, damit sie den drängenden und wilden Besuchen, welche die vier Elemente meiner kleinen Retreatplattform abstatteten, widerstehen konnten . . .«

» . . . Ich steckte mir einen Platz in der Welt ab, an dem ich auf meinen Atem und mein Herz hören konnte. An dem ich mich freiwillig in die Einsamkeit zurückziehen konnte – eine Einsamkeit, die der Isolation, die in der Leistungsgruppe für Professorenanwärter erwartet wird, nicht mehr im geringsten ähnelte. Ich saß dort allein, mit meinem Tagebuch, verschiedenen Stiften und Farbkreiden bewaffnet, und fragte mich: ›Welche Teile meines Universitäts-Selbst kosten mich das Leben – buchstäblich und symbolisch?‹ Und: ›Welche Teile meines Universitäts-Selbst erhalten mir das Leben und unterstützen meine Leidenschaft fürs Lernen und Unterrichten?‹«

Die Schriftstellerin Valerie Andrews beschreibt in ihrem Buch *A Passion for the Earth* den Retreatplatz, den sie als Kind hatte. Dabei wird die instinkhafte Natur des Retreats sehr deutlich, ebenso die Rolle, die der Retreatort spielt:

»Als Kind hatte ich einen geheimen Ort. Jeden Tag bei Sonnenuntergang ging ich in ein kleines Birkenwäldchen, das von einer süß duftenden Ligusterhecke umgeben war. In der Mitte dieses Wäldchens war ein kleiner Erdwall, in dem ich mich zusammenrollte und dem Herzschlag der Erde lauschte. Sieben Jahre lang machte ich täglich dieses kleine Ritual. Ich konnte diesen Rhythmus sogar im Winter fühlen, so als ob ich mit dem dunklen Herz der Erde durch eine Wurzel verbunden wäre, die aus meinem Nabel entsprang.«

»Das Wäldchen war nach Westen ausgerichtet und bildete eine Art ›Kiva‹ (ein heiliger Raum bei den Hopi-Indianern), einen Raum, der dem Mutterleib ähnelte. In diesem abgeschlossenen Raum lag all die Kraft eines alten Heiligtums; es war ein Ort des Werdens und Vergehens. Wenn das Licht stärker wurde und den Himmel in scharlachroten Flammen erglühen ließ, lernte ich, was Sein und Wandlung bedeutet. Etwas in mir veränderte sich, wenn die Erde ihre Umwandlung durchlief und das geschäftige Treiben des Tages in die langen, ruhigen Atemzüge der Nacht überging.«

UND WAS SOLL ICH TUN?

Ganz gleich zu welcher Zeit und an welchem Ort – sie ist fähig, unverzüglich in ihr Selbst einzutauchen, ihre eigene Stimme wahrzunehmen. Ob sie nun in Liebesseufzern spricht oder in Schmerzschreien, voller Freude, Wut oder in stillem Dankgebet, es ist ihre Stimme und nur ihre. Sie entdeckt dort die Tiefe und die Grenzen ihrer Gefühle, die Klarheit ihrer Gedanken. Ihre Stärke und ihr Überschwang geben ihr den Mut, dem inneren Aufruhr mit Entschlossenheit gegenüberzutreten.
Virginia Bean Rutter: *Woman Changing Woman*

Eines Tages rief mich meine Freundin Jodie an. Sie steckte gerade wieder in einer dieser Phasen ungebremsten Drauflospowerns: »Kannst du mir nicht verraten, was du da kürzlich für ein Retreat gemacht hast? Ich muß dringend raus!« sagte sie. Als ich ihr darauf von meinen Erfahrungen erzählte, unterbrach sie mich auf einmal mittendrin: »Aber was hast du denn *getan*?« Das Verlockende und gleichzeitig Abschreckende an einem Frauenretreat sind eben diese langen Stunden, in denen du nur deiner inneren Weisheit folgst.

Was wirst du tun?

Du mußt nichts tun.

Außerdem steckt das Wissen, wie du für dich sorgen und dir selbst zuhören kannst, bereits in dir. Du brauchst allenfalls Hilfe, es herauszukitzeln.

DIE QUAL DER WAHL

Versuch so unvoreingenommen wie möglich herauszufinden, was für dich an diesem Retreat wichtig ist. Nutz dabei dein Vorhaben als Leitlinie. Hier sind ein paar Vorschläge:

• Setz dich still hin und frag dich: »Welche Erfahrung ist bei diesem Retreat für mich wichtig?«

Siehe: Quellen

• Wenn du dein Vorhaben mit Hilfe von Brainstorming-Techniken genauer erforschen willst (wie Gabriele Rico das in *Garantiert schreiben lernen* vor-

schlägt), dann nimm dir ein Blatt Papier, und schreib dein Retreat-Thema in die Mitte. Mal einen Kreis darum. »Dann lassen Sie sich einfach treiben. Folgen Sie dem Strom der Gedankenverbindungen, die in Ihnen auftauchen. Schreiben Sie Ihre Einfälle rasch auf, jeden in einen eigenen Kreis, und lassen Sie die Kreise vom Mittelpunkt aus ungehindert in alle Richtungen ausstrahlen, wie es sich gerade ergibt. Verbinden Sie jedes neue Wort oder jede neue Wendung durch einen Strich oder Pfeil mit dem vorigen Kreis. Wenn Ihnen etwas Neues oder Andersartiges einfällt, verbinden Sie es direkt mit dem Kern und gehen von dort nach außen, bis diese aufeinanderfolgenden Assoziationen erschöpft sind.« So schaffst du eine Art »Landkarte« sämtlicher Ideen, die du mit deinem Retreat-Thema verbindest. Füll den Papierbogen ganz aus. Wenn du damit fertig bist, sieht das Ganze aus wie ein Spinnennetz. Schau es dir nun genauer an. Welche Muster kannst du erkennen? Gib es Hinweise darauf, was du für dein Vorhaben tun könntest? Schreib auf ein weiteres Blatt Papier alles, was du in deinem Retreat machen willst, aber auch das, was du vermeiden möchtest. Wenn Rhoda ein Retreat plant, dann malt sie ein solches Spinnennetz auf die Innenseite eines Aktenordners, in den sie dann sämtliche Dinge einheftet, die mit ihrem Thema zu tun haben könnten – Gedichte, Landkarten, Fotos und einzelne Seiten aus Zeitschriften –, mit einem Wort: alles, was ihr im Retreat nützlich sein könnte. Und sie sammelt darin auch die Dinge, die sie im Retreat findet.

Sortiere die aufkommenden Ideen, indem du dich selbst fragst: »Wie kann ich diese Ideen in Handlungen umsetzen, die mein Vorhaben unterstützen?« Oder: »Welche Handlungen vermeide ich besser, weil sie meinem Retreat nicht nützen?« Wenn du jetzt einen Sack voller Ideen zusammengetragen hast (Mach dir keine Sorgen, wenn sie dir im Moment zu zahlreich erscheinen!), dann heb sie dir bis zum nächsten Abschnitt auf.

• Hast du zwar gewisse Vorstellungen darüber, was du gerne tun würdest, aber diese Vorstellungen geben noch kein rechtes Retreat-Thema ab, dann beschreib jede dieser Ideen in ein oder zwei kurzen Worten. Nimm dazu einen Bleistift. Leg jetzt aber keine Liste an, sondern verteil deine Ideen so schnell wie möglich übers ganze Blatt. Notier alles, was dir so einfällt. Wenn du damit fertig bist, malst du einen Kreis um jede Idee und verbindest die Ideen, die etwas miteinander zu tun haben. Alles, was sich nicht richtig anfühlt, streichst du wieder. Arbeite dich zurück bis zum Ausgangspunkt, und achte darauf, ob sich dabei ein Thema entwickelt. Wenn nicht, kannst du ja das Kapitel »Mein Vorhaben« noch einmal durchblättern.

- Hast du hingegen ganz genaue Vorstellungen davon, was du im Retreat tun möchtest (wie Ashtanga-Yoga praktizieren oder Tagebuch schreiben), dann überleg dir, wie du diese Übungen einsetzen kannst, um dein Vorhaben zu unterstützen. Lautet deine Frage beispielsweise: »Wie kann ich meine Kreativität wieder entfalten?«, dann frag dich, wie deine Yoga-Übungen da hineinpassen: »Ist es besser, wenn ich allein praktiziere? Oder soll ich ein Retreat machen? Wäre es vielleicht besser, in einen Yogakurs zu gehen? Und wenn, soll ich eher in meinen normalen Kurs gehen oder etwas Neues ausprobieren? Welche Art von Umgebung würde mir guttun, wenn ich einen Kurs mache? Und welche Art von Lehrer?« Dieselben Fragen kannst du dir stellen, wenn du lieber Tagebuch schreiben möchtest. Frag dich zum Abschluß auch, ob es noch irgend etwas anderes gibt, was dir bei der Verwirklichung deines Vorhabens nützlich sein könnte. Blättere dieses Buch durch, um zu sehen, ob einer der Vorschläge dich anspricht, oder schreib eine festgesetzte Anzahl von Minuten lang einfach alles auf, was dir in den Sinn kommt.

- Such dir einen der verschiedenen Retreat-Vorschläge am Ende des Buches heraus und gestalte ihn nach deinen Vorstellungen um.

- Du kannst auch einzelne Elemente aus »Die Praxis des Zuhörens« auswählen, wenn sie dir zusagen.

- Vervollständige 50mal nacheinander den Satz: »Ich habe gar keine Zeit mehr für . . . .« Achte darauf, welches dieser Dinge zu deinem Retreat-Thema paßt.

- Überprüf deine Ideen immer wieder anhand folgender Fragestellungen: »Hilft mir das, mein Thema zu leben?« Und: »Ist es das, was ich in diesem Moment brauche?«

- Blättere ein wenig in den Quellenangaben. Vielleicht findest du dort Bücher, Videos, CDs oder MCs, die dich inspirieren. Du könntest auch ein Retreat machen, das von jemand anderem geleitet wird. Manchmal ist ein selbstgestaltetes Retreat nicht das, was wir brauchen. Wenn du während der Beschäftigung mit deinem Thema den Eindruck bekommst, daß du lieber mit jemand zusammenarbeiten würdest, weil dir dein Vorhaben z. B. einfach zu gewaltig vorkommt, um es allein durchzuführen, dann such bitte mit aller Kraft jemanden, mit dem du gut arbeiten kannst. Aber paß auf, daß dich nicht der »Kaufrausch« packt, wenn du die verschiedenen

Und was soll ich tun?

Retreatmöglichkeiten erforschst. Es gibt so viele und so wunderbare Möglichkeiten und Lehrer! Nur wenn du selbst genau weißt, was du willst und brauchst, findest du das Richtige und wirst nicht von der schieren Fülle erdrückt. Denk auch daran, daß die Tatsache, daß du dein Retreat nicht selbst gestaltest, dich nicht aller Verantwortung enthebt. Es ist trotzdem nötig, regelmäßig mit deinem Inneren Kontakt aufzunehmen und dich zu fragen, ob das, was du tust, auch tatsächlich deinen Bedürfnissen entspricht und du dabei deiner inneren Stimme folgst.

• Glaub nicht, daß du dieses Buch von vorne bis hinten durchlesen mußt! Hier ist genug Material für mindestens 50 Retreats gesammelt, und einiges davon wird zu deinem augenblicklichen Leben überhaupt nicht passen — pick dir einfach das Richtige für dich heraus. Tauch in dein Retreat ein, sobald du dazu bereit bist. Und denk daran: Den einzig wahren Weg gibt es nicht! Laß dich von deiner inneren Weisheit leiten.

DER FLUSS DEINES RETREATS

Wie mag dein Retreat von Augenblick zu Augenblick wohl aussehen? Was ist eine gute Mischung von Planen und Loslassen, von Sein und Tun, von Zusammensein mit anderen und Alleinsein? Du willst gerade so viel planen, wie dir dienlich ist, aber nicht so viel, daß du das Gefühl hast, du müßtest etwas »schaffen«. Ruf dir den eigentlichen Zweck deines Retreats wieder ins Gedächtnis: Du willst deiner inneren Weisheit lauschen. Dazu gebe ich dir im folgenden ein paar Tips:

Der Abschnitt *Verschiedene Retreat-Vorschläge* kann dir als Einstieg dienen.

• Bring wenig mit und tu wenig. Denk dir ein einfaches Eröffnungsritual aus und schau, was passiert. Mach ein Nickerchen, sitz ein wenig im Schaukelstuhl, schau der Sonne zu, wie sie auf- und untergeht, schreib Tagebuch, und lies die Psalmen oder Gedichte, die du mitgebracht hast. Mach das, was Kay Hagan einen »Intuit-Trip«, eine Reise in die eigene Intuition, nennt: Eine bestimmte Zeit lang folgst du deiner inneren Weisheit. Du hast keine Aufgaben zu erledigen, sondern gibst dich einfach dem Fluß der Dinge hin. Such den Austausch mit deiner Umgebung. Laß Stille und Einsamkeit dich ganz erfüllen, ja dich leiten. Erspür deinen inneren Rhythmus. Dies ist vor allem dann wichtig, wenn du Erholung brauchst, weil du erschöpft, überarbeitet und ausgepowert bist, oder wenn du eigentlich gar nicht weißt, weshalb du ins Retreat willst, aber trotzdem

Siehe: *Die Praxis des Zuhörens* und in diesem Kapitel weiter unten *Überprüfen, wo du stehst*

Und was soll ich tun?

Siehe: *Die Praxis des Zuhörens: Sein*

Im Abschnitt *Verschiedene Retreat-Vorschläge* findest du weitere Hinweise, wie du mehr Ausgeglichenheit finden kannst.

sicher bist, daß es einfach sein muß. Dann wird Zuhören zu deiner wichtigsten Praxis.

- Wenn du die Panik bekommst, weil sich plötzlich vor dir eine Unmenge Zeit ohne Verpflichtungen auftut, dann mach dir einen genauen Plan. Hast du aber in deinem normalen Leben ständig Termine, dann vergiß für dieses eine Mal deinen Zeitplaner. Ein Retreatplan ist eine prima Idee, wenn du arbeitslos oder unterbeschäftigt bist oder aus einem anderen Grund Zeit in rauhen Mengen hast. Hör aber während des Retreats und auch danach immer auf deine innere Stimme. Ein Retreatplan heißt nämlich nicht, daß jede Sekunde deiner Zeit verplant ist. Überfrachte dich nicht mit Vorhaben! »Weniger ist mehr!« gilt vor allem im Retreat. Du willst dich schließlich nicht so abhetzen, wie du es gewöhnlich tun mußt, wenn du irgend etwas »erledigen« willst. Wenn du in diese Art von Stimmung gerätst, dann STOP! Laß sofort alles stehen und liegen, setz oder leg dich hin und tu eine Weile gar nichts.

- Mach dir eine kleine Liste mit verschiedenen Übungen und Meditationen. Nach deinem Eröffnungsritual überlegst du dir, was du wann tun möchtest. Mach dein Retreat an einem Ort, an dem du genügend Hilfsmittel findest, um deiner Frage nachzuspüren. Das ist vor allem bei künstlerisch inspirierten Retreats eine große Hilfe. Allerdings ist diese Praxis nur Menschen zu empfehlen, die sich von der Leere nicht auffressen lassen und dann ihr Retreat damit zubringen, ihre CD-Sammlung alphabetisch zu ordnen.

- Such dir etwas aus, was dich gut verankert. Eine Massage oder Meditation beispielsweise, Arbeit mit Freunden und der Gruppe, Tagebuch schreiben, Malen usw. Leg von Anfang an fest, wie oft am Tag du dich diesem Tun widmen wirst, z. B. viermal. Halte diese Zeiten genau ein. Dazwischen aber kannst du dich dem Fluß hingeben, experimentieren, ständig neu entscheiden, was du nun machen willst. Auf längeren Retreats kannst du diesen Anker oder Fokus alle paar Tage wechseln.

- Hör Musik, die dir gefällt. Lies laut etwas Lyrisches. Beweg rhythmisch deinen Körper. Genieß die Stille, die Natur. Ruh dich aus und nimm ein Bad. Beschäftige dich mit dir wichtigen Fragen. Drück die Millionen möglicher Antworten in Worten, Bildern, Figuren aus.

Und noch etwas zum Aufbau:

- Je länger dein Retreat dauern soll, um so wichtiger ist es, daß du dir Gedanken machst, was du wann tun willst.

- Probier in Mini-Retreats verschiedene Möglichkeiten des Ablaufs aus und finde heraus, was du am liebsten magst.

- Frag dich: »Welches ist für mich der beste Weg, um mich in diesem Retreat ganz lebendig zu fühlen?« Und: »Was habe ich früher getan, um zu verhindern, daß ich mich ganz lebendig fühlte, wenn ich Zeit für mich hatte?«

- Wenn du schon einmal einen Workshop gemacht hast, der einen Tag oder sogar ein Wochenende dauerte: Wann wirst du gewöhnlich müde? Wie lange kannst du dich konzentrieren, bevor du umschalten, d. h. eine Pause machen, essen, schlafen oder etwas anderes tun mußt? Behalt diese Informationen im Hinterkopf.

- Eine Stunde Arbeit an sich selbst laugt ganz schön aus. (Aus diesem Grund dauern Therapiesitzungen normalerweise nicht länger als 50 Minuten.) Wenn du nicht abheben willst, solltest du tiefgreifende Seelenarbeit mit beruhigenden Aktivitäten abwechseln: auf der Erde liegen, dich in deine Lieblingdecke kuscheln, Erdbeer-Sorbet essen oder heißen Tee schlürfen. Laß dir Zeit, wirklich in deinem Körper zu sein.

  Siehe: Die Praxis des Zuhörens: Körper und Schweiß

- Die Augenblicke des Übergangs zwischen den einzelnen Übungen sind häufig unausgewogen. Gewöhnlich widmen wir ihnen keine besondere Aufmerksamkeit. Doch jeder Moment eines Retreats ist kostbar. Sylvia Borstein schreibt in *Don't Just Do Something, Sit There*, einem Buch über ihr Achtsamkeitsretreat: »Schließlich wurde die Zeit zwischen den Übungen genauso wichtig wie die Übungen selbst. Statt von meinem Kissen aufzuspringen und zur Gehmeditation zu rennen, ließ ich es zu, daß der Weg dorthin selbst zur Praxis wurde.« Übergänge und Grenzräume erinnern uns immer wieder daran, daß wir auf unsere innere Stimme hören müssen. In ihnen steckt die Erkenntnis, daß jeder Moment des Lebens eine Gelegenheit bietet, uns selbst besser kennenzulernen – eine Wahrheit, die mich oft vor Frustration zum Heulen bringt, worauf ich fast immer die nächste Eisdiele ansteuere.

Alles in allem solltest du nicht zu viel tun. Wenn du nur ein bißchen in diesem

Und was soll ich
tun?

Buch herumschmökerst, über dein Verlangen nach Einsamkeit nachdenkst, einfach losläßt und dir das alles wirklich erlaubst, dann wird dein Retreat ganz von selbst zum Leben erwachen. Sandy z. B. erzählte folgendes: »Am Anfang meines Retreat-Tages wußte ich noch nicht, daß ich an den Strand gehen, mich von neuem mit meinem Selbst verbinden und zum ersten Mal seit zwei Jahren wieder Klavier spielen würde. Vor dem Retreat dachte ich, ich würde höchstens ein wenig Musik auflegen und allein tanzen. Dann tat ich all die anderen Dinge, weil es genau das war, was ich brauchte. Irgendwie hatte das Retreat ein Eigenleben. Alles, was ich tun mußte, war zuzuhören.«

Siehe: *Mach dir
selbst den Hof:
Geschichten*

ÜBERPRÜFEN, WO DU STEHST

Siehe: *Nimm dein
Retreat mit: Die
tägliche Praxis*

Wenn du wissen willst, was du in diesem Augenblick tun oder lassen solltest, richte am besten den Blick nach innen und frag deine innere Stimme. Durch diese Kontaktaufnahme mit deiner inneren Weisheit erfährst du, wann du mit nackten Füßen im Schlamm herumstampfen, dir mit Löffeln Schlagsahne ins Gesicht schleudern sollst und wann du den Abstieg in deine dunklen, fruchtbaren Tiefen wagen kannst. Diese Überprüfung ist ein sehr verläßlicher Führer auf dem Weg zu deinem inneren Selbst.

Wie nötig diese Führung ist, erlebte ich zum ersten Mal bei einem Retreat in der Wildnis, bei dem ich Co-Leiterin war. Meine persönlichen Wandlungserlebnisse auf solchen Retreats waren immer mit totaler körperlicher Erschöpfung einhergegangen. Als ich die Gruppe mit anleitete, dachte ich, dieses Rezept müßte immer funktionieren: Treib die Frauen dazu, körperlich bis zum letzten zu gehen, und sie werden tiefgreifende Erfahrungen machen. Damit lag ich gleichzeitig richtig und falsch. Diese Frauen mußten vor allem umsorgt werden. Sie sprangen im täglichen Leben so hart mit sich um, sie waren so perfekt und super, daß sie vor allem die wärmenden Arme von Mutter Erde und die sanften Rhythmen des Lebens in freier Natur brauchten, um ihre eigenen inneren Zyklen wiederfinden zu können. Sie mußten aber auch ermutigt werden, ihre Vorstellungen von dem, was sie − körperlich und seelisch − zustande bringen könnten, abzulegen. Dies würde ihnen mehr Selbstvertrauen geben und ihre Glaubenssätze über ihre eigenen Fähigkeiten ändern. Was hier fehlte, war die goldene Mitte: der Ausgleich zwischen Sanftheit und Härte, zwischen Sich-Antreiben und Ausruhen. So lernte ich, wie wichtig es ist, für sich selbst und für die Gruppe zu überprüfen, wo man steht, indem man den Blick nach innen richtet.

Dieses Abklären ist recht einfach. Du zentrierst dich. (Schließ deine Augen, und atme einige Male tief ein und aus. Vielleicht kannst du beim Ausatmen leicht seufzen. Du kannst aber auch andere Techniken der Sammlung und Entspannung einsetzen, wenn du an diese gewöhnt bist.) Stell dir dann selbst eine Frage. Irgendeine. Du kannst damit ein wenig herumprobieren, z. B. für jeden Tag deines Retreats eine andere nehmen. Oder eine für jedes Mini-Retreat, das du machst. Du kannst so einer Frage auch ein Jahr, ein Jahrzehnt oder gar dein ganzes Leben widmen. Hier sind meine Lieblingsfragen:

- Wie geht es mir in diesem Augenblick?

- Bin ich ehrlich zu mir selbst?

- Gibt es noch etwas, was ich gerne tun möchte?

- Was brauche ich genau in diesem Moment?

- Ist es das, was ich jetzt brauche?

- Was muß ich tun, um mich jetzt ganz lebendig zu fühlen?

Siehe: Kontemplation. Dort findest du weitere Fragen.

- Geht es mir gut? Wenn ja, warum? Oder warum nicht?

- Welche Gedanken oder Menschen schwirren mir immer noch im Kopf herum?

- Was kann ich ändern?

- Ist das ein gutes Gefühl?

Diese Selbstbefragung dauert nur ein paar Minuten. Das ist geradezu enttäuschend einfach. Doch sich immer daran zu erinnern, daß wir unser inneres Selbst fragen und ihm dann auch zuhören, ihm vertrauen und dieser Stimme folgen, ohne uns dabei zu Höchstleistungen anzutreiben, das ist letztlich eine ziemliche Herausforderung.

Vielleicht bist du bei all meinen Ausführungen über das Zuhören nun auf folgende Frage gestoßen: »Und woher weiß ich, daß ich mich auf das, was ich höre, auch verlassen kann?«

Und was soll ich tun?

Siehe: *Verschiedene Retreat-Vorschläge: Ein halbtägiges Vertrauens-Retreat*

Eine gute Frage.

Der vertrauenswürdige Teil in dir gibt dir niemals Antworten, die dich zu gefährlichen, beschämenden oder unbesonnenen Dingen verleiten. Er verlangt von dir niemals etwas, was für dich oder andere schmerzhafte Konsequenzen hat. Er wird dich nicht antreiben, aufstacheln, hetzen oder mit Schuldgefühlen beladen. Natürlich gibt es eine Menge innerer Stimmen, und du mußt lernen, zwischen ihnen zu unterscheiden. Da sind die Stimmen des ständig kritisierenden inneren Antreibers und Richters, die Stimmen der anderen (deines Vaters, Ex-Ehemannes, deiner Teenie-Tocher oder des Deutschlehrers aus der siebten Klasse) und die Stimmen deiner wohlbekannten Komplexe (z. B. das ungelöste Problem, daß du dir immer völlig aufreibende Beziehungen suchst, oder die selbstzerstörerische Sucht nach Bestrafung). Und schließlich gibt es da noch jene Stimmen, die dich auf den Weg zu einer echten und wahren Beziehung zu deinem Selbst leiten. Die Stimmen, denen du vertrauen kannst, erklingen mit völliger Klarheit in deinem Körper wie ein gut gestimmtes Glockenspiel. Vielleicht rufen sie dir Erinnerungen an eine Zeit ins Gedächtnis, in der du mit dir selbst im Einklang warst: Du warst gesund, entschlossen, hattest deinen Weg gefunden. Vielleicht warst du auch noch ein junges Mädchen voller Vertrauen in die Welt. Die Stimmen aber, die du lieber ausblenden möchtest, wollen von dir dasselbe wie immer: daß du dein abgestumpftes, aber sicheres Leben beibehältst, daß du vor Scham heulst, daß du weniger lebendig bist, als du es sein könntest. Doch es gibt eine Methode, wie du zwischen diesen Stimmen unterscheiden kannst. Frag dich:

- Habe ich diese Stimme schon einmal gehört?

- Was geschieht in meinem Körper, wenn ich diese Stimme höre? Öffne oder verschließe ich mich dieser Stimme? (Der Therapeut Belleruth Naparstek rät: »Richte den Blick nach innen und hör auf deinen Körper. Achte auf deine Empfindungen. Ein ›Ja‹ bewirkt ein feines Loslassen, innere Anspannung steht für ein ›Nein.‹«)

- Wozu regt mich diese Stimme an: zu Handlungen, bei denen ich mich gut, zentriert und lebendig fühle, oder Handlungen, bei denen ich ein schlechtes Gefühl habe, mich nachlässig, schlecht, wertlos, dumm oder doof fühle?

Diese Selbstüberprüfung funktioniert an jedem Punkt des Retreats. Fühlst du

dich festgefahren, voller Panik oder unsicher darüber, was du tun sollst, dann laß Ruhe einkehren, und frag dich: »Was kann ich tun, um mich jetzt wirklich lebendig zu fühlen?« Oder: »Wovor habe ich Angst?« Wenn du Schwierigkeiten hast, in der Gegenwart zu sein und dich an dir selbst zu erfreuen, halte inne, und stell dir folgende Frage: »Warum kann ich keine Freude über mich selbst empfinden?« Und: »Was habe ich davon, wenn ich so handle?«

Solltest du gerade in Versuchung sein, kiloweise alte Exemplare der Bildzeitung zu lesen oder eine ganze Tüte voll Karamelbonbons wegzulutschen, dann ist folgende Frage vielleicht das richtige für dich: »Wenn ich .... (die Bildzeitung lese bzw. ein Pfund Karamelbonbons esse), lerne ich dann etwas, was ich unbedingt wissen muß?« Bei dieser Selbstbefragung kann alles mögliche passieren. Manchmal, vor allem am Anfang, kann es auch vorkommen, daß du zwar fragst, aber keine Antwort bekommst. Das große Nichts. Wenn das der Fall ist, dann iß deine Karamelbonbons, verschling die Schlagzeilen (wie etwa »Michael Jackson heiratet eine Außerirdische mit zwei Köpfen«), bleib bei deinem Plan, oder mach einfach aufs Geratewohl eine Retreat-Praxis, die dich interessiert. Danach kannst du dich dann fragen: »Habe ich mich damit jetzt gut, besser, zentrierter und mehr bei mir gefühlt?«

Vielleicht hörst du aber auch ein kristallklares: »Keine Karamelbonbons!« Achte deine innere Stimme, und überprüfe dich später noch einmal.

Vielleicht erklingt aber auch etwas ganz anderes in deinem Kopf: »Es ist mir ganz egal, was ich dabei lerne, ich will meinen Klatsch und meine Karamelbonbons.« Gut. Bleib noch ein paar Minuten bei dir selbst, und achte darauf, wie du dich bei diesem Vorschlag fühlst. Entspannt, zentriert? Oder schuldbewußt und geknickt? Frag weiter: »Fühle ich mich nun entspannt, weil Süßigkeiten für mich ein Mittel sind, schwierige Probleme zu umgehen, oder weil ich mir endlich erlaube, das zu tun, was ich möchte?« Achte darauf, was dein Körper sagt. Hast du das Gefühl, daß dieser Vorschlag (Süßigkeiten, ein Nickerchen, Lesen, Abhauen und Nachhausefahren) eine tiefere, wohltuende Beziehung zu dir selbst herstellt? Entspannt dein Körper sich bei dieser Idee? Oder ist dein Unterkiefer angespannt, sind deine Schultern verkrampft? Geh immer tiefer durch die verschiedenen Ebenen der Selbstüberprüfung. Es braucht schon ein wenig Erfahrung, um herauszufinden, was unser Körper und unser Geist wirklich brauchen.

Eine andere Möglichkeit, diese rituelle Selbstbefragung im Retreat zu nutzen, ist ein netter kleiner Kurzzeitwecker (mit einem angenehm leisen Läuten oder Piepsen). Du läßt ihn einfach so oft läuten, wie es dir angenehm ist – einmal pro Stunde oder viermal am Tag. Du kannst auch irgendein Geräusch, das häufig in deiner Umgebung vorkommt, zur Erinnerung benutzen (das Pfeifen eines Zuges in der Ferne, das Muhen einer Kuh, ein Glockenspiel an der Wohnungstür). Sobald du den Laut vernimmst, hörst du auf, etwas zu tun, zentrierst dich wie gewohnt und stellst dir eine von dir vorher ausgewählte Frage. So erinnert dich der Laut daran, daß du Kontakt mit deiner inneren Weisheit aufnehmen willst und dich deinem Vorhaben zuwendest – wie das Läuten der Glocke in der Meditationshalle die Praktizierenden daran erinnert, daß sie achtsam sein sollen.

Natürlich kannst du dir auch die Frage stellen, die du zu deinem Retreat-Thema gemacht hast. Laß deinen Wecker in regelmäßigen Abständen läuten und stell deine Frage. Achte darauf, was dir in den Sinn kommt. Du kannst es nutzen, dein Retreat deinen aktuellen Bedürfnissen anzupassen.

GESCHICHTEN

Diese Geschichte darüber, wie ein Retreatplan entsteht, stammt von Frankies erstem Retreat:

»Ich wollte nichts planen. Ich wollte nur mir selbst folgen. Und vor allem keinen Zeitplan aufstellen. Ich war in einem super Retreatzentrum, wo ich drei Massagen täglich bekam, in der Meditationshalle meditieren und am Wildbach sitzen konnte. Von dem Geplauder der anderen hielt ich mich fern. Ich lernte gar nichts Besonderes. Das Besondere war die Erfahrung selbst. Als ich abfuhr, hatte ich erkannt, wie wenig Zeit für mich selbst ich mir wirklich zugestand. Ich hatte erkannt, wieviel im Leben eine Sache der Wahl ist: Du kannst dir aussuchen, ob du mit anderen Menschen sprechen möchtest oder nicht. Das hat nichts mit richtig oder falsch zu tun, es ist einfach eine Frage dessen, was du machen möchtest. Als ich dort wegging, war mir außerdem klar geworden, daß die Trauer über meine Scheidung eine Menge Zeit in Anspruch nehmen würde.«

Sherry hingegen, eine Mutter mit drei kleinen Kindern, fand einen Plan für ihr Retreat ganz nützlich:

Und was soll ich
tun?

»Die Vorstellung, längere Zeit nichts zu tun zu haben, erschreckt mich regelmäßig fast zu Tode. Ich brauchte einfach einen Plan für mein Retreat, auch wenn ich ihn dann nicht strengstens einhalten würde. Jedenfalls würde ich einen haben, wenn ich Angst bekäme. Meine größtes Problem im Retreat war also auch, daß ich mich nicht entscheiden konnte, was ich tun sollte. Ich hatte solche Angst, meine Zeit zu verschwenden, wo dieses Wochenende ohne Jack und die Jungs doch so unendlich kostbar für mich war. Anfangs war ich furchtbar fahrig und nervös. Dann wurde ich langsam wütend. Ich dachte: >Warum ist das nur so schwer für mich?< Ich fing an, mir Vorwürfe zu machen. Aber dann arbeitete ich mit diesen Gefühlen. Ich bewegte mich viel und machte Körpergebete, um ruhiger zu werden. Ich mußte mich ständig selbst beruhigen, daß mit mir schon alles in Ordnung kommen würde. Nach einer Weile konnte ich mich plötzlich der Retreaterfahrung öffnen. Ich konnte gar nicht fassen, wieviel ruhiger ich mich nach diesem Wochenende fühlte. Ich machte eine Menge Fortschritte, nur weil ich endlich richtig nett zu mir war.«

Versuch es mal mit
*Vom Chaos zur
Balance.*

Siehe: *Die Praxis
des Zuhörens: Körper
und Schweiß*

Siehe: *Verschiedene
Retreat-Vorschläge:
Ein 1tägiges
Wohlfühl-Retreat*

Barbra hat einen aufreibenden Job und sorgt außerdem noch für ihre alternde Mutter.

»Als ich überlegte, wie ich mein Ein-Tages-Retreat gestalten möchte, mußte ich mich erst einmal entscheiden, was ich denn tun wollte. Ich bin so daran gewöhnt, mich ständig um alle anderen zu kümmern, ständig am Laufen zu sein, daß ich anfangs nur daran dachte, was ich alles tun sollte. Schließlich mußte mein Ein-Tages-Retreat ja perfekt sein. Aber dann hörte ich auf damit, und sagte mir: >Dies ist mein Tag! Ich muß nur das tun, was für mich gut ist!<«

»Ich wollte keinen richtigen Plan, sondern schrieb mir nur ein paar Dinge auf, die ich gerne machen wollte. Sehr viel Zeit verbrachte ich damit, die Veränderungen zu betrauern, die im letzten Jahr in meinem Familien- und in meinem Berufsleben stattgefunden hatten. Es waren nicht alle schlecht für mich, aber doch alle ziemlich einschneidend. Bis zu diesem Zeitpunkt hatte ich mir nicht erlaubt, innezuhalten und diesen Dingen nachzuspüren. Darum war das sehr gut für mich.«

»Was ich schließlich tat, war eigentlich gar nicht so wichtig. Das Entscheidende war, daß ich Zeit für mich hatte. Um die Stimmen der anderen auszublenden und mich auf meine eigene zu konzentrieren.«

MUT

Auf dein Herz zu hören ist nicht einfach, herauszufinden, wer du bist, ist alles andere als leicht. Eine Menge harter Arbeit und viel Mut sind nötig, um zu entdecken, wer du bist und was du willst.
Sue Bender, zitiert in *The Feminine Face of God*

Als ich die Interviews für dieses Buch machte, fragte ich die einzelnen Frauen: »Über welches Thema würdest du in einem speziell für Frauen geschriebenen Retreat-Buch gerne etwas lesen?« Interessanterweise nannten die meisten Frauen den Begriff »Erlaubnis«. Die Erlaubnis, ins Retreat zu gehen. Die Erlaubnis, Freude zu empfinden, Wut zu zeigen oder sich selbst weiterzuentwickeln. Die Erlaubnis, zu sein und im Vergnügen zu schwelgen. Die Erlaubnis, ekstatisch zu sein. Zuerst dachte ich: »O ja, im Erlaubnis-Erteilen bin ich gut.« Doch der Begriff »Erlaubnis« bedeutet ja, daß du die Zustimmung von irgend jemandem brauchst. Aber die einzige Erlaubnis, die du brauchst, ist deine eigene. Gibst du die Entscheidung, ob du ein Retreat machst oder nicht, aus der Hand, bist du verloren. Ermutigungen meinerseits, leckere Gerichte, die deine Freundin dir vor die Tür stellt, dein Partner, der dir verspricht, sich um die Kinder und den Hund zu kümmern – all das sind nützliche Helfer. Sie machen es dir leichter, das Tor zu deinem Inneren zu öffnen. Hindurchgehen kannst aber nur du selbst.

Hörst du dieses laute Plopp? Das bist du. Du ziehst dich wie ein Korken aus deinem eigenen Leben. Doch Leerräume sind der Natur ein Greuel. Wenn du deinen Platz nicht einnimmst, wird jemand anders oder etwas anderes ihn ausfüllen.

HILF DIR SELBST

Dich selbst zu unterstützen ist im Retreat wesentlich. Es bedeutet, daß du deinen Rückzug vom Alltag annimmst und bejahst. Es gibt viele Arten, sich selbst zu helfen, und zweifellos wendest du einige davon bereits an, da du sonst nicht mehr am Leben wärst. Weiter unten erfährst du etwas über meine Lieblingsmethoden. Sicher hast auch du die deinen. Mach, was immer du für gut hältst. Die Methode ist dabei nicht wichtig. Hauptsache ist, daß du dich aufrichtig und liebevoll unterstützt. Wirkliche Unterstützung hat nichts mit Einschüchtern, Schuldgefühlen oder Drohungen zu tun. Sie kann dich vorwärts treiben, dir einen Kick geben, ja sogar einen heilsamen Schrecken verursachen, aber wenn du vor Panik nicht mehr atmen kannst, dann läuft etwas schief. Im folgenden findest du zwei Übungen zum Thema »Selbstunterstützung«:

- Überkommen dich Zweifel an deinem Retreat – gleichgültig ob ganz zu Anfang, wenn du gerade beginnst, darüber nachzudenken, oder wenn du schon mitten drin steckst, dann nimm einen Stift und ein Blatt Papier, und schreib alles auf, was du zu dir selbst sagst: Weshalb du nicht hinfahren, nicht bleiben oder einfach nicht richtig da sein kannst. Pack die Zweifel, die Neinsager, die Kritiker, die dir Schuldgefühle verursachen, am Kragen und zerr sie ans Licht. Du mußt deine Zweifel entweder aufschreiben oder laut aussprechen. Wenn du sie in deinem Kopf läßt, können die Dämonen dort weiter ihr Gift verspritzen. Erblickst du sie aber erst einmal auf dem Papier oder hörst sie laut ausgesprochen, erkennst du sofort, was sie sind: nichts, was dir nützlich sein könnte. Manchmal genügt das schon, um dich zu beruhigen und das Alleinsein mit dir zu genießen. Manchmal brauchst du aber auch eine Stimme, die dich unterstützt und dir sagt, warum du ein Retreat machen oder weshalb du dieses Retreat, auf dem du gerade bist, nicht abbrechen solltest.

Wie kommst du nun zu dieser Stimme? Schließ deine Augen. Stell dir jemanden vor, den du über alles liebst – ein Kind, deine beste Freundin, Bruder oder Schwester, vielleicht auch deinen Partner. Erinnere dich nun an ein bestimmtes Ereignis, bei dem du dieser geliebten Person geraten hast, liebevoll mit sich selbst umzugehen. Vielleicht hast du ihm/ihr Mut gemacht, sich auf ein neues Abenteuer einzulassen, oder geholfen, seinen/ihren Liebeskummer zu vergessen. Hör, wie du andere aufrichtig und liebevoll ermutigst. Hör den Worten genau zu. Ruf dir dann ins Gedächtnis, wie dein Körper sich anfühlte, während du gesprochen hast: aufrecht, entschlossen und voller Hoffnung.

Nimm jetzt deinen Stift zur Hand. Laß dieselbe aufrichtige, ermutigende Stimme, die du dir eben ins Gedächtnis gerufen hast, wieder zu Wort kommen. Versuche, in diesem guten Körpergefühl zu bleiben, und schreib auf, warum du sehr wohl fähig bist, ein Retreat zu machen, voller Freude bei dir selbst zu sein und das Ganze durchzuziehen. Sprich mit dir in derselben Weise, wie du es mit jemandem tun würdest, den du liebst.

Natürlich geschieht es oft, daß der Chor der negativen Stimmen in dir einfach nur lauter wird, wenn du versuchst, auf diese liebevolle Weise mit dir umzugehen. Bann ihr Gejammer nun auch auf Papier. Verleih ihnen eine Stimme, indem du sie laut aussprichst. Antworte ihnen dann mit positiven Worten. Schließlich werden dein innerer Kritiker und dein innerer Freund sich angeregt unterhalten. Machtkämpfe solltest du dabei allerdings vermeiden. Deine positive Stimme könnte also durch aktives Zuhören versuchen, die Bedürfnisse des inneren Kritikers zu verstehen, wodurch du noch mehr über dich erfährst. Sag z. B.: »Ich möchte wissen, wie es dir geht. Erzähl mir mehr darüber.« Dann kannst du nachfragen: »Was hat diese Gefühle verursacht?« Oder: »Was könnte dir jetzt helfen, dich besser zu fühlen?« Natürlich hört sich das an, als würde Klein-Erna Unterricht zum Thema »Partnerschaftliche Kommunikation« bekommen, aber glaub mir, es funktioniert.

Wenn an irgendeinem Punkt dieser Übung ein Gefühl von Verlorenheit aufkommt oder du den Eindruck hast, festzustecken, dann schließ die Augen, atme tief und langsam, um deinen Körper zu entspannen, und ruf dir eine andere Gelegenheit ins Gedächtnis, bei der du jemanden unterstützt und ihm geholfen hast. Versuch auch nun wieder, dieselbe Aufmerksamkeit dir selbst zukommen zu lassen.

Diese Technik kannst du überall einsetzen. Du brauchst dazu nur wenige Minuten, und es ist eine gute Methode, um das ständige Geschwätz in unserem Kopf zur Ruhe zu bringen.

- Eine andere Übung habe ich Stephanie Dowricks inspirierendem Buch *Nähe und Distanz* entnommen. Such dir ein Wort, das genau die Qualität ausdrückt, die dir in diesem Retreat hilfreich wäre. Das kann etwas sein wie Mut, Geist, Energie oder Lebendigkeit. Aber auch Entschlossenheit, Selbstwert, Selbstachtung, Ausdauer, Klarheit, Perspektive, Einsicht oder Standhaftigkeit gäben ein prima Thema ab. Schreib diesen Begriff in die Mitte von einem Blatt Papier. Schließ die Augen, und laß deine Vorstellungskraft um dieses Wort kreisen. Welche Bedeutung hat es für dich? Welche Assoziationen ruft es in dir wach? Schreib alles auf, was dir in den Sinn kommt.

Schließ dann von neuem die Augen. Dring tiefer in den Begriff ein. Preise ihn, sehn ihn dir herbei, streck die Hand nach ihm aus. Erinnere dich an Momente, in denen du diese Qualität bei dir oder bei anderen beobachtet hast. Schreib alle Assoziationen auf, die dir dazu kommen. Sie gehen von deinem Wurzelwort aus und spinnen ihr Netz über das ganze Blatt.

Jetzt schließt du noch einmal die Augen. Erfinde nun eine Körperhaltung, die deinen Begriff vollkommen widerspiegelt. Sei für einen Augenblick diese Qualität. Drück sie mit deinem Körper aus, deiner Haltung, deiner Energie, deinem Atem, deiner Mimik. Verharre ein paar Minuten in diesem Zustand, und schreib danach alle Gedanken auf, die diese Körperhaltung in dir hervorruft. Bleib währenddessen in dieser Haltung (wenn das möglich ist).

Lies am Ende alles, was du geschrieben hast, noch einmal durch. Halte das, was du gelernt hast, noch einmal kurz fest, indem du folgenden Satz vervollständigst: »Über diese Qualität, ist mir klargeworden, daß . . . .«

Wie du dich an den Gedanken gewöhnst

Wenn der Gedanke an ein Retreat dir Schauder über den Rücken jagt, du es aber trotzdem immer noch versuchen willst, dann kannst du eine der folgenden Übungen versuchen. Sie sind auch gut als Aufwärmübungen an den Tagen oder in den Stunden vor deinem schöpferischen Rückzug aus der Welt zu gebrauchen.

- Stell dir am Morgen, noch bevor du aus dem Bett steigst, als erstes die Frage: »Was kann ich heute Gutes für mich tun?« Es kann ein paar Tage dauern, bis dir etwas einfällt, doch früher oder später werden die Ideen nur so fließen. Du wirst sehen. Vielleicht hältst du sie ja in deinem Tagebuch fest. So entstehen die besten Anregungen für die Gestaltung deines Wegs in die Einsamkeit.

- Stell dir vor, du bist im Retreat. Und zwar am Morgen, gleich nach dem Aufwachen, und abends, kurz bevor du einschläfst. Oder in der Mittagspause. Oder unter der Dusche. Nur für ein oder zwei Minuten. Stell dir den Ort vor, an dem du deine innere Einkehr hältst. Mal ihn dir aus, wenn du ihn noch nicht kennst. Wenn du dein Retreat zu Hause machst, dann visualisiere den Raum, in dem du dich am häufigsten aufhalten wirst. Und laß ihn vor deinem inneren Auge genau so aussehen, wie du es dir wünschst. Atme tief ein. Welche Düfte würdest du gerne riechen? Kiefer?

Rose? Den Duft von frischgebackenem Brot? Oder den leicht stechenden Geruch von Dornbüschen in der Wildnis? Betrachte dich selbst in dieser wundervollen Umgebung. Schau dir zu, wie du an einer bestimmten Übung im Retreat langsam Gefallen findest. Vielleicht an etwas, was dir vorher Mißtrauen oder Angst eingejagt hat. Spür, wie du dich entspannst und immer tiefer in dich selbst eintauchst. Trinkst du dabei lieber saure Limonade, oder bevorzugst du heißen Pfefferminztee? Kaust du etwa gedankenverloren an einem knackigen Apfel? Was hast du an? Welche Stoffe schmeicheln samtweich deiner Haut? Fühl, wie deine Muskeln in Gesicht und Nacken loslassen. Hörst du die Stille? Oder lieber gute Musik? Den rauhen Schrei eines Falken? Sag zu dir selbst: »Ich bin dazu fähig. Ich werde daran Freude finden.«

Achte darauf, welche Vorstellungen du bei dieser Visualisierungsübung entwickelst. Mir ging es einmal so, daß ich vor einem zweitägigen Retreat während dieser Übung immer dasselbe erlebte: Ich stellte mir vor, wie ich die Morgenmeditation machte, und dabei strömten mir Tränen übers Gesicht. Ich dachte, daß ich in diesem Retreat wohl endlich all die Trauer, die ich mit mir herumtrug, gehen lassen müßte. Dann trat ich gleichsam einen Schritt zurück, und mir fiel auf, daß ich die Latte meiner Erwartungen damit ganz schön hoch legte – all meine Trauer. Daß ich dies erkannte, erleichterte mir so einiges, denn nun war ich fähig, zu erkennen, welches Bedürfnis dahinter stand: das Bedürfnis zu trauern. So konnte ich mich in diesem Retreat der Trauer öffnen. Daß ich ihr auf die beschriebene Weise Raum verschafft hatte, vertiefte meine Erfahrung beträchtlich.

• Ruf dir einen Augenblick ins Gedächtnis, in dem du ganz bei dir selbst warst, ganz zentriert und entspannt. Es ist gleichgültig, wie lange er zurückliegt, ob einen Tag, eine Woche oder zehn Jahre. Du hast jemanden geliebt, dein Kind im Arm gehalten, im Garten gearbeitet. Nimm das, was dir als erstes in den Sinn kommt. Geh in diesem Moment auf. Erinnere dich daran, wie bezaubert du warst, wie wohl du dich in deiner Haut gefühlt hast. Entsinn dich auch der Einzelheiten: wie dein Körper sich angefühlt hat, was du getragen hast, mit wem du zusammen warst, und wie es um dich herum aussah. Nimm dir eine oder zwei Minuten Zeit, und erinnere dich daran, was du mit jedem einzelnen deiner Sinne, dein Herz eingeschlossen, empfunden hast.

WIE DU UNTERSTÜTZUNG VON ANDEREN BEKOMMST

Daß wir uns aus unserem Inneren heraus selbst Unterstützung geben können, ist ungeheuer wichtig. Trotzdem haben wir manchmal auch Hilfe von außen nötig. Viele Frauen brauchen jemanden, der auf die Kinder aufpaßt, sich um die Haustiere kümmert oder dies und jenes für sie erledigt. Vielleicht benötigen wir jemanden, der uns emotionale Unterstützung gibt oder hilft, bestimmte fixe Ideen loszuwerden. Oder wir hätten gerne, daß jemand uns ins Retreat begleitet, damit wir uns nicht verloren fühlen und eine gewisse Sicherheit entwickeln können. Als Diana z. B. ihr Mini-Retreat machte, wollte sie von ihrem Mann Herb unterstützt werden. »Anfangs sah er nur genervt zum Himmel auf, aber als er bemerkte, wie er mich damit verletzte, und sah, daß ich seine Hilfe wirklich brauchte, verstand er, worum es mir ging, und begann, den Gedanken zu akzeptieren. Er hatte erkannt, daß ich das Retreat machen würde, egal ob er dafür oder dagegen sein würde. Ich glaube, es ging vor allem darum, ihm klarzumachen, wie wichtig mir dieser Rückzug vom Alltagsleben und die Vorbereitung aufs Retreat waren.« Bei ihrer Bitte um Unterstützung lernte Diana vor allem zwei Dinge: Mach immer deutlich, wie wichtig diese Hilfe für dich ist. Und bitte nicht um Erlaubnis. Wir können von unseren Partnern und Freunden nicht erwarten, daß sie unsere Gedanken lesen. Wir müssen nun einmal das Risiko eingehen, verwundbar zu erscheinen, wenn wir zeigen, wie sehr wir auf ihre Hilfe angewiesen sind. Und wir müssen so fair sein, ihnen genügend Zeit zu lassen, sich an eine Idee zu gewöhnen, die ihnen vielleicht verrückt oder gar bedrohlich erscheinen mag. Wenn dein Partner allerdings mit dem, was du vorhast, überhaupt nicht klarkommt, dann achte darauf, daß du dich nicht von seiner Zustimmung abhängig machst. Bittest du ihn/sie vergeblich um Hilfe, so bedeutet das nur, daß du anderswo nachfragen mußt. Erbittest du aber seine/ihre Erlaubnis, dann heißt das, daß du nicht gehen kannst, wenn du sie nicht bekommst. Das Warten darauf kann dich aufzehren, so daß du dich am Ende wie ein Fähnchen im Winde drehst. Du kannst darum bitten, daß er/sie sich um das Baby kümmert. Du kannst um Rückmeldungen bitten, um seelischen Beistand, aber bitte niemals um Erlaubnis.

Und achte darauf, wen du um Hilfe bittest. Leg dich nicht selbst lahm, indem du jemanden fragst, bei dem du damit rechnen kannst, daß du dir am Ende leichtsinnig, selbstsüchtig oder schuldig vorkommst. Die Person, die dir helfen soll, muß sowohl verantwortungsbewußt sein (d. h. jemand, der dir nicht rät, vier Wochen freizunehmen, wenn du deine neue Arbeitsstelle erst vor zwei Wochen angetreten hast) als auch Phantasie haben (so daß er/sie z. B. sieht, wie du Hindernisse hinter dir lassen kannst, die du für unüberwindbar hältst). Und vor allem muß er/sie dein Recht auf einen Rückzug von der Welt akzeptieren. Wenn du glaubst, keine solche Person zu kennen, kannst du dich an einen Therapeuten wenden, an einen spirituellen Lehrer oder einen Retreatbetreuer in einem Zentrum. Du könntest dich auch an die Telefonseelsorge wenden. Uns allen stehen verschiedene Möglichkeiten offen.

Sobald du um Hilfe gebeten hast, mußt du auch bereit sein, sie anzunehmen. Ich kenne nur wenige Frauen, die keine Probleme haben, emotionale Unterstützung anzunehmen, gleichgültig ob es sich dabei um Komplimente, seelischen Beistand oder andere Hilfsangebote handelt. Doch wenn wir diese Art von Unterstützung ablehnen, dann unterstreichen wir damit nur ein weiteres Mal, daß wir nicht liebenswert sind und die Hilfe folglich nicht verdient haben. Stell dir vor, du teilst deinem Partner mit, daß du gerne ein Wochenend-Retreat machen würdest, und bittest ihn um seine Unterstützung. Und er sagt: »Aber natürlich, Liebling! Das hast du wirklich verdient. Du brauchst es einfach. Was kann ich tun, um dir zu helfen?« Und du fühlst dich nicht etwa wie auf Händen getragen, sondern fängst an, mit ihm herumzustreiten: »Das könntest du doch sowieso nicht! Ich müßte alles vorkochen, Aufläufe einfrieren, die Wäsche im voraus waschen, und dir einen Zeitplan machen, auf dem alles steht, was die Kinder am Wochenende normalerweise unternehmen. Bis ich dann soweit wäre, endlich ins Retreat gehen zu können, wäre ich fix und fertig vor Erschöpfung. Also vergiß es!« Und was, wenn du plötzlich gar nicht mehr gehen willst? Das ist natürlich alles Theorie. Keine von uns würde doch wirklich die Hilfe und emotionale Unterstützung des Ehemanns oder Partners ablehnen, die wir brauchen, um unser Retreat zum Leben zu erwecken, nicht wahr? Wir doch nicht. Nie und nimmer.

Wenn wir um Hilfe bitten, zeigen wir allen, daß wir zerbrechliche Wesen mit Bedürfnissen sind – keine unbesiegbaren mythischen Gestalten, keine Mischung aus Mutter Theresa, Jane Fonda, Linda de Mol und Mutter Beimer. Vielleicht bemerken wir dabei auch, daß wir anderen Menschen viele Dinge abgenommen haben, die nicht unsere Aufgabe gewesen wären. Oder wir werden scheinbar gnadenlos damit konfrontiert, daß wir ziemlich isoliert leben, daß niemand da ist, dem wir uns nahe genug fühlen, um ihn um Hilfe zu bitten. All das kann uns ziemlich schockieren, so daß wir einfach

Angst davor haben, um Hilfe zu bitten und sie dann auch zuzulassen. Arbeite mit dieser Angst, und trau dich trotzdem, um Unterstützung zu bitten. Und trau dich auch, das Angebot anzunehmen, wenn jemand dir einen Eintopf vorbeibringen oder sich um deinen Hund kümmern möchte. Hab den Mut, dir diese Wirklichkeit bestätigen zu lassen: »Ja, du brauchst ein Retreat. Dann mach es auch!«

Siehe weiter unten: *Wie du die Wogen der Angst glätten kannst*

UNTERSTÜTZUNG IM RETREAT

Auf bestimmten Retreats braucht man einfach das Gefühl, Halt zu finden und getragen zu werden. Du brauchst einen Seelengefährten, der an dich denkt und dir Energie und gute Wünsche sendet. Vielleicht brauchst du aber auch einfach jemanden, der weiß, wo du in Notfällen zu erreichen bist. Und gerade wenn du mitten in einem geräuschvollen Haushalt deine innere Einkehr hältst, benötigst du jemanden, der die Telefonanrufe beantwortet, die Kinder ruhig hält und dir hin und wieder etwas zu essen bringt. Möglicherweise hättest du gerne jemanden, den du fragen kannst, wenn du an ganz bestimmten Punkten Hilfe brauchst (z. B. deinen Meditationslehrer, wenn du Probleme mit den praktischen Dingen im Retreat hast), oder jemanden, der dir seelischen Beistand leistet (einen guten Freund, mit dem du darüber sprechen kannst, wie unglücklich dich der Verlust deines Jobs macht). Oder du schätzt das Gefühl, daß jemand in der Nähe ist, während du dein Retreat machst, damit du dich sicher und nicht völlig von aller Welt ausgeschlossen fühlst.

Viele Frauen verwirrt der Gedanke, daß man auf einem Retreat durchaus auch Unterstützung gebrauchen kann. Das hört sich dann vielleicht so an: »Aber ich dachte, ich ziehe mich zurück, um ganz für mich allein zu sein. Warum sollte ich also einen anderen Menschen brauchen?« Für andere wiederum ist gerade das eine gute Nachricht, die aus einem erschreckend einsamen, ja eigentlich unmöglichen Vorhaben eine aufregende und keineswegs furchteinflößende Idee macht. Das Wichtigste dabei ist: Wenn du gerne Unterstützung hättest, dann besorg sie dir. Wenn dein Herz sich nach ein bißchen tröstlicher Kameradschaft sehnt und du diesen Wunsch nicht beachtest, kann das deinem Retreat schaden. Wie ich bereits gesagt habe, wird in deinem Retreat wenig oder nichts passieren, wenn du dich seelisch und körperlich nicht absolut sicher fühlst. Die Stimme deiner inneren Weisheit kann dich nicht führen, wenn die Störgeräusche von Angst und Sorge sie überdecken. Sorg für Unterstützung, sobald du dich nicht sicher fühlst.

Machst du ein Retreat, das länger als ein oder zwei Tage dauern soll, dann überleg dir, ob du nicht jemanden anheuerst, der zu Hause nach dem Rechten sieht und dir in Notfällen Bescheid gibt. Eines der vielen hübschen Spielchen im Retreat ist, sich auszumalen, was in der Zwischenzeit daheim wohl Schreckliches geschieht. Dein Kind hat sich die schlimmste Infektion eingefangen, deine Kollegin hat plötzlich durchgedreht und allen erzählt, du hättest Firmengelder in Millionenhöhe veruntreut. Du hast das Bügeleisen, den Herd und den Fön angelassen, und Haus und Hof versinken in einem flammenden Inferno. Hast du nun eine Person, die weiß, wie sie dich erreichen kann, und deren Telefonnummer alle wichtigen Menschen in deinem Leben kennen, dann hast du dir damit ein hübsches Polster gegen solche Ängste geschaffen. Diese Person wird dich nur im Notfall stören (den du allerdings vorher genau festlegen solltest: Deine Tochter ist vom ersten Freund versetzt worden, dein Partner hat die Autoschlüssel verloren, oder es ist kein Toilettenpapier mehr im Haus – das sind keine Notfälle!)

Eine andere Form der Unterstützung ist es, wenn jemand während deines Retreats an dich denkt, für dich betet oder Visualisierungs- oder Meditationsübungen macht. Du kannst mit deinem Helfer sogar bestimmte Zeiten vereinbaren, zu denen ihr gemeinsam meditiert oder betet. Das Gute daran ist, daß du dich mit der Welt verbunden fühlst, wenn du weißt, daß jemand an dich denkt. Es verstärkt das Gefühl, daß dein Retreat eine wertvolle und gute Sache ist.

Wenn du sehr viel Angst vor dem Retreat hast oder dich mit schwierigen Themen auseinandersetzen wirst, aber auch wenn du eine bestimmte spirituelle Praxis ausüben willst und hin und wieder Fragen dazu hast, ist es sehr nützlich, wenn du jemanden erreichen kannst (persönlich oder telefonisch), der mit seelischen oder spirituellen Problemen Erfahrung hat. Such dir einen erfahrenen Retreatbetreuer (in Retreatzentren, Klöstern oder anderen religiösen Einrichtungen), einen spirituellen Lehrer oder einen Therapeuten. In bestimmten Fällen kann auch ein sehr liebevoller und ausgeglichener Freund diese Art von Unterstützung leisten, aber achte bei der Wahl auf deine innere Stimme. Entscheide dich nicht für den Freund, wenn du eigentlich professionelle Hilfe haben möchtest, nur weil du denkst, du seist es nicht wert.

Mehr Vorschläge findest du unter Im Retreat mit anderen Menschen und in Verschiedene Retreat-Vorschläge: Ein 1tägiges Retreat mit einer Freundin

Natürlich ist auch die Hilfe von Freunden und Partnern wertvoll. Gerade wenn du deinen Rückzug von der Welt mitten in einem lärmenden Haushalt praktizierst, sind Partner und Mitbewohner von unschätzbarem Wert: Sie halten andere von deinen Retreaträumen fern, kochen, ja kommen vielleicht

sogar ein- oder zweimal pro Tag zu dir, um schweigend mit dir zu meditieren. Diese Art von »Retreatpartnerschaft« kannst du auch mit einem Freund
oder einer Freundin eingehen. Ihr macht zur selben Zeit zu Hause ein
Retreat und legt bestimmte Zeiten fest, wo ihr miteinander telefoniert oder
schweigend miteinander spazierengeht. Die Erfahrung der Einsamkeit zu
teilen kann den Schritt in die eigene innere Welt noch wirkungsvoller
machen.

Frag deine innere Stimme schon beim Entwerfen deines Retreatplans, ob du
Hilfe brauchst oder nicht. Nur zu häufig fällt es uns leichter, Unterstützung
zu geben als anzunehmen. Um Hilfe zu bitten und diese auch zu akzeptieren
entwickelt sich vielleicht zur entscheidenden Erkenntnis deines Retreats.

WIE DU DIE WOGEN DER ANGST GLÄTTEN KANNST

Viele Frauen haben Angst vor dem Alleinsein. May Sarton beschreibt das in
Journal of a Solitude so: »Mein Bedürfnis, allein zu sein, steht gegen meine
Angst vor dem, was geschehen wird, wenn ich plötzlich das riesige, leere
Reich der Stille betrete und dort keine Hilfe finde. . . . Denn auch wenn
dort die Stille regiert, so macht der Krach menschlicher Stimmen in meinem
Hinterkopf doch nicht halt. Zu viele Bedürfnisse, Hoffnungen, Ängste.« Im
Retreat ist alles, was du normalerweise tust, weg: Du gehst nicht ans Telefon,
putzt keine kleinen Nasen, unterhältst keine Kunden, kümmerst dich nicht
darum, ob du ein Auto zur Verfügung hast, schreibst keine Berichte und
putzt keine Fliesen im Badezimmer. Solange du mitten in dem Hamsterrad
deines Alltags steckst, denkst du unaufhörlich: »Wenn ich doch nur einmal
Pause machen könnte . . .« Aber wenn du dann deine Pause endlich hast,
fühlst du dich haltlos, ängstlich, erschrocken über die endlose Weite, die sich
vor dir auftut, das ungeahnte Feld der Möglichkeiten. Die Hektik unseres
Alltagslebens läßt uns innerlich ausbrennen, aber sie liefert uns auch einen
fabelhaften Fluchtweg. Sie erlaubt uns, störende Fragen und Gefühle abzu-
wimmeln, damit wir uns selbst und unsere Beziehungen nicht zu genau in
Augenschein nehmen müssen. Häufig haben wir auch nur Angst vor der
Veränderung. Diese Furcht ist in unserem Gehirn tief verwurzelt. Wir
können ihr nicht entkommen. Also gib dir selbst genügend Raum, um sie
wahrzunehmen und zu empfinden, und geh unbeirrt weiter auf dein Ziel,
dein Vorhaben zu. Vielleicht hast du aber auch Angst vor deinen Gefühlen,

davor, daß die Wut grenzenlos sein wird, die Trauer überwältigend, die Freude übermäßig, die Nähe zum Göttlichen einfach zu stark für dich. Oder du fürchtest, deine Verbindung zu anderen Menschen zu verlieren, denn wer oder was sind wir denn, wenn wir nicht Ehefrau, Mutter, Geliebte, Tochter, Freundin sind? Wenn wir nicht unser Erfolg oder unser Mißerfolg, Bäcker oder Schriftsteller sind? Angst entsteht meiner Meinung nach meist dann, wenn wir unserer eigenen Wahrheit gegenüberstehen, dem inneren Kern dessen, was wir sind und fühlen, und zwar ohne die Ablenkungen, die uns die Geschäftigkeit unseres Lebens oder unserer Beziehungen bieten.

So schreibt Mary Beth Holleman in ihrem Artikel »The Wind in my Face« in *Solo:*

»Dies ist im gesamten ›Prince-William-Sund‹ einer der sichersten Orte zum Campen. . . . Ich habe genügend Wasser und Lebensmittel, ein trockenes Zelt und ein tragbares Radio bei mir. . . . Ich weiß, daß ich hier sicher bin. Ich habe nur deshalb Angst vor dem Alleinsein, weil ich mich davor fürchte, herauszufinden, was ich fühle.«

Wenn wir allein sind, können wir uns keiner Ablenkung hingeben. Beginnst du im Retreat über etwas nachzudenken, was dir vor fünf Jahren geschehen ist, dann kannst du nicht einfach den Fernseher einschalten oder ein Gespräch mit einer Mitbewohnerin anfangen. Hast du dir erst einmal Zeit genommen, um über eine bestimmte Entscheidung nachzudenken, dann mußt du dich zwangsweise mit früheren Entscheidungen, die du vielleicht bedauerst, auseinandersetzen. Und du mußt dir ehrlich eingestehen, was du wirklich willst.

Angst ist etwas Gutes. Sie ist der erste Schritt hin zum Erwachen aus der betäubenden Trance, in die das moderne Leben uns versetzt. Sie schärft deine Sinne, zieht deine Aufmerksamkeit auf sich und erweitert deine begrenzte Sicht der Dinge. Sie macht dir Feuer unter dem Hintern, klärt deine Absichten und hilft dir, sie zu verfolgen, bis du auf der »anderen Seite« wieder aufwachst und deine Angst in Weisheit verwandelt hast.

Sobald wir allein sind, fangen wir normalerweise an, uns Sorgen zu machen. Wir fühlen uns ausgeschlossen und verlassen, haben Heimweh, und fürchten, nie wieder Kontakt zu finden. Wenn du dich für die Einsamkeit entscheidest, wirst du zwangsweise an all jene Momente erinnert, in denen du dich einsam gefühlt hast, ohne es zu wollen. Und an all die Augenblicke, in denen du dich nach ein wenig Einsamkeit gesehnt hast und sie nicht finden konntest. Du erinnerst dich vielleicht daran, wie du auf dem Rücksitz eines Autos nach Hause gebracht wurdest, weil deine Verabredung plötzlich seine Ex-Freundin traf und sie unbedingt nach Hause fahren mußte (O.k., aber weshalb sitzt du dann auf dem Rücksitz?), und diese Erinnerung steigt während der Meditation in dir auf. Oder es gehen dir unaufhörlich Gedanken an ein Meeting durch den Kopf, das während deiner Abwesenheit stattfindet: »Wie viele Kommentare es wohl geben wird, weil ich nicht da bin?« Oder noch schlechter: »Und wenn überhaupt niemand bemerkt, daß ich nicht anwesend bin?«

Bei jedem Retreat, das du nicht zu Hause machst, sogar bei einem nachmittäglichen Spaziergang durch den Park, stellt sich die Frage nach deiner äußeren Sicherheit. Diese Angst ist absolut real. Alleinsein bedeutet für Frauen häufig Gefahr. Frauen ohne Begleiter werden nur allzuoft Opfer eines körperlichen Angriffs. Du mußt also für deine Sicherheit sorgen, indem du keine allzu hohen Risiken eingehst. Denk aber auch daran, daß Furcht uns sehr wirkungsvoll in unsere Schranken verweisen kann. Nur ein schmaler Grenzstreifen liegt zwischen diesen beiden Bereichen: verantwortlich zu handeln und zuzulassen, daß Angst uns zur Gefangenen macht.

Hier sind einige Tips, wie du mit Angst umgehen kannst:

- Sprich mit deiner Angst, bevor du ins Retreat gehst. So ein Gespräch ist nämlich weit weniger erschreckend, solange du noch in dein normales Leben eingebunden bist. Aber auch im Retreat kann diese Übung ausgesprochen nützlich sein.

Lies dir zuerst einmal durch, was du im Kapitel »Mein Vorhaben« unter dem Punkt »Was ich an einem Retreat am meisten fürchte, ist . . .« geschrieben hast. Setz dich an einen Tisch mit zwei Stühlen. Werde nun ganz zu deiner Angst. Deine Haltung, dein Gesicht, dein Atem — alles drückt deine Angst aus. (Ja, möglicherweise kommst du dir dabei ziemlich dumm vor. Aber kein Mensch sieht dich, und niemand wird je erfahren, was du hier tust. Und außerdem: Wenn du nicht weitermachst, weil du dir doof vorkommst, dann ist das genauso sinnvoll wie aufzuhören, weil du Angst hast.) Jetzt, wo du zu deiner Angst geworden bist, schreib ganz spontan auf, was dir zu folgender Frage einfällt: »Angst, was willst du?« Schreib dir alles von der Seele. Dann setzt du dich auf den anderen Stuhl und kehrst wieder zu deinem normalen Selbst zurück. Was möchtest du von deiner Angst wissen? Frag sie laut oder

Siehe: *Die Praxis des Zuhörens.* Dort wird die Technik des spontanen Schreibens genauer erklärt.

---

auf dem Papier. Beweg dich wirklich zwischen den beiden Stühlen und Rollen hin und her. Solange, bis du das Gefühl hast, daß jetzt alles gesagt ist. Wenn du nicht mehr weiterkommst, kannst du folgende Fragen einsetzen, um den Dialog wieder in Gang zu bringen:

Angst, was verbirgst du vor mir?

Angst, was bringst du mir?

Angst, wie können wir in diesem Retreat zusammenarbeiten?

Kannst du nach diesem Frage-und-Antwort-Spiel bereits einen oder zwei Punkte festlegen, die dir helfen, mit deiner Angst weiterzuarbeiten? Konzentrier dich dabei vor allem auf die Frage deiner äußeren Sicherheit.

- Denk daran, daß du deine Einsamkeit selbst gewählt hast. »Ich vertraue darauf, daß der Rest der Welt, meiner Welt, noch für mich da sein wird, wenn ich bereit bin, aus dem Retreat zurückzukehren. Ich vertraue darauf, daß meine Freunde mich nicht verlassen werden, nur weil ich mir Zeit für mich selbst nehme. Ich vertraue darauf, daß ich weder meine Kraft noch die Kontrolle über mein Leben verliere, nur weil ich eine Weile allein und abgesondert von der Welt lebe.« Diese Sätze schreibt Mara Sapon-Shevin in »Reclaiming the Safety of Solitude« in *Women and Solitude*. Ihr Essay endet mit den Worten:

»Ich kann mich für das Alleinsein entscheiden.
Ich kann allein sein und trotzdem mit der Welt verbunden sein.
Ich kann allein sein und über all meine Kraft verfügen.
Ich kann mit mir selbst allein sein, ohne mich vor anderen verstecken zu müssen.
Ich kann allein und sicher sein, allein und stark.«

Schaff dir dein eigenes Kraftmantra, dein eigenes Kraftgedicht, das deine Ängste beruhigt. Sag es vor dich hin, wann immer du das Bedürfnis danach hast.

- Wenn der Gedanke an ein Retreat dir zuviel Angst einjagt oder du bemerkst, daß deine Gefühlslage sehr stark schwankt (von Panikzuständen bis zu höchstem Jubel), dann solltest du zunächst einmal mit einem mehrstündigen oder halbtägigen Mini-Retreat anfangen.

- Mach dir auch klar, daß Gefühle wie Angst, Verwirrung, Langeweile, Einsamkeit, Wut und ähnliche unangenehme emotionale Zeitgenossen während eines Retreats der Normalfall, ja fast die Regel sind. Nur wenn du lernst, mit deinen Gefühlen zu leben, kannst du sie in etwas Ganzheitlicheres umwandeln.

Mut

Siehe: *Schwierigkeiten im Retreat* und *Vom Chaos zur Balance: Die Spirale des Fühlens*

Sabotage

Endlich ins Retreat zu kommen ist manchmal so schwierig, wie einen geheimen Spionageauftrag in einem fremden Land auszuführen: Jeder ist hinter dir her. Plötzlich braucht dein Kind dich unbedingt. Dein Hund muß zum Tierarzt. Du kannst deine Mutter gerade jetzt nicht allein lassen, und die nächsten Wochenenden sind durchweg mit Parties oder Gästen belegt. Und schließlich hast du dir auch noch diese Bronchitis eingefangen.

Auf diese Art von Sabotage mußt du mit Mut, Entschlossenheit und dem strategischen Geschick eines UN-Diplomaten reagieren.

Sich für ein Retreat zu entscheiden bedeutet, Raum für Veränderung zu schaffen. Und Veränderung löst Furcht aus. Du selbst und die Menschen, zu denen du in enger Beziehung stehst, ihr habt eine Menge dafür getan, daß die Dinge so bleiben, wie sie sind. Wenn du also nun sagst: »Ich brauche etwas Zeit für mich selbst«, dann läuten plötzlich die Alarmglocken. Da ist Widerstand ganz unvermeidlich − in dir und bei den anderen.

Am schwierigsten sind allerdings die Sabotageakte, die wir uns selbst ausdenken. Manchmal ist eine Erkältung ja wirklich nur eine simple Erkältung. Hin und wieder nutzen wir sie allerdings, um uns selbst am Retreat zu hindern. Und ab und zu ist sie auch ein Machtwort unseres Körpers oder unserer Seele, die uns damit mitteilen wollen: »Stop! Ich bin für diese Erfahrung noch nicht bereit.«

Wie können wir nun feststellen, worum es sich tatsächlich handelt: um Eigensabotage aus Angst oder um eine wohlbegründete Mahnung zur Vorsicht, die unsere Seele uns schickt? Schaffst du dir jetzt ein Hindernis, weil du Angst hast, dir selbst und dem, was du tief im Innersten willst, zu begegnen, und weil du fürchtest, anderen Menschen zu mißfallen? Oder solltest du dich wirklich schonen, deine Pläne ändern und auf deine Sorgen hören?

Mut

Siehe: *Sitzt du auf dem Flughafen des Lebens fest?*

Befrag dein Inneres. Setz dich still hin und achte darauf, was in dir vorgeht. »Weshalb zögere ich, ins Retreat zu gehen?« Prüf dein Verhalten. Versuchst du dich selbst zu schützen, weil du jetzt nicht die Energie hast, ein Retreat zu planen und weil dich gerade überhaupt nichts interessiert? Vielleicht mußt du dich nur schonen und ein paar Tage warten. Kann ich mich einmal nicht recht entscheiden, dann hilft es mir meist, wenn ich aufhöre, mich gnadenlos anzutreiben, und einfach abwarte. Nach ein paar Tagen oder Wochen verändert sich plötzlich etwas in mir und mit einem Mal finde ich meinen Weg ganz leicht wieder. Ich versuche jedesmal aufs neue, zwischen den Widerständen zu unterscheiden, die akzeptiert werden müssen, weil die Zeit für das Vorhaben eben noch nicht reif ist, und jenen, die ihren Ursprung in Angst oder inneren Widerständen haben.

Eigensabotage, die in Angst wurzelt, schadet uns meist auch. Das ist z. B. der Fall, wenn wir »vergessen«, im Retreatzentrum anzurufen. Wenn du aber gleichzeitig nach jedem beschissenen Mittagessen mit deinen Kollegen sehnsüchtige Blicke zu dem kleinen, abgelegenen Café wirfst, in dem es diesen zauberhaften und ganz versteckt gelegenen Fensterplatz gibt, dann solltest du dir mal überlegen, ob du nicht erst mal mit einem Retreat in der Welt anfängst.

Wie kannst du nun selbst herausfinden, ob du mit deinen Vorbereitungen fürs Retreat fortfahren oder eher zurückstecken solltest?

Siehe: *Mach dir selbst den Hof*

- Hast du das Gefühl, daß du mehr Liebe und Verwöhntwerden bräuchtest? Wenn du dich selbst dafür haßt, nährst du damit nur deine Widerstände. Hör immer, unter allen Umständen darauf, was deine Widerstände dir sagen. Sprich mit ihnen − frag sie, warum sie bei dir herumhängen. Führ sie zum Essen aus. Mach ihnen kleine Geschenke. Vertrau dir. Du wirst gehen, wenn du soweit bist. Glaube und liebevoller Umgang mit dir selbst schaffen Vertrauen.

- Achte auf die Prinzipien, die in deiner Familie herrschen! Stellst du irgendwelche heiß geliebten Mythen in Frage, wenn du dir Zeit für dich selbst nimmst? Hat deine Mutter Zeit für sich beansprucht? Deine Großmutter? Was würden deine Schwester, deine Kusine, dein Bruder und dein Vater zu deinem Abenteuer sagen? Fühlst du dich schuldig, weil du dir etwas nimmst, was andere Frauen in deiner Familie nicht bekommen haben? Welche Rolle spielt die Arbeitsmoral in deiner persönlichen Geschichte? Welche Botschaften über Selbstzuwendung und freie Zeit hast du sozusagen schon mit der Muttermilch eingesogen? Und was denkst du jetzt darüber?

Mut

- Du kannst dir auch behelfen, indem du nur ein Mini-Retreat oder ein Retreat in der Öffentlichkeit machst. Oder back einfach kleinere Brötchen, und paß deine Pläne deinen augenblicklichen Bedürfnissen an.

- Rede dir selbst gut zu, um so die Energie zum Fließen zu bringen. Siehe: *Mut*

- Frag dich: »Was kann ich an meinem Plan ändern, damit ich lieber ins Retreat gehe?« Vielleicht hast du dein Retreat nicht genügend vorbereitet. Oder du hast dich einverstanden erklärt, ein Retreat mit anderen Menschen zusammen zu machen, obwohl du viel lieber allein gehen würdest?

- Du kannst auch ein Retreat mit jemand anders planen, ein geeignetes Zimmer oder eine Hütte anmieten und eine Anzahlung hinterlegen, die bei Rücktritt nicht mehr erstattet wird. Alles, was einen Rückzieher schwierig macht, ist gut.

- Achte darauf, welche Glaubenssätze du hast, wenn es um Zeit für dich allein geht. Fällt es dir schwer zu gehen, weil du glaubst, es nicht verdient zu haben? Denkst du, es könnte gefährlich sein, deine Selbständigkeit zu demonstrieren? Vielleicht empfindest du »ein unterschwelliges Unbehagen an Unabhängigkeit und Individualität [. . .], das in unseren frühen Kindheitserfahrungen wurzelt; in unserer Kindheit sind wir vielleicht der unausgesprochenen Erwartung begegnet, aus Rücksicht auf die anderen kein eigenes Ich zu entwickeln.« So die Worte der Psychotherapeutin Harriet Lerner in ihrem Klassiker *Wohin mit meiner Wut?* Manchmal hilft es, sich daran zu erinnern, daß wir diese Einsamkeit schließlich selbst wählen. Du kannst auch Pläne machen: Wie willst du auf die Menschen, Siehe: *Heimkehren* die du liebst, zugehen, wenn du aus dem Retreat zurück bist? Dies ist vor allem wichtig für Frauen, die allein leben.

- Stell dir die Gretchenfrage: »Wie würde ich mich fühlen, wenn ich nicht ins Retreat ginge?« Lautet die Antwort »Super!« oder »Wesentlich besser!«, dann würde ich die Sache erst einmal zurückstellen oder nur ein Mini-Retreat machen. Antwortet dein Selbst dir aber mit: »Traurig!«, »Als hätte ich einen Verlust erlitten!« oder »Ich muß unbedingt da hin!«, dann mußt du deine Widerstände überwinden und dich auf den Weg machen.

Was aber, wenn es andere Menschen sind, die sich deiner Sehnsucht nach Alleinsein widersetzen? Wenn Partner, Kinder, Eltern und Freunde sich bedroht fühlen, wenn du meinst: »Ich brauche jetzt endlich Zeit für mich selbst!« Wir müssen uns mit verletzten Gefühlen auseinandersetzen: »Was stimmt denn nicht mit unserer Beziehung? Bist du nicht glücklich? Warum verbringst du deine Freizeit lieber alleine statt mit mir? Liebst du mich denn nicht, Mami?« Vielleicht wirft man uns auch vor, selbstsüchtig, egozentrisch oder schlicht »verzogen« zu sein. Das hört sich dann häufig so an: »Also, zu meiner Zeit hätten Frauen so etwas nie getan!« Doris Grumbach schildert dieses Problem in *50 Days of Solitude*:

»Ich hatte meinen Freunden und Bekannten mitgeteilt, daß ich die Absicht hatte, mir eine Weile Zeit für mich allein zu nehmen. Und plötzlich bemerkte ich, daß viele dies als Ablehnung ihrer Person und ihrer Gesellschaft empfanden. Ich war beschämt und hatte das Gefühl, mich dafür entschuldigen zu müssen, daß ich so etwas Seltsames wollte wie allein sein. Schließlich tat es mir leid, daß ich es überhaupt erzählt hatte. Ich hätte diesen Wunsch für mich behalten sollen, als wäre er ein ›geheimes Laster‹ — wie Anne Morrow Lindbergh ihn in *Muscheln in meiner Hand* beschreibt.«

Was kannst du dagegen tun?

- Sei bereit zu kämpfen. Wenn du nur ein Mini-Retreat machst, sind die »Aber ich brauche dich doch«-Schreie normalerweise weniger laut. Doch je länger und ausgedehnter dein Retreat sein soll, um so mehr Widerständen und »Gegenzügen« wirst du begegnen. »Für uns geht es darum, zu unserer Überzeugung zu stehen, wenn wir mit einer Abwehrreaktion konfrontiert sind — und nicht darum, den Gegenzug zu verhindern oder dem Partner ein bestimmtes Verhalten zu diktieren«, schreibt Harriet Lerner. Sie führt weiter aus, daß es unmöglich sei, die Reaktionen der Menschen um uns herum kontrollieren zu wollen. »Wir wollen uns nicht nur verändern, sondern erwarten auch, daß dem anderen die Veränderung gefällt.« Kommt dir das bekannt vor? Sei dir im klaren darüber, daß du negativen Reaktionen von anderen zwar mit Verständnis begegnen kannst, doch es steht nicht in deiner Macht, sie zu ändern. Und du solltest dich dadurch auch nicht von deinem Weg abbringen lassen.

- Mach deinen Standpunkt klar. Warum willst du dieses Retreat machen? Je mehr Informationen du deinen Lieben gibst, um so weniger Angst jagt ihnen das alles ein. Erklär es deinem Kind. Erklär es deinem Partner. Wir können nämlich eine Menge Ärger verursachen, wenn wir uns zweideutig verhalten, weil wir glauben, daß das, was wir tun, ohnehin der Mühe nicht wert ist. Sind wir uns jedoch sicher und haben Vertrauen in uns selbst, dann senden wir viel klarere, eindeutigere Botschaften aus. Wenn es nötig sein sollte, dann tu einfach so, als wüßtest du genau, was du tust, denn das zieht meist echtes Selbstvertrauen nach sich.

- Hast du Schuldgefühle, weil du deiner Familie, deinem Partner oder deinem Job für eine Weile ade sagen willst, dann nutz diese Gefühle. Sie können dir zeigen, was du noch brauchst, bevor du dich auf den Weg machst. Wenn ich Schuldgefühle habe, weil ich meine Tochter ein Wochenende lang allein lasse, dann kann ich mir diese Empfindungen genauer ansehen. Welcher Teil davon gehört zu meiner Wirklichkeit? Und welcher fühlt sich zwanghaft und uralt an? Vielleicht kann ich eine Woche lang meinen Yoga-Kurs ausfallen lassen, um mehr Zeit mit ihr zu verbringen. Und ich kann während dieser Zeit versuchen, ganz für sie da zu sein. Ich kann ein kleines Geschenkpaket für sie machen und es Chris, meinem Partner, hinterlassen, damit er es ihr gibt, wenn ich weg bin. Ich kann mir immer wieder vertrauensvoll sagen, daß sie bei Chris ist, ihrem Vater, der genauso gut mit ihr umgehen kann wie ich selbst. In dieser Art von Verhalten steckt allerdings auch eine Gefahr: Wir werden leicht übereifrig und tun Dinge für andere, die diese eigentlich selbst tun müßten, und sind deshalb oft leer und ausgebrannt, bevor wir überhaupt einen Schritt in unseren magischen Raum getan haben.

Überprüf, wo du stehst, um das zu verhindern.

- Saral, Massagetherapeutin und begeisterte Anhängerin von Langzeit-Retreats, meint, daß es ausgesprochen wichtig ist, für ein Retreat Verantwortung zu übernehmen. Bevor sie ein drei Monate langes Retreat machte, schrieb sie ihrem Mann »etwa hundert Kärtchen für jede Gelegenheit: ›Wenn du meinen Körper vermißt,‹ Oder: ›Wenn du meine Hände vermißt.‹ Und: ›Wenn du wütend auf mich bist.‹ Auf jedes dieser Kärtchen malte ich ein Zitat oder eine kleine Notiz von mir. So konnte ich ihm zeigen, daß es hier nicht nur um mich ging. Man sollte die Leute, mit denen man in engen Beziehungen lebt, nicht unbedingt vor den Kopf stoßen.« Jan versteckte Zettel mit Botschaften für ihre neunjährige Tochter. Eine wickelte sie sogar um die Zahnpastatube. (»Du hast sogar ohne mein ständiges Genörgel daran gedacht! Du bist wirklich einsame Spitze!«) Und Alice fand während ihres Retreats zwei Feuersteine, die Funken sprühten, wenn man sie aneinander schlug. Sie machte sie ihrem Partner mit den Worten zum Geschenk, daß in diesen beiden Steinen ihre ganze Retreaterfahrung läge. »Manchmal fühlte ich mich wirklich, als stünde ich in Flammen. Und dann wieder kam ich mir vor, als sei ich am Verlöschen.«

Dein Retreat tut allen gut!

Wenn du ein Retreat machst, dann machst du es für alle Menschen in deinem Leben. Dein Retreat hat Einfluß auf andere Menschen. Jeder in deiner Umgebung wird die positiven Auswirkungen zu spüren bekommen. Denk an die mittelalterliche Einsiedlerin in ihrer Zelle. Sie inspirierte und beeinflußte durch ihr Beispiel eine ganze Stadt. Selbst wenn du nur einen Spaziergang oder eine Spazierfahrt allein unternimmst, wird dein Beispiel andere beeinflussen. Du zeigst den Menschen, daß Frauen mit Zeit für sich durchaus etwas anfangen können. Wenn du dir Zeit nimmst, um deine eigenen Werte entdecken und leben zu können, kann das ungeahnte Auswirkungen auf dein Leben haben: Du triffst sinnvolle Entscheidungen und bist deinem Kind eine bessere Mutter. Vielleicht fällt dir plötzlich ein älterer Herr oder eine ältere Dame in deiner Gemeinde ein, denen du helfen kannst. In einem Retreat tankst du auf. So kannst du hinterher aus dem vollen schöpfen, wenn du etwas gibst. In deiner Weltabgeschiedenheit werden dir ganz von selbst tausend Dinge einfallen, die du für andere tun kannst, und du wirst dort auch die Energie finden, diese Ideen umzusetzen. Du bist nicht selbstsüchtig, wenn du ein Retreat machen willst, denn »selbstsüchtig« sein heißt, andere völlig zu mißachten. Durch dein Retreat zeigst du aber erst, wie sehr dir die Menschen, die du liebst, am Herzen liegen, denn bei deiner Rückkehr wirst du eine Fülle von Energie und Liebe zur Verfügung haben und nicht nur im Bodensatz deiner Seele nach den letzten Resten von Kraft herumfischen. Du füllst die Energien der anderen auf der psychischen Ebene wieder auf. Das kann auch festgefahrenen Beziehungen neuen Schwung geben. In buddhistischen Retreats widmet man die positiven Auswirkungen anderen Menschen, »zum Wohl aller fühlenden Wesen«. Halt dir vor Augen, daß jedes Retreat, jeder Zeitraum, den du ganz bewußt und offenen Herzens mit dir selbst verbringst, etwas verändert.

Geschichten

Dies ist die Geschichte von McKennas erstem Retreat:

»Ich suchte nach einem Weg, wie ich mit jenem Etwas, das ich als die zentrale Energie der Welt (oder aller Welten) ansehe, Kontakt aufnehmen könnte. Ich glaube, daß alles Leben in der Natur aus dieser Quelle kommt, und ich wollte damit verbunden und im Einklang sein.«

»Meine Frage lautete also: ›Wie kann ich mich allein in der freien Natur aufhalten, so daß dieser Aufenthalt zu einem ersten Schritt auf meinem Weg hin zu mehr Vertrauen in die Natur und in mich selbst wird?‹ Denn so sehr ich auch im Einklang mit der Natur stehen wollte, so flößte sie mir doch mit den Jahren zunehmend eine immer lähmendere Angst ein. Aber ich wollte diese Angst, mit der ich mich eingerichtet hatte, herausfordern und ein Risiko eingehen.«

»Ich zog also an einem Morgen voller Nieselregen aus, mein Retreat zu beginnen. Ich wollte etwa zwei Stunden in einem völlig unerschlossenen, wilden Abschnitt an der Küste verbringen, aber als ich dort ankam und diese Wildnis erblickte, schlug eine riesige Welle von Angst über mir zusammen. Laut sagte ich: ›Ich kann dort nicht hinein.‹ Also ging ich weiter, um einen anderen Weg zu finden, der mir früher schon einmal aufgefallen war. Als ich dort ankam, war da nur eine kleine Lichtung, umgeben von dichtem Wald, aber kein Weg.«

»Nun kam ich mir wie eine Versagerin vor und wäre am liebsten nach Hause gegangen. Ich machte nur deshalb weiter, weil ich mich selbst nicht enttäuschen wollte. Ich fuhr zum Botanischen Garten, einer ausgedehnten Gartenlandschaft im Freien, und erlaubte mir, meine ersten Schritte in die freie Natur dort zu unternehmen.«

»Bevor ich mich in den Garten wagte, machte ich ein Eröffnungsritual. Ich atmete einige Male tief ein und aus und sagte mehrfach vor mich hin: ›Ich bin völlig sicher.‹ Während der ersten zehn Minuten meines Spaziergangs traf ich mehrere Menschen und merkte, daß ich dies als tröstlich empfand. Die nächsten zehn Minuten traf ich überhaupt niemanden und spürte sofort, wie mich die Angst überfiel. Also ging ich wieder zurück, dorthin, wo mehr Menschen waren. Während der 45 Minuten, die ich im Botanischen Garten verbrachte, gab es Momente, in denen die ehrfurchtgebietende, majestätische Schöpferkraft des Lebens, dieses Planeten, des ganzen Universums auf mich einströmte. Es gab aber auch Momente voller Panik. In meinem Abschlußritual dankte ich dem Ort, an dem ich gewesen war, und dem Universum dafür, daß sie mich beschützt hatten. Und ich legte das Versprechen ab, zurückzukommen und einen neuen Minischritt in die ›Wildnis‹ zu wagen.«

DER EINSTIEG

DEIN ERÖFFNUNGSRITUAL

In einem Retreat begebe ich mich bewußt und aus freiem Willen in einen Raum, in dem ich mit dem Göttlichen allein sein kann.
Marion Woodman

Das Eröffnungsritual ist dein Schritt ins Retreat. Du erweckst damit das archetypische Grundmuster zum Leben. Diese symbolische Handlung steht an der Schwelle zum Grenzreich. Du machst das elektrische Licht aus, zündest Kerzen an, atmest ruhiger, entspannst deine Stirn, lockerst deine Schultern und hörst auf, an all die Dinge zu denken, die du jetzt eigentlich noch erledigen müßtest. Dein Eröffnungsritual sagt dir klar und deutlich »Jetzt« ins Ohr. Wie alle symbolischen Handlungen schafft dieses Ritual eine Verbindung zu unseren Vorfahren, die im Laufe der Jahrhunderte immer genau das getan haben, was wir jetzt vorhaben: uns durch eine magische Handlung aus dem Alltag zurückzuziehen, uns hinzulegen und unsere innere Landschaft zu beobachten.

Im Idealfall entspringen alle rituellen Handlungen unserem Herzen, d. h. dem zutiefst empfundenen und klar ausgedrückten Wunsch, etwas zu verändern. Die entscheidenden Elemente eines Rituals sind daher: die Bereitschaft loszulassen und das Vertrauen, daß du so den für dich besten Weg finden wirst; das Zur-Ruhe-Bringen des inneren Kritikers und ein klar formuliertes Vorhaben. Es ist kein Zufall, daß dies dieselben Elemente sind, die zu einem befriedigenden Retreat gehören. Das bedeutet aber nicht, daß du gleich ein persönliches Feuerwerk entfachen mußt. Je einfacher, um so besser. Wenn du öfter mal ein Mini-Retreat machst, solltest du dir ein kurzes Ritual zusammenstellen, das du gut wiederholen kannst. Läßt du dein Alltagsleben aber für ein verlängertes Wochenende oder gar eine ganze Woche hinter dir, ist ein Ritual von mehreren Stunden oder länger wohl eher angebracht. Laß es sich langsam entwickeln und seine verschiedenen Stadien durchlaufen. Eine Frau sagte einmal zu mir: »Deine Energie wird immer deinem Vorhaben entsprechend mitschwingen.«

Jede Art von Handlung kann sich zu einem Eröffnungsritual für das Retreat entwickeln. Auch die Fahrt zu dem Ort, an den du dich zurückziehst, kann bereits ein Ritual sein. Steig langsam ins Auto, atme tief ein und aus, leg sanfte Musik ein, und bitte das Göttliche um seinen Segen, bevor du den Zündschlüssel umdrehst. Fahr achtsam und segne jede Person, an der du vorbei-kommst. Machst du dein Retreat zu Hause, dann schließ ganz bewußt die Tür hinter dir und sperr sie ab. Brenn ein bißchen Räucherwerk ab, lade das Göttli-che zu dir ein, mach ein paar Yoga-Übungen und lies ein inspirierendes Buch.

EIN PAAR TIPS

Entspann dich. Du hast dein Leben lang schon Rituale ausgeführt. Ob es sich nun um die Hochzeit von Ken und Barbie oder das Weihnachtsessen handelt – wir sind alle Experten im Ausführen von Ritualen. Laß deine Zweifel einfach beiseite.

- Dein Eröffnungsritual entsteht aus dem Geist deines Vorhabens. Es könnte beispielsweise lauten: »Während der nächsten 24 Stunden möchte ich mich fragen: ›Wie kann ich innerlich ruhiger werden?‹« Dann sollten Ruhe und Stille dein Ritual bestimmen. Wenn es aber heißt: »Während der nächsten vier Stunden möchte ich mich fragen: ›Wie kann ich meine Wut über meinen Krebs loslassen?‹«, dann solltest du Elemente einbauen, die einen Dialog mit der Krankheit zulassen, oder Reinigungszeremonien und Rituale des Loslassens.

Siehe: *Die Praxis
des Zuhörens*

- Zentrier dich. Wenn du gehst, geh langsam und meditativ, und nimm dabei deine Umwelt mit allen Sinnen auf. Mach ein paar Yoga-Übungen. Schreib zehn Minuten lang alles nieder, was dir einfällt. Leg dich auf die Erde und schau zum Himmel hoch. Lauf, schwimm, fahr Kanu, mach den Abwasch – tu alles, was dich ruhiger werden läßt. Eine sehr verbreitete Übung zum Zentrieren ist, den magischen Raum vorzubereiten. Dies ist vor allem wichtig, wenn du deinen Rückzug von der Welt zu Hause machst. Vielleicht dauert diese Übung noch über das Eröffnungsritual hinaus an. Es ist meist nicht so einfach, unseren wild herumhüpfenden Geist zur Ruhe zu bringen. Hör auf deine innere Stimme. Vertrau darauf, daß Inhalt und Ablauf deines Retreats perfekt sein werden.

Siehe: *Wo mache ich
mein Retreat: Ein
Retreat zu Hause*

Siehe: *Die Praxis
des Zuhörens*

Welche Übung zum Eintritt in deinen inneren Zirkel spricht dich am meisten an? Such dir etwas aus, was dir ein gutes Gefühl vermittelt, aber gleichzeitig nicht zu vertraut ist. Schließlich willst du nicht nur ruhiger werden und nach innen gehen, sondern auch deine Wahrnehmung der Welt ein wenig erschüttern.

- Such dir eine symbolische Handlung für das Verlassen deiner Alltagswelt. Das kann alles Mögliche sein: die Haustüre hinter dir abzuschließen, eine Brücke zu überqueren, eine Schwelle zu übertreten, einen Brief abzuschicken, der all deine Zweifel enthält, ein Bad, eine Runde Schwimmen, ein neues Outfit oder eine andere Frisur, Schubladen und Schränke sauberzumachen, zu kehren, einen Baum oder einen Turm zu besteigen, einen Berg zu erklettern, Brot zu backen, Blumenzwiebeln zu setzen oder Samen auszusäen. Such dir etwas aus, was deinen Interessen entspricht oder deine Phantasie anregt. Und laß dir deswegen keine grauen Haare wachsen − auch hier muß es gar nichts Großartiges oder Kompliziertes sein. Du verleihst dieser Handlung Bedeutung, indem du ganz bewußt deine Zweifel fallenläßt. Der Unterschied ist der, daß du nicht einfach zu dir sagst: »Ich gehe jetzt schließlich nur in mein Haus und murmele ein paar Worte vor mich hin.« Du denkst statt dessen: »Nun überschreite ich die Schwelle ins Retreat. Dies ist nun nicht mehr mein Haus, es ist mein Zufluchtsort. Wenn ich diese Tür hinter mir lasse, betrete ich das Grenzreich, die Zeit außerhalb meines Alltagslebens.«

An welche Handlung denkst du jetzt spontan? Laß sie ruhig in dein Gedächtnis kommen. Du mußt es ja nicht tun, wenn du das Gefühl hast, daß es dir zuviel ist. Aber laß wenigstens den Gedanken daran zu.

- Verleih deiner Sehnsucht eine Stimme. Seit Ewigkeiten werden Klänge eingesetzt, um Körper und Geist zu öffnen, zu beruhigen, auszugleichen und die Geburt von etwas Neuem einzuleiten. Forscher haben herausgefunden, daß bestimmte Laute wie z. B. das Sanskrit-Mantra *Om* (Aum), wenn es durch Resonanzkörper wie Sand oder Öl geleitet wird, diese Substanzen zu wunderschönen, mandalaähnlichen Mustern anordnet, die aussehen wie die uralten Mandalas des Heilens, die in vielen Kulturen gebräuchlich waren. Es ist daher gar nicht so weit hergeholt, wenn wir annehmen, daß heilige Töne solche heilenden Muster auch *innerhalb* unseres Körpers schaffen können, der ja schließlich zu 98 % aus Wasser besteht. Öffne dein Herz: Sing dein liebstes Kinderlied, trommle, sing eine Minute lang das Mantra *Om*, oder sing Worte und Melodien, die dir spontan in den Sinn kommen, läute eine schön klingende Glocke, streiche eine tibetische Klangschale, schmettere deine Lieblingsoper mit, oder hör auf die Stille zwischen den Akkorden eines Symphonieorchesters.

Bei welchen Klängen fühlst du dich so richtig lebendig? Welche sind dir heilig? Welche magischen Klänge wolltest du immer schon erklingen lassen?

Dein
Eröffnungsritual

Siehe: *Quellen*

(Übrigens: Es ist völlig gleichgültig, ob du auch nur einen Ton singen kannst.)

- Ruf das Göttliche in der Form an, in der es dir vertraut ist. Bitte deine Erscheinungsform des Großen Geistes, dein Retreat in die Hände von etwas zu legen, das größer ist als du. Laß die Worte aus deinem Herzen kommen. Rezitiere eines der buddhistischen Gebete für Liebe und Mitgefühl. Sieh dich selbst als Teil der Schöpfung. Bitte die Kräfte der vier Himmelsrichtungen, dich zu segnen. Lies ein Gedicht, das den Geist deines Retreats anklingen läßt. Oder lies eine Stelle aus deiner »Heiligen Schrift«.

Du wolltest immer schon um göttliche Liebe bitten? Wie? Welche Worte wolltest du herausschreien? Welches Bild des Göttlichen willst du anbeten? Welchem willst du dich anheimgeben? Jetzt ist der Augenblick gekommen.

- Bring eine Opfergabe dar. Pflück Blumen in deinem Garten und schenk sie einem Fremden. Stell Vogelfutter und Wasser auf deinen Balkon. Schreib einen Scheck für die wohltätige Organisation aus, die dir am wichtigsten ist. Spende deinem Stadtviertel einen Baum. Loren Cruden, ihres Zeichens Hebamme und Kräuterfrau, schreibt in ihrem Buch *Jeder Ort ist heilig*:

»Eine Opfergabe ist Ihr Fürsprecher, und deshalb wollen Sie sie mit Ihrem Gebet und Ihrer Dankbarkeit aufladen. Sie wollen sichergehen, daß sie das Beste von Ihnen widerspiegelt. Sie erfüllen sie mit Ihrer Liebe.«

Wem möchtest du diese Opfergabe darbringen? Dem Großen Geist, deiner Großmutter oder deiner Mutter, der Muse deiner Kunst? Oder lieber der Erde, dem Ort, an dem du dein Retreat machst, oder deiner Familie, die dir geholfen hat, dorthin zu gelangen? Wie kann deine Verbundenheit mit der gesamten Schöpfung in deiner Opfergabe Ausdruck finden? Wie der Geist des Für-dich-und-andere-Daseins, der dich in deinem Retreat beseelt?

- Bezieh alle deine Sinne mit ein. Der Duft einer Rose, das sanfte Gewicht eines weichen Angorapullis, die strahlenden »Gesichter« von Kornblumen und Schmuckkörbchen, ein Bild deines geliebten spirituellen Lehrers, eine Patschuli-Duftkerze, eine frische Brise, die mit deinem Haar spielt, eine Schale mit kühlem, klarem Wasser, eine saftige Traube, die in deinem Mund zerplatzt – all dies kann deinem Körper das Gefühl geben, daß du

ihn liebst, daß du vorhast, ihm während der kommenden Tage oder Stunden etwas Gutes zu tun und von ihm zu lernen.

- Geh langsam vom Allgemeinen zum Besonderen über, von der Entspannung zur Konzentration. Du kannst dein Ritual z. B. mit etwas Bewegung beginnen, dann zum Tagebuchschreiben übergehen und am Ende ein wenig meditieren.

Für Retreatteilnehmer mit Erfahrung

Überleg, was dir in früheren Retreats etwas gebracht hat und was nicht. Wiederhol nicht einfach, was du bereits kennst, denn eine der Herausforderungen, denen sich ein erfahrener Retreatteilnehmer stellen muß, ist schließlich, daß man immer und immer wieder den Bodensatz nach oben holt. Und daß man sich mit den Erwartungen auseinandersetzen muß, die vergangene erleuchtende Erfahrungen in einem auslösen. Deine Aufgabe ist es, ein Ritual zu schaffen, von dem du das Gefühl hast, daß es dich fordert.

GESCHICHTEN

So sah Hannahs Eröffnungsritual für ein zweitägiges Retreat zu Hause aus:

»Zuerst einmal half ich Mann und Kind bei der Abreise. Sie wollten für zwei Tage meinen Schwiegervater in seinem Haus besuchen. Sobald sie weg waren, stellte ich mir einen kleinen Wecker und erlaubte mir, etwa eine halbe Stunde lang die drei Räume sauberzumachen, in denen ich mich während des Retreats aufhalten wollte: mein Schlafzimmer, das Bade- und das Wohnzimmer. Was immer in mir ein Gefühl von Ordnung und Sicherheit hervorrief, tat ich – ich räumte z. B. das ganze Spielzeug weg und schloß die Tür zu Zimmern, die noch unordentlich waren. Dann arbeitete ich im Garten, solange wie ich eben Lust hatte. Ich konzentrierte mich aufs Atmen inmitten der Schönheit dieser Welt und auf die Erde unter meinen Füßen. Schließlich zupfte und schob ich die gepflückten Blumen in Vasen zu hübschen Sträußen zurecht.«

»Ich nahm ein ausgiebiges Bad mit Lavendelöl und machte mich besonders schön, nicht um einem Mann zu gefallen oder von anderen bewundert zu

Dein
Eröffnungsritual

Siehe: *Das Porträt
deines wahren Selbst*

werden, sondern einzig für mein wahres, mein inneres Selbst. Die Vorfreude auf diese Begegnung machte mich beschwingt, ich putzte mich dafür regelrecht heraus, blieb aber ganz locker dabei. Dann suchte ich die Sachen für meine erste Übung heraus, stieg ins Auto, legte Musik ein und fuhr ganz langsam über Seitenstraßen zu einer kleinen Brücke, die etwa drei Kilometer von unserem Haus entfernt lag. Ich ließ den Wagen in einem Parkhaus, wo er das ganze Wochenende über sicher stehen konnte, und ging zu der Brücke. Bevor ich mich anschickte, sie zu überqueren, dachte ich noch einmal fest an mein Vorhaben. Ich kam mir doof vor, wollte aber über dieses Gefühl hinausgehen, und so sagte ich zu mir selbst: ›Ich lasse mein Alltagsleben hinter mir. Ich begebe mich nun in mein Retreat. Meiner Familie geht es gut. Sie werden gut versorgt. Ich habe diese Zeit für mich verdient. Ich bin in der Lage, mich auf mich selbst zu konzentrieren. In diesem Retreat habe ich vor, mich während der nächsten 48 Stunden zu fragen, wer ich bin und was ich brauche. Ich bin bereit, mich von ganzem Herzen dieser Frage zu widmen.‹ Dann atmete ich tief durch und ging, ein Kinderlied singend, langsam über die Brücke. Als ich auf der anderen Seite ankam, sagte ich: ›Ich bin bereit!‹ Ich ging danach im Bewußtsein zurück nach Hause, daß ich mich nun in einem anderen Reich befand. Ich grüßte daher niemanden und sprach mit keiner Menschenseele.«

Brendas Eröffnungsritual für ein Mini-Retreat in einem Park lief folgendermaßen ab:

»Ich kam nach Hause, ging kurz unter die Dusche und zog meinen Lieblingspulli an, der noch warm war vom Trockner. Ich spürte, daß ich mich viel zu schnell bewegte, also atmete ich tief durch und zählte rückwärts. Dann fuhr ich mit dem Rad zum Park. Das half. Während meiner Retreatvorbereitungen hatte ich alles, was ich brauchte, bereits in eine Tasche gepackt. Außerdem hatte ich mir im Park schon einen Ort gesucht, an dem ich mich wohlfühlte. Daher fand ich es ziemlich aufregend, als ich mit meiner Tasche nun endlich ganz bewußt mein privates Plätzchen ansteuerte (das zwar schön abgelegen war, aber doch noch so weit in Rufnähe anderer Menschen, daß ich mich sicher fühlen konnte). Danach zog ich mit getrockneten Hagebutten einen Kreis um mich, sprühte mich mit Rosenwasser ein und ließ die tibetischen Glocken erklingen, die ich mir von einer Freundin geliehen hatte. Ich legte mich auf die Erde – mit einer schützenden Maske über den Augen – und dachte an mein Vorhaben. Ich sagte mir, daß ich noch sehr oft hierher kommen würde und nicht alles auf einmal schaffen oder verstehen mußte. Ich bat die Jungfrau Maria, der ich mich am meisten verbunden

fühle, mir beizustehen, damit ich mich entspannen und völlig öffnen konnte. Ganz ruhig lag ich nun da, hörte meinem Atem zu und fühlte die Erde unter mir. Ich spürte, wie sie meinen Körper unterstützte.«

Wenn ich das Grenzreich in mein Arbeitszimmer holen möchte, dann gehe ich dabei so vor:

»Ich suche alles zusammen, was ich von unten brauche: Wasser, Zündhölzer, geweihte Kerzen und frische Blumen. Wenn ich dann oben bin, dehne und strecke ich mich zuerst oder mache meinen Schreibtisch und meinen Altar sauber. Dann zünde ich eine Kerze unter der Duftlampe an und eine andere auf meinem Schreibtisch. Schließlich spreche ich mein Vorhaben für diesen Tag vor mich hin und lege fest, wie lange mein Retreat dieses Mal dauern soll. Mein Vorhaben kann z. B. so aussehen: In diesem Retreat möchte mich fragen: ›Wie kann ich ein Eröffnungsritual schaffen, das anderen Frauen hilft und sie inspiriert?‹ Ich verbrenne Salbei oder Sweetgrass (was mich an die Rituale erinnert, die ich in Northwaters, auf dem Grundstück meiner Freundin, erlebt habe) und rufe die Kräfte der vier Himmelsrichtungen und des Großen Geheimnisses zu mir. Dabei bitte ich jede der Himmelsrichtungen, mir eine ihrer besonderen Kräfte zu schicken, um mich zu unterstützen. Mein merkwürdiges kleines Arbeitszimmer hat nämlich fünf Wände, so daß mir dieses Vorgehen von Anfang an ganz natürlich erschien. Dann meditiere ich ein wenig und konzentriere mich dabei auf mein inneres Leersein. Muß ich mein Arbeitszimmer verlassen, so versuche ich, den Geist des Retreats trotzdem aufrechtzuerhalten. Das heißt: kein Geschirrspülen oder Wäschewaschen, keine Telefongespräche mit Freunden, kein Abhören des Anrufbeantworters und vor allem – keine Unmengen Karameleis. Wenn ich mein Vorhaben aus den Augen verliere, spreche ich es noch einmal laut aus und besprühe mich mit Wasser, das ich mit Lavendel- und Rosengeranienessenz aromatisiert habe. Oder ich mache auf der kleinen Terrasse vor meinem Fenster ein paar Yoga-Übungen.«

Siehe: Mein spiritueller Weg: Werden wie ein leeres Gefäß

DIE ZEREMONIE

Such dir einen ruhigen Ort. Zentrier dich, indem du beim Ausatmen jeweils von vier bis eins rückwärts zählst und mit jedem Atemzug wieder von vorne anfängst. Mach das etwa zwei bis drei Minuten lang oder einfach, solange du möchtest. Laß dann das Zählen sein, und beobachte, wie dein Geist ruhiger wird. Wenn deine Aufmerksamkeit nachläßt und herumzuwandern beginnt, richte sie von neuem auf dein Retreatvorhaben. Hör dir zu, ohne jede Anstrengung. Was hörst du? Wenn dein Geist wieder anfängt, herumzuschweifen, dann frag dich im Stillen: »Was erwarte ich von diesem Ritual?« Und hör dir zu. Bitte darum, die vollkommene Zeremonie enthüllt zu bekommen.

Vielleicht fallen dir mehrere, genau bestimmte Dinge ein. Oder ein interessantes Bild. Aber vielleicht vernimmst du auch gar nichts. Willst du diese Meditationsübung ein paar Mal wiederholen? Sie ist eine ausgezeichnete Vorbereitung auf dein Retreat.

Ein anderer Weg, deiner Zeremonie auf die Spur zu kommen, besteht darin, dich mit ein paar Fragen auseinanderzusetzen. Du kannst beispielsweise über jede dieser Fragen ein paar Zeilen in dein Tagebuch schreiben:

- An welchen Zeremonien und Ritualen habe ich früher bereits teilgenommen? Welche fand ich bewegend, bereichernd und ermutigend? Welche Elemente könnte ich ohne Probleme übernehmen? Welche würden am besten zu mir passen?

- Wie habe ich mich früher entspannt und zentriert? Was hat dabei am besten funktioniert?

- Welche Opfergaben kann ich darbringen? Was kann mir helfen, mein Retreat als Akt der Liebe und Zuwendung zur gesamten Schöpfung zu sehen? Was kann mir helfen, meine Verbundenheit mit allem zu erkennen?

- Welche Gedichte, Textstellen oder inspirierenden Worte liebe ich?

WIE EINE SOLCHE ZEREMONIE AUSSEHEN KANN

Hier findest du eine Möglichkeit, wie du das Grenzreich betreten kannst. Sie dient als Muster, als Ausgangspunkt. Möglicherweise inspiriert sie dich beim Lesen zu etwas völlig anderem. Vielleicht möchtest du dich aber auch bis ins Detail danach richten. Tu, was immer dir richtig erscheint, auch wenn du dabei mittendrin »umsatteln« müßtest.

Diese Zeremonie wurde für ein Frauenretreat im eigenen Heim geschaffen. Sie kann aber leicht für ein Retreat in einem Zentrum oder in der freien Natur umgestaltet werden.

- Was du brauchst:

Ein großes Stück Papier und Farben.

Künstlerische Accessoires wie Perlen, Glimmer, Federn und ein Foto von dir.

Ein Stück Text, das dich inspiriert, dich zum Nachdenken anregt und in dem sich dein Vorhaben widerspiegelt.

Einen Anrufbeantworter und ein Schild mit der Aufschrift: »Bitte nicht stören«.

Eine Opfergabe.

Bodylotion und eine neue Seife, ein Duftöl oder Badegel, das du extra fürs Retreat gekauft hast. (Heb dir von diesem neuen Duft etwas auf, damit du es bei späteren Retreats wieder benutzen kannst. Sehr gut auch, um dich im Alltagsleben an dein Retreat zu erinnern.)

- Schreib dein Vorhaben in leuchtenden Farben auf das größte Stück Papier, das du auftreiben konntest. Umgib die Schrift mit Schnörkeln, Verzierungen oder Malereien. Kleb Bilder oder Fotos dazu. Schmück es mit Blumen, Glimmer und Flitter. Häng dieses Plakat so auf, daß du es gut sehen kannst.

- Atme ein paarmal tief ein und aus, und lies dann den Text, den du ausgewählt hast, mit lauter Stimme vor.

- Ruf deinen magischen Raum ins Leben. Stell das Telefon leise oder ganz ab und versteck es. Besprich deinen Anrufbeantworter neu, damit er allen mitteilt, daß du nicht erreichbar bist und was sie in Notfällen tun sollen. Wirf eine Decke über den Fernseher oder stell ihn in den Schrank. Häng das »Bitte nicht stören«-Schild an die Eingangstür. Räum alles weg, was dich an Arbeit erinnern könnte oder was dich ablenkt – keine Zeitschriften, Rechnungen, Briefe, keine unvollendeten Bastelarbeiten und keine

Nahrungsmittel, die du im Retreat meiden möchtest. (Auch wenn das bedeutet, daß du die Eiskrem und die Schokoladentörtchen kurzfristig beim Nachbarn unterbringen mußt.)

- Wenn du das Gefühl hast, daß dein Retreatort nun versiegelt, sicher, magisch und warm ist, dann nimm ein reinigendes Bad oder eine Dusche oder schwimm eine Runde in deinem Pool. Nimm eine Seife oder ein Schaumbad, das du speziell für diesen Zweck gekauft hast. Du kannst auch ätherische Öle wie Grapefruit oder Neroli benutzen. (Sie sind biologisch abbaubar, und du kannst ein paar Tropfen davon auf einen Waschlappen geben.) Nachdem du ein ausgiebiges Bad genommen hast (oder auch nur kurz herumgeplanscht hast), tauch deinen Kopf ins Wasser und sag laut: »Ich wasche alle meine hektischen Gedanken ab. Mein Geist wird klar.« Tauch deine Schultern ein und sag: »Ich wasche alle meine Spannungen ab. Mein Körper wird weich.« Wasch dann die Herzgegend: »Ich wasche alle meine Sorgen ab. Mein Herz öffnet sich.« Tauch nun deine Hände ins Wasser: »Ich wasche alle meine Pflichten ab. Meine Hände sind leer.« Laß jetzt deine Füße ins Wasser gleiten und sprich: »Ich wasche all meine Erschöpfung ab. Meine Füße sind ganz entspannt.« Schließlich gießt du langsam Wasser über deinen ganzen Körper und sagst laut vor dich hin: »Ich wasche mein Alltagsleben ab. Es gibt nichts, was ich tun muß, außer mit meinem kostbaren Selbst ganz hier zu sein.« Dieser letzte Satz kann dich im Retreat wie ein Mantra begleiten, wenn du ihn jedesmal wiederholst, sobald du spürst, wie die Sorgen des Alltags drohen, dich aus deinem magischen Raum herauszureißen. Es hilft, wenn du dich beispielsweise inmitten des Lärms einer Großstadt zurückziehen mußt. Oder wenn du wirklich den Anrufbeantworter abhören mußt, weil du während des Retreats einen äußerst wichtigen Anruf erwartest. Wenn ein UPS-Kurier an der Eingangstür Sturm läutet. Oder deine Tochter zurückkommt, weil sie etwas vergessen hat.

- Crem dich nach dem Bad mit der Lotion oder dem Körperöl ein, das du dir extra fürs Retreat ausgesucht hast. Verwöhn dabei besonders die Partien deines Körpers, die du nicht magst. Tu etwas, was du normalerweise nicht tust: frisier dein Haar anders, leg Make-Up auf (oder keines, wenn du dich sonst schminkst), laß den BH weg oder zieh einen an, trag Schmuck, den du für besondere Anlässe aufgehoben hast. All dies verändert die Art und Weise, wie du deinen Körper siehst. Laß die verschossenen Sweatshirts und den vergilbten Morgenmantel, die du sonst bei deinen Entspannungs- übungen trägst, im Schrank. Trag etwas, was du schon längst in den tiefsten

Tiefen deines Kleiderschranks vergessen hast. Oder für eine ganz außerge-wöhnliche Gelegenheit reserviert hast. Näh dir eine Ritualrobe. Leih dir einen tollen Gymnastikanzug oder ein Kleid aus fließendem, geblümtem Stoff aus. Oder bleib nackt. (Für die ganz Mutigen!)

- Bring etwas oder jemandem eine Opfergabe dar. Was fühlt sich »richtig« an – deine Gottheit, das Fleckchen Erde, auf das du dich zurückziehst, dein Retreatbetreuer, dein Partner (schließlich hat er dir geholfen, Zeit für dich zu haben)?

- Der »Gruß an die Sonne« wird deinen Körper ins Retreat führen, auch wenn du nur Teile davon machst. Wenn du bereits älter bist oder körperli-che Probleme hast, versuch, diese Übung im Sitzen zu machen.

Stell dich gerade hin, die Füße eng nebeneinander. Die großen Zehen zusammen, die Fersen auseinander. (Wenn es bequemer für dich ist, kannst du dich auch so hinstellen, daß deine Füße etwa schulterbreit voneinander entfernt sind.) Beide Arme hängen locker an den Seiten herab. Schließ deine Augen. Atme einmal ein und aus. Geh nun innerlich deinen Körper durch, vom Scheitel bis zu den Sohlen. Wie fühlt er sich an? Gibt es Teile, in denen du Anspannung und Wut spürst? Die nicht durchlässig sind? Gibt es auch lichte, offene, lockere Partien? Spreiz deine Zehen und verankere deine Füße im Boden. Schieb das Becken ein wenig nach vorn, so daß die Wirbelsäule gerade ist. Nimm die Schultern zurück und laß sie locker hängen. Spür, wie deine Wirbelsäule länger und länger wird, als hinge sie an einem Faden, der durch dein Kronenchakra bis in den Himmel reicht. Zieh das Kinn ein bißchen ein, damit die Wirbelsäule sich noch weiter dehnen kann. Nun atmest du durch die Nase tief ein und aus. Laß dir ein paar Atemzüge lang Zeit, und nimm dieses Gefühl ganz in dich auf.

Falte deine Hände vor der Brust wie zum Gebet. Sprich nun dein Vorhaben laut vor dich hin – mit reinem Herzen. Laß dann die Hände seitlich herabbaumeln. Mit dem nächsten Einatmen hebst du sie langsam seitlich über deinen Kopf. Streck dich dabei auch in den Schultern, während du gleichzeitig gut im Boden verankert bleibst. Nun legst du – bei ausgestreck-ten Armen – deine Handflächen über dem Kopf zusammen und schaust nach oben. Beim nächsten Ausatmen beugst du dich nach vorn. Du nimmst die Handflächen auseinander, und dein Kopf wandert nach unten bis zu den Knien, ebenso die Arme. Bleib nun so, und umfaß mit der rechten Hand den linken Ellbogen und umgekehrt. Nicke mit dem Kopf. Dreh ihn nach rechts und nach links. Entspann deinen Nacken. Atme. Wenn du genug hast, laß beim nächsten Einatmen deine Ellbogen los. Die Arme hängen seitlich herab, während dein Oberkörper sich wieder aufrichtet. Wie zuvor hebst du nun die Arme wieder über den Kopf, legst die Handflächen zusammen und schaust nach oben. Beim nächsten Ausatmen führst du die Hände vor deinem Gesicht herunter, bis sie sich wieder, wie zum Gebet gefaltet, in Brusthöhe befinden.

Wiederhol diese Übung ein paarmal. Jedesmal wenn du in die Gebetsstellung zurückkehrst, sagst du laut dein Vorhaben vor dich hin. Führ diese Handlung voller Freude aus. Stell dir vor, wie dein Herz sich dem Vergnügen und den tausend Möglichkeiten deines Retreats öffnet. Sobald dein Körper sich locker und warm anfühlt, kannst du aufhören. Beende diese Übung mit der Gebetsposition. Geh nun noch einmal deinen Körper durch. Stell dir vor, wie mit deinen tiefen Atemzügen beim Einatmen ein Regenbogen aus Licht entsteht und daß du dieses warme Licht in all die Körperpartien schickst, in denen du Anspannung und Angst spürst. Entspann deinen Brustkorb, indem du deine Schultern nach unten rollst und sie dann gegeneinander drückst.

Konzentrier dich nun auf das unterste Stück deiner Wirbelsäule. Atme voller Wärme und Energie in diese Körperpartie hinein. Summe laut dreimal hintereinander folgenden Ton: *lam*. Laß dir Zeit, so daß die ganze Kraft deines Ausatmens diesen Ton trägt: la-a-am, la-a-am, la-a-am.

Nun richtest du deine Aufmerksamkeit auf den Bereich direkt unterhalb deines Nabels. Lenke deinen Atem in diese Körperpartie und sing dreimal laut *vam*. Va-a-am, va-a-am, va-a-am.

Atme in deinen Nabel hinein und laß beim Ausatmen den Laut *ram* ertönen. Tu das dreimal nacheinander: ra-a-am, ra-a-am, ra-a-am.

Nun sendest du deinen Atem in dein Herz. Beim Ausatmen summst du dreimal *yam*. Ya-a-am, ya-a-am, ya-a-am.

Spür deinen Atem nun in der Kehle. Atme tief ein und beim Ausatmen erklingt ein *ham*. Wieder dreimal: ha-a-am, ha-a-am, ha-a-am.

Schließlich atmest du in dein drittes Auge hinein. Du findest es, wenn du von der Mitte zwischen deinen Augenbrauen aus ein wenig nach oben wanderst. Atme dreimal ein und aus und laß bei jedem Ausatmen ein *Om* erklingen. Ooomm, ooomm, ooomm.

Nun visualisiere deine Form des Göttlichen. Oder spür sie einfach. Jesus Christus, die Große Göttin, die Jungfrau Maria, Buddha, Krishna, Gott oder eine strahlende Lichtquelle – was immer dir spontan einfällt, ist das Richtige. Trau deinem Gefühl oder dem Bild, das du siehst. Nun bitte das Göttliche auf deine Weise, dich während deines Retreats zu unterstützen. Stell dir vor, wie unendliche Liebe in dich hinein und über dich hinwegflutet und alles dabei mitnimmt, was dich vielleicht noch behindert: Angst, Anspannung, Sorgen, Erschöpfung. Die Flut umspült deine Füße und nimmt alle dunklen, belastenden Gefühle mit sich. Du stehst immer noch gerade und aufgerichtet – visualisiere nun dein Herz. Sieh, wie die göttliche Liebe bis tief ins Innerste deines Herzens strömt, wo dein Vorhaben seinen Ursprung hat. Vielleicht steht es dort in schönen Lettern geschrieben. Oder du siehst ein Symbol der Heilung. Möglicherweise hast du auch einfach nur ein gutes Gefühl. Deine Worte, dein Symbol oder Gefühl verschmelzen nun mit der unendlichen, bedingungslosen Liebe des Göttlichen. Mach dir klar, daß du nichts tun mußt, um diese Liebe zu erhalten. Schließlich füllst du dein Vorhaben noch einmal mit Energie auf, indem du ein letztes, vibrierendes *Om* ertönen läßt, während dein inneres Auge weiterhin auf dein von göttlichem Licht erleuchtetes Retreat-Thema gerichtet ist. Wenn du für deinen Rückzug von der Welt besondere Hilfe erbitten möchtest, dann ist jetzt der richtige Zeitpunkt dafür.

• Spüre, wie die Energie bis zur Schädeldecke in dir aufsteigt. Es ist die Energie deines Retreats, die Energie, mit der deine Reise beginnt. Vergeude sie nicht. Du wirst beschützt und gesegnet. Entscheide dich nun, in diesem Augenblick, und sag aus ganzem Herzen – mit Körper und Geist – »ja« zu deinem Retreat. Verschwende deine Zeit nicht mit Schuldgefühlen. Oder mit mangelnder Disziplin. Oder mit dem, was du hättest tun sollen oder können. Was soll nun die erste Handlung in deinem Retreat sein? Was fällt dir spontan ein? Leg los! Wag den Sprung in das, was du jetzt wirklich tun willst.

SCHWIERIGKEITEN IM RETREAT

Wenn wir bewußt die sicheren Gefilde unseres normalen Lebens hinter uns lassen, stoßen wir auf ein Geheimnis, das unsere Erwartungen bei weitem übersteigt.
Anne Linnea: *Deep Water Passage*

Es gibt immer problematische Augenblicke im Retreat. Du langweilst dich oder bist wütend, ängstlich und frustriert. Vielleicht fühlst du dich auch einsam und verlassen - einfach lächerlich. »Ist das jetzt die tolle Erfahrung?« meinst du ironisch zu dir selbst.

In dieser Hinsicht ist gerade der Anfang eines Retreats schwierig. Du hast dich vielleicht besonders auf diese Zeit gefreut, und als du dich endlich von deinem Alltag losreißen konntest, warst du richtig aufgeregt. Jetzt bist du im Retreat. Und was nun? Plötzlich (oder allmählich), mitten am hellichten Nachmittag (vielleicht auch am vierten oder irgendeinem anderen Tag deines Retreats) stürzt du ab. Du weißt mit einem Mal nicht mehr, was du hier überhaupt sollst und was du als nächstes tun willst. E. A. Miller beschreibt, wie dieses Gefühl bei einem Solo-Trip in die Wildnis bei ihr auftauchte:

»Der erste Tag war schrecklich. Dabei lief alles glänzend. Das Gepäck war nicht zu schwer. Ich hatte keine Schwierigkeiten mit meinen Beinen und der Hund entpuppte sich als lieber Gefährte. Aber die Jahre, die ich damit verbracht hatte, mich vor meiner Umwelt zu verstellen, hatten mich der Fähigkeit beraubt, die Welt wirklich zu erleben, und so sorgte ich mich um jede Kleinigkeit: Sollte ich mir jetzt ein Päuschen gönnen? Sollte ich heute noch zum dritten See wandern? Sollte ich etwas essen? . . . Um mich war niemand, der mir zuhörte, niemand, auf den ich achten mußte, und trotzdem war ich vollkommen verwirrt, unfähig, meine Erfahrungen wirklich zu erleben.«

Möglicherweise bist du unzufrieden mit deinem Vorhaben: zu weit gespannt, zu eng gefaßt, belanglos, nichtssagend. Die geplanten Übungen, die mitgebrachten Bücher, die Tasche mit deinen Utensilien - all das findest du jetzt langweilig oder traust dich nicht einmal, einen Blick darauf zu werfen. In einem Moment reißt dich die Liebe zu deinem ganzen Dasein mit sich, im nächsten fühlst du dich herzzerreißend allein. Jamie z. B. war plötzlich fest davon überzeugt, ihr Sohn sei in Gefahr, und wäre fast in ihren Wagen gesprungen, um so schnell wie möglich die 130 Meilen bis nach Hause zurückzufahren. Dee fühlte sich von der Einsamkeit so überwältigt, daß sie ihren Ex-Mann anrief, mit dem sie seit drei Jahren nicht mehr geredet hatte – und das obwohl eine ihrer Freundinnen ebenfalls ein Retreat in Dees Gästezimmer machte. Laura Wright, früher aktives Laienmitglied der Episkopalkirche, nun im Ruhestand, erzählt in ihrem Buch *Rattle Those Dry Bones* die Geschichte eines Gemeinschaftsretreats, das sie 1986 machte:

»Während der ersten beiden Tage machte ich alles ganz automatisch mit: Beten, Meditieren, Studien betreiben, Singen. Außer der Musik gab es kaum etwas Neues für mich. Nichts, was ich hörte oder sah, fand ich aufregend oder des Nachdenkens wert. . . . Am späten Samstag nachmittag hatte ich das Ganze gründlich satt. Am liebsten hätte ich meine Sachen gepackt und wäre nach Hause gefahren. Ich hatte genug von diesen kreischenden, lachenden, Glocken läutenden Weibern!«

Anne Simpkins, die Herausgeberin des *Common Boundary-Magazins*, machte in ihren beiden Retreats, von denen eines sieben, das andere zehn Tage dauerte, dieselbe Erfahrung:

»Zwei oder drei Tage lang fühle ich mich immer als komplette Versagerin. Dann will mir absolut nicht einleuchten, daß das nur daran liegt, daß nun alle Ablenkungen weggefallen sind, und ich mich mit dem, was wirklich ist, auseinandersetzen muß. . . . Nach vier bis fünf Tagen kommt dann der Wendepunkt. Von diesem Punkt an kann ich meiner Intuition folgen und muß keine großen Pläne mehr machen.«

Diese unangenehmen Empfindungen tauchen vor allem bei bestimmten Gelegenheiten auf: beispielsweise wenn Veränderungen anstehen oder zu Zeiten, in denen du normalerweise mit deiner Familie zusammen bist. Bei den Mahlzeiten oder abends beim Einschlafen. Und wenn du versuchst, einfach nur dazusein. Vielleicht hast du das Gefühl, du müßtest jetzt unbedingt etwas tun, weißt aber absolut nicht, was dieses »etwas« sein könnte. Oder glaubst du, daß du nicht das »Richtige« mit deiner Zeit anfängst, daß du überhaupt alles falsch angefangen hast, also das falsche Retreat am falschen Ort zum falschen Zeitpunkt machst? Daß du nicht die »richtigen« Übungen kennst, nicht das beste Material zusammengetragen hast? Oder daß du deine kostbare Zeit für dich allein ganz einfach verschwendest?

Zeit für dich. Das große Retreat-Buch für Frauen

151

Schwierigkeiten im
Retreat

Diese Reaktionen sind völlig normal.

Es gab jedenfalls noch kein Retreat, auf dem ich mich nicht traurig, allein, ängstlich und verwirrt gefühlt und bei dem ich mich nicht gefragt hätte, wie zum Teufel ich das Ganze überhaupt überstehen sollte. Am Anfang ist immer alles super – ein bis zwei Stunden lang, bis man den noch unbekannten Ort inspiziert oder das neue Buch mit den tollen Übungen gelesen hat, die man unbedingt ausprobieren will. Irgendwo auf dem Weg gehe ich mir dann innerlich verloren. Ich fühle mich deprimiert, einsam, verwirrt. Ich schaue mir meinen Plan an, und alles, was ich mir zurechtgelegt habe, wirkt plötzlich wie eine einzige, gigantische Zeitverschwendung. Urplötzlich überfällt mich der *Zwang*, nach Hause zu fahren zu meinem Kind. Ich *muß* unbedingt Chris, meinen Partner, in die Arme nehmen. Manchmal habe ich während eines Retreats ein so starkes Bedürfnis zu fliehen, daß ich mich regelrecht nach meiner Arbeit sehne. Alles, nur nicht ruhig werden und den Blick nach innen richten.

Siehe: *Trauer:
Unvorhergesehene
Trauer*

Dir selbst überlassen, mußt du dir nun ins Auge sehen.

Damit ein Retreat überhaupt zum Leben erwacht, braucht es Hingabe, Hingabe an die Gefühle, die den Knoten in deinem Hals ausmachen, Hingabe an deinen instinktiven Rhythmus, Hingabe in der schwierigen Disziplin des Im-Augenblick-Seins: Leg dich auf den Rücken, betrachte die Wolken und warte – mit ruhigem Geist und offenem Herzen.

David Cooper schreibt in seinem spirituellen Klassiker *Silence, Simplicity and Solitude*:

»Wenn jemand keinen starken Willen hat, verläßt er das Retreat vermutlich schon ziemlich früh. Die anfängliche Erregung flaut schnell ab, und Zweifel kommen auf. Wir fragen uns, was wir hier eigentlich tun. Dann stellen sich Schmerz und Langeweile ein, gefolgt von allen möglichen Mischungen aus Angst, Wut, Frustration, Kritiklust oder anderen negativen Geisteszuständen.«

Ich kann mich noch erinnern, wie ich vor ein paar Jahren diese Zeilen gelesen habe und dabei dachte: »Das hört sich ja nicht gerade nach einem Vergnügen an. Ich mache jedenfalls kein Retreat. Ich denke ja gar nicht daran.« Damals klang das alles so trocken, merkwürdig und mühselig. Ich war dem noch nicht gewachsen.

Jetzt ist mir klar, daß ich »im Retreat bleiben« mit den Augen einer Frau sah, die sich selbst zu immer neuen Höchstleistungen antreibt. Ich hatte natürlich kein Interesse, mich selbst in ein Retreat zu »treiben«, wenn es dort augenscheinlich in erster Linie um Selbstkasteiung ging. Ich mußte erst lernen, meinen Willen durch Mitgefühl und Selbstliebe zu zähmen, indem ich mich immer wieder liebevoll selbst ermutigte und indem ich all meinen Gefühlen und Empfindungen erlaubte, dazusein, ohne sie zu verurteilen. So viele von uns würden niemals mit einer anderen Person so hart ins Gericht gehen, wie sie es mit sich selbst tun. Wir dürfen auf keinen Fall zulassen, daß diese Härte in uns aufkommt, wenn wir im Retreat Probleme mit unseren Gefühlen haben. Diese Schwierigkeiten bedeuten nicht, daß wir uns noch mehr antreiben müssen, weil wir sonst Versager sind. Sie tauchen einfach auf, wenn Menschen versuchen, allein zu sein und über ihr Leben, ihre Seele, ihren Lebenssinn nachzudenken.

Erfahrene Retreatteilnehmer erkennen die Zeichen schon früh: »O ja, an diesem Punkt habe ich normalerweise ein so starkes Verlangen nach Schokolade, daß ich sie sogar rieche.« Oder: »Wenn ich soweit bin, habe ich meist das dringende Bedürfnis, meinen Sohn anzurufen, der in einer anderen Stadt studiert.« Und: »An diesem Punkt etwa tut es mir immer leid, daß ich nicht mit Marsha zusammengeblieben bin, um ein Kind mit ihr zu haben.« *Diese Gefühle sind ein Zeichen dafür, daß etwas in dir geschieht.* Widerstände zeigen an, daß in deinem Seelenkochtopf umgerührt wird und deine Gespenster aus ihren verstaubten Schlupfwinkeln aufgeschreckt werden. Diese Gefühle sind wie das gigantische Totenkopfbanner, das Piraten normalerweise dort zurücklassen, wo sie ihre Schätze versteckt haben - um andere Schatzsucher abzuschrecken. Wenn wir diese Barriere mit Gewalt durchbrechen, dann zerstören wir uns damit letztlich nur selbst. »Reiten wir jedoch auf der Welle der Erfahrung« - wie Frankie ihr erstes Retreat zusammenfaßte -, statt diese Erfahrung *kontrollieren* zu wollen, haben wir die Chance, zwei Fliegen mit einer Klappe zu schlagen: Wir halten an unserem Vorhaben fest *und* legen eine weitere Schicht selbstzerstörerischen Verhaltens ab. Diese Erfahrung kann uns zu einer für uns heilsamen Mischung aus Selbstvertrauen und Trost führen.

Folgende Dinge erweisen sich in diesem Fall als hilfreich:

- Sag dir immer wieder: »Das ist alles normal. Ich vertraue mir selbst. Ich bin mir ganz sicher.«

- Schreib deine Gefühle auf. Du kannst beispielsweise den Satz vervollständigen: »Ich fühle . . .«

- Arbeite an deinem Retreat-Thema. Versuch eins zu finden, wenn du noch keins formuliert hast, oder geh ihm näher auf den Grund, wenn du es bereits kennst. Schreib es groß oben auf ein Blatt Papier und füll dann ohne nachzudenken fünf Seiten. Keine Pause, kein Streichen von Wörtern. Schreib und atme, atme und schreib.

- Sitz ganz ruhig und laß dich ins Alleinsein sinken. Tauch ein in deine Sehnsüchte, deine Zweifel. Laß deine Gefühle zu und bleib trotzdem mit einem Teil deiner selbst unbeteiligter Beobachter: »Sieh mal einer an, ich fühle mich machtlos und deprimiert. Warum wohl?« Diese sachte Selbstbefragung ist ausgesprochen wirksam.

- Denk über das nach, was May Sarton in ihrem Buch *Mrs. Stevens hört die Meerjungfrauen singen* schreibt: »Einsamkeit ist arm an Selbst, Alleinsein ist reich an Selbst sein.«

- Wirf noch einmal einen Blick auf das, was du in diesem Retreat machen wolltest. Welchem Thema gehst du aus dem Weg? Warum?

- Hast du dir zuviel vorgenommen? Willst du endlich aufhören, diese Erfahrung unter Kontrolle zu halten, zu bestimmen, was zu welchem Zeitpunkt geschieht? Willst du dich statt dessen dem Fluß der Dinge hingeben?

- Frag dich: »Was will ich wirklich tun und kann es mir einfach nicht gönnen?«

- Blättere dieses Buch durch, und achte darauf, ob dir eine der Ideen oder ein Praxisvorschlag positiv auffällt. Mach genau das. Und zwar jetzt sofort!

- Tu gar nichts! Laß die ganzen Anstrengungen. Keine Stundenpläne mehr. Leg oder setz dich hin und tu nichts.

In fast allen Retreats gibt es harte, unangenehme, einsame Augenblicke. Sei nett zu dir selbst und heiß sie willkommen, wenn du kannst, und sei es nur aus Lust an der Qual.

GESCHICHTEN

Laura brach ihr Retreat nicht ab.

Sie verglich sich dabei mit einem Krug, der während der letzten drei Tage
ständig aufgefüllt und wieder geleert worden war: Täglich gefüllt mit Gebeten, dem Studieren von Texten, Liedern, Lachen und wieder geleert in
Bekenntnissen, Tränen und schweigender Meditation. Donnerstag und Frei-
tag war ich wie gebrannter Ton: undurchsichtig und bereit, in die Brüche zu
gehen, falls jemand mich hätte fallen lassen. Am Samstag war ich wie Kristall:
strahlend und rein, doch so empfindlich, daß ich bei der kleinsten Schwierig-
keit in 1 000 Stücke zersprungen wäre. Am Sonntag jedoch, dem Tag der
Wiedergeburt und der Auferstehung, war ich zu reinem Silber geworden.
Ich fühlte mich fest und schimmernd. In mir spiegelten sich Lichter und
Bilder. Ich wußte, daß ich vielleicht fallen würde und dabei Beulen abbekommen könnte, auch daß ich mit der Zeit matt werden würde, doch ich
wußte ebenso, daß man Silber wieder polieren und in ein strahlendes,
offenes, einladendes Gefäß zurückverwandeln konnte.

Wenn du dich selbst liebevoll an die Hand nehmen und bei deiner Erfahrung
bleiben kannst, wirst du lernen, mit der Angst zu leben, und dein Retreat
wird auf wunderbare Weise an Tiefe gewinnen. Das soll nicht bedeuten, daß
Furcht, Langeweile und Sorgen auf späteren Retreats nie mehr auftauchen
werden oder daß du nicht auch eine wunderbare Zeit verleben kannst, weil
alles glatt läuft. Beides ist möglich. Wichtig ist nur, daß du den Dämonen
nicht erlaubst, dich aufzuhalten.

Tips für lange Retreats

Vielleicht denkst du ja: »Wo habe ich mich da nur reingeritten?« Drei Tage,
eine Woche, ein Monat können plötzlich wie eine Ewigkeit wirken. »Das
Geheimnis, das uns die Meister durch die Jahrhunderte immer wieder ge-
lehrt haben, lautet: Bleib standhaft! Laß dich nicht von deinen Widerständen
überrollen. Laß nicht nach in deinen Anstrengungen. Wanke nicht!« Daran
glaubt David Cooper. Auf langen Retreats ist es wichtig, immer wieder zu
überprüfen, wo du stehst, die Erwartungen nicht zu hoch zu schrauben und
eine Art Zeitplan einzuhalten, auch wenn dieser Plan darin besteht, daß du
keinen Plan hast.

Siehe: *Mut: Wie du
dich an den Gedan-
ken gewöhnst* und
*Und was soll ich tun:
Überprüfen, wo du
stehst.* Außerdem:
*Nimm dein Retreat
mit*

Tips für Mini-Retreats

Auch in kurzen Retreats gibt es Augenblicke, die sich wie Kaugummi dehnen und sich unangenehm anfühlen. Das kann ziemlich frustrierend sein, gerade weil du durch den begrenzten Zeitraum, den du für dein Retreat hast, versuchen wirst, jede Minute voll auszuschöpfen. Entspann dich! Dieses Gefühl, dieser Vorgang ist Teil deines Retreats. Du kannst diesem Moment nicht davonlaufen, du kannst ihn nicht vertreiben. Du kannst ihn nur willkommen heißen und nett zu dir sein, während du ihn erlebst.

Tips für Retreats mit anderen Menschen

Im Retreat kannst du – besser als irgendwo sonst – feststellen, wie du mit anderen Menschen umgehst und wie du dich auf sie beziehst. Wenn du während der vorgesehenen Zeiten des Alleinseins plötzlich das rasende Bedürfnis hast, mit jemandem aus der Gruppe zu sprechen, dann ist dies ein hervorragender Zeitpunkt, um dich selbst zu beobachten. Bleibst du bei deinem ursprünglichen Vorhaben? Denk daran, daß du das, was du jetzt empfindest, dazu nutzen kannst, eure gemeinsame Erfahrung zu vertiefen, statt dich in belanglosem Geplauder zu verlieren und dich so wieder von deinen Gefühlen zu entfernen. Berufe einen Kreis des Zuhörens ein. »Ich fühle mich wirklich einsam und unglücklich. Ich will vor diesem Gefühl nicht weglaufen, aber ich weiß nicht, wie ich damit umgehen soll.« Helft euch gegenseitig mit liebevoller Disziplin, statt euch von euren Gefühlen abzulenken. Eine der Gefahren, die in einem gemeinsamen Retreat liegen, ist, daß du dich im warmen Nest der Freundschaft versteckst. Das ist natürlich viel einfacher, aber es beraubt dich auch der Möglichkeit, eine tiefere Erfahrung zu machen. Doch wenn du es schaffst, in der dünnen Luft eines Retreats liebevolle Disziplin zu praktizieren, dann wird diese Qualität auch auf deinen Alltag übergreifen.

Siehe: *Im Retreat
mit anderen Men-
schen: Der Kreis des
Zuhörens*

Die gewaltigen Gefühlsaufwallungen in einem gemeinsamen Retreat sind ein geradezu idealer Nährboden für Projektionen. Plötzlich treibt deine Freundin dich zum Wahnsinn. Die Art und Weise, wie sie grunzt, wenn sie lacht, oder wie sie sich die Zähne putzt, bringt dich auf die Palme. Ein Retreat aktiviert viele der Probleme und Komplexe, die wir in unseren Beziehungen haben. Das kann sich zu einer *enormen* Ablenkung auswachsen. Wenn du im Retreat eine starke Reaktion auf eine andere Person zeigst, gleichgültig ob positiv oder negativ, dann ist das fast immer ein Weckruf deiner Psyche, ein Hinweis auf etwas in dir, was du zu umgehen oder zu vermeiden versuchst. Leih dieser Stimme dein Ohr: Was sagst du zu dir selbst über diese Person? Welche wunderbaren oder abschreckenden Eigenschaften hat sie in deinen Augen? Sei dir im klaren darüber, daß das, was du fühlst, auch wenn du nicht verstehst, weshalb du so empfindest, mindestens genauso viel mit dir wie mit der anderen Person zu tun hat. Du kannst dich diesen Projektionen schreibend nähern und mit ihnen in Dialog treten. Dies ist ein machtvoller Weg, um sie näher kennenzulernen.

DIE PRAXIS DES ZUHÖRENS

In jedem von uns lebt eine Stille, eine Stille so weit wie das Universum. Wir fürchten sie. Und sehnen uns doch gleichzeitig nach ihr. Wenn wir diese Stille erfahren, erinnern wir uns daran, wer wir eigentlich sind. Sternenwesen, die bei der Geburt von Galaxien erschaffen wurden, entstanden aus der allmählichen Abkühlung dieses Planeten, aus Gas und Staub, aus den vier Elementen, geschaffen von Raum und Zeit, Kinder der Stille. Das Schweigen ist der Urspung allen Lebens, die unergründliche Stille, die allmählich zu schwingen begann, die ersten Wellen, das erste Wort hervorbrachte, aus dem das Leben entstand. Das Schweigen ist unsere tiefste Natur, unser Zuhause, unser gemeinsamer Ursprung, unser Frieden. Die Stille enthüllt, die Stille heilt. In der Stille wohnt Gott. Wir wünschen uns so sehr, dort zu sein, wünschen uns, sie miteinander zu teilen.
Gunilla Norris: *Sharing Silence*

Die Vorschläge in diesem Kapitel sind gewissermaßen die Grundfarben eines Retreats: die wesentlichen Elemente, die du für den Kontakt mit deiner wirklichen Persönlichkeit, mit deinem wahren Selbst brauchst. Du kannst ein Meisterwerk nur aus diesen drei Grundfarben erschaffen. Oder sie mischen, um daraus neue, überraschende Farbtöne zu gewinnen. Vielleicht willst du daraus auch eine »multimediale« Collage basteln. Ein bißchen davon wirst du in jedem Retreat brauchen können. Du kannst die Übungen für sich machen, sie mit anderen Praxisvorschlägen kombinieren oder sie in Übergangssituationen einsetzen, z. B. auf dem Weg ins Retreat oder zwischen einzelnen Praxisteilen.

WAS DU BRAUCHST:

Schau dir die Liste im Kapitel »Wie plane ich mein Retreat?« an.

SEIN

Die Definition des Begriffes »Sein«, die Maureen Murdock in ihrem Buch *The Heroine's Journey* gibt, beschreibt genau, worum es in einem Frauen-

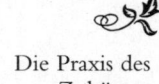
retreat eigentlich geht: den oft mühseligen, doch wirklich lohnenden Prozeß des Sich-selbst-Annehmens. »Sein verlangt, daß wir uns selbst akzeptieren, bei uns selbst bleiben und nichts tun, um uns selbst zu beweisen.« Zu sein heißt, für einen Moment zur spirituellen Jungfrau, d. h. eins mit uns selbst, zu werden und eine echte Beziehung zu unserem Selbst aufzubauen. Wenn du wirklich bist, bist du frei von dem Zwang, etwas zu tun, zu planen, zu bewegen, zu verbessern. Du mußt nichts beweisen, schaffen, vorwärtsbringen. Du mußt dich nicht anstrengen und dich selbst kritisieren. Das Sein beginnt dort, wo du Kontakt mit deiner wahren Persönlichkeit aufnimmst, und zwar nicht mit deinem Kopf, der Sprache, dem rationalen Denken, sondern mit deinem Körper, deiner Intuition, deinem Instinkt.

Das Sein wird sehr häufig mit dem gleichgesetzt, was wir in der Meditation erleben, mit Ram Dass' Wahlspruch »Sei im Hier und Jetzt«, mit Techniken, bei denen man ein Mantra wiederholt oder auf den Atem achtet, um im gegenwärtigen Augenblick zu bleiben. So sehr ich persönlich auch von der Wichtigkeit und der Kraft der Meditation überzeugt bin: Da-Sein und Sein sind zwei grundverschiedene Dinge. Sein heißt: im Nicht-Tun zu verharren und auf die innere Führung von deinem Wahren Selbst zu lauschen, verspannte und lockere Stellen in unserem Körper zu erspüren, um mehr über uns selbst zu erfahren, uns selbst zu beobachten und dem Atem der Person zu folgen, die wir in diesem Augenblick sind, ohne uns zu kritisieren oder verbessern zu wollen. Meditationstechniken können uns beruhigen und zentrieren, so daß wir unsere wahre Persönlichkeit durch den Schleier von Sorgen und fixen Ideen wahrnehmen können, doch sie beinhalten immer auch das Element des Tuns, das aktive Den-Geist-Besänftigen. Sein heißt, einfach zu akzeptieren, was ist.

Letztlich läßt das Sein sich nicht beschreiben. Es ist kein Endpunkt, kein Ziel, das man abhaken kann. Es wird von Vertrauen, Sanftheit, Offenheit und einer Haltung des Annehmens begleitet. Und doch kann man es lernen. Sobald du spürst, daß ein Gefühl in dir aufkommt, springst du nicht etwa auf und machst einen Spaziergang oder stopfst dich mit Crackern voll. Du bleibst einfach sitzen, atmest und fühlst.

Leider vergessen wir nur allzuleicht, wie es ist zu sein. Früher oder später in unserer Kindheit verlieren wir diese Fähigkeit. In ihrer Studie über pubertierende Mädchen, die Probleme mit ihrem Selbstgefühl haben, erklären Carol Gilligan und Lyn Brown, daß mit dem Verlust des Selbstwertgefühls auch die Fähigkeit zu sein verlorengeht.

Die Praxis des
Zuhörens

Je länger du dich nur dem Tun widmest, um so schwieriger wird es, das Sein
wiederzuerlangen. Als meine Freundin und ich eines Tages gemeinsam mit
unseren Kindern spielten und eine von uns gerade zum 57. Mal innerhalb
von drei Minuten aufsprang, fiel mir das so richtig auf: »Mir ist schon klar,
warum Mütter sich niemals hinsetzen.« Es erscheint uns wesentlich einfacher, immer auf Trab zu bleiben. Wir spülen lieber ab, statt uns hinzusetzen
und in uns hineinzuhorchen. Wir telefonieren lieber schnell mal mit einer
Freundin, statt ein richtiges Gespräch mit ihr zu wagen, und stopfen eher
noch mal die Waschmaschine voll, bevor wir uns ins feuchte, frühlingshafte
Gras setzen, um uns auszuruhen. Auf lange Sicht gesehen ist es weniger
frustrierend und weniger erschreckend, einfach immer so weiterzumachen,
als sich ruhig hinzusetzen, um zu sein. Außerdem hat das Sein in vielen
Kulturen keinen guten Ruf. Menschen, die es pflegen, gelten als faul, als
Zeitverschwender. Schließlich sind sie nicht produktiv, es gibt keine greifba-
ren Resultate, und sie kommen angeblich nicht vorwärts. Die Gründe, die
scheinbar gegen ein Retreat sprechen, sind dieselben, die sich gegen das
bloße Sein anführen lassen. Nimm diese beiden Dinge zusammen (»im
Retreat sein«), dann hast du eine Mischung, die sofort unseren inneren
Kritiker mit seinem emotionalen Gefolge aus Angst und Schuldgefühlen auf
den Plan ruft.

Siehe: *Mut* und
*Nimm dein Retreat
mit*

Es ist sinnlos, dem Sein hinterherjagen zu wollen. Du kannst höchstens die
richtigen Bedingungen dafür schaffen. Und nichts bietet dem Sein einen
besseren Rahmen als ein Retreat, wenn man erst Angst und Schuldgefühle
hinter sich gelassen hat. Das Sein ist das Rückgrat eines Retreats. Es ist genau
der innere Ort, an den du gelangen möchtest. Und es gibt Millionen Wege,
dorthin zu kommen – gehen, meditieren, tief atmen und mit deinem
wahren Selbst in Dialog treten. Doch am Ende ist es das Sein, das zu dir
kommt. Du schaffst den richtigen Rahmen, entspannst Körper und Geist
und wartest. Du versuchst weder, es begrifflich zu erfassen, noch es zu
studieren oder auf andere Art danach zu »grapschen«. Du hältst einfach nur
die Spannung aus, in der du dich befindest, weil du jetzt nicht aufspringen
und – endlich – irgend etwas erledigen kannst. Nimm wahr, wie dein
Körper sich anfühlt. Gib deine Erwartungen auf. Du hängst jetzt einfach nur
herum.

Das Sein kommt schubweise zu dir. Immer wieder flackert eine Spur von
diesem Mit-sich-selbst-eins-Sein auf und vermischt sich mit deiner Panik,
den Sorgen, dem Wunsch nach Kontrolle oder den Momenten der Unacht-
samkeit. Doch je mehr du übst, um so leichter wird es dir fallen. Im Sein gibt

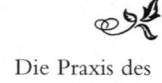

es nämlich kein Ideal, das du erreichen mußt. Es gibt nichts, woran du dich messen kannst. Keinen Meistertitel, mit dem du belohnt wirst. In dieser Hinsicht ist es den verschiedenen Meditationspraktiken sehr ähnlich. Du tust es einfach.

Folgende Elemente werden dir helfen, dem Sein mehr Raum zu geben:

Deine Umgebung

An bestimmten Orten läßt es sich besser »sein« als an anderen. Eine Schaukel auf der Veranda, von der aus dein Blick über den Ozean wandert, ist bestimmt förderlicher als ein Taxi, das mitten in Manhattan im dicksten Stau steckt. Doch wo immer du dich auch aufhältst, du *kannst* dir durchaus einen guten Platz zum Sein schaffen.

Du weißt bereits, welche Orte, Laute, Stoffe, welche Art von Licht oder welche Raumtemperatur dir helfen, dich zu zentrieren und zu entspannen. Für mich ist es ganz eindeutig das Bett. Diane liebt ihr Badezimmer. Jodie hingegen sucht sich immer einen Ort an einem kleinen Fluß. Für dich kann es ein dicker Ast in einem dichten Baum sein oder der Ozean. Vielleicht entspannst du dich auch, indem du dich in eine Decke hüllst und den Sonnenuntergang betrachtest. Mach dir klar, welche Orte du mit dem Sein verbindest. Erinnere dich daran, was du als Kind mochtest, welche Gerüche, Plätze, Situationen dich ganz aufsaugen konnten. Wenn der Geruch von Lavendel diese Wirkung auf dich hat, dann sorg dafür, daß du immer ein Fläschchen Lavendelessenz zur Hand hast. Sind es aber der Geruch von Sonnenmilch und das leise Rollen der Meereswellen, dann mußt du dir etwas einfallen lassen, wenn du im Landesinneren lebst und mitten im tiefsten Winter steckst. Schnapp dir einen Heizstrahler, Kokosnußöl und eine Kassette mit dem Geräusch der Brandung. Laß dir ein warmes Bad einlaufen und dann schau, was passiert.

Ich bin genug

Mittlerweile glauben mehr und mehr Frauen an diese wunderbare Sache: »Ich bin vollkommen in all meiner Unvollkommenheit.« Darin liegt ein freudvolles Annehmen unserer Grenzen. Du läßt die endlosen Versuche, dich selbst zu verbessern, endlich sein (und sei es nur für ein paar Augenblicke), hörst auf zu denken, daß endlich alles gut wäre, wenn du nur soundsoviel wiegen oder dies und jenes besitzen würdest. Du legst das Bedürfnis ab, dauernd etwas zu tun zu haben. Du lädst das Sein ein, in deinem Retreat seinen Platz einzunehmen.

Such dir ein schönes Plätzchen. Während du langsam und tief einatmest, sagst du still zu dir: »Ich bin nicht alles.« Dann atmest du genauso tief und langsam wieder aus und wiederholst: »Ich bin genug.« Wenn dir andere Gedanken in den Sinn kommen, konzentrier dich von neuem auf die Worte. Nutz dieses *Ich bin genug* wie Wasser, das all die Hektik von dir abwäscht. Fort mit den Vergleichen, denen du dich ständig unterwirfst. Weg mit dem Bedürfnis, dich nach anderen zu richten. Wenn du soweit bist, laß das Mantra los und laß dich treiben. Kommen spannungsgeladene Gedanken auf wie »Ich sollte mich zum Radfahren fertigmachen« oder »Nach dieser Meditation sollte ich sofort anfangen, etwas zu tun« und »Was soll ich jetzt eigentlich spüren?« — dann kehr zu deinem Atem und den beiden Sätzen zurück. Das Gefühl, genug zu sein, wird in dir an- und ausgehen wie ein Blinklicht. Wunderbar. Anders als bei bestimmten Meditationstechniken, die darauf abzielen, den Geist leer zu machen, geht es hier nur darum, ruhig dazusitzen und zu fühlen. Es gibt kein Ziel, nichts, was du be- oder verurteilen kannst. Kehr einfach zu den Worten zurück, wann immer du das Bedürfnis danach hast.

Hier sind noch mehr Sätze zum Zentrieren. Ich habe sie von dem buddhistischen Mönch Thich Nhat Hanh:

- »Ich atme ein und fühle Frieden. Ich atme aus und lasse los.«

- »Ich atme in mein reiches, dunkles Zentrum ein. Ich atme alles falsche Hetzen aus.«

- »Ich atme ein und habe Vertrauen. Ich atme aus und lächle.«

- Beim Einatmen: »Ich bin der Wind.« Beim Ausatmen: »Ich bin der Regen.« Beim nächsten Einatmen: »Ich bin die Erde.« Beim nächsten Ausatmen: »Ich bin der Baum.«

- Beim Einatmen: »Ich bin in meiner Mitte.« Beim Ausatmen: »Alles ist gut.«

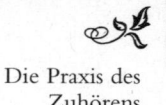
Hüll dich ins Sein

Laß das Sein sich inmitten anderer Aktivitäten entfalten. Such dir etwas aus, was dich nicht ärgerlich macht, was nicht allzuviel Aufmerksamkeit verlangt und sich nicht wie Arbeit anfühlt. Du könntest Vögel beobachten, Quilts nähen, einen Pullover stricken, Perlen auffädeln, Erbsen schälen, Tortillas, Plätzchen oder Brot backen, eine Sandburg bauen, im Garten arbeiten (wenn du es nicht als Arbeit auffaßt und nicht etwas Bestimmtes fertigbringen willst), ein Bild malen, Blumengirlanden flechten, Blumen hübsch in Vasen arrangieren, draußen barfuß gehen, den aufgehenden Mond oder die untergehende Sonne beobachten, eine Katze streicheln, ziellos mit dem Bus herumfahren, Ton auf einer Töpferscheibe bearbeiten, dich auf einem ruhigen See im warmen Sonnenschein treiben lassen − die Liste ist (dem Himmel sei Dank!) unendlich. Geh ganz in etwas auf, was keinen Zweck verfolgt − ohne Absicht, ohne Ende, ohne Uhr − und sieh, was geschieht.

Wenn du deinen Geist nicht leer machen kannst

Was kannst du tun, wenn du das Sein zwar spüren möchtest, aber diesen Punkt einfach nicht erreichst? Du bist einfach zu überdreht, zu hektisch und nervös.

Überprüf zuerst einmal, wieviel Koffein und Zucker du vertilgst. Das Sein verträgt sich leider nicht mit Süßigkeiten und Espresso. Trink viel Wasser, achte darauf, daß du genügend Eiweiß zu dir nimmst, und schränk die Zufuhr von Kaffee und Krapfen ein, wenn du weißt, daß du bald ein Retreat machen möchtest.

Verschaff dir Bewegung. Du kannst ein paar Gymnastikübungen mit der Meditation »Ich bin genug« verbinden. Oder du zählst beim Gehen deine Schritte. Nimm den Walkman mit und leg klassische Musik auf. (Ich bin immer am liebsten ganz früh am Morgen Rad gefahren und drehte dabei Beethovens Fünfte voll auf. Das läßt garantiert keinen Raum für geistiges Geschwätz.)

Siehe weiter unten:
Körper und Schweiß

Siehe: *Quellen:
Audiokassetten* und
Musik

Atme. Sein und Atmen sind ganz eng miteinander verbunden.

Frag dich selbst: »Welchen Gefühlen gehe ich eigentlich aus dem Weg?« Oder: »Was empfinde ich in diesem Augenblick?«

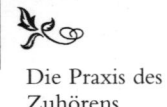
Körper und Schweiss

Am Anfang eines Retreats bin ich oft ziemlich hektisch. Gerade wenn ich im Wagen zum Retreatort fahren mußte, steckte mir noch die Betriebsamkeit der Autobahn in den Knochen. Außerdem brenne ich meist regelrecht darauf, nun diese neue Erfahrung zu machen, so daß ich reichlich überdreht ins Retreat gehe. Ich kann es gar nicht erwarten, mich endlich zu entspannen und meinen inneren Rückzug zu genießen, eine Einstellung, die die Entspannung von vornherein unmöglich macht. Deshalb beginne ich mein Retreat immer mit ein paar Körperübungen. Ein bißchen Yoga, ein gemütlicher Spaziergang oder eine Runde Tanzen sind meine Lieblingsmethoden, um einen Einstieg in meine Zeit mit mir zu finden.

Für die meisten Frauen ist es wirklich eine Herausforderung, ihren Körper bewußt und freudig in Besitz zu nehmen. Manchmal fällt es uns leichter, so zu tun, als wären wir nur ein riesiger Kopf und als würde alles unterhalb unseres Halses ganz einfach nicht existieren. Aber wirklich in deinem Körper zu leben, tief im Innersten zu wissen, daß du Fleisch gewordener Geist bist, gehört zu deinen wichtigsten Aufgaben, wenn du eins mit dir selbst werden willst. Für die meisten Frauen ist genau dies eine Schwachstelle. Wir kommen mit unserem Körper prima zurecht, solange die Waage immer eine bestimmte Zahl anzeigt. Wir lieben ihn, solange wir es schaffen, dreimal die Woche zum Fitneßtraining zu gehen. Wir schätzen ihn, solange wir nicht unter dem grellen Neonlicht einer Umkleidekabine nackt vor dem Spiegel stehen müssen. Wir mögen unseren Körper, solange wir ein wenig über ihm stehen, ein wenig abgehoben dahintreiben können – getrennt von allem, was darin vorgeht.

Doch wir versäumen so viel mit dieser strikten Trennung von Geist, Seele und Körper. Eines der heilsamsten Dinge, die du während eines Retreats tun kannst, ist, diese Verbindung zu deinem Körper wiederherzustellen, den süßen, erdigen Geruch deines eigenen Schweißes und das beruhigende Zusammenspiel deiner Muskeln kennen- und schätzen zu lernen. Dies öffnet dir das Tor zu einer körperbetonten Stille, in der du eine ganz natürliche Erfahrung machst: »Ich bin kein spirituelles Wesen, das mit einem Körper beladen ist. Ich bin Geist und Seele in einem Körper, und alle drei sind wertvoll.« Du erlaubst dir selbst, dich in deinem Körper wohl zu fühlen. Und diese Erfahrung bringt deinen unersättlichen inneren Kritiker zum Schweigen wie nur wenige andere Dinge.

Welche Art von Bewegung tut mir gut?

Frag dich zuerst:

- Welche Art von Bewegung würde meinem Vorhaben am besten dienen?

- Würde Bewegung mir helfen, den Grenzzustand zu erreichen? Welche Art von Bewegung, welche Übungen sprechen mich an?

- Soll mir Bewegung dabei helfen, meine Gefühle freizusetzen?

Es gibt zahllose Möglichkeiten, körperliche Bewegung in einem Retreat nutzbringend einzusetzen. Du kannst z. B. Körperübungen einbauen, die du schon längere Zeit lernst, wie Yoga oder Sufi-Tanz. Oder möchtest du einmal ein ganzes Retreat dem Erlernen einer neuen Art, dich zu bewegen, widmen? Du kannst auch einfach Musik auflegen, die dich nach innen führt, und während du dich zu der Musik bewegst, darauf achten, was dein Körper tun will. Du kannst spazierengehen, schwimmen, radfahren, Rollschuh laufen, Kanu fahren, laufen, rudern, Gymnastik machen, Ballett tanzen oder auf einem Trampolin springen – es liegt ganz bei dir. Wichtig dabei ist nur, daß du dich genau so bewegst, wie du es möchtest, und daß du es innerhalb deines Retreats machst.

Und glaub bloß nicht, daß du tust, was du wirklich willst, wenn du Aerobic machst, nur weil du sonst höchstens 300 Kalorien pro Tag zu dir nehmen »darfst«. Auf diese Art und Weise nimmst du höchstens diese perfide Form der Selbstbestrafung mit ins Retreat.

Der Sinn deiner Körperübungen im Retreat ist, daß du sie voller Achtsamkeit ausführst. Ruf dir immer wieder dein Retreat-Thema ins Gedächtnis, während du dich bewegst. Stell dir vor, daß du deine Frage tanzt. Achte darauf, welche Ideen, Bilder oder Gefühle in dir aufsteigen, wenn du deine Bewegung mit deinem Vorhaben verschmilzt. So bahnst du deiner Körperweisheit, der Weisheit ohne Worte, einen Weg in deine Zeit mit dir. Muskeln speichern Erinnerungen, Muskeln sind voller Weisheit. Befrei diese Erinnerungen und diese Weisheit durch Bewußtheit in der Bewegung.

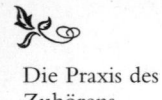

Bewegung mit anderen Menschen

Meditative Bewegung war seit jeher eng mit dem Rückzug aus der Welt
verbunden. Techniken wie Hatha-Yoga, Tai Chi Chuan und die Gehmeditation, einige Spielarten der Kampfkünste und des Tanzes oder eine japani-
sche Teezeremonie lassen sich genausogut mit dem Geist eines Retreats
verbinden wie z. B. ein stürmisches Tennisspiel oder eine Runde Golf. Es
hängt alles nur davon ab, wie du damit umgehst und diese Erfahrung nutzt.
Eine Begegnung mit anderen Menschen, ja sogar ein Wettkampf, können auf
einem Retreat zu bereichernden Erfahrungen führen. Zwar ist ein Wettkampf so ziemlich das letzte, woran man bei einem traditionellen Retreat
denken würde, aber ich habe dabei meine Freundin Zahra vor Augen, die
ihren spirituellen Weg findet, indem sie mit Freunden Tennis spielt. In jedem
Retreat ist Raum für diese Art von Aktivitäten, wenn sie dir guttun.

Triffst du dich während deines Retreats mit anderen Menschen, z. B. für ein
Tennis-Match, so mußt du dazu deinen magischen Raum auf diese Erfahrung ausdehnen. Wenn du deine Zeit damit verschwendest, mit deinen
Freunden zu plaudern, ihnen dein Retreat zu erläutern und ihre Komplimente abzublocken, dann wird dein Retreat darunter leiden, und du wirst
aus deinem Raum gerissen. Wenn du das Gefühl hast, höflich sein zu müssen,
oder wenn es viel Streß verursacht, zum Tennisplatz zu kommen (der
Verkehr, der Parkplatz usw.), dann findest du vielleicht vorher schon Möglichkeiten, dem aus dem Weg zu gehen. Um deinen magischen Raum nicht
durchbrechen zu müssen, kannst du z. B. schon vor dem Retreat mit deinen
Spielpartnern sprechen und ihnen erklären, was du vorhast: »Ich werde über
Pfingsten drei Tage lang ein Retreat machen, und ich würde dabei gerne
täglich mit dir Tennis spielen, aber so schweigsam wie irgend möglich. Wäre
das für dich in Ordnung?« Oder: »Ich nehme mir einen Tag frei, und ich
möchte an diesem Tag gerne mit dir Squash spielen. Vielleicht wirst du dich
wundern, weil ich so still bin. Aber mach dir keine Sorgen um mich, und
versuch nicht, mich in ein Gespräch zu verwickeln. Ich möchte einfach
hinkommen, eine harte Partie mit dir spielen und dabei nichts reden müssen.« Natürlich kann diese Bitte Freundschaften auf die Probe stellen. Meist
entstehen daraus interessante Diskussionen. Gerade Menschen, mit denen
man zum Sport geht, wissen oft erstaunlich wenig über uns. Wenn du so ein
privates Thema wie ein Retreat zur Sprache bringst, beziehst du damit neue
Lebensbereiche in eure Beziehung ein. Überleg dir also zuerst, ob du dieser
Person wirklich vertrauen kannst? Vielleicht kannst du ja auch, um deinen
magischen Kreis auszudehnen, einfach ein Mantra oder ein meditatives

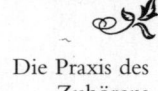

Gedicht vor dich hin sagen, statt deinen Tennispartner an deinem Retreat teilhaben zu lassen. Sehr hilfreich sind dabei die Meditationstechniken, die du im Abschnitt »Ich bin genug« findest, oder Wörter wie *Liebe, Frieden, Wohlfühlen, Vertrauen, Zentriert-Sein, Ruhe, Heiterkeit* und *Mut*.

Dampf ablassen

Manchmal wird der emotionale Druck im Retreat so groß, daß es besser ist, ein bißchen Abstand von uns selbst zu gewinnen. Körperliche Bewegung ist dabei ein wesentlich gesünderer Weg, mit diesen Gefühlen umzugehen als essen oder fernsehen. Triff eine bewußte Wahl, indem du zu dir selbst sagst: »Ich muß ein wenig abschalten. Ich gehe zum Laufen.« Wenn du dir so durch deine Bewegung ein wenig Abstand verschafft hast, solltest du aufschreiben, was du nun empfindest. Du kannst auch ein Bild malen oder dir einfach nur dessen bewußt werden.

Bewegung als Gebet

Körpergebete sind Gebete mit dem Körper. Was du unter Gebet verstehst, bleibt dabei natürlich dir überlassen. Ich setze Körpergebete ein, wenn ich dem Göttlichen näher kommen, meinem Denken entfliehen oder Dankbarkeit ausdrücken möchte. Auch um Glück oder Trauer auszudrücken, und zwar vor allem dann, wenn ich mich aufgrund dieser Gefühle anders verhalte, als ich es selbst möchte.

Siehe: *Mein spiritueller Weg: Das Bild des Göttlichen*

Hier ein paar Beispiele für Körpergebete. Sie sind auch sehr gut geeignet für die Übergänge zwischen den einzelnen Teilen deines Retreats oder als Aufwärmübung vor spontanem Schreiben, Malen oder anderen beruhigenden Aktivitäten.

- Das folgende Gebet habe ich von der Geistlichen Sara Campbell gelernt: Leg deine Hände vor deiner Brust zum Gebet zusammen und verneige dich. Kehr dann in die Gebetshaltung zurück. Laß deine Handflächen zusammen und heb deine Hände über den Kopf. Öffne dann deine Arme in einer Geste des Empfangens. Klatsch in die Hände. Danach bleiben die Hände ineinander liegen, und dann führst du sie nach unten, bis sie wieder in Gebetshaltung vor der Brust gefaltet sind. Verneige dich nun erneut. Diese Übung wiederholst du so oft, wie es für dich in Ordnung ist.

- Diese Übung habe ich Celeste Snowber Schroeders Buch *Embodied Prayer* entnommen. Probier Körperhaltungen aus, die dir erlauben, vorwärts und rückwärts zu schaukeln, beispielsweise so: Setz dich auf den Boden und umfaß deine Knie. Oder so: Leg dich auf die Seite und roll mit den Schultern vor- und rückwärts. Du kannst dir natürlich auch einen Schaukelstuhl besorgen. Sobald du also eine bequeme Position zum Schaukeln gefunden hast, beginnst du über eine der folgenden Zeilen zu meditieren:

Ich nehme Zuflucht unter den Flügeln des Großen Geliebten.

Gott (oder was immer dir das Gefühl verleiht, beschützt zu werden) umgibt mich mit Liebe.

Das Göttliche hält mich in den Armen.

In den Armen der Göttin bin ich sicher. (Setz hier dein persönliches Bild einer heilenden und weiblichen göttlichen Kraft ein.)

Das Göttliche kennt mich. Ich fühle mich völlig sicher.

- Stell dir vor, wie du gehalten und geschaukelt wirst. Visualisiere, daß das Göttliche dich liebt – mit aller Liebe, die du dir vorstellen kannst, und noch darüber hinaus. Fühl diese heilende, schützende Gegenwart.

- Versuch, mit deinem ganzen Körper ein Wort oder einen Satz zum Ausdruck zu bringen, der für deine Erfahrung in diesem Retreat oder im Leben allgemein steht. Du kannst dir etwas aus der Liste weiter unten aussuchen oder dir selbst etwas ausdenken. Leg nun Musik ein. Nimm eine Trommel zur Hand, atme ein paarmal tief durch, und sprich das Wort oder den Satz einige Male laut vor dich hin. Was fällt dir dabei ein? Öffne deinen Gedanken einen weiteren Weg, einen Weg ohne Worte, indem du anfängst, dich zu bewegen. Geh ihnen auf den Grund, indem du Musik und Körper einsetzt. Beweg deine Hände, Füße, Beine, Arme, Schultern, Hüften, die Taille, den Kopf. Beweg jeden Teil von dir. Laß das Reich der Worte hinter dir, und entdeck die Weisheit, die in der Bewegung steckt.

Carols Wort war *Annehmen*. Sie wollte ein Retreat machen, um ihre Tochter besser zu verstehen, die vor kurzem ihr *Coming-out* als Lesbe hatte. Zuerst legte sie Musik ein, die sie in ihrer Sanftheit an ein Schlaflied für ein Kind erinnerte. Sie tanzte zu dieser Musik und brachte dadurch ihre Erinnerungen ans Muttersein zum Ausdruck. Dann wandte sie sich ihrem Tagebuch zu. Sie schrieb alles auf, was diese Entscheidung ihrer Tochter für sie bedeutete: von den Träumen von einer traditionellen Hochzeit, die sie immer hatte ausrichten wollen, bis hin zu der Tatsache, daß sie es ihrer eigenen Mutter irgendwie beibringen mußte. Schließlich nahm sie eine Rassel und begann, das Wort *Annehmen* leise vor sich hin zu singen. »Ich kam mir dumm vor und hoffte nur, daß mich niemand hören würde, aber durch das Chanten konnte ich wenigstens aufhören zu denken und mich in Bewegungen ausdrücken statt in Worten. Ich bewegte mich gleichsam durch meine Liste und fragte meinen Körper, wie ich die Tatsache besser annehmen könnte. Als ich schließlich die Worte hinter mir gelassen und diesen an Gefühlen so reichen Raum jenseits des Denkens betreten hatte, fühlte sich das großartig an. Ich konnte endlich aufhören, das Thema immer wieder in meinen Gedanken hin- und herzuwälzen, und statt dessen meinen Körper bitten. Er zeigte mir, wie ich mich besser ausdrücken und wie ich gleichzeitig besser verstehen konnte.« Carol wiederholte diese Übung während ihres Retreats noch mehrere Male. Bleib also dran. Sei bereit, deinen Unglauben aufzugeben. Der Weg zu innerem Reichtum liegt – in der BeWEGung. (Die Doppelbedeutung ist beabsichtigt.)

Hier nun die Liste mit Themenvorschlägen für Körpergebete:

Hingabe an eine Höhere Macht

Tanz des Lebens

Kampf ums Wissen

Heimkehr

In meiner Mitte sein

Offen für das Geheimnis sein

Sich-Öffnen für die Liebe

Vor Leben glühen

Im Treibsand einsinken

Die Praxis des Zuhörens

Ich lasse .... los

Ich springe durch den brennenden Reifen des ....

Getrieben und gehetzt von ....

Anhaften an ....

Aufsteigen zu ....

In der Stille verweilen

In Trauer versinken

Sicherheit

Viele Frauen würden liebend gerne eine einsame Wanderung unternehmen, haben aber zu viel Angst davor, allein in freier Natur zu sein. Ich nehme einfach zum Schutz meinen 50 Kilogramm schweren Hund mit. (Vielleicht kannst du dir für den Spaziergang einen Hund vom Nachbarn ausleihen.) Andere Frauen gehen mit einer Freundin los. Ihr könnt z. B. bereits vorher vereinbaren, daß ihr während des Spaziergangs schweigt und euch nur am Anfang und am Ende eurer Tour umarmt. Das gemeinsame Schweigen mit einer Freundin kann als Retreatübung sehr fruchtbar und lohnend sein.

Siehe: *Im Retreat mit anderen Menschen*

DIE GÖTTLICHE LANDSCHAFT

Ob Bach, Eiche, Meer, ob Bergspitze, Flußbett oder Hochplateau. Ob Wolke, Erde, Tal, Aussichtspunkt, See, Fels oder Baum: all dies ist unser Zuhause. In der Natur erholen wir uns wie sonst nirgendwo. Schon ihre unendliche Größe verleiht unseren Problemen das richtige Maß. Du fühlst dich gleichzeitig unbedeutend und lebendig, ein Augenzwinkern Gottes und ein ganzes Universum für sich. »Als ich so dem Rauschen der Brandung und den Schreien der Vögel zuhörte, dachte ich plötzlich: ›Es ist schön, sich so winzig vorzukommen, und sich einmal nicht so ernst zu nehmen.‹« Das erzählte Diana über ihr Retreat in der winzigen Hütte ihrer Freundin, von wo aus sie den Pazifik beobachten konnte.

In der Natur bist du mehr du selbst. Je länger (oder je intensiver) du dich dort aufhältst, um so mehr Sorgen, Ansprüche und sinnlose Verhaltensweisen fallen von dir ab. Angesichts dieser Einfachheit und Größe, angesichts des ewigen Zyklus von Werden und Vergehen sind die Maße deiner Oberschenkel oder der Selbsthaß, den du empfindest, weil du verheiratet bist und eine Affäre hast, nicht mehr so wichtig. Wie ein geschliffener Achat auf dem Grund eines Baches taucht plötzlich die Wahrheit auf: Was du tun sollst und wie du leben mußt, ist mit einem Mal völlig klar.

- Verbring mindestens zwei Tage und eine Nacht in der freien Natur. Komm ihr so nah, wie du dich traust. Wach mit der Sonne auf, schlaf mit Anbruch der Dunkelheit ein. Iß nur, wenn du Hunger hast. Laß die Natur dein Gefährte sein und horch, was sie zu sagen hat.

- Leg dich flach auf die Erde und hör ihr zu. Frag sie: »Erde, wie würdest du mein Vorhaben durchführen?«

- Hör dem Wasser zu. Sitz im Regen oder nimm ein Bad. Was sagt dir das Wasser über dich selbst?

- Mach eine Sandskulptur aus deinem Problem, deinem Leben, deinen Gefühlen.

- Setz dich mit dem Rücken an einen Baum und bitte ihn um Rat.

- Schlaf eine Nacht lang hinter dem Haus im Freien und schau, ob das an deiner Sicht der Dinge irgend etwas verändert.

- Pflanze etwas, und laß dir dabei durch den Kopf gehen, wie das Leben nun in diesem Samen, in dieser Pflanze wohnt. Denk über den geheimnisvollen Zusammenhang von Schmutz, Samen, Wasser und Sonne nach. Hat das vielleicht etwas mit deinem Leben, deinem Retreat zu tun?

- Mach allein oder mit einer Freundin einen nächtlichen Spaziergang. Sei ganz still und geh in die Dunkelheit. Laß dabei deine Taschenlampe so lange als möglich ausgeschaltet. Hör in die Dunkelheit hinein. Hör dein Herz schlagen. Horch auf deine Ängste. Auf das Göttliche in dir. Spür, wie all deine Sinne schärfer werden. Mach zwischendurch eine Ruhepause und sitz still da.

- Such dir ein Gedicht oder ein kurzes Prosastück über die Natur aus, das du sehr magst. Lies es laut in freier Natur. Setz dich hin und achte darauf, was geschieht. Wenn du zappelig wirst, lies es noch einmal. Sogar noch langsamer, wenn es geht.

- Stell dich an den Rand einer Klippe oder eines steilen Abhangs in freier Natur. Hast du so ein Gefühl schon einmal empfunden? Setz es in Beziehung zu deinem Leben oder deinem Vorhaben. Geh nach einer Weile runter, wenn das möglich ist, und stell dich tief unten am Abhang auf. Sieh hinauf. Dort oben hast du gestanden. Welche Veränderungen bewirkt der Höhenwechsel in deinem Körper? Siehst du irgendwelche Verbindungen zu den Veränderungen, die du während dieses Retreats durchläufst?

- Findest du in der Natur etwas, was einen Teil deiner selbst symbolisiert? Eine krumme Kiefer, deren Stamm der Specht durchlöchert hat? Eine Ansammlung von Felsen, die stolz das Zeichen ihrer Jahre in ihren Schichtungen tragen? Ein friedlich dahinplätschernder, sich in tausend Rinnsale verlierender Bach? All diese Dinge können für deine unterschiedlichen Qualitäten, Stimmungen oder Glaubenssätze stehen. Setz dich zu deinem Symbol. Tritt mit ihm in Dialog – schreib, mal oder form die Erde zu einer Figur.

Die Natur als Spiegel

Diesen Praxisvorschlag habe ich nach einem Retreat gestaltet, das Marie Harris in *Jubilee Time* beschreibt. Du kannst diese Übung als Teil eines langen Retreats machen. Du kannst die einzelnen Abschnitte aber auch zu Mini-Retreats umgestalten. Wenn du das tust, nimm dir vorher und nachher ein paar Minuten Zeit für ein Eröffnungs- und ein Abschlußritual. Widme diese beiden der Natur.

Leg während deines Retreats bestimmte Zeiten fest, die du allein mit der Natur verbringen willst. Am besten drei- oder viermal über den Tag verteilt, vielleicht am frühen Morgen, am Nachmittag, am frühen Abend oder sogar nachts. Wenn du keinen festen Zeitplan einhalten kannst, dann geh los, sobald es geht. Bestimm von vornherein, wie lange du bleiben wirst: fünf Minuten oder mehrere Stunden. Und such dir einen Platz dafür. Das kann deine Hollywood-Schaukel sein, dein Hof, der Dachgarten, ein Park – mit einem Wort jeder Ort, von dem aus du die Natur sehen und fühlen kannst.

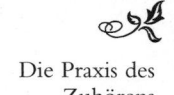

Stell dir einen Kurzzeitwecker, damit du dich während dieser Zeit auch wirklich deinem Retreat widmest.

Wenn es dann soweit ist, gehst du zu deinem Plätzchen und setzt dich ruhig hin. Denk über deine Frage nach. Frag die Krähe, den Wind, die Pfingstrose. Achte auf Antworten, die sich darin enthüllen könnten. Versuch, in der Natur aufzugehen. Horch auf mögliche Einsichten, ohne sie jedoch in die logische Zwangsjacke von Ursache und Wirkung pressen zu wollen. Wenn du möchtest, kannst du das, was du empfindest, spürst und siehst, auch aufschreiben. Oder malen. Oder fotografieren.

Während eines langen Retreats kann diese Übung über mehrere Tage hinweg wiederholt werden.

BALSAM FÜR DIE SEELE

Die Dichterin Mary Oliver beschwört uns: »Ihr müßt doch nur das sanfte Tier in eurem Körper lieben und mögen, was dieses Tier gern hat.« In einem Frauenretreat sollten wir lernen, in unserem Körper zu sein und ihn zu verehren, unsere Sinne zu befriedigen und uns ausgelassen an gesunder Selbstfürsorge zu laben. Das führt uns automatisch zu dem Thema »Balsam für die Seele«, zu der Frage, wie wir uns auf grundlegende und aufregende Weise selbst verwöhnen können. Eine Massage, ein mit Lavendel- und Grapefruitessenz aromatisiertes Bad, ein kleines Nickerchen am Nachmittag, ein Täßchen Zitronenmelissentee und ein wenig Rosinenbrot: Balsam für die Seele ist ein ganz wesentlicher Teil deines Retreats, gerade wenn du ein schwieriges Thema bearbeitest oder sehr erschöpft, ausgelaugt, ja sogar ausgebrannt bist.

Die Dinge auszusuchen, die uns guttun, ist gewöhnlich leichter, als uns später ihren Genuß zu erlauben. Sich selbst verwöhnen, sich genießen, in Luxus schwelgen, Vergnügen daran zu finden, die eigenen körperlichen Bedürfnisse zu erfüllen — mehr als jede andere Retreatübung erscheint diese selbstsüchtig, gefährlich, unmoralisch. Wir glauben, unsere kostbare Zeit allein zu verschwenden. Aber wenn du auf diese Stimme gehört hättest, dieselbe Stimme, die von dir verlangt, jeden Tag mindestens fünf Stunden Gymnastik zu machen, den Wäscheberg niemals höher als fünf Zentimeter werden zu lassen und ein Danksagungskärtchen zu schreiben, noch bevor du überhaupt das Geschenk ausgepackt hast — wenn du auf diese Stimme gehört hättest, wärst du jetzt wohl kaum im Retreat. Meine Gratulation: Du hast das Retreat gewählt! Mach weiter so: Trau dich, dich selbst bis zum Äußersten zu genießen.

Wie wäre es, wenn du dir genau das geben würdest, was dein Körper braucht? Eine Kirsche so langsam zu essen, daß sie auf der Zunge zergeht? Tee zu trinken, als sei er ein Geschenk der Liebe an deine Kehle? Ein Stilleben zu erschaffen aus purer Freude an der Schönheit: ein paar Lilien in der altmodischen Vase deiner Mutter, eines deiner Lieblingsfotos, ein paar Zitronen und einen roten Apfel dazu, alles schön auf einem Seidenschal arrangiert. Wie wäre es, wenn du einmal lange genug Pause machen würdest, um wirklich herauszufinden, was du tun möchtest, um dein wahres Selbst zu fragen: »Was brauchst du, damit es dir gutgeht und du dich verwöhnt fühlst?« Oder deinen Körper — jeden einzelnen deiner Sinne — zu fragen, was er braucht? Wenn du das tust, umarmst du dich mit der sanften Berührung eines Liebhabers. Das braucht vielleicht seine Zeit. Möglicherweise mußt du es öfter versuchen und dich ganz sachte annähern. Manchmal mag es unmöglich scheinen. Aber wenn du immer fortfährst, dich zu fragen: »Was tut mir wirklich gut?« und »Wie kann ich das sanfte Tier in meinem Körper lieben?«, dann öffnest du der Liebe in deinem Leben Tür und Tor.

Die Schattenseiten des Sich-Verwöhnens

Sich zu verwöhnen kann schwierig, ja fast unmöglich werden, wenn sich plötzlich die Schattenseiten der Selbstfürsorge, sprich alle Arten von zwanghaftem Verhalten, bemerkbar machen. Was mich z. B. am schnellsten wieder auf die Sonnenseite des Lebens bringt ist Essen. Es gibt Tage, da ist Essen genau das Richtige für mich, und an diesen Tagen schaffe ich es auch, bewußt zu essen und mir damit gutzutun. Aber sehr häufig esse ich eigentlich nur, um weiter geschäftig herumlaufen zu können und mich von mir selbst abzulenken. An solchen Tagen esse ich auch häufig Dinge, die mir schaden. Wie kann ich also im Retreat besser für mich selbst sorgen? Ganz einfach! Indem ich darauf höre, was mein Körper wirklich braucht, den Mut habe, es ihm zu geben, *und das auch noch genieße*. Wenn wir von ganzem Herzen gut zu uns selbst sind, bleibt kein Raum für Schuldgefühle, und wir unterbrechen so den Teufelskreis, der uns immer wieder nach unseren speziellen Trostpflästerchen greifen läßt. Nur wenn wir uns langweilen oder uns nicht geben, was wir brauchen, essen wir zu viel, rauchen oder sehen endlos hirnlose

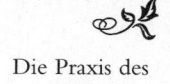

TV-Serien. Begegnen wir uns selbst dagegen mit Achtung, indem wir uns erlauben, unseren Seelenbalsam auszukosten, darin zu schwelgen, ihn genüßlich auf unseren Lippen zergehen zu lassen und uns ganz dem Luxus unserer Freude hinzugeben, lernen wir dadurch auch, besser für uns selbst zu sorgen.

Damit will ich nicht sagen, daß es leicht ist, zwanghaftes Verhalten oder Suchtprobleme abzulegen. Ich weiß, wie es ist, mit einer zwanghaften Persönlichkeitsstruktur, die zur Sucht neigt, zurechtkommen zu müssen. Ich weiß, wie es ist, wenn man sich immer wieder getrieben fühlt, Dinge zu tun, die uns schaden oder sogar zerstören können, auch wenn es zunächst so aussieht, als wollten wir uns damit etwas Gutes tun. Doch in der dünnen Luft eines Retreats ist kein Raum für das Zwanghafte der Sucht. Du kannst Pause machen. Du lebst nicht in deinem gewohnten Zusammenhang von Raum und Zeit, und du hast keinen Streß. Das macht es leichter, nicht gleich zum Glimmstengel zu greifen, bewußt zu essen oder aufs Einkaufen zu verzichten. Trotzdem solltest du nicht von dir erwarten, daß sich dein Verhalten gleich auf Dauer ändert. Wir alle wissen, daß das nicht so einfach ist.

Ich hoffe, es ist klar, daß ich hier nicht blinder Askese das Wort rede. Gesunde Selbstfürsorge bedeutet nicht, daß du dir plötzlich all deine normalen Trösterchen versagst. Wenn du das tust, wirst du dich in deinem Retreat sehr rein und tugendhaft fühlen, doch kurz darauf springen all die zurückgedrängten Bedürfnisse und Gewohnheiten wie kleine Teufel aus der Schachtel und klopfen dir wieder auf die Schulter. (Ich habe diese Art von Retreat schon mitgemacht. Hinterher verdrücke ich dann mindestens eine von diesen kakaohaltigen Tafeln.) Versuch statt dessen, liebevoll für dich selbst zu sorgen. Bring dich ganz sanft dazu, das zu tun, *was dir Selbstbestätigung gibt und dich in deiner Entwicklung in diesem Retreat fördert.* Überleg dir bereits vorher, welche Trostpflästerchen du unbedingt brauchst, und besorg sie. Dann mußt du dein Retreat nicht unterbrechen, um beim nächsten Bäcker Schokoladenkuchen zu kaufen oder einen Verzweiflungsangriff auf die Shopping-Passage in deiner Stadt zu machen. Wenn du dich schon vorher darum kümmerst, wie du dich am besten selbst verwöhnen kannst, wirst du dich im Retreat sicher fühlen, auch wenn das bedeutet, daß du deinen Schattenseiten ein klein wenig nachgeben mußt. So wirst du in jedem Fall in deinem magischen Raum bleiben, und es wird dir hinterher leichter fallen, deine Einsichten und deine neugewonnenen Energien in dein normales Leben mitzunehmen.

Frag dich:

- Balsam für die Seele: Wie sieht das für mich aus?

- Welches dieser »Bonbons« läßt sich mit meinem Retreat vereinbaren?

Wenn du im Retreat spürst, daß du jetzt etwas Labsal für die Seele brauchst, dann frag dich:

- Welche gesunden, lebensspendenden Dinge würden mir jetzt guttun?

Hier sind ein paar wunderbare Trostpflästerchen:

- Massagen. Laß einen Masseur zu dir nach Hause kommen, oder such dir eine Masseurin, die eine besonders ruhige, ansprechende Praxis hat.

- Sprühessenzen für Körper und Räume. Ich benutze während meines Rückzugs von der Welt auch häufig Gesichtssprays, vor allem wenn ich ein Retreat in der Öffentlichkeit mache.

- Tolle Drinks. Kühles Wasser mit einem Spritzer Limonensaft oder heißes Wasser mit Honig und Zitrone.

- Deine Lieblingsbücher. Lies eines deiner Kinderbücher von neuem. Verbring ein paar schier endlose Stunden in einem Buchladen oder in einer Bibliothek. Lies einmal hemmungslos und nur zu deinem Vergnügen.

- Wasser: Hör es und fühl es. Setz dich an einen Brunnen oder einen Bach. Laß dich nackt in warmem Wasser treiben. Hör zu, wie der Regen aufs Dach trommelt. Geh im Regen spazieren.

- Das Tröstende deines eigenen Bettes. Zieh frische, duftende Bettwäsche auf und geh am hellichten Tag ins Bett. Iß im Bett, lies im Bett, schreib im Bett.

- Blumen. Pflück Blumen und stell einen schönen Strauß zusammen. Kauf einen Arm voll Blumen bei einem Gärtner oder in einem großen Blumengeschäft.

- Kerzenlicht. Stell ein paar Duftkerzen auf einem Tablett auf. Laß ein paar Kerzen im Wasser schwimmen.

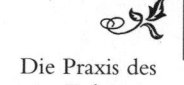
- Musik. Geh in einem Plattenladen stöbern. Hör dir ein Musikstück an, ohne nebenbei etwas zu tun.

Folgendes solltest du besser sein lassen: Friseurbesuche, Gesichtsbehandlungen, Maniküren oder Körpermasken. Alles, was du sozusagen zur »Restaurierung« unternimmst oder um anderen zu gefallen, hat in einem Retreat keinen Platz. (Mein Gesicht im Spiegel eines Schönheitssalons erheitert mich normalerweise nicht besonders.) Schönheitssalons sollten überhaupt während eines Retreats gemieden werden, weil man sich dort so leicht »unzureichend« fühlt.

SPONTANES SCHREIBEN

Spontanes Schreiben ist ein wunderbares Mittel, um dir selbst deinen Weg durch Widerstände, Langeweile und Ziellosigkeit zu bahnen, um endlich in den Raum zu gelangen, in dem die VIPs ihre Partys feiern − dorthin, wo sich die wirklich interessanten Sachen abspielen. Beim spontanen Schreiben suchst du dir ein Thema oder eine Frage und schreibst ohne Pause so lange darüber, wie du möchtest. Ich fand immer, daß eine Uhr oder ein Kurzzeitwecker zumindest einen Ansatz von Strukturierung schafft, mit dem ich besser arbeiten kann, aber wenn du dich dadurch zu sehr unter Druck gesetzt fühlst, dann leg einfach fest, wie viele Seiten du vollschreiben möchtest. Zwischen drei und fünf Seiten wären nicht schlecht − das verlangt dir einiges ab, ohne dich jedoch in tiefste Verzweiflung zu stürzen.

Wenn ich das Gefühl bekomme, daß ich mich nur noch im Kreis bewege, ohne mich auf irgend etwas konzentrieren zu können, halte ich inne, nehme mein Tagebuch zur Hand und schreibe ganz oben quer über die Seite: »Ich stecke fest, weil . . .« Oder: »Ich möchte nicht . . .« Oder: »Ich empfinde . . .« Dann schreibe ich zehn Minuten lang, ohne abzusetzen. Zuerst schreibe ich darüber, was für ein Faulpelz ich doch bin und welche Zeitverschwendung es für so einen Faulpelz ist, etwas zu tun, was auch nur im entferntesten nach Spiritualität riecht. Anschließend mache ich weiter und beschreibe, wie faul ich bin, und wenn ich dann immer noch weiterschreibe, geschieht manchmal ein kleines Wunder: Ich entdecke ein Thema, das nichts mit dem Faulsein zu tun hat und das über mein Selbstmitleid hinausgeht. Ich erfahre fast immer, was ich wissen muß, und was ich als nächstes tun sollte. Und wenn ich schließlich aufhöre, fühle ich mich weniger faul.

Für andere ist es einfacher, einfach drauflos zu schreiben, die Hand immer am Laufen zu halten und zu sehen, was dabei herauskommt. Probier einfach aus, was für dich paßt.

Doch gleichgültig, welche Methode du wählst: Schreib immer, ohne dich selbst zu zensieren, ohne abzusetzen, ohne zu lesen, was du gerade geschrieben hast, und ohne auf die Stimme zu hören, die da sagt: »Das ist doch total beschränkt. Was soll dabei schon herauskommen? Wie lange soll ich denn noch weitermachen? Ich hasse diese Schreiberei. Bla, bla, bla, bla, bla. . .« Laß nur einfach das, was in dir ist, auf das Papier fließen, so schnell du kannst. Denk nicht darüber nach. Bleib ganz im Augenblick, auch wenn dieser nur aus Gejammer zu bestehen scheint. Du weißt nicht, was aus deiner Feder strömt, und es ist dir auch egal. Klage, tobe, meckere – aber laß deine Hand weiterschreiben.

Siehe: *Und was soll ich tun?* Dort wird die Technik des Clustering genauer erklärt.

Probier verschiedene Dinge aus: Schreib mit der Hand, mit der du normalerweise nicht schreibst. Versuch's mit Clustering. Laß die Schrift kreisen, nach oben oder unten wandern – bring Bewegung und Schreiben zusammen. Oder Musik und Schreiben. Oder Meditation und Schreiben.

Hier sind ein paar Satzanfänge zum Loslegen:

• Ich fühle mich . . .

• Ich sehe, daß . . .

• Ich gehe .... aus dem Weg.

• Ich bin bereit zu akzeptieren, daß . . .

• Ich erinnere mich an . . .

• Wenn ich jetzt wirklich ruhig wäre, würde ich bemerken, daß . . .

• Ich glaube, daß . . .

• Ich habe Angst vor . . .

• Ich bin . . .

- Ich liebe und schätze . . .

- Ich hasse . . .

- Ich zolle mir Anerkennung, weil . . .

- Ich empfinde Dankbarkeit, weil . . .

SPONTANES MALEN

Freud und einige andere Bartträger meinten, daß die Seele sich in Symbolen ausdrückt und daß wir, wenn wir in Bildern denken, einen direkten Zugang zu unserer vorbegrifflichen, emotionalen Welt erhalten, die uns zum reinen Gold unserer Seele führen kann.

Spontanes Malen gelingt gewöhnlich um so besser, je weniger künstlerische Ausbildung du genossen hast und je weniger du dich darum kümmerst, wie deine Bilder aussehen. Doch das ist manchmal ziemlich schwierig zu bewerkstelligen. Wir leben in einer Gesellschaft mit hohen visuellen Maßstäben, und wir lernen schon sehr früh, miteinander in Wettbewerb zu treten. Einige von uns hatten wahre Höllenhunde als Kunstlehrer. Doch wenn du spontanes Malen übst, dann nicht, um daraus Kunst zu machen. Du willst mit den vergessenen, versteckten, rätselhaften Teilen deiner selbst in Verbindung treten, mit dem im Werden begriffenen Donnergrollen deiner Wahrheit. Du mußt also nichts planen. Es gibt kein Richtig oder Falsch und keine Regeln, die unbedingt eingehalten werden müssen.

Du kannst die Technik des spontanen Malens einsetzen, um eine bestimmte Frage zu klären. Du kannst sie aber auch ganz ohne Vorgaben nutzen.

Hol dir Papier und deine Malsachen. Breite sie dort aus, wo du in aller Ruhe und bei gutem Licht malen kannst. Schließ deine Augen und atme ein paarmal tief ein und aus. Öffne nun deine Augen und such dir eine Farbe aus. Achte darauf, zu welcher Farbe deine Hände sich bewegen. Versuch nun zu spüren, welche Bewegung deine Hände und dein Arm aufs Papier bannen wollen. Folg diesen sachten Andeutungen. Halt sie auf dem Papier fest. Hör nicht auf, weil du scheinbar nur einen Klecks siehst oder weil das, was dir vorschwebt, deine Fähigkeiten weit übersteigt. Bleib offen. Versuch es.

Mal, ohne auf das Ergebnis zu achten. Frag dich: »Was würde ich malen, wenn ich mir nicht so viele Sorgen darum machen würde, wie es aussieht?« Und: »Was würde ich malen, wenn ich nicht darauf achten würde, ob mein Bild jemanden verletzt? Was würde ich malen, wenn ich keine Angst hätte?« Mal so schnell und soviel du möchtest. Es ist vielleicht ganz gut, wenn du dir nicht allzu teure Malsachen besorgst, so daß du dir um die Kosten keine Sorgen zu machen brauchst. Temperafarben sind dafür ideal.

Wenn du dich festgefahren fühlst, dann nimm irgendeine Farbe und streich sie quer über das Papier. Schmier und atme. Du machst hier nichts Tiefsinniges. Du mußt nichts produzieren, was Sinn ergibt. Gib deinen Widerstand auf, gib die Kontrolle auf, den Wunsch nach einem ganz bestimmten Ergebnis. Frag dich: »Was möchte ich jetzt am allerwenigsten malen?«

Je öfter du spontanes Malen übst, um so leichter wird es, den Vorgang zu genießen und dabei etwas über dich selbst zu lernen – vielleicht nicht in intellektueller Hinsicht, aber auf jeden Fall auf emotionalem Gebiet.

Wenn du aufgehört hast zu malen, kannst du mit dem Bild sprechen oder über die Erfahrung des Schaffens etwas in dein Tagebuch schreiben.

GESCHICHTEN

Kristina ist Schauspielerin und Mutter. Sie ist vor kurzem aus einer Großstadt in eine kleine Stadt gezogen und hat unmittelbar vor dem Retreat das Rauchen aufgegeben:

»Mein Vorhaben auf diesem Retreat lautet: ›Wie kann ich meine Energie so maßvoll einsetzen, daß ich mehr Achtsamkeit, Würde und Toleranz ausstrahle? Wie kann ich mehr atmen?‹ Jetzt, wo ich an diesem, mir noch nicht vertrauten Ort lebe, suche ich nach einer Möglichkeit, die alten Verhaltensweisen und -muster, die mir nicht mehr länger nützen, hinter mir zu lassen.«

»Ich erwachte, und mein erster Gedanke war: ›Finde deinen natürlichen Rhythmus!‹ Also machte ich – zum Meer gewandt – ein paar Stretchingübungen und ging den ›Gruß an die Sonne‹ einige Male durch. Jedesmal wenn mir der Gedanke kam, daß ich jetzt dies oder jenes tun sollte, atmete ich tief durch und sagte – fast schon spontan – zu mir: ›Mäßigung‹.«

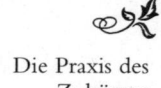

»Danach versuchte ich, dem Begriff *Mäßigung* mit Übungen wie Clustering und spontanem Zeichnen auf die Spur zu kommen. Am Anfang war das gar nicht so einfach, denn die Tugend der Mäßigung hat für mich auch einen ziemlich negativen Beigeschmack und war bislang etwas, was ich mir *niemals* als Ziel gesetzt hätte. Doch allmählich wurde mir klar, daß in der Mäßigung sowohl Kraft als auch eine gewisse Ökonomie der Bewegungen liegt. Ich versuchte, das mit dem Körper auszudrücken. Am Ende blieb ich stehen, eine Hand auf meinem nach unten geneigten Kopf liegend, die andere auf dem Herzen. Danach beschloß ich, die paar Dinge, die ich noch für meine Ferien brauchte, zu besorgen – schweigend und achtsam.«

»Ich fuhr also in die Stadt hinunter – schweigend und ohne Musik anzumachen (wie ich es sonst getan hätte). Alles, was ich tat, erledigte ich langsam und mit Methode. Ich spürte, daß ich tiefer atmete und ganz in meinem Körper war. Die Spannungen ließen nach. Es gab zwar einige Ladenbesitzer, die mir seltsame Blicke zuwarfen, wenn ich auf ihre Fragen (›Was hätten Sie denn gern?‹ oder ›Wie möchten Sie denn bezahlen?‹) auf meinen geschlossenen Mund deutete und dabei den Kopf schüttelte. Aber insgesamt verlief mein Ausflug in die Welt recht entspannt und angenehm. Sobald mein Geist anfing, wieder verrückt zu spielen, sagte ich mir: ›Mäßige dich.‹ und ›Heb dir deine Energie für die Dinge auf, die wirklich zählen.‹«

»Zu Hause aß ich dann sehr langsam die Suppe, die ich vorbereitet hatte, ganz bewußt Löffel für Löffel. Später hatte ich schrecklichen Appetit auf Obst und aß welches – jeden Bissen genießend. Plötzlich fiel mir auf, daß ich fast nie Obst aß. Die Entdeckung, daß ich es immer meinem Sohn in die Hand drückte, statt es selbst zu essen, war mir peinlich. O Schreck, lebte ich etwa meine eigenen Sehnsüchte durch ihn aus? Oder gab ich mir so viel Mühe, ihm eine ausgewogene Ernährung zu bieten, daß ich selbst nur noch aß, um meinen Hunger zu stillen, ohne auf meinen Appetit zu achten? Ich war gleichzeitig beschämt, traurig und wütend auf mich selbst.«

»Danach war ich müde. Ich krabbelte in das Zelt meines Sohnes, schlüpfte in einen Schlafsack und meditierte dort eine Dreiviertelstunde. Ich weinte sogar ein bißchen. Mein alte Freundin, die Zigarette, fehlte mir. Ich wollte nicht rauchen, aber gleichzeitig verspürte ich eine ungewohnte Leere. Die Aussicht, in mich hineinzusehen, um Stille und Inspiration zu suchen (statt mich meiner Freundin ›Zigarette‹ anzuvertrauen, die mich schon rein körperlich von mir selbst entfernt und mich von denen trennt, die ich liebe), erschreckte mich. Plötzlich wurde ich ruhig. Alle Sorgen lösten sich in nichts auf.«

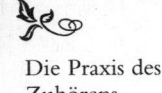

»Ich arbeitete in Ton und spürte, wie ich wieder lebendig wurde, weil ich tat, was mir Spaß machte. Ich formte einen Menschen mit fünf Händen, und innerhalb dieses Menschen saß in einer Art Höhle ein anderer Mensch. Er war ganz still und lächelte. Als nächstes genehmigte ich mir einen langen, stillen Spaziergang am Strand. Einen meditativen Spaziergang. Ich lud Achtsamkeit und Mäßigung in meinen Körper ein, damit sie sich dort ein Nest bauen konnten. Ich erkannte klar und deutlich, daß dies für den nächsten Abschnitt meines Lebens absolut notwendig war, eine Art innerer Anpassung an das, was im außen bereits geschehen war: der Umzug.«

»Während meines Abschlußrituals machte ich ein Nest aus Steinen und Muscheln und stellte es auf meinen Altar: als Symbol für diese neue Fähigkeit in meinem Leben und die Veränderungen, die sie mit sich brachte.«

»Ich feierte mich selbst mit einem Lavendelbad. Danach setzte ich mich ans Kaminfeuer und genoß ein Glas Wein. Nichts zu tun. Nur sein.«

Tips für lange Retreats

Mach von allem ein bißchen. Verleih deinem Retreat Glanzlichter mit einer Übung wie »Die Göttliche Landschaft: Die Natur als Spiegel«. Oder mach Körpergebete. Geh spazieren und meditiere dabei über das *Sein*. Vielleicht mit der Übung »Ich bin genug« für die Übergänge von einer Technik zur anderen. Wenn du dich traurig oder verloren fühlst, greifst du am besten auf eines der Trostpflästerchen in »Balsam für die Seele« zurück.

Tips für Mini-Retreats

Wenn du den Wunsch nach einem Retreat in dir spürst, aber nicht so recht weißt, was du tun sollst, dann nimm dir eine halbe Stunde Zeit für eine der Übungen aus diesem Kapitel. Schreib, mal, widme dich dem Sein oder der Bewegung. Vergiß nicht, ein Eröffnungs- und ein Abschlußritual zu machen.

Tips für Retreats in der Welt

Sein, körperliche Bewegung, spontanes Schreiben oder Malen sind Techniken, die du sehr gut ausführen kannst, auch wenn es vor Menschen um dich

herum nur so wimmelt oder wenn du nur einen Augenblick für dich allein hast. Trag Tagebuch und Stift immer bei dir (in der Handtasche oder im Auto), vielleicht auch ein paar farbige Stifte und ein handliches Skizzenbuch. So kannst du Momente, die du für dich hast, gleich nutzen.

Tips für Retreats mit anderen Menschen

Ein Retreat zusammen mit anderen kann durch all diese Übungen wunderbar vertieft werden: Ihr könnt zu Beginn des Retreats eine Stunde Körperübungen machen oder gar einen Masseur anheuern. Vielleicht entscheidet ihr euch für spontanes Schreiben oder Malen in der Gruppe (ohne das, was der andere tut, groß zu kommentieren) oder für einen gemeinsamen Ausflug an ein stilles Plätzchen in der freien Natur.

KONTEMPLATION

. . . und ich möchte Sie, so gut ich es kann, bitten, . . . Geduld zu haben gegen alles Ungelöste in Ihrem Herzen und zu versuchen, die Fragen selbst liebzuhaben wie verschlossene Stuben und wie Bücher, die in einer sehr fremden Sprache geschrieben sind. Forschen Sie jetzt nicht nach den Antworten, die Ihnen nicht gegeben werden können, weil Sie sie nicht leben könnten. Und es handelt sich darum, alles zu leben. Leben Sie jetzt die Fragen. Vielleicht leben Sie dann allmählich, ohne es zu merken, eines fernen Tages in die Antwort hinein.
Rainer Maria Rilke: *Briefe an einen jungen Dichter*

Über diese Passage zum Thema »die Fragen lieben« habe ich lange nachgedacht. Viele Jahre lang war mir jedes seiner Worte verhaßt. Ich hätte Rilke am liebsten angeschrien: »Aber ich will die Antworten!« (Er hat mir nicht geantwortet!) Ich bin ein Mensch, der zur Schwarzweißmalerei neigt. Außerhalb von Kinofilmen und Büchern hasse ich jede Form der Zweideutigkeit. Ich ziehe zu schnelle Schlüsse, die auf übereilten Annahmen beruhen, erwarte dann entweder das Beste oder das Schlechteste und denke kaum je daran, daß es eine goldene Mitte gibt. Doch mit den Jahren ist sogar mir eine Spur Reife nicht erspart geblieben, und seit ich ein Kind habe, habe ich begonnen, mich mit dem Grau-in-Grau meines inneren Schattenreiches anzufreunden.

Als ich begann, mich mit den verschiedenen Retreattraditionen auseinanderzusetzen, erkannte ich überrascht, welch große Rolle die Kontemplation darin spielte, vor allem in solchen Überlieferungen wie der benediktinischen *lectio*, dem »Lesen und Hören des Wortes«. Das geht so: Man beruhigt Geist und Körper, sucht dann ein kurzes Textstück aus, liest es langsam und versucht, es mit »den Ohren des Herzens« zu hören, wie die benediktinische Laienschwester und Autorin Macrina Wiederkehr es ausdrückt.

»Kontemplation« heißt nachdenken, in Gedanken versunken sein, sich unablässig und aufmerksam einem bestimmten Thema zuwenden. Es gibt viele verschiedene Methoden, Kontemplation zu üben, und Abermillionen von Dingen, denen man seine Aufmerksamkeit widmen kann. Im Anhang findest du eine Liste mit Büchern, Videos, Tonträgern, die sich zur Kontemplation eignen. Und weiter unten werde ich Hinweise dazu geben, wie du dich mit diesen Worten, Tönen oder Bildern auseinandersetzen kannst.

Siehe: *Quellen*

Auch die Bibel ist eine hervorragende Quelle. Als ich angefangen hatte, im »Buch der Psalmen« den Begriff *Gott* durch *Großes Geheimnis* oder *Sie* zu ersetzen, wurde das »Buch der Psalmen« für mich zu einer wahren Fundgrube für bildhafte Ausdrücke. Gibt es in deinem Bücherschrank keine Geschichte, kein Gedicht oder irgendeine Textpassage, etwas, was in dir nachklingt, seit dem Augenblick, in dem du es zum ersten Mal gelesen hast? Du kannst auch während oder vor deinem Retreat in eine große Buchhandlung gehen. Stell dich in die Mitte des Ladens und wiederhol still deine Retreatfrage. Laß dich von deiner Intuition in eine der Abteilungen leiten, streck die Hand aus und nimm ein Buch. Laß es sich dort öffnen, wo es will.

Was hat das mit den Fragen aus dem Eingangszitat zu diesem Kapitel zu tun? Statt über Geschichten, Gedichte und große Kunstwerke zu meditieren, kannst du dein Herz auch den wilden, ekstatischen, unbezähmbaren Fragen deines Seins zuwenden. Ich habe irgendwann gelernt, gute Fragen zu lieben (nun ja, *lieben* ist vielleicht ein bißchen viel gesagt. Wie wär's mit *akzeptieren*?) und sie als verlockenden Weg zu mehr geistiger Flexibilität zu sehen.

WIE DU MIT FRAGEN UND ANDEREN MATERIALIEN ARBEITEN KANNST

- Aktive Imagination. Laß zu, wenn sich aus deiner Retreatfrage eine Geschichte entfalten will. Oder wenn eine Erzählung oder ein Roman, den du früher einmal gelesen hast, plötzlich lebendig wird. Anders als bei der Visualisierung wirkst du bei der aktiven Imagination in der Geschichte wirklich mit: Sprich, geh herum, erfinde etwas, bete, sing – tu, was immer dir einfällt. Versuch nicht, die Ereignisse zu kontrollieren. Laß die Geschichte sich einfach frei entfalten. Hör dir zu. Achte darauf, was dein Selbst dir durch diese Geschichte, ihre Handlung, ihre Symbole, mitteilen will. Akzeptier alles, was kommt. Es ist wunderbar! Und vergiß nicht, deine Abenteuer irgendwie aufzuzeichnen.

- Bewegung. Tanz! Drück dich aus! Setz die Gefühle und Reaktionen auf dein Textstück oder deine Frage mit deinem Körper in Szene.

- Spontanes Schreiben oder Malen. Tritt in Dialog mit dem Gegenstand deiner Kontemplation, ohne zu denken, zu planen oder das Ergebnis vorhersehen zu wollen.

Siehe: *Die Praxis des Zuhörens*

- Musik. Sing ein Lied, das du kennst. Erfinde eines. Bring Töne hervor, die keine logische Bedeutung haben. Du kannst eine Trommel schlagen, ein Horn blasen oder sogar ein Musikstück komponieren, wenn das dein Weg ist.

- Drück deine innere Antwort in Figuren aus. Ton, Pappmaché oder Plastilin eignen sich hervorragend dafür. Du kannst auch Objekte gestalten, kannst kleine Steine, Zweige, Moos und andere kleine Dinge auf der Erde oder auf einem Tablett voll (sauberem) Sand anordnen.

- Antworte mit einem Gebet, das du dir ausgedacht hast. Sprich es dann aus ganzem Herzen vor dich hin.

- Erfinde einen Text für mehrere Stimmen. Ein Teil wird dabei immer von der Leitstimme gelesen, der andere von einer Gruppe. Du kannst ihn zusammen mit deiner Retreatgruppe lesen. Und mit deiner Familie oder einer Freundin, wenn dein Rückzug von der Welt zu Hause stattfindet.

- Stell das Echo, das dein Kontemplationsgegenstand in dir auslöst, als Collage dar. Schneide alte Bilder aus Zeitschriften aus, bezieh alte Fotos mit ein, paus aus Büchern ab und zeichne selbst. Ganz wie du willst.

- Bastle eine Grußkarte, und schick sie jemandem, von dem du glaubst, daß er dich versteht und deine Gefühle teilt.

- Mach dir eine Ritualpuppe, die dein tiefes Staunen widerspiegelt.

- Du kannst auch Körperfarben benutzen, und damit dein Gesicht und deinen Körper bemalen. Drück aus, was dein Körper angesichts des Textes oder Bildes, das du kontemplierst, empfindet.

- Schreib ein Gedicht, und benutz dabei die Bilder, die in dir im Laufe deiner Kontemplation aufgestiegen sind. Laß auch deine Reaktionen miteinfließen.

- Entwirf einen Altar, um deinem spirituellen In-Gedanken-Versunken-Sein einen Heimatort zu geben.

- Bereite eine Mahlzeit zu, und stell dir dabei vor, daß du damit den Hunger stillen willst, den deine Gedanken in dir geweckt haben.

- Entwirf ein Muster für eine Decke. Skizzier es kurz.

- Geh laufen oder mach einen Spaziergang. Denk dir dabei ein Chanting oder ein Lied aus, das deinen Rhythmus wiedergibt und mit dem in Einklang steht, woran du gerade arbeitest.

- Sitz still und atme die Geschichte, die Frage, das Bild in deinen Körper hinein.

FRAGEN

Geh die Fragen weiter unten durch. Such dir eine aus, die dir Gänsehaut verursacht, die dein Herz zum Rasen bringt und dir Schauer über den Rücken jagt. Oder eine, die dich zu Tode langweilt, bei der du so richtig die Augen verdrehst. Gerade eine extreme Reaktion zeigt an, daß an dieser Frage für dich »etwas dran« ist. Nimm diese Frage und rück ihr mit einer der zuvor beschriebenen Methoden zu Leibe. Denk an Rilkes nervtötende Mahnung: Liebe die Fragen. Meiner Ansicht nach bedeutet das: Such nicht nach der *einen* seligmachenden Antwort. Zieh keine voreiligen Schlüsse und laß dich nicht vorschnell zu Handlungen hinreißen. Häng einfach ein biß-chen im Niemandsland herum. Nimm die Tatsache hin, daß es vielleicht gar keine Antwort gibt. Oder daß du sie gar nicht hören willst. Spiel die Frage, skizzier sie, entwirf sie, dreh sie um, und untersuch ihre Rückseite, laß Licht darauf fallen, tauch sie in ein wenig Farbe, laß sie sich in Tränen auflösen.

- Was ist meine Berufung im Leben? Lebe ich sie? Habe ich sie zurückge-wiesen? Will ich sie wirklich finden?

- Wie kann ich mich selbst der Welt als Geschenk darbringen?

- Was suche ich eigentlich?

- Wie sah mein Gesicht aus, bevor ich geboren wurde?

- Wen und was nenne ich »mein Liebstes«? Warum?

- Wofür würde ich sterben?

- Was oder wem vertraue ich immer noch so, wie ich es tat, als ich ein Kind war?

- Eine Schlange wirft, wie man sagt, ihre Haut ab, ein Schmetterling seine Puppe. Was habe ich abgeworfen, um wiedergeboren werden zu können? Sind meine Hoffnungen wieder aufgelebt?

- Wann bin ich zu hektisch, um noch atmen zu können?

- Wenn ich beichten oder eine Liste der für mich beschämendsten Geheimnisse aufstellen müßte, was würde ich in diese Liste aufnehmen? An welche Bilder denke ich dabei?

- Was ist mein größter Erfolg? Worauf bin ich in meinem Leben am meisten stolz?

- Was und wen hasse ich?

- Wen und was habe ich im Stich gelassen? Weiß ich, wieso?

- Wenn ich jetzt mein wahres Selbst auf der Straße treffen würde, wie würde es oder besser sie aussehen? Worüber würden wir sprechen? Welches Geschenk würde sie mir mitgeben?

- Wie stelle ich mir das Geboren-Werden vor? Und das Sterben?

- Wie fühlt es sich an, wenn man vollkommen und bedingungslos geliebt wird? Wie fühlt es sich an, etwas oder jemanden auf diese Art zu lieben?

- Wenn ich sterben könnte und dann zurückkommen – mit der Erfahrung, daß alles Leben miteinander verbunden ist, daß es heilig ist, und mit der Fähigkeit, diesen heiligen Funken in jedem Menschen zu sehen, wie würde mein Leben sich verändern?

- Wie kann ich Dankbarkeit leben?

- Welche Farbe, Form und Beschaffenheit hat die Hoffnung? Die Liebe? Der Glaube? Das Warten? Frauensolidarität? Inspiration? Mut? Freiheit?

- Wie stehe ich zur Wahrheit?

- Wie kann ich leben, ohne mich selbst zu verraten?

- Was ist mir in diesem Leben am wichtigsten? Auf welche Weise spiegle ich diese Werte jeden Tag dem Kosmos wider? Und den Menschen, die ich liebe?

- Wie praktiziere ich Mitgefühl?

- Worin wurzelt meine Kraft? Wie setze ich sie ein? Und bei welchen Gelegenheiten?

- Was bin ich, wenn ich leer bin?

- Worin setze ich mein Vertrauen?

- Wem oder was gehorche ich?

- Wenn meine Ohren das Lied des Kosmos vernehmen könnten, was würden sie hören?

- Was ist das Symbol meines Lebens?

- Was ist das Geheimnis meines Lebens? Wie kann ich mich mit diesem Geheimnis im Tanz wiegen?

- Wie habe ich das Lied meines Lebens zum Verstummen gebracht? Und wie kann ich es wieder ertönen lassen?

- Wie kann ich lernen, zufrieden zu sein mit dem, was ich habe, tue und wo ich stehe?

- Wie lebe ich, wenn ich glaube, daß ich »genug bin«?

- Was würde geschehen, wenn ich auf meine Schmerzen und Fehler mit Liebe antworten würde, statt mit Haß und Vorwürfen? Wenn ich mir meine Verletzlichkeit eingestehen würde?

- Wie würde mein Leben aussehen, wenn ich das Herz eines Dichters hätte? Die Hände eines Bildhauers? Das Gehör eines Komponisten? Den Gaumen eines Meisterkochs?

- Was würde eine Veränderung mich kosten? Leide ich genug? Bin ich wirklich bereit, mein Leben oder mich selbst zu ändern?

- Was bedeutet mir ein Zuhause? Wo bin ich zu Hause?

- Was würde es für mich bedeuten, den Tod zu feiern und willkommen zu heißen?

- Das Leben in der Stille jenseits der Worte – wie würde es aussehen, sich anfühlen, sich anhören, schmecken?

- Welche spirituelle Bedeutung hat der Ort, an dem ich lebe, für mich? Und mein Land? Auf welche Weise liebt, ehrt und schützt es mich? Wie ehre ich es? Wie zeige ich ihm meine Liebe?

- Wenn ich etwas oder jemanden wieder zum Leben erwecken könnte, wen oder was würde ich wählen? Und auf welche Weise würde ich es tun?

- Wie habe ich das Göttliche erfahren, das in mir lebt?

- Ich wandere durch ein Labyrinth mit hohen Wänden. Es hat zu viele Abzweigungen und Kurven, um wieder zurückzufinden. Gleich werde ich ins Zentrum kommen. Was werde ich dort finden? Und morgen? Nächsten Monat? In zehn Jahren?

- Wenn unser ganzes Leben Meditation ist, worüber meditiere ich dann die meiste Zeit?

DIE PRAXIS

SAMMLUNG

Ich bin die Erste und die Letzte.

Ich bin die Verehrte und die Verachtete.

Ich bin die Hure und die Heilige.

Ich bin die Ehefrau und die Jungfrau.

Ich bin die Mutter und die Tochter.

....

Ich bin die Stille, die sich dem Verstehen entzieht,
und die Idee, die jeder auf der Zunge trägt.

Ich bin die Stimme, die in tausend Zungen erklingt, und das vielgestaltige
Wort.

Ich bin Ausdruck meines Namens.

Der Donner – Vollkommener Geist.

aus: *The Nag Hammadi Library, Kodex VI*

Denkst du öfter mal: »Wenn ich doch nur Zeit hätte, mich ruhig hinzusetzen,
mich in einem Punkt zu sammeln, dann könnte ich mein Leben sicher in den
Griff bekommen. Ich würde wieder etwas fühlen, etwas erschaffen, hätte
wieder mal Lust, mit jemandem ins Bett zu gehen.« Wünschst du dir ein paar
Augenblicke Zeit, damit du dich selbst besser akzeptieren kannst, damit du
die Anteile deiner Persönlichkeit, die du langweilig, abstoßend, widerwärtig,
selbstgerecht, lüstern oder vernachlässigt findest, kennenlernen kannst? Und
was ist mit den heiligen Aspekten deiner selbst? Möchtest du auf sie zugehen,
sie ans Herz drücken oder wenigstens ihr Dasein anerkennen?

Mary Wheat bekennt in ihrem Essay »In the Middle« in *Rattle Those Dry
Bones* folgendes:

»Wie kann ich nur meine tausend verschiedenen Persönlichkeiten unter einen Hut bekommen? Wie kann ich sie einbinden und miteinander versöhnen? Meine Reise geht nach innen, tief in mein Selbst, in meine Seele hinein. Dorthin, wo Geist und Körper zutiefst verbunden sind. . . . Ich muß lernen, die fremden Bereiche meines Innenlebens zu erkennen und die Elemente meiner Person, die ich nicht besonders mag, ebenso willkommen zu heißen, so daß ich jeden Teil meines Selbst unterstützen und nähren kann. Und doch geht meine innere Gastfreundschaft häufig nicht sehr weit. So viele Aspekte meiner selbst erschrecken mich und jagen mir Angst ein. Ich sehe, daß es harte Arbeit ist, wenn ich mich um jeden Teil meiner Persönlichkeit kümmern möchte, so ganz anders als die angenehme Vorstellung vom Sich-selbst-Verwöhnen, die ich mir immer vorgegaukelt habe.«

Nun ist die Zeit gekommen, in der deine innere Gastfreundschaft in Anspruch genommen wird. Du wirst aufhören, dir vorzukommen wie ein Canasta-Blatt nach dem Aufdecken – 56 Karten auf dem Tisch verstreut.

Es gibt viele verschiedene Arten, die folgende Meditationsübung zur inneren Sammlung zu machen. Vielleicht willst du sie vor dem Retreat mit sanfter Musik im Hintergrund auf ein Band sprechen. Oder du liest ein Stück, schließt die Augen und machst ein paar Minuten lang die Visualisierungsübung, kommst dann zurück und liest wieder ein Stück. Du kannst sie auch mehrmals hintereinander lesen, dich dabei entspannen und sie in deiner Phantasie durchspielen, wobei du dem roten Faden nur ganz lose folgst. Kombinier diese Übung mit spontanem Schreiben oder Malen, wenn du möchstest.

Siehe: *Quellen*

WAS DU BRAUCHST:

Meditative Musik.

Einen flachen Teller, ein Tablett oder ein großes Blatt Papier.

Dein Tagebuch, einen Stift und Malsachen.

Dinge und Bilder, die die verschiedenen Aspekte deiner Persönlichkeit symbolisieren.

Leg meditative Musik ein, Musik, die dich beruhigt und dir hilft, in deine Mitte zu kommen.

Roll dich an einem Platz in deinem magischen Raum zusammen, der dir besonders gefällt. Im Sommer kannst du dich auf ein hübsches Fleckchen auf der Veranda legen, den Sonnenschein genießen und seine Wärme spüren, die alle Spannungen auflöst. Im Winter kuschelst du dich am besten in eine Decke und setzt dich an den Kamin oder stellst ein Tablett voller Kerzen neben dich. Hast du einen Schaukelstuhl, um so besser – nichts wie hinein! Nicht die kleinste Unbequemlichkeit soll dich stören. Setz dir keine Grenzen. Du hast alle Zeit, die du brauchst.

Schaukle hin und her. Schließ die Augen. Sag dir: »Nun lade ich alle Teile meines Selbst ein, sich zu versammeln: die vergessenen und verachteten ebenso wie die geliebten, die gehetzten ebenso wie die unbekannten. Ich heiße euch alle willkommen.« Dies ist dein Vorhaben. Meinst du es auch wirklich ehrlich? Schaukle und frag dich, ob du nun ernsthaft in dich gehen und alle Aspekte deines Selbst zusammenbringen willst. Ändere dein Vorhaben jetzt ab, wenn du das möchtest. Sprich laut aus, was du wirklich möchtest und was du dafür tun willst.

Hast du diesen Abschnitt beendet, summst du leise: »Sch-sch-sch«. Oder: »Eia, eia.« Irgendeinen warmen, mütterlich klingenden, beruhigenden Ton. Verscheuch sanft und liebevoll all die geschäftigen Gedanken aus deinem Kopf. So erzeugst du innere Stille und machst Platz für deine vielfältigen Persönlichkeitsanteile. Schaukle und summe immer weiter – so lange, bis du dich völlig ruhig und still fühlst. Mach dir keine Vorwürfe, wenn das scheinbar zu lange dauert oder du es nicht schaffst. Keine Sorge. Du hast alle Zeit der Welt.

Wenn es in dir so still ist wie in dem Augenblick vor Sonnenaufgang, laß vor deinem inneren Auge das Bild von einem runden Tisch, einer Tafel entstehen. Woraus ist sie gemacht? Wie fühlt sich die Oberfläche an? (Du mußt sie nicht klar sehen, du kannst sie fühlen, spüren, sie als Schatten wahrnehmen.) Rund um die Tafel stehen Stühle. Wie sehen sie aus? Haben sie hohe Rückenlehnen? Oder sind es eher weiche, riesige Lehnstühle aus Leder? Sind sie vielleicht gar alle verschieden? Nimm dir einen Augenblick Zeit, um die Form und den Bezug eines einzelnen Stuhles genau zu erforschen. Nun fällt dir auf, wie leer diese Stühle sind. Sie warten.

Bist du bereit und willens? Dann lad die Frau in dir, die die Verantwortung trägt und die du so gut kennst, ein, an deiner Tafel Platz zu nehmen. Bitte sie, sich zu setzen und ihren geschäftigen Tagesablauf einmal kurz zu unterbrechen. Laß sie sagen, was sie sagen möchte. Trägt sie etwas bei sich? Frag sie, welche Rolle sie in deinem Leben spielt. Und wie es ihr mit dieser Rolle geht.

Wenn du genügend Zeit mit diesem Teil deiner selbst verbracht hast, möchtest du vielleicht die Frau in dir einladen, die du am liebsten magst. Sei offen für alles, was da kommen mag. Berühr sie, wenn du kannst. Sag ihr alles, was du an ihr liebst. Falls dies nicht der Teil von dir ist, den du am besten kennst, dann frag, weshalb das so ist.

Lad nun die Frau an deine Tafel, die immer alles verurteilt. Wie betritt sie den Raum? Welche Körperhaltung nimmt sie ein? Frag sie, welche Rolle sie in deinem Leben spielt. Auf welche Weise wurde sie verurteilt? Hör mit offenem Herzen zu, was sie dir zu sagen hat. Hast du vielleicht ein Geschenk für sie?

Jetzt wird es Zeit, das Kind in dir zu holen. Wie alt ist dieses Mädchen? Möchten vielleicht mehrere Kinder an deiner Tafel Platz nehmen? Schenk ihm etwas − etwas, was du immer schon haben wolltest. Geh mit ihm um, wie du es mit einem Kind tun würdest, das du zwar liebst, dessen Gegenwart dir jedoch immer ein wenig Unbehagen bereitet. Laß ihm Zeit, um mit dir warm zu werden. Frag es, was es braucht, um das Gefühl zu haben, daß du dich um es kümmerst. Vielleicht kann es dir keine klare Antwort geben und du mußt raten. Frag trotzdem! Versichere ihm, daß du dich in diesem Retreat auf jeden Fall um es kümmern wirst.

Nun bittest du den Teil deiner selbst, der dich immer vorwärts treibt, an deine Tafel. Kennst du diese Frau in dir gut? Vielleicht ist sie dir auch nicht so vertraut. Lade sie ein, sich zu setzen und sich eine wohlverdiente Pause zu gönnen. Frag sie, was sie braucht, damit sie richtig einschätzen kann, wann sie dich antreiben und wann sie besser loslassen sollte. Vielleicht möchtest du ihr den Nacken massieren? Oder die Füße? Oder mit ihr ein paar Minuten meditieren? Laß sie ruhig weiter an dir herumnörgeln. Vielleicht versucht sie sogar, dich wegzujagen. Du aber bleibst immer gleichmäßig freundlich und heißt sie willkommen.

Schau dich mal um. Gibt es vielleicht unter all deinen Ichs eine Nichtstuerin, eine Faulenzerin, eine, die sich am liebsten bequem in ihrem Sessel zurück-

lehnt? Atme ruhig durch und warte, bis sie auftaucht. Paß vor allem auf, daß die Antreiberin und die Verurteilerin still sind, sonst wird sie nicht kommen. Was sagt dir dieser Teil deiner selbst? Welches Geschenk hat sie dir mitgebracht? Was braucht sie?

Und wo bleibt deine innere Kritikerin? Schau sie dir genau an. Wem oder was ähnelt sie? Welche Körperhaltung hat sie? Fühlst du dich wohl neben ihr? Frag sie, was sie braucht, um sich angenommen zu fühlen. Um sich geliebt zu fühlen. Frag sie, was sie befürchtet, wenn sie dich und die anderen nicht mehr kritisieren kann. Heiß sie willkommen, und gib ihr soviel Liebe, wie du nur kannst.

Hast du auch eine Kriegerin unter deinen Ichs, eine, die sich und andere verteidigt, die wagt, etwas zu fordern und sich für sich und andere einzusetzen? Bitte sie an deine Tafel. Vielleicht war sie es, die dir geholfen hat, in dieses Retreat zu kommen, und du möchtest ihr dafür danken. Wie geht es den anderen mit ihr? Ist es für dich schwierig, sie vor deinem inneren Auge zu sehen und mit ihr zu sprechen? Oder fällt es dir leicht? Vergiß nicht, sie zu fragen, was sie braucht, um sich angenommen zu fühlen.

Was ist eigentlich mit der Frau, die allen gefallen möchte? Dem braven Mädchen? Der feinen Dame? Sie will doch wohl die Party nicht verpassen? Was hat sie an? Und was tut sie, wenn sie all den anderen Ichs gegenübersteht? Oder hast du sie bereits in der Rolle deines verantwortlichen Selbst erkannt? Sie kann ein Teil davon sein, obwohl sie auch noch ein eigenes Leben führt. Wie geht es dir, wenn du mit ihr zusammen bist? Fühlst du dich wohl? Ist sie dir vertraut? Stört dich etwas? Denk daran, sie zu fragen, was sie braucht. Bleib so lange bei ihr sitzen, bis sie dir alles gesagt hat. Sei geduldig. Denk daran: Auch sie ist ein Teil von dir.

Und wer hinkt da jetzt hinterher? Wer sitzt verletzt, versteckt, ja fast ausgelöscht in seinem Eckchen? Geh und hol das zart besaitete Seelchen (oder einen anderen Teil deines Selbst, der sich verstecken möchte) ins Zimmer. Was kann diesen Teil bewegen, hereinzukommen? Schau anfangs nicht zu genau hin, sag ein paar liebevolle Worte und schaukle wieder ein wenig hin und her. Wenn du mit dir selbst schimpfst, daß du ihr nicht genügend Aufmerksamkeit gewidmet hast, hinderst du sie nur am Eintreten. Empfang sie mit offenen Armen. Frag sie, was sie braucht. Vielleicht findet sie keine Worte und spricht in Bildern mit dir. Oder in Gefühlsausbrüchen. Zeig ihr Verständnis und sitz eine Weile still mit ihr da.

Kannst du den höchsten Ausdruck deines Selbst, deine spirituelle Natur, an deine Tafel locken? Spürst du ihr Leuchten? Überrascht dich ihr Aussehen oder ihre Form? Wie fühlt sich das an, so neben ihr zu sitzen? Zeigen deine anderen Ichs irgendeine Reaktion? Frag sie, was sie braucht, um sich erneuern zu können. Und welche Botschaften aus anderen Reichen sie dir mitgebracht hat?

Wo ist dein körperliches Selbst? Der Teil deiner selbst, der eine Gebärmutter hat und einen Sexualtrieb, der Phantasien und Begierden hat und an bestimmten Stellen feucht wird? Tänzelt sie hüftenschwingend ins Zimmer? Oder schleicht sie sich scheu zu ihrem Sessel, wo sie mit verschränkten Beinen sitzen bleibt? Wann hast du ihren Bedürfnissen das letzte Mal gelauscht? Was wünscht sie sich in diesem Retreat?

Kannst du auch den Teil rufen, den du am meisten verabscheust? Diese Frau ist der Anteil, den du an dir verachtest. Dein geheimstes, dein verstecktestes Selbst. Von dem du glaubst, daß niemand mit dir je wieder etwas zu tun haben will, sollte er je ans Licht kommen. Laß sie eintreten. Wer immer es auch ist, es ist o.k. Hör für einen Augenblick auf, sie zu verurteilen. Kannst du an ihr etwas finden, was du schätzt oder magst? Versuch, bei deinem Vorhaben zu bleiben: Du wolltest alle willkommen heißen. Versuch, ihre Schönheit zu entdecken. Wobei ist sie dir nützlich? So kannst du auch ihr deine Liebe schenken. Welche Rolle spielt sie in deinem Leben? Hast du noch ein bißchen Wärme, das du ihr geben kannst? Welches Geschenk überreicht sie dir? Warum ist sie ein Teil deiner selbst? Was braucht sie?

Nun öffne dein Herz und deine Vorstellungskraft noch weiter. Wen möchtest du jetzt rufen? Vor wem hast du Angst? Wer hat eine Botschaft für dich? Laß jede herein, die dich sehen möchte und ohne die du nicht du selbst wärst. Alle sind gleich. Alle sind willkommen. Nenn sie beim Namen, wenn sie eintreten. Schaukle und summe und bitte sie alle herein. Nimm dir Zeit. Vielleicht wartet eine sehr scheue, aber ungeheuer wichtige Persönlichkeit in den Kulissen darauf, die Bühne zu betreten, doch sie wird nur kommen, wenn du es wirklich ernst meinst. Wenn du wirklich ruhig wirst, dir innerlich Raum verschaffst, allen Ehre erweist und aufhörst, sie zu verurteilen.

Erlaub deinen verschiedenen Ichs, sich auszutauschen – untereinander und mit dir. Was bringt euch besser zusammen? Wie könnt ihr euch besser akzeptieren? Auch hier mag es vorkommen, daß die Verständigung nicht in klaren Worten und Bildern geschieht. Laß die Antworten durch dich hin-

durchfließen. Es gibt keinen Grund, sie erzwingen oder kontrollieren zu wollen. Wenn du dich verloren fühlst oder spürst, daß du die Erfahrung mit dem Willen vorantreibst, konzentrier dich wieder auf die Grundregel: beobachten und willkommen heißen.

Schaukle. Raun dir angenehme, wohlklingende Laute zu. Fühl die Spannung dieses Sich-Sammelns. Hör dir zu.

Tritt nun einen Schritt zurück, damit du das ganze Bild ins Blickfeld bekommst. Öffne deine Arme und drück alle Facetten deines Selbst an dein Herz. Frag, ob sie sich alle miteinander an den Händen fassen wollen. Betrachte nun diesen Kreis. Du kannst nun ein Gebet an das Göttliche richten und darum bitten, daß alle deine Persönlichkeitsanteile bei dir bleiben und dir in diesem Retreat beistehen. Bitte auch um den Segen des Göttlichen für jedes einzelne Ich, um besondere Hilfestellung, um Führung und Liebe. Bedank dich dann bei den Frauen dafür, daß sie gekommen sind.

Komm dann allmählich wieder zurück. Achte darauf, daß dein Blick weich bleibt. Schreib alle Einsichten über die verschiedenen Anteile deiner Persönlichkeit auf. Oder mal ein Bild dazu.

Wie du ein Mandala schaffst

Such in deiner Retreat-Umgebung nach Bildern oder Dingen, die in deinen Augen all die Persönlichkeitsanteile darstellen, die sich an deiner Tafel eingefunden haben. Mach daraus ein Symbol für jede einzelne der Frauen. Male, zeichne, mach eine Collage. Das Mädchen, das allen gefallen will, könnte z. B. durch einen Lippenstift dargestellt werden. Und die Kriegerin durch ein Zeitungsfoto von einer Frau, die gegen Atomwaffen demonstriert.

Siehe: *Das Porträt deines wahren Selbst: Was du brauchst.* Dort wird genauer erklärt, wie du es anstellst, ein solches Symbol zu finden.

Um den Tisch darzustellen, malst du nun einen großen Kreis. Du kannst auch ein Tablett nehmen. Achte darauf, daß es groß genug ist, um all deine Symbole aufzunehmen. Ordne nun intuitiv deine Sinnbilder so an, daß es sich für dich gut anfühlt. So schaffst du eine symbolische Darstellung des Ganzen.

In die Mitte deines Mandalas legst du nun etwas, was in deinen Augen für Ganzheit, Ausgeglichenheit und das Göttliche in dir steht: ein Bild, einzelne Wörter, ein Gedicht oder eine bunte Mischung aus all dem.

Jetzt kannst du über deine Tafelrunde, dein Mandala, dein Medizinrad meditieren. Bitte die Mitte um innere Führung, so daß du all deine Ich-Figuren miteinander in Einklang bringen kannst. Schreib danach in dein Tagebuch, wie diese Erfahrung für dich war, welche Bilder du wahrgenommen hast. Was kannst du tun, um diese Ganzheit mitzunehmen, wenn du in dein normales Leben zurückkehrst?

Plazier dein Mandala so, daß du es während des gesamten Retreats sehen kannst. Achte darauf, daß es nicht entzwei geht. Und stell oder häng es an einen Ort, an dem es vor dem Zugriff neugieriger oder verständnisloser Witzbolde sicher ist. Vielleicht errichtest du ihm ja einen Altar. Oder du baust es in einen bereits bestehenden Altar ein. Wenn du weiter darüber meditierst oder Tagebuch schreibst, bleibst du offen für weitergehende Einsichten dazu.

GESCHICHTEN

Die folgende Geschichte ereignete sich während Sandys Ein-Tages-Retreat:

»Ich wollte mein wahres Selbst kennenlernen. In meiner Visualisierung kam sie sehr schnell an meine Tafel. Ich war wütend darüber, daß sie nicht vollkommen war. Sie ist durch und durch menschlich, hat also ihre Ecken und Kanten. Aus diesem Grund fiel es mir sehr schwer, sie zu akzeptieren und neben ihr zu sitzen. Und sie ist richtig sauer auf mich, weil ich sie wegen ihrer Fehler jahrelang immer wieder zurückgewiesen habe.«

»Wir faßten uns an den Handgelenken. Ich war fest entschlossen, nicht loszulassen, gleichgültig wie hart der Kampf auch werden würde. Am Anfang war ich offen genug, so daß ich doch ein paar Sachen sehen konnte, die sie mag: Spazierengehen, den Strand, Alleinsein. Doch dann wurde dieses ›Sie ist nicht vollkommen‹ in mir wieder stärker. Ich hatte solche Angst, an ihr etwas zu finden, was ich vielleicht nicht mögen würde, daß ich mich wieder verschloß. Sie meinte, daß sie gar kein Interesse daran hätte, mir ihre guten Seiten zu zeigen, weil sie von mir möchte, daß ich sie als ganze Person akzeptiere. Mir war völlig klar, daß sie das zu Recht verlangte. Trotzdem gelang es mir nicht, mich zu öffnen. Es war ein richtiger Kampf, und doch war es eine tiefgehende Erfahrung, mit ihr dort zu sitzen.«

Susan machte diese Visualisierungsübung ebenfalls als Teil ihres Retreats:

»Meine Tafel war riesig. Ich fand dort Persönlichkeitsanteile aus all meinen Lebensabschnitten wieder. Viele, viele Kinder. Eines davon war so pfiffig, daß ich laut lachen mußte. Ich bemerkte ein Teenager-Ich und viele, viele Ichs aus meinem späteren Leben.«

»Die merkwürdigste Gestalt war mein innerer Kritiker. Er kam in Gestalt eines Kakadus — weiß mit dunklem Schnabel. Seine Kritik bestand in Schnabelhieben. Ich versuchte, ihm menschliche Gestalt zu verleihen, aber es sollte nicht sein. Alle anderen Figuren waren weiblich und sahen aus, wie ich in den verschiedenen Phasen meines Lebens eben ausgesehen habe. Mit einer Ausnahme: Mein höheres Selbst erschien als reines, strahlendes, weißes Licht.«

»Die ganze Gruppe war ein ziemlich lebhafter Haufen. Sie saßen so zusammen, und ich fühlte mich ziemlich wohl unter ihnen, irgendwie ganz. Insgesamt machte das Ganze den Eindruck einer ziemlich friedlichen Versammlung, und das obwohl auch der ›böse Geist‹ anwesend war. Das strahlende Licht schien die vorherrschende Energie zu sein. Es war wie ein riesiger Schirm, der gleichzeitig alle und alles beschützte.«

Tips für lange Retreats

Mach diese Übung zu Beginn deines Retreats und noch einmal am Ende. Achte darauf, ob deine Visualisierung sich verändert und ob du neue Einsichten gewonnen hast. Notier sie. Vielleicht kannst du das Gestalten des Mandalas zur täglichen Praxis machen. Halt einfach immer wieder Ausschau nach Dingen, die dir als Symbol dienen können, und füg sie dem Mandala hinzu. Arbeite von Zeit zu Zeit erneut mit den Symbolen.

Tips für Mini-Retreats

Nimm dir fünf Minuten Zeit, die runde Tafel mit nur einem Stuhl zu visualisieren. Lade den Teil deiner selbst, den du am meisten brauchst, zu dir ein. Gönnt euch ein paar Minuten zusammen. Ihr könnt miteinander reden, Geschenke austauschen oder einfach nur still beisammensitzen.

Siehe: *Verschiedene Retreat-Vorschläge: Ein 1tägiges Wohlfühl-Retreat*

Tips für Retreats in der Welt

Lies dir die Visualisierungsübung durch, und mach dann einen Ausflug in die Welt, um dich nach Bildern oder Objekten umzusehen, die die verschiedenen Aspekte deiner Person versinnbildlichen. Sammle sie und mach dein Mandala später. Oder leg dir eines am Strand. Im Wald. Aus Dingen, die du gefunden und solchen, die du extra dafür gemacht hast. Zuzusehen, wie die Flut dieses Mandala wegspült, oder es später noch einmal zu besuchen, wenn Regen und Wind es zerstört haben, ist eine sehr machtvolle Meditation über die Vergänglichkeit des Lebens.

Tips für Retreats mit anderen Menschen

Lest euch die Meditation der Reihe nach vor, oder wählt eine Frau aus, die sie für alle liest. Geht dann auseinander, um an euren Mandalas zu arbeiten. Ihr könnt die Anweisungen zur Übung auch vorher auf Band aufnehmen, sie dann miteinander anhören und danach eure Einfälle gemeinsam malen, tanzen oder aufschreiben. Oder jede Frau macht die Visualisierung für sich, und ihr kommt dann alle zusammen, um euch gegenseitig eure Mandalas zu erklären. Ihr könntet auch den Mandalas eurer Freundinnen noch etwas hinzufügen – etwas, was einen weiteren Aspekt ihrer Persönlichkeit zeigt.

Wenn ihr als Gruppe schon länger zusammen arbeitet, dann versucht es einmal mit lebenden Mandalas, in denen Personen die verschiedenen Persönlichkeitsanteile darstellen. Zentriert euch. Schafft einen magischen Raum. Eine Frau (oder eine Stimme vom Band) liest die Meditation vor, dann setzt nacheinander jede Frau ihre verschiedenen Ichs in Szene. Sie wählt eine der anwesenden Frauen aus, bittet sie, sich in den vorher gezogenen Kreis zu stellen und zeigt ihr, wie sie diesen speziellen Teil ihrer Persönlichkeit darstellen soll: wie dieses Ich spricht, wie es sich bewegt, was es tut. So lange, bis die Figur stimmt. Wenn das Mandala fertig ist, stellt die Frau, die es geschaffen hat, sich in die Mitte und hört zu, was jede der anderen ihr zu sagen hat. Schließlich bittet sie alle, einander an den Händen zu fassen und gemeinsam zu singen: »Wir haben uns versammelt. Wir sind gemeinsam ruhig geworden. Jede ist willkommen. Wir bilden eine Mitte.« Dieser Vorgang wird so lange wiederholt, bis jede Frau, die das möchte, ihr Mandala geschaffen hat. Wenn ihr fertig seid, umarmt euch zum Abschluß und singt gemeinsam ein Lied.

Ein praktischer Rat: Für diese Übung braucht ihr mindestens acht, aber nicht mehr als zwölf Frauen. Das bedeutet natürlich, daß ihr die Zeit, die jede Frau für ihr Mandala hat, vorher festlegen müßt. Es sollten mindestens 15 Minuten sein. Ihr könnt aber auch bis zu einer Stunde gehen. Bei einer Gruppe von zehn Frauen dauert diese Übung mindestens drei Stunden, höchstens aber einen ganzen Tag.

Vom Chaos zur Balance

Alles wird gut werden,
und alles wird gut werden,
und alle Dinge werden auf jede erdenkliche Art und Weise gut werden.
Juliane von Norwich

Öfter als wir es wünschen, tauchen in unserem Leben Komplikationen, Hektik, Schmerz und Trübsal auf. Manchmal kann ich darauf ganz gelassen reagieren, kann gut mit Kummer umgehen und mein Lebensschiff ruhig durch den Sturm führen. Dann wieder fühle ich mich verloren, hektisch, von den Ereignissen überrollt. Wie ein Pferd, das Scheuklappen trägt. Ich erkenne nicht, was zu tun ist oder welche Veränderung jetzt ansteht. Diese Verwirrung lähmt mich und macht mich unsicher, so daß ich immer hektischer werde – was die Lage nur noch verschlimmert. In solchen Momenten wünsche ich mir, über mein Leben hinauswachsen zu können, über allem zu stehen, um das unter mir brodelnde Chaos richtig einschätzen zu können. In solch turbulenten Zeiten passieren mir dauernd kleine Unfälle, ich gerate in Streit mit Verkäufern, fahre rücksichtslos und unvorsichtig, versäume Verabredungen, vergesse Geburtstage und habe das Gefühl, mit jedem Schritt, den ich tue, alles nur noch schlimmer zu machen. Mit einem Wort: Das Chaos hat von mir Besitz ergriffen.

Wenn du den Rückzug in die Einsamkeit gewählt hast, um dein Leben wieder in den Griff zu bekommen und endlich die Falten düsterster Stimmungen von deiner Stirn zu vertreiben, dann ist dies eine wunderbare Praxis. Besonders am Anfang eines Retreats ist sie sehr wirkungsvoll.

Was du brauchst:

Sechs Blatt Papier oder dein Tagebuch.

Einen Bleistift oder Kugelschreiber.

Deine Malsachen.

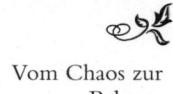

Die Spirale des Fühlens

Wenn dein Leben aussieht wie ein endloser Tag in der Notaufnahme eines Krankenhauses, nur daß zu dir kein schlauer Onkel Doktor kommt, der alles in Ordnung bringt, dann ist es meist schon schwierig, mit Dingen wie Miete und Geburtstagen klarzukommen – von Gefühlen ganz zu schweigen. Das einzig Dumme daran ist, daß aus Streß leicht Depressionen entstehen, denn die Last der Gefühle, die du mit dir herumschleppst, wird mit der Zeit nur noch schwerer: die Gefühle der letzten Woche, des letzten Monats, des letzten Jahres. Und wenn dann ein »altes« Gefühl durch dein Tun aufgewühlt wird oder wenn du einfach bisher noch keine Zeit hattest, einmal Atem zu schöpfen und dein Innenleben zu klären, dann kann es sein, daß du auf die augenblickliche Situation unangemessen reagierst, wodurch sie für dich nur noch schmerzhafter wird. Deine Fähigkeit, klar wahrzunehmen, was du vor Augen hast, nimmt ab. Und weil du keine Zeit hast, Kontakt mit deinen Gefühlen aufzunehmen, wirst du immer überdrehter. Der Versuch, diese Gefühle bis zu ihrem Ursprung zurückzuverfolgen, hilft dir, ihnen mit mehr Klarheit zu begegnen. Deine Wahrnehmungs- und Handlungsmuster werden einfacher und deutlicher, auch wenn die chaotischen Gefühle wieder auftauchen sollten.

Lies die folgende Aufstellung durch. Jedes Gefühl, das du vor kurzem erst empfunden hast, und jedes Wort, das dir einen »Kick« gibt, schreibst du in dein Tagebuch. Mach diese Übung zügig.

Ich war/fühlte mich:

Wütend, ehrfürchtig, schöpferisch, verwirrt, entzückt, dumpf, gereizt, gehetzt, verängstigt, aufgebracht, hingerissen, falsch, in Hochstimmung, überdreht, gut, begnadet, trübsinnig, respektlos, unwiderstehlich, glücklich, steif, auf Selbstschutz bedacht, froh, unanständig, schuldig, gedemütigt, furchtsam, leichtsinnig, nicht gut drauf, gemein, überschwenglich, labil, alt, sachlich, ernst, wie ausgetrocknet, komisch, intelligent, geheimnisvoll, machtlos, voller Kraft, durcheinander, weiblich, außergewöhnlich, inspiriert, mütterlich, originell, glorreich, gewalttätig, launisch, besorgt, kompromißlos, hart, unbarmherzig, ruhig, vom Geist erfüllt, wahrhaftig, zu Tode erschrocken, angespannt, vertrauensvoll, am Ersticken, eigensinnig, streitsüchtig, einfühlsam, eifrig, locker, erfinderisch, heiter, überschäumend, vernachlässigt, gefühllos, lebendig, majestätisch, eklig, königlich, verletzlich, männlich, unerreichbar, unfähig, inkonsequent, sinnlich, klar, herzlos, eifersüchtig, schön, strahlend, trübsinnig, demütig, winzig klein, mißbraucht, voller Energie, bedürftig, aufnahmebereit, wie nackt, unsicher, mächtig, lieb, traurig, begeistert, ausgeschlossen, in Eile, ausgebrannt, fähig, sexy, spielerisch, großzügig, geizig, neidisch, schwach, gelangweilt, deprimiert, erschöpft, daneben, ruhig, festgefahren, munter, allwissend, unerträglich, verlegen, freundlich, rechthaberisch, glühend, verführerisch, zufrieden, liebevoll, überwältigt, überwältigend, mißtrauisch, graziös, respektvoll, frustriert, erfüllt, dankbar, fies, fruchtbar, anpassungsfähig, versöhnlich, gesellig, nach innen gewandt, gläubig, ungläubig, emotional, ungenügend, sprachlos, grenzenlos und wie ein Kleinkind, das in eine Decke gewickelt werden und einer Stimme zuhören will, die ihm eine Geschichte vorliest.

Nimm nun jedes Gefühl, das du dir herausgepickt hast, und verfolg es zurück bis zu seinem Ursprung. Vielleicht hast du das Wort »schuldig« gewählt. Frag dich nun: »Wann habe ich mich das letzte Mal schuldig gefühlt?« Bist du neulich vielleicht einmal zur Gymnastik gegangen, obwohl du im Job hinterherhinkst und dein Kind weinend daheim saß: »Mama, bitte geh nicht!«? Frag dich selbst: »Woher kommt dieses Schuldgefühl?« Fällt dir jetzt vielleicht auf, daß du meistens das Gefühl hast, nicht genug zu tun? Verfolg auch dieses Gefühl wieder weiter: »Woher kommt dieses Gefühl?« Fährt der schleimige Finger der Scham jetzt über dein Herz? Erinnerst du dich an Zeiten, in denen du irgend etwas falsch gemacht hast? Und wieder: »Woher kommt dieses Gefühl?« Nun steigt eine höchst unangenehme Furcht in dir auf: die Angst, nicht geliebt zu werden. Nun bist du bei »den grundlegenden Fünf« angelangt, bei den Gefühlen, die letztlich hinter allen anderen stehen: *Wut, Freude, Angst, Liebe* und *Schmerz*. In seinem Wesen geht jedes Gefühl auf eines dieser fünf zurück. Schuldgefühle entstehen aus Angst, Empörung kommt von der Wut, Schaffenslust aber aus der Liebe. Du weißt, daß du den Grund deines inneren Sees erreicht hast, wenn eines dieser Gefühle auftaucht, sobald du dich fragst, wo eine bestimmte Empfindung herrührt. Und du weißt, daß du jetzt die Wahrheit erreicht hast, wenn *du es in deinem Körper spürst*. Angst und Wut werden oft als Drücken in der Magengegend oder als Nackenschmerz wahrgenommen. Auch als enges Band ums Herz. Ganz klar ist das der Fall, wenn du deine Fäuste und deine Kiefer zusammenpreßt. Freude und Liebe zeigen sich oft als Schmerz in der Kehle, als Gefühl der Offenheit in der Herzgegend oder als Heiterkeit und Leichtigkeit des Seins. Schmerz macht sich als Brennen bemerkbar, als Wunsch, sich zusammenzurollen und umarmt zu werden. Oder einfach in Form von Tränen.

Wie fühlt sich das an, dem Gefühl auf den Grund gekommen zu sein? Die

Empfindung voll zu spüren? Manchmal hilft es, darüber zu schreiben und die Erinnerungen und Assoziationen, die dir im Laufe dieser Übung gekommen sind, festzuhalten. Oder möchtest du es lieber wortlos ausdrücken, in Farben oder im Tanz? Malen, zeichnen, Figuren aus Ton modellieren, auch ein Spaziergang sind sinnvolle Methoden, »dranzubleiben« und deine Erfahrung zu vertiefen. Vielleicht ist es aber auch das Beste, du setzt oder legst dich still hin und atmest tief ein und aus.

Siehe: *Die Praxis des Zuhörens* und *Kontemplation: Wie du mit Fragen und anderen Materialien arbeiten kannst*

Spürst du, daß du dieses eine Gefühl durch und durch erforscht hast, dann nimm dir ein anderes vor und arbeite damit. Je mehr Erfahrung du mit diesem Vorgehen sammelst, um so einfacher wird es, denn du wirst viel leichter an den Punkt kommen, von dem das Gefühl ausging. Andererseits wird es auch schwerer, denn deine Gefühle werden immer reicher werden. Das ist toll! Bleib deinen Gefühlen auf der Spur. Hast du erst verschiedene Emotionen bis an ihren Ursprung zurückverfolgt, wird dir klar, welche grundlegenden Gefühle in deinem Leben am Werk sind, und du kannst dein Innenleben ein wenig lüften.

Diese Übung eignet sich immer dann, wenn du schwierige Zeiten durchmachst und deinen Problemen mit Verwirrung, Angst und immer hektischeren Reaktionen begegnest. Jedesmal wenn du die Spirale nach unten verfolgst, lernst du mehr darüber, was dich aufregt. Du erfährst, welche uralten Bilder aus deinen Genen, deiner Kindheit oder deinem Erwachsenenleben dich beeinflussen. Dieser Abstieg zum Grund ist niemals leicht, doch erstaunlicherweise verschafft er dir eine Menge Raum. Raum, in dem du lernst, dein Leben ruhiger anzugehen und vor allem – ohne die erdrückende Last abgestandener Emotionen.

Vielleicht möchtest du hier eine Pause machen. Dies ist ein guter Zeitpunkt für eine Pause. Wenn du ein Mini-Retreat machst, kannst du die Praxis hier beenden.

AUF DEM GIPFEL DEINES LEBENS

Breite deine sechs Bögen Papier aus, wenn du genügend Platz hast. Wenn du ein Retreat in der Öffentlichkeit machst, dann bearbeite immer nur ein Blatt auf einmal.

Du wirst jetzt vier Listen machen. In die erste Liste nimmst du alles auf, was dir zu dem Thema: »Was ich an meinem augenblicklichen Leben hasse . . .« einfällt. Sei so ehrlich zu dir selbst, wie du kannst. Außer dir wird niemand deine Liste lesen. Schreib schnell und ohne abzusetzen, bis alles auf dem Papier ist.

In der nächsten Liste geht es um »Was in meinem augenblicklichen Leben fehlt . . .« Schreib auf, was dir fehlt, wonach du dich sehnst, was dir leid tut. Und schreib nichts, von dem du denkst, du solltest es schreiben.

Und weiter: »Was ich an meinem augenblicklichen Leben liebe . . .« Sei genau. Denk auch an kleine Dinge, wie z. B. eine Tasse voll von deinem Lieblingstee oder dein Bett, das dich trägt, wenn du abends todmüde hineinfällst. Und vergiß die großen nicht: deine beste Freundin, deine Kinder, deine Gesundheit.

Wenn du das Gefühl hast, jetzt alles aufgeschrieben zu haben, dann stell dir vor, du seist deine beste Freundin oder dein bester Freund. Was würde er/sie hinzufügen? *Stimmst du dem bei?* Wenn du damit einverstanden bist, dann schreib es mit auf. Wenn nicht, hältst du es auf einem anderen Blatt Papier fest und schreibst die Anfangsbuchstaben des Namens deiner Freundin davor. Wenn du einen Partner oder einen Liebhaber hast, mal dir aus, du seist er. Hat er oder sie neue Ideen? Bist du damit einverstanden? Dann schreib sie auf deine Listen. Wenn nicht, so kommen sie wieder − mit den Anfangsbuchstaben der Person versehen − auf das andere Blatt. Was ist mit deiner Mutter? Deinem Vater? (Sie müssen nicht unbedingt am Leben sein, um eine Meinung zu diesem Thema zu haben.) Deine Schwester? Deine Katze? Gibt es andere Ansichten, die du aus dem Weg räumen möchtest? Oder Menschen, deren Meinung hilfreich sein könnte?

Siehe: *Dein Eröffnungsritual: Ein paar Tips* und *Die Praxis des Zuhörens: Ich bin genug*

Hol dir noch ein Blatt Papier. Schließ deine Augen. Atme langsam und tief ein und aus. Laß beim Ausatmen ein tiefes Seufzen erklingen. Nimm dir ein paar Augenblicke Zeit, um dich zu zentrieren.

Betrachte mit deinem geistigen Auge dein Bildnis des Göttlichen. Warte, bis das Bild spontan in dir entsteht. Greif nicht ein, weis es nicht zurück. Es gibt keinen Grund, sich zu beeilen. Oder etwas zu forcieren. Laß das Bild nur einfach kommen. Spür, wie die Ströme von Wärme und Licht, die von diesem Bild ausgehen, dich überfluten, wie sie Negativität, Zweifel, Sorgen, Chaos und die ewige Hetzerei mit sich nehmen. Laß dich durchströmen.

Erlaub dir selbst, die Hilfe anzunehmen, die dieses Bild dir schenkt. (Was höre ich da? »Schon wieder dieser Visualisierungsquatsch!« Nun ja, mag sein, daß es Quatsch ist, aber es tut gut. Sogar der verbohrteste, intellektuellste Teil in mir weiß ziemlich genau, daß, wenn mein Körper handelt, er damit nur auf das reagiert, was mein Geist sich vorstellt. Stell dir die Visualisierungsübung wie ein heilsames und klärendes Gespräch mit deinem Arzt vor. Du mußt deshalb ja noch lange nicht an das glauben, was du siehst.)

Wenn du bereit bist, stellt dein Bild dir in freundlichem Ton folgende Frage: »Wo stehst du jetzt in deinem Leben?« Laß nun alle Bilder, Symbole, Gefühle, Empfindungen, die in dir aufsteigen, einfach zu. Weis nichts zurück. Dank allem, was zu dir kommen möchte. Wenn du in das Hier und Jetzt zurückkommst, halt den Blick weich und offen und fang an, deine Vision auf dem Papier festzuhalten. Ohne Eile. Ohne jeden Gedanken an das, was dabei herauskommt. Setz alles ein, was du hast: Farbe, Form, Symbole, fertige Bilder. Es ist nicht wichtig, wie es aussieht. (Sprich mir nach: »Es ist nicht wichtig, wie es aussieht!«) Dein Bild läßt das Reich der Worte hinter sich, um zu dem weit wichtigeren Reich der Träume und Visionen vorzudringen, in dem nur die Intuition zählt.

Arbeite so lange daran, wie es dir Spaß macht. Wenn du mehr als ein Bild malen möchtest, dann ist das toll. Häng sie irgendwo auf, wo du sie sehen kannst, und gönn dir dann eine Pause. Pflück ein paar Beeren, setz Tomatenpflanzen, lies ein Buch über Frauen im Retreat oder setz dich ans Seeufer und iß ein Stück von deinem Lieblingskäse mit frischgebackenem Brot. Tu, was dir guttut. Auch hier ist ein guter Punkt für den Abschluß, wenn du ein Mini-Retreat machst. Vergiß aber nicht, dich selbst ein bißchen zu verwöhnen. Laß dir genügend Zeit, ein entspannendes Bad zu nehmen oder gemütlich um den Block zu schlendern, und wenn es nur zehn Minuten sind.

Danach kommst du zurück und gehst die Seiten durch, auf denen du deine Gefühle zu deiner augenblicklichen Lebenssituation geschildert hast. Schreib nun auf jedes Blatt ein paar Sätze zu diesem Thema, eine Art Antwort auf das, was du vorher geschrieben hast. Du kannst Sätze vervollständigen wie »Ich sehe, daß . . .« Oder: »Ich spüre, daß . . .« Und: »Ich habe gelernt, daß . . .«

Kehr nun zu deinem Bild zurück, und betrachte es ein paar Minuten lang, als wärst du ein völlig fremder Mensch. Was fällt dem Fremden auf? Welche Verbindungen sieht er? Schreib ein paar Zeilen zu deiner Zeichnung, sozusagen als Feedback. Fang an mit: »Ich sehe . . .«

Bring nun deine beschriebenen Blätter mit deinem Bild zusammen. Breite sie nebeneinander auf dem Boden aus oder häng sie an die Wand. Beginn nun ein neues Blatt. Schreib darüber: »Wie kann ich mehr Balance und mehr Frieden in mein Leben bringen?« Schreib ohne abzusetzen alles auf, was dir dazu einfällt. Wenn du steckenbleibst, überflieg von neuem die drei anderen Blätter. Schau dir noch einmal dein Bild an. Wenn dir diese Übung Panik verursacht, dann mach dir klar, daß du schließlich nicht verpflichtet bist, etwas zu unternehmen. Vielleicht bist du noch tage-, wochen-, monate- oder jahrelang nicht in der Lage, an deiner Lebenssituation etwas zu ändern. Das heißt aber nicht, daß du dir nicht wenigstens *klarmachen* kannst, was für dich wichtig *wäre*.

Setz dich auch während der restlichen Retreat-Tage mit deinem Bild und deinen Listen auseinander. Häng sie irgendwo auf, wo du sie sehen kannst, wenn du in dein normales Leben zurückkehrst. Sie sind wie kleine Straßenkarten. Sie helfen dir, deinen Weg durchs Chaos zu finden. Ich hoffe, daß dir mit dieser Übung leichter geworden ist, daß du klarer siehst, hoffnungsvoller und weniger ängstlich bist.

Tips für lange Retreats

Wenn dir zu irgendeinem Zeitpunkt plötzlich der Gedanke kommt, du könntest vielleicht nicht »genug« aus deinem Retreat »herausholen«, solltest du die Übung zur »Spirale des Fühlens« machen, und zwar möglichst mehrmals nacheinander. Meditiere über deine Listen. Welche Assoziationen, Ideen, Visionen steigen in dir auf? Vielleicht fällt dir eine andere Übung ein, die du gerne machen möchtest: eine Collage zur Frage, wie du mehr Frieden finden kannst. Oder ein Tanz, in dem du die Frustration und die Wut auslebst, die sich bei der Übung »Was ich an meinem augenblicklichen Leben hasse . . .« gemeldet haben.

Tips für Mini-Retreats

Siehe: *Verschiedene Retreat-Vorschläge: Ein 1stündiges Retreat zum Klar-Werden*

»Die Spirale des Fühlens« nimmt etwa eine Stunde, vielleicht sogar noch weniger in Anspruch. Vergiß aber nicht, sie in ein Eröffnungs- und ein Abschlußritual einzubetten. »Auf dem Gipfel deines Lebens« kannst du auch kurz machen, um abzuklären, wo du stehst. Mach nur eine Liste zu dem Thema »Wie kann ich mehr Balance und mehr Frieden in mein Leben bringen?«

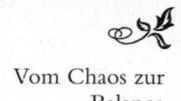

Tips für Retreats in der Welt

»Auf dem Gipfel deines Lebens« läßt sich sehr gut auch außerhalb deiner vier Wände machen, z. B. auf einer Steilklippe hoch über dem Ozean, aber auch an einem Tischchen in deinem Lieblingscafé. Wenn du jedoch kein gesteigertes Bedürfnis nach Fremden hast, die dir kiloweise Tempotaschentücher reichen, dann solltest du die »Spirale des Fühlens« besser nicht in der Öffentlichkeit machen.

Tips für Retreats mit anderen Menschen

Ihr könnt die Visualisierungsübung gut zu mehreren machen. Entweder nehmt ihr die Anleitung dazu vorher auf Band auf, oder ihr wählt eine Person aus, die sie vorliest, während alle anderen sich entspannen und zuhören.

Eine andere Möglichkeit, diese Übung in der Gruppe zu machen, sieht so aus: Ihr hängt eure Listen aus, darunter auch die, auf der ihr die möglichen Kommentare der anderen mit Anfangsbuchstaben notiert habt. Nun macht jede Frau schweigend die Runde und schreibt, ebenfalls mit ihren Anfangsbuchstaben, etwas auf das zusätzliche Blatt, das sie den Listen jeder einzelnen Frau gerne hinzufügen möchte. Dann lest ihr gemeinsam die Kommentare und setzt euch im Kreis zusammen, um darüber zu sprechen.

Ihr könnt euch auch zusammensetzen, um miteinander ein Brainstorming zu ein oder zwei der Ideen aus eurer »Wie kann ich mehr Balance und Frieden in mein Leben bringen?«-Liste zu machen. Bei einem Brainstorming ist alles erlaubt. Jede spricht aus, was sie denkt. Nichts wird zensiert. Und es gibt keine Kommentare zu dem, was gesagt wird, weder positive noch negative. Nehmt die Ideen mit einem Recorder auf, oder wählt jemanden aus, der mitschreibt. Macht diesen »Trip ins schöpferische Chaos« nacheinander für jede Frau. Wenn alle Frauen dran waren, ist es höchste Zeit für eine Pause. Danach macht ihr eine Übung, die Barbara Sher »Das Füllen der Scheune« nennt: Ihr denkt gemeinsam darüber nach, welche nützlichen Kontakte und Fähigkeiten ihr habt − mit einem Wort darüber, wie sich die Vorstellungen jeder einzelnen in die Tat umsetzen lassen.

Saft und Kraft

Du bist voller Energie! Leb dein Leben in einem schöpferischen Kreislauf, prall gefüllt
mit Energie, Überfluß und ekstatischem Staunen. Du bist ein strahlender Stern!
SARK: *Living Juicy*

Wie wäre es, wenn du dir die Energie, die das moderne Leben dich kostet, zurückholen könntest? Dein weibliches Feuer wieder entfachen, deinen Instinkten freien Lauf lassen könntest? Schrei, brüll, laß es raus. Ich höre dich schon sagen: »Aber ich bin so müde. Ich will eigentlich nur ins Bett. Eine Zeit lang an nichts denken müssen. Ich möchte viel lieber diesen Roman lesen, den ich mir gerade gekauft habe.« Glaub mir: Genau dafür ist diese Übung da. Um endlich die Langeweile, die Grenzen, die Dürre in unserem Leben zu überwinden. Du hast zu lange keine Zeit mehr für dich selbst gehabt, hast zu viel für andere gelebt – so lange, bis du das Gefühl hattest, dein Leben unter einer dicken Schicht Kreidestaub zu verbringen. Mach zuerst die folgende Übung, und frag dich danach, ob du wirklich den Rest deines Lebens mit Lesen und Schlafen zubringen willst. Wenn ja, großartig! Aber mach trotzdem zuerst diese Übung.

Sie ist großartig, wenn du mit einer anderen Praxis aus diesem Buch nicht weiterkommst. Außerdem bei Müdigkeit, Nervosität, Depression oder Angstgefühlen. Sie eignet sich auch wunderbar als Einstiegsübung.

Was du brauchst:

Musik: Energiegeladene, rhythmische Tanzmusik; aber auch leise, meditative Stücke.

Dein Tagebuch und einen Stift.

Eine Trommel oder eine Rassel.

Stell dir vor, du bist ein Bonsai-Baum. Jahrelang hat man dich beschnitten und dich gezwungen, in einem winzigen Schälchen zu wachsen. Man hat deine Wurzeln zusammengequetscht, so daß du nur ein Achtel deines ur-

sprünglichen Glanzes bewahrt hast. Genau das geschieht mit den meisten Menschen. Unsere eigenen Vorstellungen behindern uns ebenso wie die der Gesellschaft (Wie sollte eine richtige Frau sein?!) und die manchmal enormen Schwierigkeiten im täglichen Überlebenskampf. Aber heute, jetzt, in diesem Augenblick kannst du dich entschließen, diese kleine Schale hinter dir zu lassen. Deine Knie knacken, ein Ächzen entringt sich deiner Brust — aber du läßt dich nicht beirren. Du reißt mit einem Ruck deine Wurzeln aus der Schale und läßt sie sich im duftenden Erdreich ausbreiten.

Fang jetzt damit an. Jetzt und hier. Wenn das Wetter mitspielt, geh draußen spazieren. (Wenn nicht, dann mach diese Übung am Fenster.) Stell deine Füße ein wenig auseinander. Bohr deine Zehen in den Boden. Breite deine Arme weit aus. Streck Rücken und Hals. Drück das Brustbein nach vorne. Zieh die Schulterblätter hinten zusammen, und stell dir vor, wie dein Herz sich weit öffnet — für die Strahlen der Sonne. Atme. Bleib einen Moment so. Meditiere über die Frage »Was brauche ich, um voll und ganz zu leben?« Achte auf die Gefühle, die diese Frage in dir aufrührt.

Entspann nun Rücken, Hals und Arme. Laß deine Wirbelsäule ganz lang werden. Öffne die Augen.

Atme tief ein und laß im Ausatmen einen Laut ertönen. Noch einmal, lauter.

Warum hältst du dich zurück? Laß den Ton heraus. Am Ende mündet er in ein »Aaah«.

Schnapp dir deine Trommel oder Rassel. Du kannst auch Musik auflegen und dazu trommeln. Fühlst du dich komisch dabei? Hast du so etwas noch nie gemacht? Keine Sorge: Es braucht ja niemand zu erfahren, was genau du in diesem Retreat fabriziert hast. Du kannst ja immer noch erzählen, du hättest dir drei Tage lang die Nägel gefeilt und lackiert. Oder Sartre gelesen. Dies hier ist *deine* Zeit. Trau dich. Atme, schließ die Augen und spür die Musik. Es gibt keine Regeln. Es geht nur darum, endlich das Denken sein zu lassen.

Probier verschiedene Rhythmen aus. Trommle oder tanz dich durch jeden Anflug von Müdigkeit und Zweifeln hindurch. Auch durch die Stimmen, die dir sagen, wie schlecht du das machst oder wie doof diese Übung ist. Trommle und tanz die Energie von der Wurzel deiner Wirbelsäule aus nach oben.

Spiel so lange weiter, bis du das Gefühl hast, dein Trommeln oder die Musik mit Tönen begleiten zu müssen. Fang nicht an, bevor du nicht den Punkt erreicht hast, an dem du es einfach tun mußt. Und spiel mit voller Inbrunst, und zeig der Welt die ganze Power deiner Seele. Verleih dem Gefühl, voll und ganz am Leben zu sein, eine Stimme.

Spür, wie die Lebensenergie dich durchpulst. Erlaub dir, dich ganz zu öffnen. Geh über den Punkt hinaus, an dem du dich normalerweise zurücknimmst, an dem du der Langeweile, den Grenzen, der Kleinlichkeit und der Selbstkritik nachgibst.

Folge deinem Rhythmus, und leg die Trommel erst nieder, wenn du einen Punkt erreicht hast, an dem dir das Aufhören natürlich vorkommt. Schalt die Musik aus und horch in deinen Körper hinein. Wie fühlt er sich an? Spürst du Energie, die deine Wirbelsäule hinaufsteigt? Kommst du dir dumm vor? Bist du müde? Verurteil dich nicht und miß dich nicht an deinen Erwartungen. Frag einfach liebevoll nach, wie es dir jetzt geht. Möchtest du den ganzen Blödsinn jetzt sein lassen und einfach in der Sonne liegen? Es wäre gut, wenn du erst noch den letzten Teil der Übung machen würdest.

Leg nun etwas langsamere Musik auf, die dich aber trotzdem noch zum Tanzen inspiriert. Hör der Musik zunächst einfach nur zu, ohne dich zu bewegen.

Schüttle deine Füße aus. Heb die Zehen. Spreiz sie. Fühl, wie unabhängig voneinander, wie beweglich sie sind.

Laß deine Hüften kreisen. Ein paar langsame, weite, sinnliche Kreise. Geh ein bißchen in die Knie dabei. Beweg dann die Hüften in die andere Richtung.

Schüttle deine Hände aus. Zieh sachte an deinen Händen und Fingern.

Spann deine Schultern an, indem du sie bis zu den Ohren hochziehst. Spann sie an, so stark du nur kannst, und laß sie dann mit einem lauten Seufzer fallen. Wiederhol das ein paarmal.

Stell dir vor, wie die Musik mit dem Teil deines Körpers verschmilzt, in dem du dein größtes Energiepotential hast: dein Lachen, deine Weisheit, das, was *dich* im Innersten ausmacht. Ist es dein Hals, das unterste Stück deiner

Wirbelsäule, dein Solarplexus, dein Bauch? Such dir spontan einen Teil deines Körpers aus. Laß nun die Musik hineinfließen. Spür, wie sie deine Energie formt und verstärkt. Spür, wie sie durch deinen Körper pulsiert. Fühlt sie sich wie ein Blitz an, der deine Wirbelsäule hinaufschießt? Oder mehr wie ein mildes Leuchten, das sich sanft ausbreitet?

Laß dich von Musik und Energie bewegen. Versuch nicht, die Bewegung zu kontrollieren. Sieh einfach zu, wie sie durch deinen Körper fließt. Die Musik und deine Energie füllen nun alle verspannten, vernachlässigten, erschöpften, gelangweilten Teile deines Körpers mit ihrer Wärme und Weichheit. Beide zusammen atmen dich, drehen dich, heben dich in die Lüfte. Die Musik und deine Energie sind es, die etwas tun. Du tust gar nichts!!

Vergiß, daß du »tanzt«. Hör auf, irgend etwas tun zu wollen.

Spür, wie du zum Leben erwachst. Und laß die Trägheit, die dich jetzt stoppen möchte, am besten gar nicht zu Wort kommen. Laß zu, daß diese neue Energie dich länger, weiter und tiefer trägt, als du je zuvor zu gehen wagtest.

Dreh dich im Kreis, spring in die Luft, wackle mit dem Hintern: Du bist durch und durch lebendig!

Frag die Musik/Energie: »Wenn ich durch und durch lebendig wäre, wie würde ich mich dann bewegen?« Spür, wie sie dir in der Bewegung antwortet. Wenn du — nur für einen Moment — deinen inneren Kritiker und die angesammelten Schichten von Erschöpfung und Traurigkeit überwinden könntest, die sich auf dem lebendigen Kern deiner Seele abgelagert haben, was würdest du tun wollen? Tanz es! Tanz deine Lebendigkeit.

Mach weiter, bis du spürst, daß dein Chi, deine Lebensenergie, dich in Brand gesetzt hat (auch wenn du das nur als schwache Wärmeempfindung in Händen und Füßen fühlst).

Wenn du das Gefühl hast, deine Lebensenergie sei nun so richtig in Wallung geraten, dann setz dich mit deinem Tagebuch in eine ruhige Ecke, und schreib, ohne nachzudenken, alles auf, was dir zu diesem Satz einfällt: »Um mich durch und durch lebendig zu fühlen, könnte ich . . .« Spür die Energie in deinem Körper, die Tanzen und Trommeln in dir geweckt haben. Versuch, in diesem heißen, energiegeladenen, glühenden Zustand zu bleiben.

Schreib im Stehen, während dein Körper immer noch im Tanz nachschwingt, während deine Füße noch den Takt mitklopfen. Laß zu, daß die Worte unzensiert aus dir herausströmen. Schreib ein Gedicht, eine Liste, schreib auf, was du gesungen oder gesummt hast: »Um mich durch und durch lebendig zu fühlen, könnte ich . . .«

Beende diese Übung, indem du tief aus deinem Bauch dreimal den Laut »Aaaah« (oder andere Laute) aufsteigen läßt.

Am Schluß solltest du dich erden. Du kannst dich dazu auf den Boden legen. Atme tief ein und aus und überprüf dein inneres Gleichgewicht: »Wie geht es mir jetzt? Was möchte ich als nächstes tun? Was fehlt mir?« Folge deinem Instinkt.

Tips für lange Retreats

Mach diese Übung öfter. Probier aus, wie es ist, dir auf diese Art und Weise zuzuhören – durch die Stimme deines Körpers. Achte darauf, ob es leichter wird, je länger du schon im Retreat bist.

Tips für Mini-Retreats

Diese Übung ist für sich schon ein tolles Mini-Retreat. Mach sie morgens, bevor du zur Arbeit gehst, oder am Freitagabend vor einer Verabredung. Sehr nützlich ist sie auch vor einem Kindergeburtstag. Du kannst sie in 10 bis 15 Minuten machen.

Tips für Retreats in der Welt

Hör dir die Musik über Kopfhörer und Walkman an, während du spazierengehst. Laß dabei deine Arme und Beine kräftig ausschwingen. Nachdem du das ein paar Minuten lang getan hast, vervollständigst du den Satz: »Um mich durch und durch lebendig zu fühlen, könnte ich . . .«

Ihr könnt gemeinsam tanzen und trommeln. So verstärkt ihr gegenseitig eure Energie. In den meisten Gruppen allerdings hemmen sich die Leute eher gegenseitig oder versuchen, im Gleichklang zu trommeln. Normalerweise sind mehrere Versuche nötig, um das hinzukriegen. Oder ein erfahrener Trommler. Versuch, das Trommeln und Tanzen der anderen zu vergessen. Wenn du denkst, du seist einfach zu doof und unmusikalisch, oder wenn du nervös bist, dann ist das in Ordnung. Stell fest, daß du diese Gefühle hast, und mach dann einfach weiter. Der Übergang zum Tanz oder zum Schreiben kann ein wenig schwierig werden. Denk nicht daran, was den anderen vielleicht recht wäre. Bleib bei dem, was in dir abläuft. Sprecht vorher darüber, wie ihr damit umgeht, wenn eine Frau noch zehn Minuten weiter-tanzen will, während alle anderen bereits aufgehört haben. Aber versucht nicht, alle gleichzeitig zu einem Ende zu kommen. Der beste Weg ist, einen zweiten Raum zu haben, in dem die Frauen, die früher aufhören wollen, sich ausruhen, schreiben oder essen können, ohne den Tanz dabei zu stören.

SEIN

Mit stammelnden Lippen und lallenden Lauten —
so kämpfe und ringe ich, um der Melodie meines Wesens
den Klang zu verleihen, der ihr eigen ist . . .
Elizabeth Barrett Browning

Der amerikanische Präsident legt regelmäßig Rechenschaft über die Lage der Nation ab. Kinder besprechen zumindest einmal im Schuljahr mit ihren Lehrern, welche Fortschritte sie gemacht haben. Jeder gute Chef beurteilt turnusmäßig seine Mitarbeiter. Und wo bleibt die regelmäßige Überprüfung dessen, was am wichtigsten ist, nämlich der Zustand deiner Seele? Finden wir überhaupt noch Zeit, einfach mal nachzudenken?

Jetzt ist der Zeitpunkt gekommen, dir Rechenschaft darüber abzulegen, wie dein Seelenleben deine täglichen Entscheidungen beeinflußt. Und zwar nicht von einem logischen, sondern von einem intuitiven Standpunkt aus. Jetzt ist es soweit: Du wirst dich fragen: »Mache ich meine Sache gut?«, und du wirst die Antwort abwarten, die dein Inneres dir gibt.

Versuch, diese Übung in einer Sitzung zu machen. Mach dir klar, daß eventuell auftretende Gefühle von Langeweile oder Konzentrationsschwäche einfach nur bedeuten können, daß du es nicht mehr gewöhnt bist, dich auf dein Innenleben zu konzentrieren. Laß dich nicht davon abbringen. Sei nett zu dir selbst und geh mit Humor an das alles heran. Wenn du das Gefühl hast, daß dir die Inspiration fehlt und du irgendwie feststeckst, wechsle einfach das Ausdrucksmittel. Wenn du beispielsweise am liebsten mit spontanem Malen arbeitest, dich aber nach ein paar Pinselstrichen schon ausgelaugt fühlst, probier's doch mal mit Tanzen.

WAS DU BRAUCHST:

Siehe: *Kontemplation* und *Die Praxis des Zuhörens*

Leg vorher fest, wie du dich mit den Fragen in diesem Kapitel auseinandersetzen willst. Du kannst ein Thema in deinem Tagebuch abhandeln, ein anderes tanzen, mit dem dritten eine Visualisierung machen und am Schluß alles in einer Collage zusammenfassen. Oder meditiere zuerst über die Fragen und mach dann eine Aufstellung von allem, was dir dazu einfällt. Du kannst dir auch eine Geschichte zu den einzelnen Fragestellungen ausdenken. Besorg dir auf jeden Fall vorher all die Dinge, die du für deinen Weg brauchst:

Eine Trommel.

Musik, zu der du gerne tanzt.

Siehe: *Quellen*

Deine Malsachen.

Ton.

Ein oder zwei Dinge, die deinen Sinnen schmeicheln – einen Happen von einer kulinarischen Köstlichkeit oder einen Hauch von deinem Lieblingsparfüm.

Halt diese Sachen immer griffbereit.

Zentrier dich auf deine Weise. Laß Ruhe einkehren.

Schließ die Augen. Stell dir vor, in deiner natürlichen Umgebung, deiner Heimat, deiner Wohnung oder deinem Haus zu sein. (Wenn du diese Übung zu Hause machst und außer dir niemand anwesend ist, kannst du auch langsam deine Wohnung abschreiten und dich dann erst hinsetzen und die Augen schließen.) Widersteh dem Impuls, deine Räume nach irgendeiner verstandesmäßigen oder logischen Ordnung einzuteilen. Achte vielmehr darauf, welche Assoziationen in dir aufsteigen, wenn du deinen Geist um folgende Worte schwingen läßt: *Schutzraum, Heiligtum, Herd, Zuflucht; die Menschen, mit denen ich lebe; Gestaltung, Klang, Geruch, Trost, Sicherheit.* Leg deine Hand auf deinen Bauch. Meditiere ein paar Minuten lang über den Begriff »Heim«, greif dann zu deinem Ausdrucksmittel (Tagebuch, Farben, Ton), und geh folgenden Fragen nach:

• Welche Teile meiner selbst brauchen mehr aus meiner Umgebung?

• Wie könnte dieses »mehr« aussehen?

• Welche Teile meiner selbst brauchen weniger aus meiner Umgebung?

• Wie könnte dieses »weniger« aussehen?

Atme ein paarmal tief ein und aus. Schließ deine Augen. Konzentrier dich auf deine Arbeit. Füll deinen Geist mit Begriffen wie *Beruf, Berufung, Projekt, Lebensaufgabe, Verantwortung, Ziel, Geschäft*. Versuch aber, dabei nicht an einen typischen Arbeitstag zu denken. Laß Bilder und Gefühle unzensiert aufsteigen. Wenn du dich plötzlich deprimiert und ängstlich fühlst oder spürst, wie dein innerer Kritiker sich zu Wort meldet, dann atme ein paarmal tief durch und schau dir dieses Gefühl an. Du bist nicht dieses Gefühl. Also: Was kann es dir sagen? Wenn du so weit bist, frag dich:

- Welche Teile meiner selbst brauchen mehr Arbeit?

- Wie könnte dieses »mehr« aussehen?

- Welche Teile meiner selbst brauchen weniger Arbeit?

- Wie könnte dieses »weniger« aussehen?

- Was könnte ich für meine Arbeit geben?

- Wovon sollte ich weniger geben?

Geh auch hier wieder diesen Fragen mit dem von dir ausgewählten Ausdrucksmittel nach. Analysiere, erforsche, entwirr sie. Und wechsle die Technik, wenn du fühlst, daß du nicht weiterkommst. Wenn du normalerweise lieber Tagebuch schreibst, dann versuch es doch mal mit Tanzen. Oder sprich das, was du zu sagen hast, auf Band.

Streck dich, atme, mach es dir bequem, bevor du die Augen schließt. Leg die Hand auf dein Herz oder schließ dich selbst in die Arme, wenn du das möchtest. Was fällt dir zum Thema »Liebe« ein? Zu Begriffen wie *Bindung, Nähe, Verpflichtung, Beziehung, Vereinigung, Hingabe*? An welche Gesichter denkst du? Welche Situationen? Welche freudigen Momente? Welche Sehnsüchte?

- Welche Teile meiner selbst brauchen mehr Liebe?

- Wie könnte dieses »mehr« aussehen?

- Welche Teile meiner selbst brauchen weniger Liebe?

- Wie könnte dieses »weniger« aussehen?

- Was könnte ich für meine Liebe geben?

Schließ nun erneut die Augen und atme tief durch. Beobachte deinen Körper. Wie fühlst du dich in deiner fleischlichen Hülle? Konzentrier dich nun auf eine Visualisierung deiner Sexualität. Wie sieht sie aus? Welchen Geschmack, welchen Klang hat sie? Hast du überhaupt Zugang zu deiner Sexualität? Magst du sie? Wie stehst du zu deinen *Lustgefühlen, deiner Leidenschaft, deinem Begehren, deiner Verletzlichkeit, deinen Orgasmen, deinen Phantasien, deiner Zärtlichkeit*? Wie empfindest du *körperliche Nähe*? Versuch diesen Fragen mit deinem Körpergefühl auf den Grund zu gehen. Tanz!

- Welche Teile meiner selbst brauchen mehr Sexualität?

- Wie könnte dieses »mehr« aussehen?

- Welche Teile meiner selbst brauchen weniger Sexualität?

- Wie könnte dieses »weniger« aussehen?

Schließ wieder die Augen. Du wirst jetzt eine Bestandsaufnahme deiner Beziehungen machen. Widme jedem der für dein Leben wichtigen Menschen ein paar Minuten – deinem Partner/deiner Partnerin, den Kindern, deiner Mutter, deinem Vater, deinen Freunden, Feinden, Kollegen, Zimmergenossen, deiner Familie, deinem Geistlichen, deinem Guru oder spirituellen Meister, deiner Frauengruppe und deinem Lesekreis. Denk nicht darüber nach, wer von ihnen am wichtigsten ist, sondern schau einfach, wer dir in den Sinn kommt. Schreib deine Gefühle auf. Bei jeder Person, die dir einfällt, stellst du dir folgende Fragen:

- Welche Teile meiner selbst brauchen mehr von dieser Person?

- Wie könnte dieses »mehr« aussehen?

- Welche Teile meiner selbst brauchen weniger von dieser Person?

- Wie könnte dieses »weniger« aussehen?

- Was kann ich in der Beziehung zu diesem Menschen geben?

- An welchem Punkt gebe ich zuviel?

Jetzt schließt du wieder die Augen. Laß ein Bild in dir aufsteigen, das für dein schöpferisches Leben steht. (Überspring diesen Abschnitt bitte nicht, nur weil du denkst, du hättest kein solches Leben. Schöpferisch sein bedeutet, so zu leben, daß deine Einzigartigkeit sich voll entfalten kann.) Meditiere über die Worte *schaffen, erfinden, wählen, lebendig sein, Überraschung, Vorstellungskraft, Herausforderung, etwas Vertrautes wie zum ersten Mal sehen, etwas erreichen, neugestalten, träumen.*

- Welche Teile meiner selbst brauchen mehr Kreativität?

- Wie könnte dieses »mehr« aussehen?

- Welche Teile meiner selbst brauchen weniger Kreativität?

- Wie könnte dieses »weniger« aussehen?

- Was könnte ich meinem kreativen Leben geben?

Zu welcher Art von kreativem Tun führen dich diese Fragen in welchem Lebensbereich? Wie können sie diesen Bereich mit mehr Leben füllen? Welches Ausdrucksmittel könntest du dafür nutzen? Schließ nun ein letztes Mal deine Augen. Wenn du möchtest, kannst du nun ein Gebet sprechen oder um Segen bitten. Konzentrier dich jetzt auf dein spirituelles Leben. Welche Bilder, Gefühle, Situationen fallen dir ein? Versuch, über das Gewohnte (die Kirche, deine spirituelle Gruppe, den Spaziergang in der Natur) hinauszugehen. Wohin führt dich das Nachdenken über Begriffe wie *heilig, bemerkenswert, erleuchtet, etwas umwandeln, Weisheit, Glaube, geistige Unterstützung, Ehrfurcht, Segen, Kreis, zentriert, innere Wahrheit, Gott, Göttin, göttlich, allumfassende Liebe, Verwandlung, Erlösung?* Leg deine Hände an der Stelle auf deinen Körper, wo das Göttliche in dir wohnt.

- Welche Teile meiner selbst brauchen mehr Spiritualität?

- Wie könnte dieses »mehr« aussehen?

- Welche Teile meiner selbst brauchen weniger Spiritualität?

- Wie könnte dieses »weniger« aussehen?

- Was könnte ich für meine Spiritualität geben?

- Welches Ausdrucksmittel wird mir helfen, mehr über dieses Thema zu erfahren?

Vielleicht bist du jetzt müde, erschöpft und deprimiert. Vielleicht fühlst du dich aber auch erfrischt und angeregt und würdest am liebsten das nächste Flugzeug nach Paris nehmen, um dort zur Diva zu werden und nur noch teuren Champagner zu trinken. Aber ganz gleich, wie es dir im Moment auch gehen mag, jetzt ist nicht der richtige Zeitpunkt, um zu handeln. Hier geht es darum, dein Vertrauen in dich selbst zu stärken, deinen Glauben an dich. Denk dir ein kleines Ritual aus, in dem du dir selbst etwas versprichst. Ich zünde in diesem Moment am liebsten eine Kerze an und spreche ein Gebet. Andere Menschen schließen einen Vertrag mit sich selbst. Sie legen ein Datum fest, bis zu welchem sie eine bestimmte Sache erledigt haben möchten. Egal wie du das machst, wichtig ist, daß du dir selbst gegenüber ein feierliches Versprechen abgibst: Du wirst die Einsichten und Eingebungen, die du bei dieser Übung hattest, ernst nehmen, *wenn die Zeit dazu reif ist.* Mein liebstes Gebet für diesen Augenblick lautet so:

Großer, allmächtiger Geist.

Hilf, daß ich an mich selbst und an Deine Macht glauben kann.

Hilf, daß ich mich immer an meine innere Wahrheit, meinen Lebensfunken und mein Geschenk erinnern kann.

Wenn ich mich im Abgrund der Verzweiflung verloren habe und nicht einmal imstande bin, um Deine Hilfe zu bitten.

Bitte hilf, daß ich genügend Vertrauen habe, um den Weg zurück zu meiner Wahrheit zu finden,

zu den Einsichten, die mir heute zuteil wurden.

Hilf mir, mit Dir zusammen das Beste für mein Leben und das all der Menschen zu schaffen, die ich liebe.

So soll es sein.

Und so ist es.

GESCHICHTEN

Diane hat zwei kleine Kinder, ist schriftstellerisch tätig und ist gleichzeitig Mitinhaberin einer Firma für Computergrafik.

»Es war an einem regnerischen Samstagmorgen. Ich saß in der Falle: ein kleines Haus und zwei unruhige Kinder. Meine Zeitung war vom Regen aufgeweicht, verkrustete Teller stapelten sich überall, und außerdem konnte noch jeden Augenblick meine Periode kommen. Ich saß also in den Niederungen der Elternschaft fest und hatte nicht einmal einen Tropfen Milch für meinen Kaffee.«

»Bis 10.30 Uhr hatte ich schon jeden mindestens einmal angebrüllt, war zweimal in Tränen ausgebrochen und überlegte ernsthaft, wie ich aus diesem Leben ausbrechen könnte. All diese Dinge hatten meine Lage allerdings nicht verbessert, also nahm ich Zuflucht zu der einzigen Sache, die mir in solchen Augenblicken überhaupt noch hilft: Ich ging schwimmen. In der Nähe meines Hauses gab es ein Schwimmbad, wo das Wasser 32 Grad warm war. Ich packte also meine Familie ein und machte mich auf, mein ramponiertes Nervengerüst wieder ein wenig zu stützen.«

»Während mein Mann am seichten Ende des Pools mit den Kindern spielte, ging ich ins tiefere Wasser und ließ mich dort auf einem Schwimmbrett treiben. Als ich spürte, wie angespannt ich war, schob ich das Brett unter meinen Rücken und ließ mich mit dem Gesicht nach oben weitertreiben. Ich genoß diese zweckfreie, nach außen hin sinnlose Bewegung.«

»Ich schloß die Augen und ließ meine Füße ins Wasser hängen. Auch den Kopf tauchte ich ein, bis die Ohren unter Wasser waren und ich so alle Klänge und Empfindungen ausgeschlossen hatte. Ich war nun im Retreat. Als ich so auf dem Brett lag, begann ich bewußt, jeden Teil meines Körpers zu befragen. Meine Kinder konnte ich zwar hören, aber das Wasser dämpfte ihre Stimmen und machte sie weicher.«

»So brachte ich ein paar Minuten damit zu: mich treiben zu lassen, die Spannung zu vermindern und mein Leben im ganzen zu betrachten.«

»Ich glitt nun auf das seichte Ende des Pools zu und spürte dabei, daß ich — je näher ich meiner Familie kam — gewisse Anstrengungen unternehmen mußte, um im Gleichgewicht zu bleiben. Ihr Spielen erzeugte winzige

Wellen, die mich aus der Balance brachten, so daß ich meine Position auf dem Schwimmbrett immer wieder korrigieren mußte. Einige Male ließ ich es zu, daß ich umkippte. Dann blieb ich mit dem Gesicht im Wasser und konzentrierte mich darauf, daß jeder Muskel in meinem Körper sich entspannte. Ich begann mit meinen Gliedmaßen und tastete mich bis zu meiner Mitte vor. Dann hob ich den Kopf, um Luft zu holen, und schob das Schwimmbrett wieder unter meinen Körper.«

»Das ging eine ganze Weile so, bis ich wieder ins tiefere Wasser überwechselte. Ich dachte über diese kleine Übung nach, vor allem darüber, wie sie mein Alltagsleben und das, was daran funktionierte bzw. nicht funktionierte, widerspiegelte. Mit geschlossenen Augen ließ ich mir durch den Kopf gehen, wie meine Kinder und ich täglich dasselbe Spiel spielten. Ihr Leben sandte kleine Wellen in meines, und ich versuchte, mich darauf einzustellen und Ausgleichsbewegungen zu machen, damit ich nicht vollkommen umgeworfen wurde. Manchmal flippe ich dabei aus und spiele »Toter Mann« – wie an diesem Morgen. Ich weiß, wenn das geschieht, muß ich mich bewußt daran erinnern, sanfter zu mir selbst zu sein und mir Zeit für meine Bedürfnisse zu nehmen. Ich erkannte, daß ich – sowohl im wörtlichen, wie auch im übertragenen Sinne – etwas brauchte, was mich unterstützte, um mit den Wellen, die meine Kinder verursachten, umgehen zu können.«

»Langsam hob ich meinen Kopf aus dem Wasser. Nun klangen die Stimmen meiner Kinder wie Musik in meinen Ohren. Ich öffnete meine Augen, sah sie an, und sie kamen mir vor, wie vollkommene Geschenke: voller Vertrauen und Liebe. Eine Welle von Zärtlichkeit überkam mich, als ich ins seichte Wasser schwamm und mich ihnen anschloß.«

Tips für lange Retreats

Bezieh auch andere Lebensbereiche ein, die nicht im Buch erwähnt sind. Geh so kreativ wie möglich mit den Ausdrucksmitteln um, die du benutzt. Du kannst dich auch Dingen zuwenden, die dir etwas mehr Zeit oder Vorbereitung abverlangen, z. B. eine Puppe oder eine Maske anfertigen oder einen Altar für »Mutter Erde« gestalten.

Siehe: *Kontemplation*

Mini-Retreats

Siehe: *Verschiedene Retreat-Vorschläge: Ein 1stündiges Retreat zum Klar-Werden*

Geh in dein Arbeitszimmer und schließ die Tür hinter dir. Laß dich aufs Sofa sinken, während das Abendessen auf dem Herd steht oder bevor die Kinder nach Hause kommen. Pick dir ein oder zwei Bereiche heraus, mit denen du dich beschäftigen möchtest. Nimm möglichst diejenigen, von denen du den Eindruck hast, daß es dir dort am meisten an Balance fehlt. Benutz dabei die Techniken der Meditation, der Visualisierung oder des Tagebuchschreibens. Viele Frauen arbeiten für diese kurze Übung mit folgenden Fragen:

- Welche Teile meiner selbst brauchen mehr Arbeit?

- Welche Teile meiner selbst brauchen weniger davon?

- Welche Teile meiner selbst brauchen mehr Liebe?

- Welche Teile meiner selbst brauchen weniger davon?

- Welche Teile meiner selbst brauchen mehr von dieser Person oder Beziehung?

- Welche Teile meiner selbst brauchen weniger davon?

Tips für Retreats in der Welt

Die beschriebene Praxis kannst du auch wunderbar üben, während du wanderst, Kanu fährst, läufst, in einem Atelier arbeitest oder die Aussicht von einer hochgelegenen Terrasse genießt. Auch wenn du freiwillig in einem Hospiz oder Altersheim hilfst, stellt diese Übung eine gute Abschlußpraxis dar.

Tips für Retreats mit anderen Menschen

Siehe: *Im Retreat mit anderen Menschen: Der Kreis des Zuhörens*

Zunächst macht jede Frau die Übung für sich allein. Dann kommt ihr zu einem Kreis des Zuhörens zusammen, bei dem jede Frau um Feedback zu ein oder zwei Bereichen ihres Lebens bittet. Eine Möglichkeit, um Feedback zu bitten, ist, die anderen zu fragen: »Was denkt ihr über mein Arbeitsleben? Wovon brauche ich eurer Ansicht nach mehr oder weniger?« Kennt ihr innerhalb eurer Retreatgruppe nur bestimmte Aspekte aus eurem Leben, so ist es sinnvoll, die Fragen ebenfalls auf diese Bereiche zu einzuschränken. Ein Beispiel: Eine Gruppe von acht Frauen traf sich regelmäßig, um sich gegenseitig bei der Verfolgung ihrer künstlerischen Ziele zu unterstützen. Sie setzten die beschriebene Praxis ein, um sich über vier bestimmte Gebiete ihres schöpferischen Lebens auszutauschen: über die Arbeit (wie man Projekte zu Ende führt, wie man sich am besten verkauft und wie man es schafft, langfristig dafür bezahlt zu werden); darüber, wie man Risiken eingeht; seine eigene schöpferische Ader kultiviert und seine Technik vervollkommnet. Wie immer ist es auch hier von entscheidender Bedeutung, daß die Grundregeln der Kreise des Zuhörens mit Sorgfalt, Liebe und Mitgefühl beachtet werden.

MACH DIR SELBST DEN HOF

Du mußt den Reichtum in dir erkennen und darauf vertrauen, die Sicherheit entwik-keln, daß er da ist. . . . Sobald du dir dessen bewußt bist und daran glaubst, wird es dir gutgehen.
Brenda Ueland: *If You Want to Write*

Der Ausdruck »den Hof machen« hat zwei verschiedene Bedeutungen. Die eine ist: »versuchen, die Liebe und Zuneigung einer Person zu gewinnen, vor allem im Hinblick auf eine spätere Heirat«, die andere lautet »jemandes Liebe erringen; werben«. Ich persönlich würde noch hinzufügen: »einem anderem Menschen beweisen, daß man sich ihm verbunden fühlt, und sein Vertrauen gewinnen«.

Was kannst du nun tun, um dir selbst deine Zuneigung zu beweisen? Was würdest du dafür gerne tun? Natürlich solltest du dir täglich den Hof machen, aber gerade ein Retreat ist eine besonders gute Zeit dafür, weil die gewöhnlichen Mechanismen deiner Selbstwahrnehmung außer Kraft gesetzt sind. Hier hast du die bestmögliche Gelegenheit, um dein »Eins-sein-mit-dir-selbst« zu werben. Um endlich zu verstehen, daß in diesem Fall Liebende und Geliebte eins sind, daß du in dir selbst ganz und vollkommen bist. Du kannst dich mit genau den Aufmerksamkeiten überschütten, die du dir von einem Liebhaber wünschen würdest. Du kannst dir klarmachen, daß die Bindung zu deinem Selbst genauso wichtig ist wie die Beziehung zu deinem/r Liebsten. Daß du für dich da sein wirst, in Zeiten von Krankheit und Gesundheit, in guten wie in schlechten Tagen. Und daß du dir wünschst, diese Zeit mit dir selbst zu verbringen.

WAS DU BRAUCHST:

Dein Tagebuch und einen Stift.

Deine Sehnsüchte gehören dir

Die nachfolgenden Fragen helfen dir, herauszufinden, auf welche Weise du dich selbst gerne umwerben möchtest. Denk über eine, zwei oder über alle nach.

- Versuch, dich an alle Dinge zu erinnern, die du getan hast, um einer geliebten Person zu gefallen, ihr deine Liebe zu zeigen und sie zu verwöhnen, ob es nun dein Liebster, deine Kinder, Freunde oder Schwestern waren. Hast du ihnen ihr Leibgericht gekocht, ihnen die Füße massiert, ihnen kleine Geschenke gemacht, Referate für sie abgetippt, Kostüme genäht, sie getröstet, dich für sie in Schale geworfen? Was tust du für andere Menschen?

  Liebevolle Dinge, die ich für andere getan habe: . . .

  Liebevolle Gedanken, die ich für andere gehegt habe: . . .

  Liebevolle Sachen, die ich über andere gesagt habe: . . .

- Denk ein paar Minuten lang über deine Beziehung zu dir selbst nach. Geh dabei dieselben Fragen durch:

  Liebevolle Dinge, die ich für mich getan habe: . . .

  Liebevolle Gedanken, die ich für mich gehegt habe: . . .

  Liebevolle Sachen, die ich über mich gesagt habe: . . .

- Wenn du den/die ideale/n Geliebte/n hättest: Was würde er oder sie für dich tun? Wenn du bereits in einer Partnerschaft lebst (und vor allem wenn diese schon sehr lange dauert), dann überleg dir, was du dir von deinem Partner wünschst. Denk an all die Augenblicke, in denen du zu dir gesagt hast: »Ich wünschte, jemand würde .... für mich tun.«

- Überleg dir, wie du möchtest, daß dein Märchenprinz dich sieht. Für welche Eigenschaften möchtest du geschätzt, geliebt und anerkannt werden?

- Frag dich selbst: Wenn ich mich selbst davon überzeugen müßte, daß ich mich liebe, dann würde ich .... tun.

- Frag dich außerdem: Wenn ich den wichtigsten Teil in mir, den Teil, der am meisten ich selbst ist, umwerben würde, was würde ich auf jeden Fall vermeiden?

WIE DU DICH UMWERBEN KANNST

Siehe: *Die Praxis
des Zuhörens: Die
Schattenseiten des
Sich-Verwöhnens*

Die einzige Regel, die du hierbei beachten mußt, ist: Deine Werbung muß dir Vergnügen bereiten und dein Selbstwertgefühl steigern. Abhängigkeiten und die Schattenseiten des Sich-Verwöhnens haben hier keine Chance. Du willst ja nicht dein falsches Selbst stärken, den Teil deines Ichs, der so gut darin ist, anderen zu gefallen, oder den, der nicht an dich glaubt. Du möchtest doch Dinge tun, die dir den Ausruf entlocken: »O ja, das gefällt mir wirklich!«

Natürlich gibt es auch hier Probleme: Eines davon ist, daß wir häufig das Gefühl haben, daß wir, um uns selbst umwerben zu dürfen, etwas Besonderes sein müßten: besonders schön, besonders talentiert − eine der Auserwählten eben. Sonst sind wir es nicht wert. All denjenigen unter uns, die schon in der Schule unter Pusteln und flacher Brust gelitten haben, fällt es ziemlich schwer zu glauben, daß sie begehrenswert sind. Doch ganz gleich, wie unsere Vergangenheit und unsere Begrenzungen auch aussehen, allein die Tatsache, daß wir Menschen sind, daß wir leben, bedeutet, daß wir Liebe, Zuneigung und Respekt für uns selbst verdienen. Du mußt nichts Besonderes sein oder tun, um dafür gut genug zu sein.

Frank Andrews schreibt in seinem Buch *Lieben statt verletzen*:

»In der Selbstliebe gibt es kein Objekt, das geliebt wird, und kein Objekt, das liebt: Es gibt nur die Erfahrung des Liebens. Das ist die Bedeutung der Selbstliebe. Jede Liebe ist Selbstliebe. Die Erfahrung eines Ja in Richtung auf ein geliebtes Wesen bestätigt zur gleichen Zeit das Leben, in der sie auftritt.«

Hier sind ein paar klassische Methoden des Sich-selbst-Liebens, die dir vielleicht gefallen:

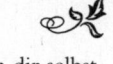

- Laß dich auf eine Liebe ein, die deine Zuneigung zu dir selbst nicht vermindert, sondern steigert. Sei lieb zu deiner Katze, und genieß das Gefühl, jemand zu sein, der lieben kann. Schreib einen Brief an eine gute Freundin, und ruf dir währenddessen die gegenseitige Achtung ins Gedächtnis, die ihr füreinander empfindet, wenn ihr zusammen seid. Folgende Gedanken sind bei dieser Praxis fehl am Platz: »Sieh mal, wie großartig ich bin! Ich kann lieben.« Oder das Gegenteil: »Ich bin etwas wert, weil jemand mich liebt.« Versuch vielmehr, den Geist des Sanskrit-Wortes *namasté* zu erfassen, das wörtlich übersetzt werden kann mit: »Ich grüße das Göttliche in dir.« Zu lieben heißt, Liebe zu sein und sie zu verdienen.

- Schreib dir einen Liebesbrief nach der Methode von John Gray und Barbara De Angelis. Richte den Brief an dich selbst, z. B.: »Liebe Jennifer, . . .« Fang an, indem du Kritik übst an deiner Art, mit dir selbst umzugehen. Beschreib, wie du die Pflege deiner selbst vernachlässigst. Schreib dann, was dir an deiner Beziehung zu dir selbst Angst macht. Fahr fort und schreib auf, was du dir von dieser Beziehung wünschst, wonach du dich sehnst. Verleih zum Schluß deiner Liebe zu dir selbst Ausdruck. Widme jedem Bereich − Kritik, Angst, Wünsche und Liebe − nur ein paar Zeilen. So richtig von »Du« zu »Du«. Beende den Brief nicht, bevor du nicht wirklich das Gefühl hast, dich zu lieben und das auch ausdrücken zu können − auch wenn das bedeutet, daß du vielleicht eine Pause machen und zwischendurch ein paar Minuten lang etwas anderes tun mußt. Schick den Brief dann ab. Öffne ihn Tage, Wochen oder Monate später. Vielleicht machst du ihn erst in einem Retreat auf. Oder gib ihn einem Freund/einer Freundin, und bitte sie/ihn, den Brief abzuschicken, wenn sie wieder einmal den Eindruck haben, daß es dir nicht besonders gutgeht.

- Vervollständige folgende Sätze:

  Ich fühle ....

  Ich brauche ....

  Ich wünsche mir ....

Diese Übung entstammt Kay Hagans Buch *Internal Affairs*. Hier ist ein Beispiel: »Ich fühle mich erschöpft. Ich muß mich ausruhen. Ich möchte ein Nickerchen mit meiner Mieze machen.« Oder: »Ich bin voller Ener-

---

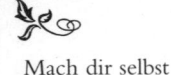

gie. Ich muß mit dieser Energie etwas anstellen. Ich fühle den Drang zu essen, aber in Wirklichkeit würde ich lieber malen.«

- Stell dir vor, wie Liebe aus deinen Handflächen strahlt. Du kannst dir diese Liebe vorstellen, wie du willst. Wichtig ist, daß du sie vor deinem inneren Auge siehst. Lenk nun die Liebe zu dem Teil deiner selbst, der Aufmerksamkeit braucht: zu einem Teil deines Körpers, deiner Seele. Nichts ist zu unbedeutend oder zu schrecklich, um dieser Liebe nicht wert zu sein oder von ihr nicht gelindert werden zu können.

- Die folgende Methode stammt aus Stephanie Dowricks Buch *Nähe und Distanz*: Mach dir eine Liste von all den Dingen, auf die du dich bei dir selbst verlassen kannst. Fang mit den grundlegenden Sachen an und bezieh alles ein, was dir einfällt – nichts ist zu unbedeutend dafür. Achte aber darauf, daß du nur Dinge aufschreibst, deren du dir sicher sein kannst, auch wenn sie nicht positiv ausfallen oder dich traurig machen. Laß alles weg, was mit anderen zu tun hat. Du kannst solche Dinge später hinzufügen. Und versuch nicht, die Liste nach einer bestimmten Rangordnung zu gestalten. Hier ist ein Teil meiner Liste:

Ich liebe meine Tochter. Ich vertraue darauf.

Ich gehe niemals nackt aus dem Haus. Ich vertraue darauf.

Ich liebe Chris. Ich vertraue darauf.

Ich werde mich immer um meinen Hund Atticus kümmern und ihn füttern. Ich vertraue darauf.

Ich versuche unter allen Umständen, eine treue und liebevolle Freundin zu sein. Ich vertraue darauf.

Ich wache morgens auf. Ich vertraue darauf.

Ich kann gehen. Ich vertraue darauf.

Ich kann mit Verlusten umgehen. Ich vertraue darauf.

Ich kann lesen. Ich vertraue darauf.

In welche Teile deines Selbst kannst du dein Vertrauen setzen? Nimm dir diese Liste im Laufe deiner verschiedenen Retreats immer wieder vor. (Eine tolle Praxis für ein Retreat in der Welt.) Lies sie laut vor. Wenn du möchtest, kannst du auch eine Liste anfertigen, auf der all die Dinge stehen, auf die du dich bei anderen Menschen verlassen kannst.

GESCHICHTEN

Saral erzählte mir diese Geschichte von einem dreimonatigen Retreat, in dem sie versuchte, über ihre kindlichen Mißbrauchserfahrungen hinwegzukommen, indem sie sich selbst den Hof machte:

»Ich hatte von einem Ritual gehört, in dem eine Frau sich ihrem Selbst versprochen hat. Genau das wollte ich auch tun. Aber ich war einfach nicht in der Lage, mit mir selbst eine Bindung einzugehen, also mußte ich zuerst um mich werben. Bevor ich ins Retreat gekommen war, hatte ich einen Ring gekauft. Mein eigener Ehering erinnerte mich nämlich zu sehr an meine Bindung zu meinem Mann. Als ich mich entschlossen hatte, dieses Retreat zu machen, war mir aufgefallen, daß ich mich ohnehin anderen immer mehr verpflichtet fühlte als mir selbst. Und so stellte ich fest, daß ich ›meinen‹ Ring nur oberhalb meines Ehetings tragen konnte. Ich war einfach noch nicht bereit. Aber am letzten Tag des Retreats vertauschte ich — zunächst ohne es zu bemerken — die beiden Ringe. Als ich nach drei Tagen Fahrt zu Hause aus dem Wagen stieg, fiel mir die Veränderung auf. Ich erinnere mich daran, daß ich damals sagte: ›Wie wunderbar!‹ In diesem Retreat hatte ich zum ersten Mal in meinem Leben meine Person an die erste Stelle gesetzt. Genau das drückte sich im Vertauschen der Ringe aus.«

Marylee entdeckte, daß sie es herrlich fand, sich selbst den Hof zu machen:

»Ich entschied mich für folgende Retreat-Frage: ›Wie kann ich mich selbst ehren und mich wieder aufladen?‹ Mehr als einen Tag konnte ich mir dafür aber nicht gönnen, weil im Büro ein wichtiges Projekt anstand. Ich machte also die Übung zum Thema ›Welche Aufmerksamkeiten würdest du dir von deinem idealen Liebhaber wünschen?‹ und stellte fest, daß Überraschung für mich mit zu den wichtigsten gehörte. Doch wie konnte ich mich selbst überraschen?«

»Ich beschloß daher, all die Dinge, die ich mir wünschte, auf kleine Kärtchen zu schreiben und sie der Reihe nach zu ziehen. Hier sind ein paar Beispiele: den Sonnenuntergang am Strand bei einem Abendessen mit Hummer und Champagner erleben, meinen Körper mit duftenden Ölen einreiben, Komplimente bekommen (ich schrieb mir ein paar auf Kärtchen, die ich in einer anderen Box aufhob. Immer wenn mir danach war, zog ich eines davon), persönliche Ziele überprüfen und feststellen, ob sie mir immer noch am Herzen liegen, meditieren, Bananeneis mit Schokoladensoße essen und einen Schaufensterbummel in dem Stadtteil mit den ausgeflippten Boutiquen machen. Natürlich mußte ich die Vorbereitungen selbst erledigen, und ich dachte, das würde die Überraschung kaputtmachen. Aber ich behielt dabei immer im Hinterkopf, daß ich diese Dinge für mich arrangierte, für die, die ich liebte.«

»Ich bin eine Zweiflerin. Ehrlich gesagt glaubte ich nicht, daß ich mich danach anders fühlen würde, aber genau das war der Fall. Ich empfand eine gewisse Wärme für mich selbst und dürstete geradezu nach mehr Zeit, die ich mit mir allein verbringen konnte. Ich fand die Idee mit den Kärtchen und Schachteln super, weil sie mir das Gefühl gab, daß sich jemand um mich kümmerte. Das nächste Mal werde ich ein Retreat in einem Badeort machen.«

Maggie ist seit kurzem geschieden. Sie konnte mit der Vorstellung, um sich selbst zu werben, überhaupt nichts anfangen.

»Mir kam das vor wie eine billige Ersatzbefriedigung, weil ich das, was ich eigentlich wollte, nicht haben konnte. Was ich mir von einem Märchenprinzen wünschte, war einfach, daß er mich schön fand und daß er mich niemals verlassen würde. Mich in Schale zu werfen, nur um dann allein zu Abend zu essen, fand ich so deprimierend, daß ich mir am liebsten die Kugel gegeben hätte. Also fragte ich mich: ›Was hilft es mir, mich schön zu fühlen, wenn niemand da ist, der mir das sagt?‹ Ich stellte eine kleine Liste auf: Ich fühle mich schön, wenn ich frisch geduscht bin, wenn ich allein am See fischen gehe, wenn ich von der Gymnastik so richtig fertig bin, wenn ich eine Maniküre und eine Pediküre machen lasse, wenn mein Appartment sauber ist, wenn ich mich in einem hübschen Nachtdreß schlafen lege, wenn ich mir die Zeit nehme, meine Umgebung zu verschönern, wenn ich mir die Zeit nehme, für mich selbst richtig zu kochen, statt nur kalorienreduzierte Tiefkühlgerichte aufzuwärmen, wenn ich allein bin und in keinen Spiegel gucke. Während dieser Übung merkte ich, daß ich meiner Schönheit nicht ver-

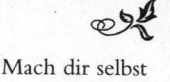
traute, wenn da niemand war (vorzugsweise ein Mann), der mir sagte, daß ich gut aussah. Und daß dieses Gefühl irgendwie damit zusammenhing, daß ich mir nicht zutraute, immer für mich dazusein. So merkte ich, daß ich mir das, was ich mir immer von Männern gewünscht hatte und was *sie* mir nie geben konnten, nämlich immer für mich dazusein, *selbst* geben konnte. Tatsächlich bin ich sogar die einzige Person, die immer für mich dasein kann.«

»Ich legte also mein Vorhaben für das Wochenend-Retreat (Freitagmorgen bis Sonntagmorgen) fest: Ich wollte mir Selbstvertrauen geben und lernen, daß ich schön war. Diese Idee wurde mir allerdings erst am ersten Retreat-abend so richtig klar, als ich meine Frage herausarbeitete: ›Wie kann ich mein Leben leben und mich wertvoll fühlen, ohne daß jemand mir das ständig sagen muß?‹ Um dies zu klären, schlug ich beispielsweise das Wort ›schön‹ im Lexikon nach. Ich verhängte alle meine Spiegel mit Schals. Ich band mir schöne Blumensträuße und wiederholte dabei immer: ›Ich tue das für mich selbst, weil ich mich mag.‹ Außerdem bereitete ich mir ein absolut perfektes Omelett zu – was erst nach drei Versuchen gelang. Manchmal kam ich mir dabei komisch vor, aber ich blieb am Ball. Das beste war die Arbeit an meiner Einstellung zu mir selbst: Ich sagte mir bei jeder Kleinigkeit, die ich unternahm, daß ich das tue, weil ich mich selbst wertvoll und liebenswert finde. Das war sehr schwierig, aber gleichzeitig auch sehr wirksam.«

Tips für lange Retreats

Die Praxis des Sich-selbst-Umwerbens kann in fast jedes Retreat vorteilhaft eingebunden werden. Vor allem wenn du dich während des Retreats einsam fühlst, sind diese Übungen sehr nützlich. Ich habe verschiedene Frauen interviewt, die dieser Praxis mehr als ein Retreat gewidmet haben. Eine von ihnen sagte: »Wie kann ich meinen Partner mit Liebe und Respekt behandeln, wenn ich mit mir selbst nicht ebenso umgehe?« Eine andere erzählte mir folgendes: »Am Anfang machte es mich verlegen, daß ich besonders nett zu mir sein sollte, nicht zu anderen. Aber nachdem ich das ein Jahr lang für mich praktiziert hatte, griff diese Haltung auch auf die anderen Bereiche meines Lebens über.«

Mach dir selbst
den Hof

Siehe: *Verschiedene
Retreat-Vorschläge:
Ein 1tägiges Wohl-
fühl-Retreat* und
*Ein halbtägiges
Vertrauens-Retreat*

Tips für Mini-Retreats

Stell dir ein Mini-Retreat mit einem bestimmten Thema zusammen: um deinen Körper werben oder um deine Lebenseinstellung, deinen Geist, dein Zuhause, deine Lebensrhythmen. Oder endlich für dich selbst das zu tun, was du gewöhnlich für andere tust. Um festzustellen, was du selbst für dich tun kannst, setz dich mit den Fragen im Abschnitt »Deine Sehnsüchte gehören dir« zu Anfang dieses Kapitels auseinander.

Tips für Retreats in der Welt

Eine wunderbare Praxis für ein spontanes Retreat ist die Vertrauensliste. Oder eine Massage.

Tips für Retreats mit anderen Menschen

Siehe: *Im Retreat
mit anderen Men-
schen: Der Kreis der
Bestätigung* und *Der
Kreis der einen
Stimme*

Ihr könnt abwechselnd Zeremonien füreinander gestalten, in denen jede Frau sich ihrem Selbst verspricht. Schöne Gruppenübungen dazu sind: Setzt euch in einen Kreis, massiert euch gegenseitig den Nacken oder den Rük-ken. Wascht euch gegenseitig die Haare (das ist vor allem draußen toll, wenn es warm ist), und massiert euch gegenseitig Hände oder Füße. Nehmt dabei das in euch auf, was ihr geschenkt bekommt. Ihr könnt auch einen Kreis der Bestätigung oder einen Kreis der einen Stimme einberufen. Sprecht während eines vorher festgelegten, begrenzten Zeitraums über ein bestimmtes Thema: »Um mich selbst werben«, »Mich selbst lieben«, »Scham« oder »Schuld«.

DIE KÜNSTLERIN IN MIR

Es ist vor allem die Vorstellungskraft,
durch die wir Einsicht, Mitgefühl und Hoffnung erlangen.
Ursula K. Le Guin

Wenn es ein kosmisches Gesetz gibt, dessen Auswirkungen ich kenne, weil ich es nur allzuoft sträflich vernachlässigt habe, dann ist es dieses: Aus einer leeren Quelle kann man nicht schöpfen. Du mußt dein kreatives Zentrum nähren, den Ort, wo die Künstlerin in dir wohnt. Laß sie kristallene Höhlen durchforschen, in blutrünstigen Märchen schwelgen oder einen exquisiten Port aus dem Jahr 1908 schlürfen. Laß sie fluchen wie einen Seemann, unter einer 300 Jahre alten Föhre schlafen oder jubeln wie die berühmte Keramikerin Beatrice Wood an ihrem 103. Geburtstag. Aber laß vor allem zu, daß sie Kunst in sich einsaugt, neue Perspektiven voller Saft und Kraft − zum Frühstück, Mittag- und Abendessen.

Nimmst du dir während deines Retreats für die Künstlerin in dir Zeit oder gestaltest gar ein eigenes Retreat, um deiner inneren Muse neue Nahrung zu verschaffen, so sendest du damit eine machtvolle Botschaft an dein inneres Selbst: »Ich bin ein schöpferischer Mensch. Ich sehe das Leben von seiner schöpferischen Seite. Und ich bin es wert, daß ich mich mit neuer Energie auflade.«

WAS DU BRAUCHST:

Sammle künstlerische Erfahrungen, die dich inspirieren, aufwühlen, entzücken und dir erlauben aufzutanken. Fotos von den Skulpturen Camille Claudels, eine Aufnahme von einem Cajun-Konzert, Karten für ein Stück von Elfriede Jelinek, Anweisungen für das Durchqueren eines Labyrinths, einen Führer zu nahegelegenen architektonischen Kostbarkeiten, eine Videoaufnahme von Picasso beim Malen − such dir das aus, was machbar ist und dich anspricht.

Dein Tagebuch und einen Stift.

Meditative Musik.

Eine Opfergabe an deine Muse.

Genügend Energie, um verwegen zu sein.

Außerdem: Zeichenmaterial, Musik zum Tanzen, eine Trommel oder Rassel, Ton.

TAUCH TIEF EIN

Wenn du eine intensive künstlerische Ausbildung gemacht hast (ich denke dabei an alle Sparten der Kunst: Schreiben, Film, Töpfern, Weben, Goldschmiedekunst usw.), dann weißt du wahrscheinlich, was ich meine mit »in deine Kunst eintauchen«. Als ich noch die Filmhochschule besuchte, sah ich mir pro Tag oft zwei Filme an und nachts noch einen dritten. Irgendwann, während ich so im Dunkeln saß und zusah, setzte gewöhnlich der warme Regen ein: Ideen. Eine Szene für einen Kurzfilm, ein Dialog für ein Drehbuch, der Name einer Figur. Und was noch wichtiger war: Ich fühlte, wie meine schöpferische Spannung stieg, der Drang, etwas zu tun, so lange, bis ich sie nicht mehr zurückhalten konnte und einfach etwas Kreatives erschaffen mußte.

Bei dieser Übung geht es darum, daß du tief in den schöpferischen Geist anderer eintauchst. Das bedeutet: den Geist eines anderen (neben deinem eigenen) anzuschauen, zu berühren, zu lesen, zu hören, bis du darin versinkst. Du solltest daneben aber kein eigenes schöpferisches Projekt am Laufen haben. Füll dein Inneres auf, so daß du nach dem Retreat arbeiten kannst. Such dir eine Menge Kunst-Stücke aus, an denen du dich berauschen kannst, und leg dann fest, was du wann tun möchtest. Liebst du Filme, dann wähl solche aus, die du gewöhnlich nicht ansehen würdest: ausländische Filme vielleicht oder Dokumentarfilme. Geh ins Kino oder leih dir ein paar Videos aus. Aber probier auch andere Dinge aus: Besuch nacheinander drei Kunstgalerien, nimm ein Mittagessen à la Boheme zu dir (französische Zwiebelsuppe, saure Äpfel und Wein), nimm dir in der Bücherei einen Stapel Kunstbände mit und ein paar Bücher über indianische Mythologie,

und schau auf dem Heimweg in einem Park vorbei, in dem es Skulpturen gibt. Wenn du dann zu Hause bist, kannst du dich mit deinen Schätzen auf dem Sofa zusammenrollen und es dir gutgehen lassen.

Diese Übung mußt du ein wenig vorbereiten. Zunächst solltest du eine Unmenge von künstlerisch inspirierenden Materialien zusammentragen. Such nur solche Sachen aus, die dich fast umhauen, die an deiner Seele kratzen wie das Sandkorn an der Auster. Finde heraus, wie du mit ihnen umgehen kannst, wie die Auseinandersetzung damit dein Vorhaben und die Art deines Retreats unterstützt. Beginn wie immer mit ein paar Fragen:

- Welchen kreativen Teil in mir möchte ich nähren?

- Welche künstlerischen Ausdrucksmittel inspirieren mich und sprechen mich an?

- Welche künstlerischen Mittel habe ich nie kennengelernt? Was macht mich nervös? Was löst in mir Streß, Verwirrung, Beunruhigung aus?

- Welche künstlerischen Ausdrucksmittel passen zu meinem Vorhaben?

Reg dich nicht auf, wenn du nicht so viele Antworten findest, wie du dir vorstellst. Viele Künstler kümmern sich nicht groß darum, was es ist, das die Gnade der Schöpfungskraft hervorruft. Wir wollen gar nicht zu genau hinsehen, wollen gar nicht wissen, was da am Werk ist – aus Angst, allzu große Neugierde könnte den Vorgang zum Erliegen bringen. Wir stecken den Kopf in den Sand und machen einfach irgendwie weiter in der Hoffnung, es würde schon alles gutgehen, und am Ende, wenn uns Kraft und Ideen ausgehen, fragen wir uns, weshalb.

Das Thema »Kunst« paßt gut zu allen vier Retreatformen, aber besonders häufig ist es bei Retreats in der Welt, denn die Suche nach Dingen, die deine innere Muse ansprechen, führt dich vielleicht ohnehin in einen historisch bedeutsamen Innenhof, zur Dia-Show eines Museums oder in einen Park. Wichtig ist dabei nur, daß dein emotionaler Zauberkreis unberührt bleibt.

Siehe: *Wo mache ich mein Retreat: Dein konkreter und dein seelischer Zauberkreis*

Auch für ein Mini-Retreat ist die Suche nach etwas, worin du eintauchen und versinken kannst, eine schöne Aufgabe. Zweig dir eine Stunde für dich selbst ab, atme tief ein und aus und ruf dir, bevor du anfängst, noch einmal dein Vorhaben, deine heilige Frage ins Gedächtnis. Laß dich von ihr führen.

Natürlich beeinflussen der Ort, an dem du lebst, und die Art des geplanten Retreats deine Wahl. Wenn es im Umkreis von 500 Kilometern keine Kunstgalerien gibt, wenn Dichtung als schmutziges Wort gilt und eure Bücherei mangels Büchern schließen mußte, dann wird sich deine Suche nach Kunst-Stücken, in denen du schwelgen kannst, wohl etwas schwieriger gestalten. Doch fast jeder Ort hat eine Videothek. Vielleicht gibt es dort eine Geheimecke mit Kunst- und Dokumentarfilmen und Klassikern (wahrscheinlich nicht direkt neben der Abteilung für Abenteuer- und Actionfilme). Möglicherweise gibt es auch einen Buchladen oder eine Bibliothek in der nächstgelegenen Stadt, und du findest dort die Perlen der Dichtkunst aufgereiht in den Regalen neben Kinderbüchern und Zeitschriften, die Künstler bei ihrer Arbeit zeigen. Es gibt immer irgendwelche architektonischen oder historischen Besonderheiten zu besichtigen oder eine am Ort ansässige Künstlerin, die man besuchen kann (vielleicht erlaubt sie dir ja, ihr bei der Arbeit zuzusehen). Du kannst auch Menschen im Park beobachten oder die Form von Felsen und Bäumen studieren. Wenn du in einer Großstadt lebst, liegt die Kunst nicht darin, etwas zu finden, sondern darin, aus den vorhandenen Schätzen sorgfältig auszuwählen. Auch hier kann dir dein Vorhaben als nützliches Instrument zum Sieben des Angebots dienen.

Geh dem Intellekt aus dem Weg. Wenn du dich normalerweise gerne mit Literatur- oder Geschichtswissenschaft beschäftigst, laß in diesem Retreat die Finger davon. Neigst du zu intellektuellem Snobismus, dann lies Comics und setz dich vor den Fernseher. Versuch, die Dinge aus einer anderen Perspektive zu sehen. Schließlich willst du in dieser Zeit *nicht* deine Studien vervollkommnen oder etwas über dein Ausdrucksmittel dazulernen. Wenn du z. B. Dichterin bist, dann setz dich jetzt nicht mit Gedichten auseinander. Oder lies sie anders, als du es sonst tust − langsamer oder schneller beispielsweise. Du kannst auch Schriftsteller lesen, die du normalerweise verachtest, weil sie unter deinem Niveau liegen, oder solche, die du meidest, weil sie dir zu hoch sind.

Wenn du spürst, wie deine Schöpferkraft sich zu regen beginnt und du vor Ideen geradezu übersprudelst, beherrsch dich. Arbeite nicht: male nicht, fotografiere nicht, mach keine Figuren. Du möchtest auftanken, indem du dich der Wahrheit, der Leidenschaft und der schrecklichen Schönheit in dem Werk anderer Menschen stellst. Verspürst du den Drang zu arbeiten, dann bedeutet das, daß dein Tank schön langsam voll wird. Dieses eine Mal möchtest du dieses Gefühl auf die Spitze treiben. Bleib bei deinen Ideen. Bau den Druck weiter auf. Wenn du unbedingt Notizen machen mußt, halt sie kurz.

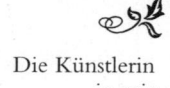
Wenn es möglich ist, solltest du diese Übung mit einer Runde Schlaf (einer ganzen Nacht oder einem kleinen Nickerchen) unterbrechen. Damit gibst du dir Gelegenheit, deinen Traum auszubrüten. Bitte um einen Traum, bevor du dich hinlegst. Und versuch, diese fruchtbaren Träume, die wie schillernde Seifenblasen an die Oberfläche steigen, einzufangen, indem du neben dem Bett Papier und Stift bereithältst.

Für alle Nicht-Künstler

Ich möchte wetten, daß fast jeder, der diesen Abschnitt liest, denkt: »Diese Übung ist nichts für mich. Ich bin künstlerisch überhaupt nicht begabt. Das ist etwas für Leute, die talentiert sind, die mehr können als nur ›Malen nach Zahlen‹.« Dieser unangenehmen Stimme kann ich nur eins sagen: Wenn du dich weiterhin so behandelst, wirst du niemals richtig leben. Ganz egal, wer du bist und was du tust, wenn du etwas in dieser Richtung machen willst, dann tu es. Das Leben ist einfach zu kurz, um klein beizugeben.

Ein paar Hilfsmittel zum »Eintauchen«

Bücher: Tagebücher von Künstlern, Biographien von mutigen Frauen, Romane über die Unendlichkeit des Seins, knackige Kurzgeschichten, zauberhafte Gedichte, historische Romane. Siehe: *Quellen*

Filme: Klassiker auf Video, Interviews mit Visionären, Dokumentarfilme über Frauen, deine Lieblingsfilme von der Kindheit bis heute.

Theater: Im Gemeindesaal, auf Video, Stücke von großen Bühnen und unabhängigen Theatern, Theaterstücke laut lesen, Hörspiele, die Rundfunksender.

Kunst fürs Auge: Graffiti an der Straßenecke, Picassos kubistische Gesichter, bebilderte Kunstgeschichtsbände, Kinderzeichnungen in der Stadtbücherei, Felsformationen, der glasglänzende Wolkenkratzer mitten in der Stadt, Schaufenster, Patchworkdecken, Hüte, Kostüme.

Bildhauerei: Museen, Parks mit Skulpturen, die Schale im Wohnzimmer, Sand am Strand, Schnitzereien, Landschaften, Pflanzenformen, Bäume.

Tanz: Moderner Tanz, Ballett, Sufi-Tänze, im Fernsehen, auf Video, im Theater.

Geschichtenerzählen: In der Bücherei, vom Band, in einem Workshop oder bei einem Festival der Geschichtenerzähler.

Musik: Fugen von Bach, Symphonien von Telemann, Gospels, Musik zum In-Trance-Tanzen, tibetische Klangschalen, Thelonious Monk, die Beatles.

ANRUFUNG DER MUSE

In der griechischen Mythologie waren die Musen Töchter des Zeus und der Mnemosyne, der Göttin des Gedächtnisses, die alles wußte, was seit Anbeginn aller Zeit geschehen war. Die Musen wurden zu Schutzgöttinnen der schönen Künste. Sie stellen symbolhaft die innere Energiequelle dar, aus der die Energie strömt, von der Künstler träumen, daß sie sie durchflutet, wenn sie in den kreativen (und hoffentlich mühelosen) Schaffensprozeß eintreten.

Wenn du also eine Verbindung zu der Muse in dir herstellst, ist das nur ein anderer Weg, dein schöpferisches Zentrum wiederaufzuladen. Bei dieser Übung geht es vor allem darum, dich mit dem Teil deiner selbst oder des Göttlichen in dir vertraut zu machen, aus dem deine Kreativität entspringt, und dann davor niederzuknien.

Siehe: Die Praxis des Zuhörens: Ich bin genug und *Dein Eröffnungsritual*

Zentrier dich mit einer beliebigen Methode deiner Wahl. Bist du bereit, so ruf deine Muse vor dein inneres Auge. Wie sieht er oder sie aus? Nimm dir ein paar Minuten Zeit, um die Einzelheiten wahrzunehmen. Was trägt sie? Wonach riecht sie? Ist sie von etwas Bestimmtem umgeben? Achte auf die Details. Vielleicht greift sie nach deiner Hand. Hat deine Muse dir etwas mitzuteilen? Bittet sie dich um etwas?

Zeichne, schreib, sing, tanz das, was du von deiner Muse gesehen, wahrgenommen und gefühlt hast. Oder form eine Figur daraus. Geh dabei durch all die Widerstände hindurch, die in dir auftauchen: daß du das nicht kannst, daß du nichts zu sagen hast oder daß das schließlich keine reale Begegnung war. Bau eine Beziehung zu dieser Seite deines Selbst auf – selbst wenn du darum kämpfen mußt. Es macht nichts, wenn es nicht gleich beim ersten Mal klappt.

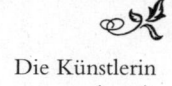

Überleg dir, wie du deine Muse anrufen kannst. Denk dir ein Gebet aus, ein Chanting, ein Gedicht, einen Tanz oder ein Bild. Vielleicht willst du deine Muse fragen, was ihr hilft, um dich ganz zu durchdringen. Diese Anrufung kannst du nach Hause mitnehmen und sie immer einsetzen, bevor du anfängst, schöpferisch zu arbeiten.

Beende die Übung mit einer Opfergabe an deine Muse. Wie kannst du ihr zeigen, daß du sie achtest? Bau ihr einen Altar im Garten. Verbrenn die Litanei deiner ewigen Zweifel an deinen künstlerischen Fähigkeiten. Schick endlich den Scheck weg, mit dem du dich für diese Malkurse anmelden wolltest. Oder bring einem Kind das Klavierspielen bei. Die Opfergabe sollte deinem Wunsch entspringen, die erhabene Schönheit deiner Muse zu ehren. »Sich seine Muse vorzustellen bedeutet, etwas Geistiges in eine Form zu bringen. Jedes Tun im schöpferischen Prozeß fordert von uns, daß wir dem Geist eine Form bieten, ein Gefäß − uns selbst oder ein Kunstwerk −, das in der Lage ist, ihn aufzunehmen«, schreibt Deena Metzger in *Writing for Your Life*. Diese Übung wurde inspiriert durch das, was sie über ihre Muse schreibt.

SEI VERWEGEN

Für Künstler ist Routine tödlich. Das ewig Gleiche bringt höchstens die Art von Kreativität hervor, mit der man Plätzchen aussticht. Widme dein Retreat oder zumindest einen Teil davon dem Unerhörten. Verwegen zu sein heißt in diesem Zusammenhang: »in höchstem Maße ungewöhnlich und unkonventionell; außergewöhnlich und unvernünftig; extravagant und unbescheiden«.

Gar nicht so einfach, nicht wahr? Wie weit kannst du gehen? Paßt Verwegenheit zu dem, was du dir für dieses Retreat vorgenommen hast? Wie macht man das überhaupt in einem Retreat? Und worum geht es dir, wenn du »freveln« möchtest? Zu welchem Zweck? Manchmal ist der einzige Weg zu mehr Wissen der, einfach etwas zu tun und dann zu sehen, wie es dir dabei geht. Ist es gut für dich, oder jagt es dir nur Angst ein? Wenn du Furcht hast, dann frag dich, vor wem oder was. Vielleicht erinnert dich das Wort aber auch einfach an ausgelassene Freude, an einen Augenblick der Leichtigkeit, in dem du den Ballast der Wohlanständigkeit endlich abwerfen konntest.

Was möchtest du tun? Deinen Körper blau anmalen? Nackt sonnenbaden? Eiskrem mit den Fingern essen? Auf der anderen Seite des Betts schlafen? Algen zum Mittagessen haben? Kekse backen und zum Abendessen so viele davon verschlingen, wie du nur runterkriegst? Die ganze Nacht wachbleiben und einen erotischen Roman lesen? Einer Freundin ein Geschenk schicken und ihr nie sagen, von wem es war? Einer Freundin, die dich wirklich verletzt hat (gleichgültig ob gestern oder vor zehn Jahren), einen Brief schreiben und ihr mitteilen, warum dir diese Sache wehgetan hat? Eine künstlerische Technik ausprobieren, von der du 100%ig weißt, daß du sie nicht beherrschst, und dich nicht darum scheren, was dabei herauskommt? Im Wald spazierengehen und laut schreien? Etwas anfangen, von dem du sicher bist, daß du es nie zu Ende bringen wirst, weil du nicht lange genug leben wirst? Ein Cape tragen? Eine Woche lang schweigen? Zwei Tage lang ganz allein sein und überhaupt nichts tun? Nackt schlafen?

Was braucht die Künstlerin in dir, um endlich wach zu werden? Was rüttelt dich auf? Manchmal können schon winzige Veränderungen dein inneres schöpferisches Zentrum wieder beleben. Achtung: Für alle von uns, die Suchtprobleme haben − dies ist keine Einladung, ein Faß Wodka hinunterzukippen, einen Haufen russischer Seeleute zu vernaschen oder deine Kreditkarte Gassi gehen zu lassen. Auch hier zählt letztlich das Maß, es geht dabei nämlich um *heilsamen* Frevel.

Siehe: *Die Praxis des Zuhörens: Die Schattenseiten des Sich-Verwöhnens*

Geschichten

Hier ist nun die Geschichte, wie Deena Metzger sich endlich ein Jahr Zeit für sich und ihr Schreiben nahm. Ich habe sie aus ihrem außergewöhnlichen Buch *Writing for Your Life*.

»Ein Jahr nachdem wir uns vorgestellt hatten, wie wir uns ein ganzes Jahr lang frei nehmen würden, starb meine liebe Freundin Barbara Myerhoff. Die Plötzlichkeit ihres Todes rüttelte mich auf. Ich begann zu bedauern, daß ich meine Neigung zur Phantasie immer und immer wieder den praktischen Problemen des Lebens untergeordnet hatte. Also beschloß ich, mir Zeit zu nehmen, um mich erneut zu fragen, wer ich war und wie ich mir selbst guttun könnte. Obwohl es einige Schwierigkeiten gab, nahm ich mir längere Zeit Urlaub. Zum ersten Mal in meinem Leben hatte ich Zeit zu schreiben, und die Dichterin in mir, die immer ein Mensch zweiter Klasse gewesen war,

wurde nun zu einer vollwertigen Bürgerin, der ich das Recht zugestand, ihr Leben selbst in die Hand zu nehmen. Ich stellte die Entscheidungen, die ich bis dahin getroffen hatte und die in erster Linie von meiner Rolle als Mutter, Lehrerin und Ernährerin der Familie geprägt gewesen waren, in Frage und überdachte sie neu.

»Vor diesem Retreat wußte ich nicht, ob ich mit zwei gleich wichtigen Verpflichtungen würde leben können. Danach schien es zumindest möglich.«

Tips für Retreats in der Welt

Während dieser Übung wirst du dich sehr häufig in der Öffentlichkeit aufhalten: in einer Kunstgalerie, einem Kino oder bei der Besichtigung eines architektonischen Meisterwerks. Gleichzeitig wird hier die Planung enorm wichtig: zur Vermeidung von Enttäuschungen (das Museum ist geschlossen!) oder Streß (im Stau steckenbleiben). Überleg dir, wann du wohin gehen willst. Besorg dir eine Wegbeschreibung oder ruf an. Frag, ob die Galerie geöffnet ist. Geh hin, wenn wenig los ist. Wichtig ist auch, daß du eine Möglichkeit findest, deinen Zauberkreis intakt zu halten. Das schützt dich vor nervtötenden Einzelheiten wie muffigen Museumsangestellten, stinkenden Toiletten und überfüllten Bussen — mit einem Wort: vor Dingen, die dich deinem Vorhaben entfremden und so die Tiefe deiner geheiligten Zeit stören können.

Siehe: *Wo mache ich mein Retreat: Seelische Geborgenheit schaffen*

Tips für lange Retreats

Obwohl diese Übung eigentlich nicht für ein Arbeitsretreat gedacht ist, kannst du sie natürlich auch einsetzen, um während eines längeren Retreats ein bestimmtes Projekt in Gang zu bringen. In diesem Fall ist es günstig, die ersten zwei bis drei Tage mit verwegenen, spielerischen, befreienden Aktivitäten zuzubringen, in künstlerische Äußerungsformen jeglicher Art einzutauchen und die Muse in dir erwachen zu lassen. Während dieser Zeit wirst du den Drang verspüren zu arbeiten — halt die Spannung aufrecht. Halt sie so lange, bis du absolut nicht mehr kannst. An diesem Punkt erlaubst du dem, was du erschaffen möchtest, vor deinem inneren Auge (oder Ohr) zu entstehen — und keinesfalls auf Papier, Leinwand, Tuch oder auf dem Klavier. Halte die Spannung weiterhin, bis das Bild, das du malen möchtest, das Stück, das du komponieren möchtest, oder die mathematische Gleichung,

Siehe: *Verschiedene Retreat-Vorschläge: Ein 2tägiges Künstler-Retreat*

Zeit für dich. Das große Retreat-Buch für Frauen

245

die du zu lösen versuchst, dir im Geist völlig klar ist. Es wird nicht in seiner Gänze da sein, nicht auf einmal. Was in dir auftaucht, ist vielleicht nicht einmal der Anfang. Es könnte genau der Teil sein, den du gesucht hast. Halt das Bild fest, bis es zu groß für dein Gedächtnis wird und du sicher bist, daß du es verlieren wirst, wenn du jetzt nichts tust. Erst an diesem Punkt wirst du tätig: schreib, musiziere, male, rechne, um es einzufangen. Wenn du deine Idee festgehalten hast, kehr wieder zu dem zurück, was du vorher getan hast: Spiel, ruf deine Muse an, gib dich der Kunst hin. So baust du erneut Spannung auf. Sag dir immer wieder, daß du nicht arbeiten kannst, bevor der nächste Teil deines Vorhabens dir nicht völlig klar vor Augen (oder Ohren) steht – wie ein Film, eine riesige Reklametafel oder ein Soundtrack. Füll mit dieser Übung das ganze Retreat.

Wenn du versuchst, diesen Prozeß zu durchlaufen, begegnest du vielleicht einer Stimme, die dir entmutigende Dinge ins Ohr schreit: »Bestimmt wirst du das Wichtigste vergessen!« Wenn du spüst, daß eine Idee sich wieder davonmachen will, dann halt inne, egal an welchem Punkt der Übung du angekommen bist, atme tief durch, lockere den Griff der Furcht und entspann dich. Vielleicht meint die Stimme ja auch: »Das ist alles viel zu spielerisch. Dabei kommt nichts heraus. In derselben Zeit könntest du eine ganze Menge wirklicher Arbeit erledigen.« Das kann zutreffen, kann aber auch falsch sein. Doch im Grunde ist das völlig gleichgültig, denn hier geht es nicht um Arbeit. Hier geht es um dein Retreat. Das ist nicht deine normale Welt. Diese Art von Arbeit fordert ein grundlegendes Vertrauen in deine Vorstellungskraft, in deinen Wert als Künstlerin. Hast du es verdient, wieder einmal so richtig aufzutanken?

Tips für Mini-Retreats

Siehe: *Verschiedene
Retreat-Vorschläge:
Ein halbstündiges
Retreat zum Erwek-
ken deiner Kreativität*

Die Anrufung deiner Muse läßt sich auch gut zum Mini-Retreat umgestalten. Dasselbe gilt für die Übung im Verwegensein. Wenn du nur ein oder zwei Stunden Zeit hast, achte darauf, daß die künstlerische Erfahrung, die du dir gönnst, wirklich neu ist und dir vor Vergnügen ein Kribbeln im Nacken verursacht. Vielleicht brauchst du ein paar Mini-Retreats, um dich wirklich frisch aufgeladen zu fühlen. Sorg dafür, daß du sie kurz hintereinander machen kannst. Je mehr Zeit am Stück du erobern kannst, um so stärker wirst du den Zauber dieser Übung wahrnehmen.

Tips für Retreats mit anderen Menschen

Ihr könnt euch gegenseitig auf eurer Suche unterstützen, indem ihr euer Eintauchen gemeinsam plant und es auch – ganz oder teilweise – gemeinsam genießt. Wenn ihr danach unbedingt darüber sprechen wollt, dann bitte nur über das, was ihr dabei empfunden habt. Hier geht es nicht darum, Kunst mit dem Verstand zu sezieren. Sprecht darüber, was ein bestimmtes Gedicht in euch ausgelöst hat. Welche Assoziationen hat es in Gang gesetzt? Welche Erinnerungen ins Gedächtnis gerufen? Wie hat euer Körper den Text aufgenommen? Versucht auch nicht, aufkeimende Ideen für euer Schaffen mit euren Freunden zu teilen. Nichts vertreibt eine Inspiration schneller.

Es gibt noch zwei weitere Möglichkeiten, wie Freunde euch bei dieser Praxis behilflich sein können. Zunächst könnt ihr gegenseitig euren Zauberkreis aufrechterhalten, wenn ihr euch entschließt, euer Kunstretreat in der Öffentlichkeit zu machen. Zu zweit geht das meist einfacher als ganz allein. Ihr könnt euch auch gegenseitig etwas laut vorlesen, z. B. Abschnitte aus einem Theaterstück oder Gedichte. So erweckt ihr die Texte richtig zum Leben.

Wenn ihr diese Art von künstlerisch inspiriertem Retreat zusammen mit einer Freundin macht, achtet darauf, daß ihr nicht versucht, euch an den Geschmack eurer Gefährtin anzupassen. Wenn sie gerne zwölf Audrey-Hepburn-Filme nacheinander sehen möchte, du dich aber bereits nach dem ersten anderen Dingen wie z. B. einem Kabuki-Stück oder deinen Fotobänden von Man Ray zuwenden möchtest, dann geht euren eigenen Weg – jede für sich.

Arbeitest du mit einer größeren Gruppe zusammen, die ein bestimmtes gemeinsames Interesse zusammengeführt hat (z. B. eine Gruppe von Töpferinnen), dann stehen euch vielleicht Erfahrungen offen, die einer Einzelperson gewöhnlich nicht zugestanden werden. Ihr könntet z. B. einem Meistertöpfer bei der Arbeit zusehen oder außerhalb der Öffnungszeiten eine Keramikausstellung besuchen. Sucht euch nach diesem Erlebnis einen Ort, an dem ihr einen Kreis bilden könnt. Verdunkelt den Raum und stellt eine Kerze in die Mitte. Bittet nun nacheinander jede einzelne, auszudrücken, was sie in Verbindung mit diesem Kunsterlebnis empfunden hat. Spürt, wie eure Worte sich über euren Köpfen zu einem Netz aus Schönheit verflechten, das diese Erfahrung für jede einzelne vertieft und erweitert.

In der Gruppe ist es häufig auch einfacher, den Übergang vom Stadium der

---

Ideen zum konkreten Arbeitsprozeß zu schaffen. Wenn du beispielsweise an einer regelmäßigen Frauenschreibgruppe teilnimmst, dann könnte jede von euch allein ein Wochenendretreat machen, bei dem ihr die Künstlerin in euch nährt. Danach trefft ihr euch und legt vor der Gruppe nicht etwa eure Ideen offen, sondern das, was ihr als nächstes tun werdet, um sie zu verwirklichen: »Ich werde in den nächsten zwei Wochen eine Kurzgeschichte über das schreiben, was mir im Retreat aufgefallen ist.« Oder: »Ich will mein Bedürfnis, die Künstlerin in mir zu ehren, dadurch erfüllen, daß ich dieses Retreat am nächsten Wochenende wiederhole und nicht weiterarbeite, bevor ich den inneren Schaffensdruck nicht mehr aushalten kann.«

DAS PORTRÄT DEINES WAHREN SELBST

Komm in meinen Schoß und ruhe im Zentrum deiner Seele. Trink vom lebensspen-denden Wasser der Erinnerung und bring dich selbst zur Welt. Die Schätze, die du ans Licht holst, werden dich überwältigen. Zum Dank wirst du die Wände dieser Höhle bemalen.
Meinrad Craighead: *The Litany of the Great River*

Wo ist dein wahres Selbst? Welche Werte, Glaubensvorstellungen, Handlun-gen, Gedanken und Beziehungen passen zu dir? Was bist du tief in deinem Innersten? Wie kannst du deinen »erleuchteten, also im Grunde religiösen Sinn für [dein] inneres Leben, der in die weitere, äußere Welt ausstrahlt und sie nährt« finden oder wiedergewinnen? Dieses Zitat stammt aus Michael Venturas Essay »A Dance for Your Life in the Marriage Zone«, den er in *Shadow Dancing in the U.S.A.* veröffentlicht hat.

Wenn du ein Porträt deines wahren Selbst zeichnen willst, mußt du zuerst die stummen Teile deiner selbst rufen und dann deine Entdeckungen in Bilder kleiden. Zunächst trennst du also die Teile deiner Persönlichkeit, die zu deinem Wesen gehören, von den anderen, die von deinem kulturellen Hintergrund, deinen Eltern, Freunden, Partnern inspiriert sind. Dazu gehört auch das Vertrauen in die Tatsache, daß es für dich wertvoll ist, dein Innerstes kennenzulernen und darzustellen – aber das gilt wohl für das gesamte Retreat. Dein wahres Wesen zu suchen kann ein revolutionärer Akt sein, ein Manifest: »Das bin ich. Diese Dinge will, schätze, respektiere und brauche ich.« Dabei geht es allerdings nicht darum, ein für immer festgelegtes Wesen zu finden. Vielmehr wirst du bemerken, daß eine bestimmte Mischung von Persönlichkeitsanteilen, Verhaltensweisen und Glaubenssätzen sich in genau diesem Moment wahr anfühlt, daß sie sich jedoch im Laufe der Zeit auch verändert.

Die folgende Übung dauert etwas länger. Du wirst also Zeit für Pausen einplanen müssen, in denen du vielleicht andere Übungen machen möch-test. Versuch, immer etwa eine Stunde an deinem Porträt zu arbeiten.

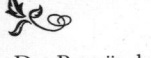
WAS DU BRAUCHST:

Eine Umrißzeichnung deines Körpers auf einem überlebensgroßen Stück weißem Packpapier. Bitte jemanden, vor dem Retreat die Umrisse deines Körpers mit Bleistift auf dem Papier festzuhalten. Überleg dir, welche Haltung oder Silhouette dein wahres Selbst am besten wiedergibt. Probier auf dem Papier liegend verschiedene Posen aus, bis du das Gefühl hast, daß das Bild jetzt stimmt. Wenn ein Umriß deines Körpers dich allzu unglücklich macht, dann zeichne nur den Kopf, die Hände und die Füße und laß die Mitte frei. Laß oben, unten und an den Seiten einen breiten Rand.

Malsachen: Wasserfarben, Temperafarben, Filzmarker, Pastellkreiden, Buntstifte.

Einen Stapel Zeitschriften und Kataloge. Such sie dir in Trödelläden oder guten Antiquariaten zusammen. Oder frag deine Freundinnen. Und deinen Zahnarzt.

Klebeband.

Eine Schere.

Wenn du Farben benutzt: Pinsel und Porzellanschälchen zum Mischen.

Klebstoff oder Gummiarabikum.

Wenn du möchtest, kannst du vor dem Retreat noch nach Symbolen suchen. Stöbere im Nähkästchen, in Schubladen mit Krimskrams oder auf dem Speicher, und laß dir dabei die Frage durch den Kopf gehen: »Wenn mein wahres Selbst ein Gegenstand wäre, wie könnte er aussehen?« Schnapp dir alles, was dich irgendwie interessiert oder − noch besser − direkt anspricht. Wiederhol die Frage leise und laß deine Augen nach der Antwort suchen. Du kannst diese Übung auch in einem Trödel- oder Perlenladen machen. Oder in einer Papeterie. (Vielleicht findest du dabei ja auch gleich ein Geburtstagsgeschenk für deine Schwägerin oder ein paar nette Kleinigkeiten für den nächsten Kindergeburtstag.) Ein Talisman, ein Stückchen von deinem alten Heinzelmännchenkostüm, ein Bild auf einem Kartengruß, ein alter Ohrring, ein Gedicht − all das kann die Antwort auf deine Frage sein.

Dein Porträt

Das Porträt deines wahren Selbst

Befestige die Umrißzeichnung deines Körpers mit Klebeband an der Wand, und breite deine Materialien um dich herum auf dem Boden aus. Es ist wichtig, diese Übung mit ruhigem, zentrierten Geist anzugehen. Du wirst Schwierigkeiten haben, dein wahres Wesen zu finden, wenn du keinen Kontakt zu dem hast, was sich in deinem Körper abspielt. Zentrier dich also vorher ein paar Minuten lang.

Siehe: *Die Praxis des Zuhörens: Ich bin genug*

Wenn du spürst, wie die Ruhe sich in dir ausbreitet, lies dir die Fragen weiter unten durch. Laß nun die „Bildende Künstlerin« in dir auf die Fragen antworten, die du − zusammen mit deinen Materialien und deinem Körperumriß − vor Augen hast. Vielleicht verspürst du, während du über eine bestimmte Frage nachdenkst, den Impuls, einen Teil deiner Körperzeichnung zu bemalen. Oder eines deiner Fundstücke dort zu befestigen. Oder die gesammelten Zeitschriften durchzublättern und passende Bilder auszuschneiden. Vielleicht malst du auch einzelne Worte aufs Papier, Zitate aus Gedichten oder Liedern. Aber wende dich den Worten möglichst erst zu, wenn du dich eine gewisse Zeit lang auf die Bilder konzentriert hast. Benutz die Fragen, um dich in einen Zustand zu versetzen, in dem du durchlässig für Bilder und Gefühle bist. Oberflächlich gesehen langweilt diese Art Lebenslauf-Übung viele Menschen: »Das ist wirklich zu blöd! Ich kann mich einfach an nichts mehr erinnern.« Wenn es dir so geht, dann hör auf zu denken und versuch zu *sehen*. Lies die Fragen ein paarmal, während du herumschaust. Warte ein wenig und halte dich zurück. Geh erst danach zur schöpferischen Phase über.

Wenn du dich von Gedanken wie »Das Bild ist häßlich« oder »In Kunst war ich immer schon eine Null« nicht lösen kannst, dann mach die Dialogübung im Kapitel »Mut: Hilf dir selbst«. Auch Dehnübungen zu machen, zu tanzen oder ruhig ein- und auszuatmen, während du tiefe »Ahhs« ausstößt, kann in solchen Fällen hilfreich sein.

Wenn dir während der Arbeit mit den nachfolgenden Fragen Dinge einfallen, die sich nicht nach dir anfühlen, aber trotzdem irgendwie passen und dir wichtig erscheinen, dann mal oder kleb sie auf den Rand deiner Umrißzeichnung.

- Stell dir dich als Kind vor. Wie warst du im Alter zwischen drei und fünf? Was war dein Lieblingsspielzeug? Wovor hattest du am meisten Angst?

Wobei wolltest du auf keinen Fall ertappt werden? Wofür hat man dich gelobt? Wo hast du dich sicher und geborgen gefühlt? Welcher Teil deines Körpers gehört zu diesem Alter?

- Ruf dir ins Gedächtnis, wie du als Mädchen mit − sagen wir mal − acht Jahren warst. Was hast du getan, wenn du allein warst? Hattest du ein Lieblingsversteck? Was hast du am meisten geliebt: Bäume, Pferde, Fußball oder Puppen? Wer war deine beste Freundin? Wie fühltest du dich, wenn du mit ihr zusammen warst? Gab es Orte, an denen du dich unbehaglich fühltest? Und Menschen? Mußtest du in ihrer Gegenwart einen Teil von dir verstecken, um dich anzupassen und gelobt zu werden? Halt diese Dinge außerhalb deiner Silhouette fest.

- Und wie warst du mit 13? Welches Verhältnis hattest du zu deinem Körper? Was hat dir Spaß gemacht: mit dem Rad herumzutoben, im Herbst im Gras zu liegen, allein in deinem Zimmer zu tanzen, rumzuknutschen? Wann fühltest du dich unwohl in deinem Körper − ungelenkig, von allen angestarrt und verurteilt? Was geschah in deinem Körper, wenn Jungs in der Nähe waren? Und andere Mädchen? Lehrer? Geistliche, Rabbis, Heiler, Priester oder Nonnen? Oder deine Eltern?

- Denk zurück an die Zeit, als du so um die 20 warst. Welche Entscheidungen hast du damals getroffen − Studium, Heirat, ein bestimmter Job? Konzentrier dich auf eines oder zwei von den wichtigen Dingen und frag dich, welche von deinen Entscheidungen wirklich auf dem beruhte, was du dir damals wünschtest und was du brauchtest. Und was hast du getan, weil du dich anpassen wolltest, weil du Angst hattest oder einfach nicht so genau wußtest, was dir wichtig war? Auf welche Art und Weise hast du dich damals getröstet, wenn du traurig warst? Was geschah mit deiner Sexualität, mit deinem Körper? Was störte dich am Erwachsenwerden am meisten?

- Geh nun dein Leben anhand der unten aufgeführten Fragen immer weiter durch, bis du bei der Gegenwart ankommst. Und zensier dich nicht: Erlaub allen Eindrücken, Erinnerungen, Gedanken, Bildern auf ihre Art und Weise und zu ihrer Zeit aufzutauchen. Die Meilensteine deiner Entwicklung werden dir ganz von selbst ins Auge springen, wenn du sie nur läßt.

Wie habe ich die Zeit, die ich für mich allein hatte, am liebsten verbracht?

In wessen Gesellschaft fühlte ich mich am meisten ich selbst?

Was tut mir von all den Dingen, die ich getan habe, heute leid, weil ich denke, daß es falsch war, oder weil ich es nur der anderen zuliebe getan habe? Gibt es so etwas überhaupt?

Wieviel Zeit habe ich darauf verwendet, die Dinge zu tun, die für mich Sinn hatten?

Wie stand ich zu meinem Körper? Wie habe ich mich selbst körperlich wahrgenommen?

• Nun bist du in deiner Gegenwart angekommen:

Ich fühle mich am meisten ich selbst, wenn . . .

Ich mag an mir am liebsten, daß . . .

Was ich an meinem jetzigen Leben am meisten schätze, ist . . .

Ich habe einfach keine Zeit mehr für . . .

Wenn ich allein bin, mache ich am liebsten . . .

So sieht mein wahres Selbst aus . . .

So sieht die Beziehung aus, die wirklich zu mir paßt, . . .

Was ich gerne an meinem Leben ändern würde, um mehr aus mir selbst heraus leben zu können, ist . . . (Hefte die Worte und Bilder, die dir zu diesem Thema einfallen, am Rand deiner Umrißzeichnung fest.)

DENK ÜBER DEIN PORTRÄT NACH

Mach nun erst einmal eine Pause, in der du das Porträt nicht anschaust, und komm dann zurück, um darüber nachzudenken. Wenn du dieser Frau da auf der Zeichnung einen Namen geben müßtest, welchen würdest du wählen? Beschreib sie in der zweiten Person, als ob du mit ihr sprechen würdest. Was siehst du? Was wird sie als nächstes unternehmen? Was braucht sie, um durchs Leben zu kommen? Stell dir vor, du würdest sie nicht kennen, und schau, was dir zu dieser Frau einfällt. Das kann so aussehen: »Dein Haar ist wie Seetang. Es ist ganz verfilzt. Deine Beine sind stark. Ganze Gebirge wachsen auf ihnen. Aus deinem Herzen entspringt ein Fluß. Du hast die Arme vor der Brust verschränkt – du wirst dir nichts mehr gefallen lassen.«

Häng dein Porträt so auf, daß du es dir öfter ansehen kannst. Mach ein Geburtstagsritual daraus, dieses Bild anzuschauen.

Tips für lange Retreats

Du kannst mit dieser Praxis früh beginnen und sie dann als roten Faden für dein Retreat nutzen, indem du – unterbrochen von anderen Übungen – immer wieder daran arbeitest.

Tips für Mini-Retreats

Diese Praxis eignet sich auch sehr gut für ein kurzes Retreat. Nimm dir für jede Sitzung mindestens eineinhalb Stunden Zeit und versuch, deine Mini-Retreats in so kurzen Zeitabständen zu machen, daß dein Interesse wachbleibt.

Tips für Retreats in der Welt

Such einen Ort auf, der dich vom äußeren Eindruck her inspiriert, z. B. einen Trödelladen, einen Kostümverleih, den Bücherstand eines Museums oder eine malerisch gelegene Steilklippe, und lies dir eine oder zwei der oben aufgeführten Fragen durch. Warte ab, welche Bilder und Dinge dir ins Auge springen. Was haben diese Sachen mit deiner Frage zu tun? So könnte dein Blick bei der Frage »Wie sieht mein wahres Selbst aus?« auf einen mächtigen Berg fallen oder auf eine rostige, aber noch intakte Lampe. Notier dir, welche Dinge du dir ausgesucht hast, damit du später mit ihnen »sprechen« kannst. Für den Augenblick aber ist es besser, du bleibst in deinem intuitiven, von den Augen gesteuerten Zustand. Was du tust, muß keinen offen erkennbaren Sinn haben.

Tips für Retreats mit anderen Menschen

Tragt all eure Porträts in einem Raum zusammen und nehmt euch ein paar Minuten Zeit, sie zu betrachten. Haltet danach einen Kreis des Zuhörens ab. Jede Frau sagt etwas zu einem Porträt, die Frau, die es geschaffen hat, ist als letzte dran. Sie erzählt den anderen, wie es war, an diesem Bild zu arbeiten, was sie in dem vollendeten Werk sieht und welche Veränderungen (wenn es denn welche gibt) sie daraus für ihr Leben ableitet. Wiederholt diesen Vorgang mit jedem einzelnen Porträt.

Wenn ihre eure Porträts im selben Raum schafft, achtet darauf, euch vorher zu zentrieren. Arbeitet dann in aller Stille und sagt zunächst nichts zu den Bildern der anderen Frauen. Kommentare über künstlerische Fähigkeiten oder darüber, welches Porträt am besten aussieht, sind während des Retreats tabu.

Tips für erfahrene Retreatteilnehmer

Wenn du diese Übung schon einmal gemacht hast und das noch nicht allzulange her ist, solltest du statt der hier aufgeführten Fragen deine Retreat-Frage benutzen. Mach ein Bild von deinem Kopf oder einem anderen Körperteil, dem du gerne positive Energie zukommen lassen oder zu dem du eine bessere Beziehung aufbauen möchtest. Sammle Fotos oder Bilder aus Zeitschriften, zentrier dich, und laß dir dann dein Retreat-Thema durch den Kopf gehen, während du den Blick über deine Materialien schweifen läßt. Beantworte deine Retreat-Frage optisch. Bezieh dabei eigene Bilder mit ein. Vielleicht möchtest du auch ein paar Worte hinzufügen.

ENTSCHEIDUNGEN

Alles, was du brauchst, liegt tief in dir. Es wartet darauf, aufzublühen und sich zu erkennen zu geben. Du mußt nur still sein und dir die Zeit nehmen, das zu suchen, was in dir lebt. Dann wirst du es mit Sicherheit finden.
Eileen Cady, eine der Mitbegründerinnen von Findhorn

Über unserem Kamin hängt ein Bild. Es stellt ein Boot auf einem schnell dahineilenden Fluß dar. Etwas weiter flußabwärts liegt, in tiefem Schatten verborgen, eine Gabelung – der Fluß teilt sich in zwei Arme. Jedesmal wenn ich dieses Bild ansehe, geht mir dieses Gefühl durch Mark und Bein: daß ich nicht weiß, was auf mich zukommt, und trotzdem nicht anhalten kann; daß ich einfach von der Strömung mitgerissen werde. Es ist eine so eindringliche Darstellung dessen, was das Leben ausmacht: Wir wissen selten genügend und haben selten genug Zeit. So viele Dinge werden einfach instinktiv entschieden.

Doch heute ist der Tag der Tage. Heute ist alles anders. Du hast das Boot ans Ufer gesteuert und dich aus dem Strom des Lebens zurückgezogen, um deine Möglichkeiten neu zu überdenken. Du hast das getan, was Frauen, die Wildwasser fahren, normalerweise tun. Du erkundest das Gelände, studierst den Fluß, um dir darüber klar zu werden, wo die Felsen und die Untiefen liegen, die dein Kanu zum Kentern bringen können. Aber auch wenn du jetzt die Wasseroberfläche vom sicheren Ufer aus betrachtest, sagt dir das Ziehen in der Magengegend, daß es für nichts eine Garantie gibt. Und selbst wenn du die Erfahrung eines Führers auf dem Colorado-River hättest und deine Route mit äußerster Sorgfalt geplant hättest, so könntest du doch immer noch kentern. Und genau diese Tatsache mußt du bereitwillig aner-kennen oder ihr zumindest einen Platz in deinem Leben einräumen. Die Göttliche Führung steht dir überall zur Verfügung, du hast das ganze Wissen in dir, und trotzdem können schlimme Dinge geschehen. Niemand kann dir garantieren, daß die Entscheidungen, die du triffst, auch das gewünschte Ergebnis haben. Vielleicht wird alles noch viel besser, als du es dir wünschst. Vielleicht wird es nur anders. Zehn Jahre nach dieser Entscheidung kann sie dir als das größte Unglück deines Lebens erscheinen. Und wieder zehn Jahre später als der einzig wahre Segen. Alles ist möglich. Bis an unser Lebensende können wir niemals sicher sein, ob die Abzweigung, die wir nehmen wollen, sich als Fluch oder Segen entpuppen wird. Und du wirst niemals wirklich

Zeit für dich. Das große Retreat-Buch für Frauen

weiterkommen, wenn du diese grundlegende Unsicherheit nicht aner-kennst.

Häufig treffen wir eine Entscheidung, während wir uns in der freien Natur aufhalten. Selten können wir sie gleich in Worte fassen. Karen Warren schreibt in ihrem Beitrag »November Sojourn« in *Solo*:

»Wenn ich allein in den Wäldern bin, lege ich meistens eine Verschnaufpause ein, um vor mir selbst Rechenschaft über mein Leben abzulegen. Ich habe dann eine andere Sicht der Dinge. Eines Tages ging ich mit der speziellen Frage in den Wald, ob ich ein Kind haben wollte. Mein Partner hatte mich darauf gebracht. Da war ich nun also – eine abenteuerlustige Frau, die vor fünf Jahren noch die Sicherheit einer Kreditkarte und eines Leihwagens als zu bindend abgelehnt hatte – und versuchte zu entscheiden, ob ich ein Kind haben wollte. Ich verbiß mich so sehr in die Frage, daß ich ein weiteres Jahr und eine weitere ›Novemberzeit‹ brauchte, bevor ich mich diesem Thema wieder zuwenden konnte.«

Meine Freundin Randi erinnert sich noch gut daran, wie sie auf einem Felsblock am Flußufer etwas außerhalb von Austin saß und sich fragte, ob es richtig sei zu heiraten: »Hätte ich damals nur gewußt, wie ich zu einer Entscheidung kommen kann.«

Vielleicht gehörst du zu den Leuten, die einfach nur Zeit, ein paar lange Spaziergänge und gründliches Nachdenken brauchen, um die Tür zu ihrem Innern zu öffnen. Möglicherweise reicht es für dich auch aus, nur ein oder zwei Übungen der im folgenden beschriebenen Praxis zu machen, um deinen Entscheidungsprozeß in Gang zu bringen. Es könnte aber auch sein, daß du mehr Hilfe von außen brauchst, vor allem wenn du sehr erschöpft bist oder mit Panik zu kämpfen hast. Deshalb habe ich mir diese Praxis ausge-dacht und sie selbst ausprobiert.

WAS DU BRAUCHST:

Informationen über deine Wahlmöglichkeiten. Überlegst du dir beispiels-weise, ein Kind zu adoptieren, dann sammle Fakten über Kosten, Möglich-keiten, die Zeit, die so etwas dauert usw. Fragst du dich, ob du heiraten willst, trag Fotos von euch beiden zusammen, Briefe, die ihr euch geschrie-

ben habt, und einen Ring oder ein anderes Geschenk, das er oder sie dir gemacht hat. Möchtest du den Job wechseln, dann stell eine Liste auf, in der du deine augenblickliche Tätigkeit mit der neuen vergleichst.

Ein paar von deinen Lieblingsstücken (Talismane, Maskottchen, Kultgegenstände). Sie können dich an deine Stärke erinnern – an dein Stehvermögen, deine Verbindung zu anderen Frauen und zu deiner Form der Gottheit. Ein Rosenquarz, ein Bild von einer Schriftstellerin oder Frauenrechtlerin, die dir viel bedeutet, oder eine Halskette, die du von deiner Großmutter geschenkt bekommen hast, können solche Talismane sein.

Dein Tagebuch und einen Stift.

Deine Malsachen oder Ton.

Kerzen.

Einen Kurzzeitwecker.

Einen Satz Tarotkarten, die Bibel, das I Ging oder etwas anderes, mit dem du einen Blick in die Zukunft riskieren kannst. (Borg dir etwas von deiner Freundin, wenn du nichts dergleichen besitzt.)

Kleidung, in der du dich gut bewegen kannst.

Siehe: *Quellen*   Poetische, inspirierende Worte.

Erster Teil der Übung

Es ist sehr viel einfacher, deine Möglichkeiten abzuwägen, deinen Wünschen auf die Spur zu kommen und anzuerkennen, daß die Entscheidung, die du jetzt zu treffen hast, wirklich schwierig ist, wenn du von einem gesunden Selbstvertrauen ausgehst. Entscheide dich dafür, an dich selbst zu glauben. Vertrau auf deine Fähigkeit, Zugang zu deinem inneren Wissen zu bekommen.

Schaff dir als erstes einen Ort der Konzentration, einen Meditationsplatz, einen »Altar« für deine Frage. Dort stellst du deine Lieblingsstücke auf. Nimm nur diejenigen, die dir ein Gefühl von Kraft und Stärke geben, und

spar die, welche sich direkt auf deine Entscheidung beziehen, vorläufig noch aus. Leg dir deine Schreibsachen zurecht.

Stell dir nun ein liebevolles Wesen vor, das – egal ob belebt oder unbelebt – so weise, so sehr mit dir und dem Universum verbunden ist, daß es durch nichts erschüttert werden kann. Das kann die von dir gewählte Form des Göttlichen sein, ein geistiger Lehrer, mit dem du in der Vergangenheit einmal gearbeitet hast, oder einfach die angenehme Vorstellung, daß Güte und Geborgenheit dich umgeben. Versuch, kein Bild erzwingen zu wollen. Stell dir vor, daß dieses Wesen ganz nahe bei dir ist. Fühl es. Wenn du es, sie oder ihn wirklich spüren kannst – ganz real, voller Liebe, Energie und schützender Kraft, ganz bei dir –, dann hör zu, was es dir über Unterstützung, Mut, Fähigkeiten und Vertrauen zu erzählen hat.

Schließ deine Augen und atme tief ein und aus. Laß dich ein paar Augenblicke lang in die Stille sinken. Es gibt nichts zu tun, nichts, worüber du nachdenken, keinen Ort, an den du gehen müßtest.

Bist du zu überdreht, um still sitzen zu können, geh ein paarmal in einem weiten Kreis um deinen Meditationsplatz herum.

Wenn du soweit bist, dann schreib ganz oben auf ein Blatt Papier die entscheidende Frage in großen, dicken Buchstaben. Versuch, sie mit einem »könnte« zu verbinden. Zum Beispiel:

- Wie könnte mein Leben aussehen, wenn ich diesen Job annehmen würde?

- Wie könnte mein Leben aussehen, wenn ich ein Kind hätte?

- Wie könnte mein Leben aussehen, wenn ich mich von meinem Partner trennen würde?

- Wie könnte mein Leben aussehen, wenn ich ein Haus kaufen würde?

- Wie könnte mein Leben aussehen, wenn ich einen Schwangerschaftsabbruch vornehmen ließe?

- Wie könnte mein Leben aussehen, wenn ich jetzt anfangen würde, Jura zu studieren?

• Wie könnte mein Leben aussehen, wenn ich ... ?

Leg deine Frage zu den Dingen auf deinem Altar, und stell rundherum Sachen auf, die mit deiner Entscheidung direkt zu tun haben: Bilder, Briefe, Postkarten, Andenken. Betrachte deine »Schöpfung« ein paar Minuten lang.

Achte darauf, wie sich dein Körper anfühlt: deine Schultern, dein Bauch, dein Nacken. Beschränk dich dabei aufs Beobachten.

Sobald du denkst, der richtige Zeitpunkt sei gekommen (das kann nach zwei, aber auch nach 20 Minuten der Fall sein), solltest du dich körperlich betätigen. Mach etwas von der Bewegung her möglichst Gleichförmiges, was dir erlaubt, allein zu bleiben, und dich körperlich fordert – wenigstens ein kleines bißchen. Ideal sind z. B.: tanzen, Yoga, bergauf marschieren. (Du kannst dir dafür einen richtigen Berg, einen Hügel oder einen einfachen Abhang aussuchen – je nachdem, was es bei dir in der Nähe gibt und was du körperlich schaffst). Du kannst auch am Meer spazierengehen (an einem stillen See oder einem ungestümen Fluß), in einer ruhigen Gegend Langlauf oder einen Marsch mit Schneeschuhen versuchen. Du kannst Kanu fahren oder ein paar Runden schwimmen. Such dir ein ruhiges Schwimmbad oder (noch besser) ein stilles, warmes Gewässer in freier Natur. Wenn du dich normalerweise nicht allzuviel bewegst, wenn du diese Übung zu Hause machst oder mitten in einer Großstadt oder wenn du wenig Zeit hast, dann ist Tanzen wohl das beste.

Gib der Stimme nicht nach, die da in dir flüstert: »Ich bin viel zu müde, um jetzt spazierenzugehen.« Oder: »Das ist eine blöde Übung. Es ist ja sowieso klar, wie ich mich entscheiden muß.« Verwirrung, ein übermäßiges Schlafbedürfnis, der plötzliche, unwiderstehliche Drang, aufzugeben oder etwas zu essen, sind meist nur Tricks, mit denen wir versuchen, uns vor dem Strom des Lebens zu schützen. (Ja, auch Schokolade ist ein Trick – ein ziemlich reizvoller, aber letztlich doch übler Trick.) Es ist normal, daß Entscheidungen uns Angst einjagen. Daß wir uns am liebsten davonschleichen würden. Ich kämpfe jeden Tag mit diesem Impuls. Den meisten Menschen geht es so. Und wenn du absolut nicht mehr weitermachen willst, dann mach einfach eine Pause. Setz dich unter einen Baum und fang an zu schmökern. Zieh dir ruhig die Decke über den Kopf und futtere auf einen Schlag zwei Schüsseln Müsli. Deine Frage läuft dir nicht davon. Und auch die Sehnsucht, die dich zuerst an diesen Punkt geführt hat, wird noch da sein. Du kannst jederzeit dorthin zurückkehren.

Spür der Frage in deinem Körper nach, während du dich bewegst. Wo steckt sie in diesem Augenblick? Kannst du diesen Teil deines Körpers bewegen? Laß die Weisheit deines Körpers erforschen, wo Energie zum Fließen gebracht werden muß. Vielleicht steigt in dir plötzlich der Wunsch auf, loszurennen, mit den Hüften zu wackeln oder dich auf den Boden zu werfen und auf allen Vieren herumzukriechen. Tu es! Nimm deine Frage mit. Sprich sie in der Bewegung ein paarmal laut vor dich hin.

Mach, während du in Bewegung bist, folgende Übung: Sag dir beim Einatmen: »Ich atme Vertrauen und Klarheit ein.« Beim nächsten Ausatmen wiederholst du laut: »Ich atme Zweifel und Verwirrung aus.« Konzentrier dich auf diese Worte. Es ist wichtig, daß du sie nicht bloß vor dich hin sagst. Glaub an sie! Dein Geist wird abschweifen. Bring ihn auf das Wesentliche zurück: Du atmest Vertrauen und Klarheit ein, du atmest Zweifel und Verwirrung aus. Mach diese Übung so lange, bis du spürst, daß deine Energie sich verändert hat. Das kann zehn Minuten dauern oder zwei Stunden. Konzentrier dich immer wieder darauf: Bewegen und Schwitzen, Ein- und Ausatmen, Vertrauen und Klarheit.

Wenn du die Übung beendet hast, such dir ein stilles Plätzchen, atme ein paarmal tief durch und richte deinen Blick nach innen. Wie fühlst du dich jetzt? Wenn Worte die Veränderung beschreiben könnten, welche würdest du wählen? *Offenheit, Energie, Ruhe, Müdigkeit, Vertrauen, Entschlossenheit, Angst?* Gib deinem Gefühl einen Namen, ohne erst lange darüber nachzudenken.

Sobald du dazu bereit bist: Schreib oben auf ein Blatt in dein Tagebuch:

• Wenn ich jetzt sofort in meinem Leben etwas ändern könnte, würde ich . . .

Geh so schnell wie möglich zum spontanen Schreiben über, damit dir keine Energie verlorengeht. Vermeide Hast, sinnlose Gespräche und die übliche Denkmühle. Stell deinen Küchenwecker (wenn du einen hast) auf drei Minuten, oder schreib einfach drei Seiten voll, ohne abzusetzen. Wenn du steckenbleibst, schreib immer wieder *Wenn ich nur könnte,* . . . auf das Blatt. Kommen negative Gedanken wie »Das schaffe ich nie« oder »Was soll's, ist ja sowieso zu spät« auf, dann laß auch sie aufs Papier fließen.

Bist du am Ende angelangt, so leg erst einmal dein Tagebuch weg, und mach eine Pause. Machst du ein längeres Retreat, dann ist jetzt die Zeit für ein rituelles Bad gekommen. Gönn dir deine Leibspeise und verwöhn dich ruhig

Siehe: *Die Praxis des Zuhörens: Balsam für die Seele*

ein bißchen. Wenn du dich unmittelbar nach der Übung wieder deinem Alltag zuwenden mußt, solltest du ein Abschiedsritual einplanen, egal wie kurz es ausfällt.

ZWEITER TEIL DER ÜBUNG

Zentrier dich. Setz dich an deinen Meditationsort, vor deinen Altar, zünd die Kerze an. Nimm dein Tagebuch und schreib oben auf ein neues Blatt:

- Wie *sollte* mein Leben aussehen?

Stell den Wecker wieder auf drei Minuten, oder schreib die üblichen drei Seiten. Setz möglichst nicht ab. Laß die Frage dich schreiben. Bleibst du stecken, dann schreibst du das Wort *sollte* immer weiter und weiter.

Nimm dir nun ein paar Minuten Zeit, um herauszufinden, wo all diese »Solls« herkommen. Wem oder was kannst du die einzelnen Gedanken zuordnen? Diese Übung hilft dir, die Dinge zu erkennen, die sich als deine inneren Wünsche verkleidet haben, und zu entscheiden, ob du sie behalten willst oder nicht. Trenn das, was du glaubst, tun zu müssen, fein säuberlich von dem, was du wirklich willst. Leg dann deine Soll-Sätze auf deinen Altar.

Lies dir danach durch, was du zum Thema »Wenn ich in meinem Leben etwas verändern könnte, . . .« geschrieben hast. Gibt es neue Erkenntnisse? Neue Ideen? Schreib sie auf ein neues Blatt oder an den Rand des alten, ganz gleich wie weit hergeholt sie dir im Moment erscheinen mögen. Pick dir nun die drei oder vier Einfälle heraus, die dir den Atem rauben und dein Herz schneller schlagen lassen. Formulier sie als Fragen in derselben Form wie vorher:

- Wie könnte mein Leben aussehen, wenn ich ins Kloster ginge?

- Wie könnte mein Leben aussehen, wenn ich noch ein Kind bekäme?

- Wie könnte mein Leben aussehen, wenn ich den Beruf wechseln und Yogalehrerin werden würde?

- Wie könnte mein Leben aussehen, wenn ich eine Espressomaschine kaufen würde?

- Wie könnte mein Leben aussehen, wenn ich wieder zur Schule gehen würde?

- Wie könnte mein Leben aussehen, wenn ich diese Situation einfach annehmen würde?

Leg das, was du geschrieben hast, zu den Dingen auf deinem Altar. Laß nun deinen Blick über dieses Sammelsurium von Worten und Gegenständen gleiten. Was siehst du? Steigen neue Assoziationen, neue Ideen in dir auf? Gibt es irgendwelche interessanten Querverbindungen zu der Liste deiner Soll-Sätze? Heiß die Gedanken, die dir kommen, mit deinem Atem willkommen. Atme in sie hinein. Versuch, nichts zu forcieren. Warte und atme. Deine innere Haltung ist frei von jeglicher Anspannung, frei von Angst, Geringschätzung und dem Wunsch zu beurteilen. Du bist offen und entspannt, voller Verehrung und Bewußtheit.

Mach dir keine Sorgen, wenn du keine besonderen Einsichten hast. In dieser Übung gibt es viele verschiedene Stadien. Manchmal hilft es schon, einfach nur die Übung zu machen. Die neuen Ideen kommen häufig erst danach.

Mach eine Pause und laß das Denken eine Weile sein. Geh ruhigen Schrittes draußen spazieren und sag dabei leise vor dich hin: »Ich vertraue mir.« Achte darauf, wie Tiere und Pflanzen sich selbst vertrauen, indem sie spielen, jagen und wachsen. Vielleicht rollst du dich auch lieber vor dem Kamin oder unter deiner Lieblingsdecke zusammen und liest ein Buch über eine mutige Frau. *Siehe: Quellen* Auf diese Art und Weise kann dein bewußtes Selbst eine Pause machen, während du das innere Feuer des Unbewußten fütterst. Ein andere Möglichkeit, dir gutzutun, ist es, ein Ego-Buch anzulegen. In dieses Buch klebst du alle glühenden Liebesbriefe, die du einmal erhalten hast, Bilder aus glücklichen Tagen, Bänder oder Urkunden von den Wettbewerben, die du in der fünften Klasse gewonnen hast, eine getrocknete Blume aus deinem letzten Retreat – mit einem Wort alles, was dich daran erinnert, wie wunderbar du bist.

DRITTER TEIL DER ÜBUNG

Setz dich wieder vor deinen Altar und zünde deine Kerze an. Leg dir deine Malsachen zurecht, und lies dir erst einmal alles durch, was du während dieser Übung geschrieben hast. Nimm dir alle Zeit, die du brauchst.

Setz dich bequem hin, die Wirbelsäule so aufrecht wie möglich. Du kannst entweder einen Stuhl als Stütze benutzen oder ein Kissen unter deinen Allerwertesten schieben. Laß deinen Geist zur Ruhe kommen, indem du bei jedem Ausatmen rückwärts von vier bis eins zählst. Tauch in deine Mitte ein.

Sprich nun folgende Worte vor dich hin:

Ich .... (hier setzt du deinen Namen ein) sammle meine Weisheit um mich.

Ich bin fähig, allein mit mir selbst und meiner Frage hier zu sitzen.

Ich glaube daran, daß ich Zugang zu meinem inneren Wissen, zu der Stimme meiner Stille und Ruhe erlangen kann.

Ich glaube daran, daß ich Ohren habe, um diese Stimme zu hören.

Ich .... (setz hier wieder deinen Namen ein) vertraue mir. Ich vertraue meiner Wahrnehmung, meiner Intuition, meiner Art von Weisheit.

Atme. Sitze. Warte. Wenn dein Geist verrückt spielt oder zuviel Angst aufsteigt, wiederhol bei jedem Einatmen: »Welche Möglichkeiten gibt es?« Und laß dich bei jedem Ausatmen zurück in das Vertrauen in deine persönliche Entwicklung sinken. Wenn du nicht gerne still sitzt, umkreise mit langsamen und würdevollen Schritten deinen Altar. Atme tief und ruhig, während du dich fragst: »Welche Möglichkeiten gibt es?«

Wenn Bilder oder Gedanken sich abzuzeichnen beginnen, achte darauf, sie nicht herbeizwingen zu wollen. Warte. Sei lieb zu dir. Bleib bei dem Bild, dem Gefühl, der Ahnung und atme hinein. Versuch nicht, auf Biegen oder Brechen eine Antwort zu erhalten. Halt diese Energie. Laß sie wachsen.

Komm still aus deiner Meditation, wenn du dich dazu bereit fühlst – ob dein Weg dir nun erschienen ist oder nicht. Nimm deine Malsachen und laß ein Bild aus dem Ganzen entstehen. Du kannst es auch mit spontanem Schreiben, Figurenmachen oder Tanzen versuchen – tu, was gerade für dich paßt.

Stell das Ergebnis deiner Arbeit auf deinen Altar. Betrachte es ein paar Minuten lang und warte, ob du noch zusätzliche Informationen daraus ziehen kannst.

An diesem Punkt kannst du auch eine Tarotkarte ziehen, wenn du das Gefühl hast, noch weitere Führung zu brauchen, oder wenn du deine Entscheidung testen möchtest. Misch die Karten so lange, bis der richtige Zeitpunkt gekommen ist, sie mit der Bildseite nach unten aufzufächern. Wähl die Karte, zu der es dich hinzieht. Was fällt dir als erstes ein, wenn du das Bild betrachtest? Leg sie neben dein Bild. Gibt es Ähnlichkeiten? Laß die Tarotbücher in der Ecke stehen, bis es absolut nicht mehr anders geht. Setz dich erst dann damit auseinander, was die Karte laut Beschreibung bedeutet. Deine Vorstellungskraft wird dir sagen, wofür dieses Bild steht.

Eine andere Möglichkeit ist, ein tolles Buch nach dem Zufallsprinzip aufzuschlagen, den Finger über die Seite zu führen, bis du den Eindruck hast, daß ein Halt jetzt angebracht wäre, und dann zu lesen, was dort steht. Wie passen die Worte zu dem, was für dich ansteht? Werfen sie ein neues Licht auf die Sache? Meditiere über diese Worte, spiel mit ihnen, laß sie dir durch den Kopf gehen.

Buchtips findest du in den Quellenangaben.

Schreib nun, so genau wie irgend möglich, die Antwort auf deine Frage nieder:

• Wie wird mein Leben aussehen, wenn ich . . .?

Benutz deine Phantasie und erfinde eine Geschichte über das, was als nächstes passieren wird. Schaff dir das bestmögliche Szenario. Wenn du studieren möchtest, dann stell dir vor, wie gut du dich auf die Aufnahmeprüfung vorbereitest, wie du an der Fakultät angenommen wirst, die du dir ausgesucht hast, und daß du die Stipendien und Ausbildungsbeihilfen bekommst, die du brauchst. Hier kannst du deine Träume aus dem Abschnitt »Wenn ich jetzt sofort in meinem Leben etwas ändern könnte, würde ich . . .« einbringen. Erlaub dir, für deine Zukunft nur das Allerbeste kommen zu sehen. Schreib ein paar Sätze dazu, wie andere auf deine Entscheidung wohl reagieren werden. Stell dir vor, wie begeistert und hilfsbereit sie sein werden.

Belohn dich selbst, weil du es endlich geschafft hast. Wie kannst du dich selbst feiern? Wenn du noch völlig erschöpft bist von der Anstrengung, einen Überblick über dein Leben zu bekommen und diese schwierige Entscheidung zu treffen, möchtest du dich vielleicht am liebsten ein bis zwei Stunden ausruhen, ein Nickerchen machen oder ein Video ansehen. Womöglich möchtest du auch jemandem erzählen (und wenn es nur dein Tagebuch ist), wie toll du dich jetzt fühlst, weil du dich endlich dem Problem gestellt hast.

Siehe: *Quellen*

Oder du willst einfach atmen und bei dir bleiben, bei deinen Gefühlen. Mir geht es nach dieser Übung manchmal so gut, daß ich irgend etwas tue, damit es mir wieder schlecht geht (essen oder wieder in Anspannung und Hektik verfallen). Ich kann es nicht lange ertragen, auf mich stolz zu sein. In diesen Momenten hilft es mir, wenn ich spazierengehe (wie du sicherlich beim Lesen schon bemerkt hast, mache ich ziemlich viele Spaziergänge) und mir sage: »Es ist in Ordnung, sich toll zu fühlen. Mir wird nichts Böses geschehen, wenn ich stolz auf mich bin.«

ABER ICH WEISS IMMER NOCH NICHT, WAS ICH TUN SOLL!

Vielleicht ist die Zeit für diese Entscheidung ganz einfach noch nicht reif. Diese Zeit kann in fünf Minuten kommen, in fünf Stunden oder in fünf Monaten, aber im Moment ist sie noch nicht da. Wie gehst du mit dieser Unsicherheit um? Fühlt sie sich »richtig« an? Oder hast du den Eindruck, du läufst vor der Entscheidung davon? Auch wenn du dich nicht entscheidest, triffst du eine Wahl. Und Veränderung ist ein Naturgesetz im Universum.

Mach es dir noch einmal bequem. Atme tief durch und frag dich:

- Was gewinne ich dadurch, daß ich mich nicht entscheide?

- Wie könnte ich auf heilsamere Weise zu denselben Vorteilen kommen?

- Wovor habe ich bei dieser Entscheidung am meisten Angst?

Was würde geschehen, wenn du dir mehr Zeit für diesen Entschluß nehmen würdest? Oder hängt ein Damoklesschwert über dir, das eine ähnliche Form hat wie dieses »Soll ich mich versetzen lassen oder lieber heiraten?« Oder ist Warten dir schlicht unerträglich? In diesem Fall solltest du dich zuerst um die Fakten kümmern. Kannst du irgendwie mehr Zeit rausschlagen, egal ob bei deinem Chef, deinem Liebsten oder der Person, die diese Entscheidung von dir fordert? Gibt es eine Möglichkeit, ruhig und gelassen abzuwarten? Auch hier ist wichtig: Warte nur, wenn du das Gefühl hast, das sei jetzt das einzig Richtige. Wenn du dir dessen nicht sicher bist, dann bedeutet das: noch länger sitzen, gehen und fragen: »Was ist für mich jetzt wichtig?« Mach eine kurze Pause und wiederhol *danach* einen Teil der Praxis. Wenn du diese

Übung etwa in der Mitte deines Lebens machst, dann kann es sein, daß zur Lösung deiner Frage ein längeres Retreat außerhalb deiner vier Wände nötig ist. Womöglich ist es besser für dich, die Vorgaben in diesem Buch abzuändern und Übungen anzufügen, die du dir selbst ausgedacht hast. Oder du brauchst einfach mehr Information von außen. Besorg sie dir und kehr dann zurück in dein stilles, ruhiges Zentrum.

Tips für lange Retreats

Diese Praxis eignet sich am besten für ein langes Retreat. Dabei kannst du jeden Teil der Übung für sich machen und dir dazwischen genügend Zeit zum Verschnaufen lassen, während der du dich ausgiebig dem Thema »Balsam für die Seele« widmest.

Was heilsames Sich-selbst-Verwöhnen ist, wird im Kapitel *Die Praxis des Zuhörens: Die Schattenseiten des Sich-Verwöhnens* erklärt.

Tips für Mini-Retreats

Wenn du diese Praxis als Mini-Retreat ausführen willst, solltest du pro Retreat nur jeweils einen Teil der Übung machen. Versuch, deine innere Einkehr an drei aufeinanderfolgenden Tagen zu halten. Wenn das nicht geht, dann jeden zweiten Tag. Stell deinen Altar so auf, daß du ihn auch sehen kannst, wenn du nicht im Retreat bist. Vergiß nicht, jedesmal ein Eröffnungs- und ein Abschlußritual zu machen.

Tips für Retreats in der Welt

Für Retreats in der Welt ist diese Praxis nicht geeignet. Ausnahmen: Ein Retreat in der Einsamkeit der freien Natur.

Tips für Retreats mit anderen Menschen

Auch für Gruppenretreats eignen sich diese Übungen nicht. Ausnahme: Du kannst eine Freundin oder deinen Retreatbetreuer bitten, dir deine Entscheidungen in einem Feedback widerzuspiegeln.

ÜBERGÄNGE

Das Leben ist wie eine Brücke. Geh drüber, aber versuch nicht, dein Haus darauf zu bauen.
Indianisches Sprichwort
gesammelt von Bruce Chatwin,
in *The Songlines*

Du wirst 50. Du feierst den Tag, an dem du seit zig Jahren trocken bist. Du durchlebst eine Trennung von deinem Partner. Dein Kind oder dein Enkelkind kommt zur Welt. Du verlierst deinen Job, heiratest, kommst in die Wechseljahre, beendest deine Doktorarbeit, erholst dich von einer Krankheit − unser Leben wird regelmäßig von Veränderungen belebt oder aus der Bahn geworfen. Diese Zeiten des Umbruchs im Leben können dir schaden. Sie können dich überwältigen oder dich zum Narren halten. Doch wenn du dir genügend Zeit nimmst, um sie anzunehmen und über sie nachzudenken, schenken sie dir ihre Weisheit und lehren dich, wer du bist und wozu du fähig bist.

Einen Übergang rituell zu begehen bedeutet, daß du anerkennst, daß eine Veränderung stattgefunden hat und daß du nicht mehr dieselbe Person bist wie vorher. Daß es da in deinem Leben einen Bruch gegeben hat, einen Wechsel, ein Schlingern oder einen Neubeginn mit Pauken und Trompeten. Ein Retreat bietet dir die entscheidende Möglichkeit, daß sich dein Bewußtsein mit all dem anfreundet. Nur so läßt sich Veränderung schließlich in Weisheit umwandeln. Hier erhältst du Gelegenheit, dich der *Wirklichkeit* deiner Verletzung, deiner Aufregung oder Angst zu stellen. In der Sicherheit deines Zauberkreises kannst du auf deine innere Stimme hören und zulassen, daß sie dir zeigt, wie du mit diesem Wechsel in deinem Leben umgehen kannst, wie du das Schöne oder Schmerzhafte daran nehmen und in ein erleuchtendes Erlebnis umwandeln kannst, in dem sich der Sinn deines Lebens spiegelt.

Übergangsrituale gibt es viele: Vielleicht möchtest du während deines Retreats reisen oder deine alten Tagebücher aus längst vergangenen Zeiten lesen. Du kannst dich durch Berge von Fotos wühlen oder die Schränke ausmisten und alle Dinge, die du nicht mehr brauchst, auf den Flohmarkt bringen. Geh auf einen Berg. Fahr zum Tauchen ans Meer. Schlag in deinem

Hinterhof ein Tipi auf und bleib dort einen Monat lang. All diese Rituale kannst du durch Teile der im folgenden beschriebenen Praxis bereichern.

WAS DU DAZU BRAUCHST:

Ein Objekt, das den Übergang, den du machen willst, symbolisch darstellt: das winzige Hemdchen deines Babys; eine Kopie deines Scheidungsurteils; ein Foto von dem Haus, das du gerade gekauft hast; dein Clean Chip, der zeigt, seit wann du trocken bist, ein Kinderbild von dir. Wenn du nichts Passendes findest, mal dir ein Symbol oder form dir eines aus Ton. Wenn dir kein Symbol einfällt oder du keine Zeit hast, es zu besorgen, dann warte damit, bis du im Retreat bist.

DEIN ÜBERGANGSRITUAL

Mit einem Abschnitt des eigenen Lebens zu ringen, ihn zu feiern oder zu betrauern, ist eine höchst individuelle Angelegenheit. Kein Ritual wird auch nur annähernd dem einer anderen Frau ähnlich sein. Jedes ist absolut einzigartig. Wie bei deinem Eröffnungs- und Abschlußritual so gilt auch hier: Du wirst genau wissen, was für dich richtig ist, wenn du nur auf deine innere Stimme hörst. Was dieser Praxis Leben einhaucht, ist dein Glaube daran, daß du imstande bist, dein ganz persönliches Übergangsritual zu finden. Erlaub dir, deine Bedürfnisse und dein Tun ernst zu nehmen, ohne jedoch deinen Sinn für das Spielerische daran aufzugeben.

Ruf dir zuerst die Person vor dein inneres Auge, die du vor dem einschneidenden Ereignis warst. Frag dich:

• Wie würde ich mich selbst vor dem Übergang beschreiben?

Beschreib mit den von dir gewählten Ausdrucksmitteln, wie dein Leben vor der Veränderung aussah.

Siehe: *Die Praxis des Zuhörens* und *Kontemplation*

Ist der Übergang, mit dem du dich hier beschäftigst, klar erkennbar (wie die Geburt eines Kindes, der Tod des Ehepartners oder ein Umzug in eine fremde Stadt), dann ist es relativ leicht, die Veränderungen zu sehen, die

seitdem stattgefunden haben und noch stattfinden, gerade weil sie vielleicht ziemlich schmerzhaft sind. Handelt es sich um weniger dramatische und einschneidende Ereignisse (wie ein Geburtstag oder eine Hochzeit, nachdem man schon jahrelang zusammengelebt hat), ist es vielleicht schwieriger, die Veränderungen überhaupt klar auszumachen. Wenn das der Fall ist, dann geh auf die Suche nach den Kleinigkeiten, die zeigen, worin die Veränderung in deinem Leben besteht. Stell dir folgende Fragen:

- Was hat mich an diesen Punkt gebracht?

- Was möchte ich mir eingestehen?

- Was hat sich an meinem Leben geändert, das ich lieber nicht sehen möchte?

Es kann sein, daß du erst während der Übung bemerkst, daß du noch zu tief in diesem Übergang steckst, um ihn schon klar erfassen zu können. Dann stärk dein Vertrauen in dich selbst und laß es für jetzt gut sein.

Siehe: *Mut: Hilf dir selbst*

Sprich mit dem Symbol, das du vorher ausgesucht hast. Oder form dir jetzt eins. Wenn dir keins einfällt, das zu passen scheint, dann befrag deine innere Stimme, um zu erfahren, wo du dein Symbol finden kannst.

Arbeite mit den folgenden Fragen. Such dir dabei das Ausdrucksmittel, das dir am meisten liegt:

- Wie habe ich mich in dieser Situation verändert?

- Gibt es ein Geschenk, das ich aus diesem Lebensabschnitt mitnehmen kann?

Greif dann zu Stift oder Malsachen, und halt spontan fest, welche Antworten dir zu folgender Frage kommen:

- Wie soll mein nächster Lebensabschnitt aussehen?

Es gibt eine schöne Übung, mit der du diese Frage angehen kannst: Mal zuerst einen Kreis mitten auf ein Blatt Papier. Schließ dann die Augen und entspann dich. Laß dir die Frage einige Male durch den Kopf gehen. Stell dir jetzt vor, wie dein dir vertrautes Bild des Göttlichen diese Frage mit Licht erfüllt und aufklärt. Bitte das Göttliche in dir, dir zu zeigen, was in diesem neuen Lebensabschnitt für dich am besten ist. Wenn eine Idee, ein Symbol oder ein Bild in deinem Geist aufsteigt, konzentrier dich darauf. Stell dir vor, wie es im klarsten Licht erstrahlt. Wende dich dann allmählich wieder deinem Blatt Papier zu. Füll den Kreis mit den Wörtern und Bildern, die du eben wahrgenommen hast.

Laß deinen Körper die Veränderung ausdrücken. Es ist noch gar nicht so lange her, da schoren sich die Frauen in manchen Ländern das Haar und trugen ein Jahr lang nur Schwarz. Es muß ja nicht gleich etwas so Dramatisches sein! Aber auch heute noch ändern Frauen häufig ihre Frisur oder färben sich die Haare, wenn sie eine Trennung durchleben. Normalerweise denken wir dabei nur daran, daß wir uns etwas Gutes tun wollen, doch steckt darin auch die Möglichkeit, dir selbst und deiner Umwelt zu zeigen, daß sich in deinem Leben etwas verändert hat. Was würde deinem Körper helfen, diese Veränderung in einer positiven, liebevollen Weise auszudrücken, die dein inneres Wachstum fördert? Du kannst dir etwas aussuchen, was du noch während des Retreats tun kannst. Oder du entscheidest dich für etwas, was du in den darauffolgenden Tagen unternehmen kannst. Warum feierst du z. B. nicht einen runden Geburtstag, indem du einen Tanzworkshop mitmachst oder in ein Skigebiet fährst, wo du schon immer mal hin wolltest? Wenn du gerade Mutter geworden bist, kannst du dir zur Feier des Ereignisses ein paar neue Sachen kaufen, Dinge, in denen du dich wohl fühlst und bei denen Flecken nicht so sehr auffallen. Du kannst dir Rubber-Tattoos machen lassen (die gehen wieder ab!), deinen Körper mit Körperfarbe oder Theaterschminke bemalen oder versuchen, anders zu gehen als vorher: Tu genau das, was deinen Übergang mit deinem Leben verbindet.

GESCHICHTEN

Dies ist die Geschichte von Ann:

»Ich hatte Brustkrebs, und obwohl sich schon seit über einem Jahr keine Symptome mehr zeigten, fühlte ich mich immer noch ›krank‹. Ich wollte ein Übergangsritual machen, um diese drei Teile meiner Person kennenzulernen: mein gesundes Ich, mein krankes Ich und die Person, die zwar wieder gesund, aber für immer verändert war. Und ich wollte einen Weg finden, wie ich mit der Angst vor einer Rückkehr der Krankheit fertig werden konnte.«

»Ich nahm mir also zwei Tage und die Nacht dazwischen frei, um mich auf das Grundstück einer Freundin zurückzuziehen, das etwa zwei Stunden von meinem Zuhause entfernt lag. Ein Teil meines Eröffnungsrituals bestand darin, meine Familie um mich zu versammeln, ihnen zu erzählen, was ich vorhatte, und ihnen anzukündigen, daß die Frau, die aus dem Retreat zurückkehren würde, nicht mehr dieselbe sein würde, um die sie sich gekümmert und gesorgt hatten. Ich gab jedem von ihnen ein Foto von mir, auf dem ich körperlich tätig war und gesund aussah. Außerdem hatte ich für jeden eine Ansteckadel gemacht: ›Ich bin der Sohn einer gesunden Mutter‹ Und: ›Ich bin der Mann einer gesunden Frau.‹«

»Auf der Fahrt an den Retreatort hörte ich Rock'n'Roll — etwas, was ich nicht mehr getan hatte, seit ich krank geworden war. Es steckte einfach zu viel Jugend und Hoffnung darin.«

»Als ich an dem Ort ankam, den ich mir ausgesucht hatte, verbrachte ich zuerst eine Menge Zeit damit, mein Zelt aufzubauen und es mir bequem zu machen. Dann machte ich eine lange Wanderung und konzentrierte mich darauf, wie schön es war, sich bewegen zu können. Nachdem ich zu meinem Zelt zurückgekehrt war, setzte ich mich hin und meditierte über die Frage: ›Wie würde ich mich selbst vor der Krankheit beschreiben?‹ Zunächst stiegen Bilder in mir auf, Bilder, wie ich meinen Sohn stillte, Bilder von mir im Badeanzug, im Gymnastikdress in der Umkleidekabine der Sporthalle und von meinem Körper, wenn mein Partner und ich uns liebten. Dann spürte ich den damit zusammenhängenden Gefühlen nach — wie ich meinem Körper vertraut und ihn als selbstverständlich hingenommen hatte: Ich hatte immer gedacht, daß mir so etwas nie geschehen könne. Allerdings bemerkte ich auch, daß ich niemals vorher so sehr in meinem Körper gewesen war wie jetzt. Ich hielt meine Eindrücke in ein paar Zeilen fest und versuchte dann (zum x-ten Mal) die Wut, die in mir aufstieg, ›rauszulassen‹, indem ich Holz hackte.«

»Danach betrachtete ich eingehend das Symbol für die Veränderung in meinem Leben, meine Brustprothese. Früher hatte ich sie immer als eines der vielen Dinge gesehen, die ich eben mit mir anstellen mußte, um attraktiver zu wirken. Als ich aber einen Dialog mit ihr begann, merkte ich, daß ich lieber ›ohne sie auskommen‹ wollte und daß der Druck, sie jeden Tag tragen zu müssen, verschwunden war.«

»Dann meditierte ich über die Fragen: ›Wie hat dieser Übergang mein Leben

verändert? Hält er auch ein Geschenk für mich bereit?‹ Die Idee eines Geschenks war mir zutiefst zuwider. Ich wehrte mich mit aller Macht dagegen. Doch als ich meinen Geist mit diesen beiden Fragen auf die Reise schickte, konnte ich nicht umhin, zu bemerken, daß mein neues Ich viel stärker ist. Ich kann besser entscheiden, was gut für mich ist, und bin weniger anfällig dafür, etwas zu tun, was ich gar nicht will. Und ich bin mehr in meinem Körper als früher. Zu sehen, daß der Krebs mir auch Gutes gebracht hatte, war eher schmerzhaft, doch wurden die ›Geschenke‹ gleichzeitig realer für mich. Ich begann zu weinen.«

»Also änderte ich meine letzte Frage ab: ›Wie kann mein neues Ich mit der Angst vor einer erneuten Erkrankung umgehen?‹ Ich bat Gott um Hilfe und überreichte ihm in meiner Vorstellung einen Eimer, der bis zum Rand mit dieser ganzen schwarzen, teerähnlichen Masse gefüllt war: meiner Angst und dem physischen Krebs. Ich wehrte mich dagegen, dieses Bild in Licht zu tauchen, aber als ich es schließlich doch tat, verwandelte sich der Inhalt des Eimers in einen Schwarm leuchtend bunter Fische, der mich einhüllte. Als ich aus der Meditation herauskam und den Fisch gewissermaßen an Land zog, fiel mir plötzlich diese Geschichte in der Bibel ein, in der Jesus Wasser in Wein und Brot in Fische verwandelt. (Ich dachte jedenfalls damals, daß die Geschichte so ginge.) So erkannte ich, daß ich jedesmal, wenn die Angst mich von neuem überfallen würde, nur eines zu machen brauchte: diese Furcht in etwas Heilsames umzuwandeln. Die Worte *Verklärung* und *Wandlung* gingen mir unablässig durch den Kopf. Ich wußte nun, daß ich die Antwort auf die Frage, wie mein nächster Lebensabschnitt denn aussehen solle, gefunden hatte: Ich wollte den Mut finden, meine Angst in Liebe zu verwandeln. Ich hatte keine Ahnung, wie ich das anstellen sollte, aber ich wollte es wenigstens versuchen.«

»Ich feierte mein neues Ich, indem ich mir mit Theaterschminke einen Fisch aufs Gesicht malte und den Bäumen Deena Metzgers Gedicht ›Tree‹ laut vorlas.«

»Auf dem Weg nach Hause kaufte ich einen Fisch zum Abendessen.«

Und dies die Geschichte von Jan:

»An meinem 37. Geburtstag wollte ich mich wie üblich von meiner Partnerin zum Abendessen ausführen lassen. Dieser Geburtstag sollte eigentlich keine große Sache werden, aber mein inneres Bedürfnis, allein zu sein und

Siehe: *Verschiedene Retreat-Vorschläge: Ein 1tägiges Geburtstags-Retreat*

nachzudenken, wurde stärker und stärker. Schließlich sagte ich das Abendessen buchstäblich in letzter Minute ab und fuhr allein in eine Pension. Es gab ein bißchen Knatsch, aber ich konnte einfach nicht anders.«

»Was diese Übergangssituation für mich so real machte, war die Tatsache, daß ich das Gefühl hatte, ich stünde an der Schwelle einer bedeutsamen Wandlung, auch wenn die äußeren Anzeichen dagegen sprachen. Als ich versuchte, in meinem Tagebuch der Frage nachzugehen, wie ich mich bisher gesehen hatte, konnte ich immer nur denken: ›Aber bis wann denn?‹ Ich würde am Montag wie immer zur Arbeit gehen, ich würde zu Sharon zurückkehren – nichts würde sich ändern. Doch als ich mich der Frage zuwandte: ›Was verändert sich in meinem Leben, das ich lieber nicht sehen möchte?‹, spürte ich, daß ich gewissermaßen in ein Wespennest gestochen hatte. Ich beschloß, mir selbst mit 20 Minuten spontanem Schreiben auf die Spur zu kommen (was gar nicht so einfach war), und am Ende entdeckte ich, daß ich mir vielleicht ein Kind wünschte. Für eine 37jährige Lesbe, die weder ihren Eltern noch ihren Arbeitskollegen ihr Geheimnis je anvertraut hatte, war das ein ganz schöner Schlag.«

»Ich gönnte mir also zuerst einmal eine Pause, joggte, bis ich völlig durchgeschwitzt war, und stellte mich dann unter die Dusche. Danach begann ich, über ein Symbol nachzudenken. Wie konnte mein Symbol aussehen? Ein wenig unentschieden, fing ich an zu zeichnen. Doch nach ein paar Minuten kam ich so richtig in Fahrt und zeichnete ein Paar Handschellen und einen Ring. Als ich begann, mit diesen seltsamen Gegenständen in Dialog zu treten, kam folgendes heraus: Ich fürchtete, die Mutterschaft würde mich zu sehr binden (ach nein?!) und besonders meiner Karriere hinderlich sein. Der Ring stand für einen Ring, den meine Mutter mir geschenkt hatte. Sie hatte ihn von ihrer Mutter erhalten und diese wiederum von ihrer Mutter. Ich konnte gar nicht fassen, wie stark der Wunsch in mir war, diesen Ring an meine eigene Tochter weiterzugeben.«

»Es war ziemlich klar, wie dieser Übergang, vielmehr die Erkenntnis eines möglichen Übergangs, mich verändert hatte. Ich hatte die Katze aus dem Sack gelassen. Das Geschenk war für mich die Chance, ehrlich zu mir selbst und zu meiner Partnerin zu sein, eine bewußte Wahl zu treffen und vielleicht endlich die ewigen Zankereien zu stoppen, die uns seit etwa einem Jahr belasteten.«

»›Wie soll mein nächster Lebensabschnitt aussehen?‹ Diese Fragestellung war

mir viel zu umfangreich, um gleich beantwortet werden zu können. Also ging ich erst einmal zum Abendessen ins nächste Restaurant. Als ich beim Essen saß, fiel mir ein, daß ich die Frage ja ein wenig zurechtstutzen könnte: Statt mich zu fragen, wie mein nächster Lebensabschnitt werden sollte, konnte ich mich fragen, wie mein Leben aussehen würde, sobald ich mich entschieden hätte. Ich entschied, daß es ein mutiges und schöpferisches Leben sein würde – voller neuer Dinge. Ich zog mich in mein Zimmer zurück und visualisierte, wie die nächsten Tage für mich aussehen würden: Ich würde meine Zwiespältigkeit genauso akzeptieren wie Sharons Schock (wir hatten verabredet, daß wir keine Kinder wollten), und ich würde meiner inneren Weisheit lauschen. Ich segnete mich mit duftendem Öl und schlief ein.«

»Am nächsten Tag versuchte ich, die Veränderung realer werden zu lassen, indem ich 24 Stunden lang mit einer Tüte Mehl herumlief. Wie würde sich mein Körper anfühlen, wenn er für dieses ›Ding‹ sorgen mußte? Ich bemühte mich auch, wie eine Mutter zu gehen und zu denken.«

Tips für lange Retreats

Ein wichtiger Übergang im Leben ist eine ausgezeichnete Gelegenheit, sich den Luxus eines langen Retreats zu gönnen. Es ist sehr schön, wenn du dir zwischen den Fragen Pausen zugestehst und andere Übungen einschieben kannst, um dein Gehör für deine innere Stimme zu schärfen. So verstärkst du auch die Kraft des Wandels, die in dieser Übung steckt. Und außerdem ist es wirklich nett, wenn du Zeit genug hast, um dich langsam in die Fragen einsinken zu lassen.

Tips für Mini-Retreats

Eine entscheidende Lebenssituation mit Hilfe von Mini-Retreats zu meistern ist eine wahre Herausforderung. Doch ein Mini-Retreat eignet sich auch, um den vielen kleinen, aber doch wichtigen Wandlungen nachzugehen, die das Leben täglich für uns bereithält. Wir sind viel zu häufig Veränderungen unterworfen, bei denen wir nichts unternehmen, um sie wahrzunehmen, aus ihnen zu lernen und sie dann loszulassen. Deine Kleine kommt in den Kindergarten. Du fällst auf der Karriereleiter eine winzige Stufe hinauf. Du ziehst in ein anderes Stadtviertel. Eine Freundschaft verändert sich. Ein

Zeit für dich. Das große Retreat-Buch für Frauen

275

Haustier stirbt. All dies sind Veränderungen, denen du im Zauberkreis eines Mini-Retreats nachspüren kannst. Du kannst diese Übung aufteilen, indem du entweder jede der Fragen nur kurz anschneidest oder dir für jedes Mini-Retreat immer nur eine Frage vornimmst.

Für Retreats in der Welt

Siehe: *Wo mache ich mein Retreat: Seelische Geborgenheit schaffen*

Vielleicht gibt es in deinem Übergangsritus einen Teil, der sich in der Öffentlichkeit abspielt. In die Kirche gehen, Asche verstreuen, am Strand spazierengehen oder vor einem Holocaust-Denkmal meditieren sind nur ein paar Beispiele. Wenn du eine dieser Übungen draußen in der Welt machst, dann achte bitte darauf, daß du dich körperlich und seelisch besonders schützt. Wir sind sehr verletzlich, wenn wir im Zwischenreich sind und uns mit dem Thema »Veränderung« auseinandersetzen.

Tips für Retreats mit anderen Menschen

Andere Personen in deinen Übergangsritus einzubeziehen kann diese Erfahrung immens bereichern und ihr mehr Realität verleihen. In dieser Hinsicht gibt es ungeahnte Möglichkeiten. Du kannst mit den Fragen zuerst für dich arbeiten und sie dann in einer Zeremonie mit den anderen teilen. Ihr könnt gemeinsam auf einen nahegelegenen Hügel steigen, ihr könnt zu einer Single-Fete gehen, alle zusammen ein Schwitzhüttenritual machen oder euch gegenseitig sogar bei einer Visionssuche unterstützen.

Wenn ihr eine größere Gruppe seid, so setzt euch im Kreis zusammen. Jede Teilnehmerin erzählt den anderen Gruppenmitgliedern von ihrer speziellen Übergangssituation. Die Frau, die spricht, fängt an, Perlen oder andere Dinge zu einer Kette aufzufädeln. Wenn sie fertig ist, reicht sie die Kette der Frau rechts von ihr. Auch sie fügt eine Perle hinzu, während sie beschreibt, was sie während der Übergangszeit an der ersten Frau bemerkt hat. (Wenn sie sie nicht kennt, kann sie eine Affirmation sprechen.) Die Halskette wird nun von Frau zu Frau weitergereicht, bis sie zu der ersten zurückkehrt. Dann fängt die nächste an, bis jede eine Kette als Symbol für ihre Wandlung hat.

TRAUER

So mancher Schmerz ist laut
und übertönt den Himmel.
Und andere sind so still,
daß keiner spürt ihre Macht –
ertragen werden sie und finden nie ein Ende.
Manch alter Schmerz ist stolz –
läßt nie ein Wort verlauten:
Verwunden wird er nie.
Doch er ist es, der unsern Willen nährt
und hart ihn werden läßt wie Stahl.

May Sarton »On Grief« [Über den Schmerz],
in *Selected Poems of May Sarton*

In fast jedem Retreat gibt es Augenblicke (und manchmal dauern sie ein
ganzes Retreat lang), in denen man sich dem Schmerz öffnen muß. Dem
Loslassen. Dem Moment, in dem ein herzzerreißendes »Nein, das kann nicht
sein!« dich durchfährt, während dein Körper schon mit einem »Ja, so ist es!«
antwortet. Unser romantisches Bild vom Retreat bietet scheinbar keinen
Raum für Tränen, Haareraufen oder Stöhnen, das tief aus dem Bauch
kommt. Wenn du aber die Schriften der Mechthild von Magdeburg liest,
wenn du dich mit verschiedenen Psalmen oder den Berichten zeitgenössischer Autorinnen wie Doris Grumbach und Alix Kates Shulman beschäftigst,
dann erkennst du, daß sich Retreats häufig um das Thema »Trauer« drehen.
So schreibt z. B. Doris Grumbach in *50 Days of Solitude*:

»Auf die Suche nach meinem Selbst zu gehen, als ich ganz allein war, war in
gewisser Weise auch gefährlich. Was wenn ich statt der großen Leere einfach
nur einen Ort finden würde, an dem sich unangenehme Dinge stapelten,
lang verborgene Wahrheiten, die dort versperrt, vergessen, beerdigt worden
waren? Als ich mich also auf den Weg machte, begann ich ein verzweifeltes
Katz-und-Maus-Spiel: Ich hatte Angst vor dem, was dort auf mich wartete,
aber am meisten fürchtete ich, daß ich gar nichts finden würde.«

Wenn du deinen Schmerz nicht beachtest, wird er deshalb nicht weniger. All
die kleinen Verluste, die wir täglich erleiden, warten zusammen mit den

---

großen in einem stillen Winkel deiner Seele, bis ihre Zeit gekommen ist. Sogar für den Schmerz, den May Sarton in ihrem Gedicht erwähnt, den Schmerz, der nie verwunden wird, ist es besser, wenn er ans Licht gebracht wird. »[Schmerz] bedeutet nicht nur die Reaktion von Trauer um Menschen in meinem Leben, die gestorben sind, sondern schließt jede Person, jeden Gegenstand, alle Vorkommnisse ein, die ich mit einem Gefühl von Unvollkommenheit hinter mir zurückgelassen habe«, schreibt Elaine Childs-Gowell in ihrem Buch *Heilungsrituale*. Im Reich der Seele gibt es keine Zeit. Die verletzende Bemerkung einer Freundin türmt sich heute so drohend auf wie damals, als sie gemacht wurde, wenn niemand sie ans Licht bringt. Wunden in der Seele, die weder erkannt noch betrauert wurden, schließen sich nie.

Im Retreat hältst du inne. Du läßt den ganzen Ballast und alten Kummer einmal hinter dir. Das ist manchmal gar nicht so einfach. Du fühlst dich eingesperrt, verloren, so als schlüge eine haushohe Welle von Kummer über dir zusammen. Aber wenn du mit deinem Schmerz mitgehen kannst, so als würdest du im Sturm ein Boot steuern, dann gehst du am Ende des Unwetters freier, offener, vertrauensvoller, bewußter und voller Energie daraus hervor.

Wenn du gerade aktiv trauerst, kannst du diesem Thema in einem Retreat nachgehen. Saral machte ein dreimonatiges Retreat, als sie sich mit den Wunden auseinandersetzte, die Mißbrauch bei ihr hinterlassen hatte, als sie ein Kind war. Während dieser Zeit ging sie einmal pro Woche zum Therapeuten. Vielleicht überfällt dich dein Kummer aber auch mitten im Retreat. Wenn das geschieht, solltest du dir einen Augenblick der Gnade gönnen, einen Moment des Aufmerkens. Wenn du dich zu diesem Zeitpunkt dem Schmerz noch nicht öffnen kannst, so ist das nicht weiter wichtig. Ich habe leider nur zu oft solche Momente abgewürgt und so die Gelegenheit zur Auseinandersetzung verpaßt. Doch es wird immer wieder solche Momente geben auf deinem Weg in die schöpferische Einsamkeit. Solange wir uns daran erinnern, liebevoll mit uns umzugehen, stehen uns alle Türen offen.

WAS DU BRAUCHST:

Musik, die dir hilft, deinen Schmerz zu spüren, und einen Duft, der dich deiner Gefühlswelt nahebringt. Sie müssen nichts mit deinem Leben zu tun haben. Ich z. B. fange immer an zu weinen, wenn ich die Filmmusik von *Mission* höre, ganz gleich wo ich gerade bin.

Balsam für die Seele: deine Kuscheldecke, Fotos aus einer Zeit, in der du glücklich warst, eine Riesentüte Schoko-Bons.

Jemanden, der nach dir sieht.

Eine Möglichkeit, deinen Ärger körperlich auszudrücken: einen Hefeteig zum Schlagen, einen Tennisschläger, einen Ball und eine Wand; laute Musik, zu der du kräftig aufstampfen kannst.

Siehe: *Mut: Unterstützung im Retreat*

Einen Ort, an dem du schreien und weinen kannst.

Salbei, Weihrauch oder andere getrocknete Kräuter und ein Räuchergefäß.

Streichhölzer.

Eine Feder oder einen Fächer, um den Rauch in eine bestimmte Richtung zu fächeln.

Ein Symbol für das, was du loslassen willst.

DEIN EMOTIONALER RAUM

Ja, jetzt kommt wieder die Maklernummer aus dem Kapitel »Wo mache ich mein Retreat?« Trauern kann eine sehr erschreckende Form der Arbeit an sich selbst sein. Je schwerwiegender die Probleme sind, die du bearbeiten willst, und je zerbrechlicher du dich fühlst, um so wichtiger ist es, daß du deinen Zauberkreis richtig gestaltest, deine Trauererfahrung durch einen Anfang und ein Ende begrenzt.

Stell dir einen Wecker, sagen wir mal auf eine Zeit zwischen 20 Minuten und einer Stunde. Arbeite mit deinem Schmerz nur bis zu dem Punkt, an dem dieser Wecker läutet. Laß dir dann sofort eines deiner Trostpflästerchen zugute kommen, z. B. ein warmes Fußbad oder einen Spaziergang am Fluß. Massier dir Schläfen und Nacken, während du dich unter deiner Daunendecke zusammenrollst. Wie wär's jetzt mit einem Nickerchen?

Sorg dafür, daß immer ein Helfer verfügbar ist, der sich im Notfall sofort um dich kümmern kann, so, daß du, wenn du Hilfe von außen brauchst, nur rufen oder zum Hörer greifen mußt. Und *erlaub dir selbst*, um Hilfe zu bitten, wenn du sie brauchst. Oder mach ein Gemeinschaftsretreat mit einer anderen Person, die ihre Einkehr ganz in der Nähe hält. Manchmal hilft auch schon die Tatsache, daß du nach dem Retreat jemanden treffen wirst, den du wirklich magst – jemanden, der sehr erdverbunden ist und heilsame Energien hat, so daß er einen schützenden Zauberkreis um dich legen kann. Auch ein Haustier kann im Retreat als tröstlicher Anker dienen. Ich habe mich auf mehr als nur einer Reise in die dunkleren Gefilden meines Selbst buchstäblich an meinen Hund geklammert und bei ihm Trost gesucht.

DEN SCHMERZ HERVORLOCKEN

Such dir Musik und Düfte aus, die deine Gefühlswelt stimulieren. Die Frage, welche Musik sich gut zum Trauern eignet, ist eine sehr persönliche Sache, so daß es mitunter gar nicht so leicht ist, etwas zu finden, was den Zugang zu deinen schmerzlichen Punkten freilegt. Geh in einen Musikladen, in dem du die Titel anhören kannst, bevor du sie kaufst. Oder geh in eine Bibliothek, in der es auch CDs oder Kassetten zum Ausleihen gibt. Du kannst natürlich auch die CD-Sammlung deiner Freunde durchstöbern.

Die folgenden Musikstücke habe ich ausgewählt, weil viele Menschen sie als geeignet zum Öffnen des Herzens und zum Erwecken von Gefühlen empfinden. Trotzdem müssen sie auf dich nicht dieselbe Wirkung haben. Hör dir also die Stücke an, *bevor* du sie mit in dein Retreat nimmst:

- Brahms: Klavierkonzert Nr. 2, Allegro non troppo, 1. Satz; Symphonie Nr. 3 in F-Dur, Opus 90, 1. Satz

- J. S. Bach: »Komm, süßer Tod«; Präludium in b-Moll

- Vaughn Williams: Phantasie zu »Greensleeves«; Pastoral Symphony; Symphonie Nr. 5

- Marcello: Konzert für Oboe in c-Moll (das Adagio)

- Bruckner: Symphonie Nr. 8, 2. Satz (nur das Scherzo)

- Holst: Die Planeten (Uranus und Saturn)

- Mahler: Symphonie Nr. 10, 3. Satz; Symphonie Nr. 5 (das Adagietto)

- Beethoven: Symphonie Nr. 3 (»Eroica«), 2. Satz; Symphonie Nr. 7, 2. Satz

- Albinoni: Adagio für Streicher und Orgel

- Sibelius: »Der Schwan von Tuonela«

- Erik Satie: »Three Gymnopedies«

- Debussy: L'Après-midi d'un Faune; La mer, 1. Satz

- Rachmaninoff: Symphonische Tänze, Opus 45, 1. Satz

- Puccini: »I Crisantemi«, Streichquartett

- Michael Hoppe: »The Yearning«; »The Dreamer«; »The Poet«

- Tim Wheater: »Heartland«; »Green Dreams«; »Timeless«; »Eclipse«

- Michael Nyman: Soundtrack zu *Das Piano*

- Ennio Morricone: Soundtrack zu *Mission*

- Peter Gabriel: Soundtrack zu *Die letzte Versuchung Christi*

Mehr Tips findest
du in den Quellen-
angaben.

Deinen Duft solltest du dir schnell aussuchen. Nimm das, was dir gerade einfällt, oder such in deinem Badezimmer oder deinem Duftschränkchen. Du kannst dir natürlich auch im Naturkostladen oder im esoterischen Fachhandel aus dem großen Angebot an Duftölen und Körperölen etwas auswählen.

Einige Düfte, die bestimmte Gefühle hervorrufen können:

- Zimt

- Eine bestimmte Waschpulvermarke, ein Shampoo, eine Seife, ein Aftershave oder Parfüm – Düfte, die dich an etwas erinnern

- Ein getragenes Kleidungsstück von jemandem, den du liebst

- Frisch geschnittenes Gras

- Kakao

- Duftkissen

- Rose, Lavendel, Flieder, Freesien (als Blumen oder als Duftöl)

- der Geruch beim Brot- oder Plätzchenbacken (du kannst auch fertigen Teig nehmen und ihn zu Beginn deiner Übung in den Ofen schieben)

- Neue, gebundene Bücher

- Altes Leder

- Brennende Bienenwachskerzen

Mach dir ein bequemes Nest, einen Ort, an dem du dich sicher und geborgen fühlst. Umgib dich mit Kissen oder warmen Decken, leg dich an einem geschützten Platz in die Sonne. Und mach dir ruhig die Mühe, vorher zu überprüfen, ob du alles zur Hand hast, was du brauchst: Wasser, Taschentücher, deine Mieze, einen warmen Schal.

Siehe: Die Praxis des Zuhörens: Ich bin genug

Schließ die Augen und atme tief durch. Beim Einatmen sagst du: »Ich öffne mich für all meine Gefühle.« Beim Ausatmen: »Ich werde beschützt.« Wiederhol das so lange, bis du dich ruhig und bereit fühlst.

Leg deine Musik ein. Kopfhörer sind hierfür am besten. Wiederhol dabei deine Retreat-Frage, auch wenn sie nichts mit deinem Schmerz zu tun hat.

Gib dich der Musik hin. Gefühle, Bilder, körperliche Empfindungen, Ideen steigen in dir auf. Analysier sie nicht. Versuch nicht sie zu kontrollieren oder zu deuten. Laß dich statt dessen von der Musik tragen. Versink in ihrem Fließen. Geh mit allem, was kommt. Wenn du eine Tür wahrnimmst, öffne sie. Siehst du eine Blume, dann riech an ihr. Geh mit dem Strom deiner inneren Bilder, statt sie durch Gedanken wie »Das ist doch Zeitverschwendung!« oder »Ich sollte mir das alles aufschreiben« zu blockieren. Die Musik ist dein Führer, deine Energie. Du gehst mit ihr mit. Und es gibt nichts zu tun.

Riech an deinem Duft, wann immer es sich »richtig« anfühlt. Vielleicht wenn das Denken wieder überhandnimmt. Oder wenn ein Geräusch dich aus deinen Träumen holt. Oder wenn du tiefer und tiefer in deine Gefühle und Erinnerungen eintauchen möchtest.

Stell dir vor, daß du einen Wachtraum hast. Alles, was du tun mußt, ist zu fühlen. Du brauchst keine Angst zu haben. Du bist absolut sicher.

Wenn das Musikstück aufhört, kannst du es noch mal hören. Du kannst dir aber auch etwas anhören, was dich aufrichtet, oder etwas tun, was dich tröstet. Vielleicht willst du deine Erlebnisse auch schriftlich festhalten. Hier sind einige Fragen, mit denen du arbeiten kannst:

In den Quellen-angaben findest du mehr Tips zum Thema »Musik, die dir Kraft und Mut gibt und deine Schöpferkraft anregt«.

- Wie geht es mir in diesem Augenblick? Fühle ich mich anders als vorher?

- Wie hängt diese Erfahrung mit meiner Retreat-Frage zusammen?

- Was hat mich überrascht?

- Welche neuen Einsichten habe ich gewonnen?

KLARHEIT ERLANGEN

Klarheit über deinen Schmerz zu erlangen heißt in diesem Fall, mit Worten, auf eine mehr zielgerichtete Art mit deinen Gefühlen zu arbeiten. Du kannst diese Übung machen, bevor oder nachdem du versucht hast, mit der voran-gegangenen Übung deinem Schmerz näherzukommen. Diese hier ist vor allem nützlich, wenn das Leid in der Welt dir Kummer macht – die Hun-gersnöte, die Kriege, die ausgezehrten Kinder, von denen wir ständig hören. Wenn du dich ohnmächtig fühlst, weil du nichts dagegen unternehmen kannst, und deshalb letztlich deinen Schmerz unterdrückst. Wenn wir unse-ren Schmerz zurückrufen, ist das vielleicht der erste Schritt, um wieder »aufzutauen« und etwas zu verändern. Arn Chorn, ein kambodschanischer Flüchtling, der die Roten Khmer überlebt hatte, drückte das 1988 vor einer Generalversammlung von Amnesty International so aus: »Ich schäme mich

Zeit für dich. Das große Retreat-Buch für Frauen

283

nicht zu weinen. Keiner von uns sollte sich schämen, wenn er weint. Vielleicht ist dies der erste und wichtigste Schritt für uns alle. Vielleicht haben unsere Tränen ja die Macht, Gewalt in Liebe umzuwandeln. Vielleicht können wir so menschliche Grausamkeit in menschliches Mitgefühl verwandeln. Unsere Tränen sind das Wasser eines neuen Lebens.« Manchmal ist es auch sinnvoll, im Retreat den Schmerz anderer zu beweinen.

Nimm dein Tagebuch zur Hand und stell den Küchenwecker auf einen Zeitraum von fünf Minuten. Wenn du keinen hast, setz dir ein Limit von fünf Seiten. Du kannst im Hintergrund besinnliche Musik spielen lassen, wenn du das möchtest. Was auch immer geschieht: Du läßt die Hand mit dem Stift immer weiter über das Papier laufen, bis der Wecker läutet oder du deine festgesetzte Seitenzahl voll hast. Schreib, was du willst, aber laß den Vorgang nicht abreißen. Hier ist eine Frage für den Einstieg:

- Worüber muß ich trauern?

Wenn du steckenbleibst, laß deine Hand einfach weiterlaufen und wende dich dieser Frage zu:

- Worum möchte ich nicht trauern?

Wenn die Zeit abgelaufen ist oder du deine fünf Seiten gefüllt hast, dehn und streck dich. Atme tief durch und beobachte, wie dein Körper sich anfühlt. Wie geht es deinem Kiefer, deinen Schultern, deinen Händen und deinem Bauch? Wo spürst du Spannung? Wo bist du locker und offen?

Kehr danach zu deinem Tagebuch zurück, und befrag die Teile deines Körpers, deren du dir jetzt stärker bewußt bist, entweder weil sie sich voller Spannung oder umgekehrt sehr leicht anfühlen. Schreib quer über ein Blatt Papier:

- .... (Körperteil), was kannst du mir über meinen Schmerz sagen?

Atme in diesen Teil deines Körpers hinein und warte, bis er anfängt, dir etwas mitzuteilen. Schreib die Antworten mit der Hand auf, die du normalerweise nicht benutzt. Vielleicht möchtest du dich auch hin und her wiegen oder schaukeln, während du schreibst. Laß deinen Körper machen und schau, was kommt. Erzwing nichts, verurteile nichts.

Mach eine kurze Pause.

Komm dann zurück, stell deinen Wecker noch einmal ein – nun auf zehn Minuten – und schreib über folgendes Thema:

• Was empfinde ich jetzt meinem Schmerz gegenüber?

Wenn du das Gefühl hast, über Oberflächlichkeiten nicht hinauszugelangen oder nicht weiterzukommen, stell die Frage anders:

• Ich weiche immer noch aus, weil . . .

Häufig müssen wir zuerst mit unserer Wut und unserem Ärger klarkommen, bevor wir richtig trauern können. Lies, was du geschrieben hast. Erregt irgend etwas auf deinen Listen einen Hauch von Ärger in dir? Nimm dir eines dieser Themen vor. Jetzt wird es Zeit, deinen Ärger (auch wenn es nur ein kleiner Teil ist) loszulassen. Such dir etwas aus, um ihn körperlich auszudrücken. Nimm dabei Rücksicht auf deinen Körper und auf deine Umgebung. Du willst dein Herz schließlich so weit wie möglich öffnen. Wickle ein Handtuch um einen Besen oder Tennisschläger und schlag auf dein Bett ein, während du laut hinausschreist, was dich so wütend macht. Kommst du dir jetzt vor wie in einer miesen Encounter-Gruppe in den 70er Jahren? Du kannst ja Schlaghosen zu der Übung tragen. Hauptsache, du machst sie. Achte darauf, mit Mund und Körper gleichzeitig zu agieren. Schrei, während du Hefeteig schlägst, so schnell wie möglich rennst (Nicht für überfüllte Parks gedacht!) oder alte Teller oder Blumentöpfe an die Wand schmetterst. (Kauf welche extra für diesen Zweck auf dem nächsten Flohmarkt!) Ich habe diese Übung einmal gemacht, indem ich mich ans Ufer eines Flusses stellte und Tonklumpen ins Wasser schleuderte. Jedes Platschen stand für etwas, was mich damals immer noch wütend machte: Doug, der mich in der zehnten Klasse zurückgewiesen hatte, schlechte Geldanlagen, Cellulitis, alte Wunden, die Tatsache, daß ich meinen Magister nicht machen konnte und daß ich kein vollendetes literarisches Wunder war. Jetzt, zehn Jahre später, erinnere ich mich noch wie gestern, welche Erleichterung das war.

Bevor du nun Pause machst und dich deinen liebsten Trostpflästerchen überläßt, noch eine letzte Frage:

• Worüber will ich trauern?

Geh deine Blätter durch, und wähl wirklich *nur* solche Dinge aus, die du ehrlich betrauern möchtest, selbst wenn sie in dir nur schwache Gefühle der Trauer hervorrufen. Wenn du auch Themen angeschnitten hast, über die du liebend gerne weiterbrüten möchtest oder die dir zuviel Angst einjagen, laß sie für den Augenblick sein.

Stell dich an einen Platz, wo du Raum um dich hast.

Sag dann mit lauter Stimme: »Ich trauere um ....« Setz ein, was du jetzt beweinen möchtest.

Laß deine Stimme nun noch ein wenig lauter werden, während du sagst: »Ich trauere um ....«

Atme nun tief ein und sag − noch lauter als vorher: »Ich trauere um ....«

Schüttle deine Fäuste gen Himmel und schrei: »Ich trauere um ....«

Laß deine Stimme nun ganz leise werden und sag: »Ich trauere um ....«

Leg deine Arme um deinen Körper und wiege ihn hin und her, während du flüsterst: »Ich trauere um ....«

Sei ganz still und spür dir nach.

Wiederhol diese Übung so oft, wie deine Energie ausreicht. Treib dich nicht weiter, als du gehen kannst. Und achte vor allem darauf, den Kontakt zu deinen Gefühlen nicht zu verlieren. Du kannst zu dieser Übung immer wieder zurückkehren, zu einem anderen Zeitpunkt während deines momentanen Retreats oder in einem späteren. Du kannst diese letzte Übung auch machen, ohne die gesamte Praxis auszuführen.

Gönn dir am Ende etwas wirklich Gutes.

EIN RITUAL ZUM LOSLASSEN

Gerade wenn du mit einem konkreten Verlust fertig werden mußtest und die aktive Trauerphase bereits hinter dir liegt, kann ein rituelles Loslassen sehr hilfreich sein. Tod, Scheidung, Abtreibung, Fehlgeburt, Unfälle, der Verlust von Geld oder Besitz, der Verlust der Unschuld oder des Vertrauens, das Ende einer Freundschaft oder das Auseinandergehen einer Gruppe – das Leben zwingt uns immer wieder loszulassen.

Siehe: *Dein Eröffnungsritual: Wie eine solche Zeremonie aussehen kann*

Nimm dir eine Person, Sache oder ein Ereignis vor, das du wirklich loslassen möchtest. Achte darauf, ob du wirklich loslassen willst. Hast du genug getrauert? Wenn du dieses Ritual machst, bedeutet das nicht, daß du nie mehr trauern wirst. Du tust damit nur kund, daß du den Wunsch hast weiterzugehen.

Besorg dir Räucherwerk: Salbei, Weihrauch oder andere getrocknete Kräuter, Streichhölzer, ein Gefäß zum Räuchern und ein Blatt Papier. Du wirst eine Feder oder einen Fächer brauchen, um den Rauch wegzufächeln. (Du kannst auch deine Hand dazu nehmen.) Wenn du diese Übung nicht im Freien machst, dann öffne bitte ein Fenster und stell, wenn nötig, den Rauchmelder ab. Außerdem solltest du dir noch ein Symbol suchen oder basteln für das, was du gehenlassen möchtest. Ein Schmuckstück, ein Foto oder ein Taschentuch von deinem/r geliebten Verstorbenen, ein Geldstück oder eine Skizze von deinem fehlgeschlagenen Geschäft, ein Paar Babyschühchen als Zeichen für das Kind, gegen das du dich entschieden hast – all das sind nur Beispiele. Dieses Symbol zu machen oder zu finden kann Zeit erfordern und neue Wunden aufreißen. Nimm dir genügend Zeit dafür.

Zentrier dich. Nimm dir die Zeit, dich körperlich zu entspannen. Bitte deine Gottheit um Schutz: Stell dir vor, daß du von heilendem Licht umgeben bist oder daß starke Arme dich liebevoll halten.

Ruf dir nun die Person oder Sache, die du gehenlassen möchtest, ins Gedächtnis. Setz dabei alle Sinne ein: sieh, riech, schmeck, hör sie. Wenn du ein gutes Gedächtnis hast, laß sie vor deinem inneren Auge lebendig werden. Wenn es sich dabei um Dinge oder Menschen handelt, die du nie selbst kennengelernt hast, dann mußt du deine Phantasie spielen lassen.

Wenn du mit deiner Visualisierung fertig bist, schreib ein Gebet oder eine »Litanei der Dankbarkeit« für diese Person oder das entsprechende Ereignis.

Was löst in dir Dankbarkeit aus, daß du diesen Menschen kennen oder diese bestimmte Erfahrung machen durftest? Was hat der Verlust dir geschenkt?

Zünde nun dein Räucherwerk an. Blas dreimal in den Rauch und sag laut: »Ich lasse dich los!« Bleib bei den Gefühlen, die dabei in dir hochkommen. Laß sie zu Tönen werden, zu einfachen Melodien oder Lauten.

Nun fächle oder blase den Rauch in Richtung Osten. Denk daran, wie alles war, als dieser Mensch in dein Leben trat oder diese Situation sich ereignete. Ruf dir das innere Versprechen, das du gegeben hast, und die damit verbundene Hoffnung ins Gedächtnis. Bleib einen Augenblick lang dabei. Sag dann dreimal: »Ich lasse dich los!«

Blase oder fächle den Rauch jetzt in Richtung Süden. Richte dein inneres Auge auf die kindhaften, emotionalen Qualitäten deiner Erfahrung oder Beziehung. Erinnere dich. Sag dann dreimal: »Ich lasse dich los!«

Blase oder fächle den Rauch nun in Richtung Westen. Was war stark und wild an diesem Teil deines Lebens? Erinnere dich daran, und sprich dann dreimal vor dich hin: »Ich lasse dich los!«

Nun bläst oder fächelst du den Rauch nach Norden. Frag dich dabei, auf welche Art dieser Verlust dir Gelegenheit gegeben hat, dein Wissen zu erweitern und zu lernen. Bleib einen Augenblick lang dabei und sag dann dreimal laut: »Ich lasse dich los!«

Fächle oder blase den Rauch schließlich auf die Mitte, auf den Himmel und die Erde zu. Zerreiß das Blatt mit dem Gebet, das du geschrieben hast, und verbrenn es in deinem Räuchergefäß. Fächle den Rauch zum Himmel oder einfach zum Fenster hinaus. Segne, was du nun gehenläßt.

Nimm jetzt auf deine Weise Abschied.

Bleib so lange sitzen und spür deinen Gefühlen nach, bis du glaubst, fertig zu sein. Hast du nicht den Eindruck, zumindest ein wenig von deinem Kummer losgeworden zu sein, dann mach eine Pause, während der du dich ein wenig bewegst oder ausruhst, bevor du das Ritual noch einmal wiederholst.

UNVORHERGESEHENE TRAUER

Wenn du dich plötzlich mitten in deinem Retreat, das eigentlich überhaupt nichts mit Trauern zu tun haben sollte, in einem Meer von Tränen, Einsamkeit und Bedauern wiederfindest, solltest du trotzdem nicht die Nerven verlieren. Das passiert ziemlich häufig und ist eigentlich ein gutes Zeichen. Es bedeutet, daß das Retreat dein tiefstes Inneres erreicht hat und daß die Energie in deinem Körper und deiner Seele endlich frei wird. Geh die folgenden Tips durch und sieh, ob dich etwas anspricht. Achte aber darauf, daß du so schnell als möglich das Reich des Intellekts und der Kontrolle verläßt.

Siehe auch: Schwierigkeiten im Retreat

- Stell dir vor, wie du auf einem Surfbrett durch die Wogen der Trauer gleitest. Sag dir selbst: »Ich bin sicher. Ich kann damit aufhören, wann immer ich möchte. Es gibt Menschen, die mich lieben. Ich habe Vertrauen in diesen Vorgang.«

- Halte dich an etwas fest: einer Decke, einem Kissen oder an den Armlehnen deines Sessels.

- Atme langsam und tief ein und aus.

- Mach ein Geräusch: »Aum (Om)«, »Ahh«, summ einen Satz wie »Alles wird gut« vor dich hin, oder gib einfach Töne von dir — mach das, was ein Freund von mir die »Lieder des Geistes« genannt hat.

- Wenn du den Eindruck hast, daß du nicht so tief in deinen Schmerz hineingehen kannst, wie du gerne möchtest, dann mach eine der Übungen aus dem Abschnitt »Den Schmerz hervorlocken«. Laß einfach nicht locker: Leg Musik ein, schlag deine Trommel, gib ein wenig Duftöl auf die Aromalampe, oder geh stampfend im Raum auf und ab.

- Hast du das Gefühl, daß der Schmerz dich überwältigt und du gleich in Panik geraten wirst, sag folgende Sätze immer wieder vor dich hin:

Ich bin traurig, aber ich bin nicht meine Traurigkeit.

Ich fühle mich einsam, aber ich bin nicht meine Einsamkeit.

Ich bin wütend, aber ich bin nicht meine Wut.

- Geh soweit du kannst oder möchtest, doch vergiß nie, dir nachher etwas Gutes zu tun. Und bestrafe dich *niemals* selbst, weil du meinst, daß du diese Übung nicht gut genug gemacht hast oder nicht tiefer eingestiegen bist. Ganz im Gegenteil: Spende dir *immer* Lob, unter allen Umständen. Sei einfach lieb zu dir selbst.

GESCHICHTEN

Diana gönnte sich zu Thanksgiving ein dreistündiges Retreat:

»Ich beschloß, die drei Stunden im Moor zu verbringen und mich auf die Frage zu konzentrieren: ›Habe ich richtig gehandelt?‹ Ich hatte nämlich meinen Job zum nächsten August gekündigt und hatte wirklich ein starkes Bedürfnis, mich mit dieser Frage auseinanderzusetzen.«

»Den Sumpf habe ich mir ausgesucht, weil er wie der Bauch von Mutter Erde selbst ist. Wenn es im Winter anfängt kalt zu werden, bleibt er immer noch grün und dampft noch lange Zeit, bevor er endgültig zufriert, weil er soviel Wärme in seinem Inneren gespeichert hat. Ich denke immer, daß in der Natur alles Wissen zu finden ist, das wir brauchen.«

»Da ich nicht wußte, wie das Wetter werden würde, brauchte ich einen Unterschlupf. Ich wollte ein Tipi bauen und bat meinen Mann Herbert, mir zu helfen. Also gingen wir eines Tages ins Moor hinaus, und ich suchte mir mein Plätzchen aus: eine Niederung am Waldrand, die von hohem Schilf verdeckt wurde. Die Zeltstangen, die ich für das Tipi brauchte, lagen dort einfach so herum. Wir stellten sie auf. Das Tipi stand bereits mit drei Stangen ganz von selbst. Herb band mir die Stangen oben zusammen, aber alles andere tat ich weitgehend allein. Es war ein hübsches Tipi. Ich nannte es das ›Medi-Tipi‹, von Meditationstipi. Herb sagte ›Geist-Tipi‹ dazu.«

»Am nächsten Tag kam ich zurück und schnitt einen Arm voll Schilf als Bodenbelag. Dann führte ich ein Ritual aus, mit dem ich die Gegend rundherum segnete, und rief die Kräfte des Ortes an. Ich stellte in jeder Himmelsrichtung ein Fähnlein auf (in den Farben Rot, Gelb, Weiß und Schwarz), um mich der Macht der vier Richtungen zu versichern. Als Dankesgabe streute ich Vogelfutter aus. Dann ging ich in mein Tipi und ließ mich dort nieder. In mein Tagebuch schrieb ich: ›Ich wartete. Mein erstes

Gebet war eines, in dem ich über den Verlust von Spiritualität in meinem Leben trauerte. Um in meinem Beruf meinen Kopf so einsetzen zu können, wie ich es tat, d. h. so ausschließlich und mit soviel Einsatz, habe ich zugemacht, habe meine Gefühle und mein Herz ausgeschlossen. Nur so konnte ich mich darauf konzentrieren, Dinge zu ersinnen und auszuführen, die mit mir überhaupt nichts zu tun haben. Ich vermisse meine Spiritualität – ich hoffe, es ist noch nicht zu spät.‹ Ich weinte heftig, was sich sehr gut anfühlte. Ich war sehr glücklich, diesen Schmerz in mir zu entdecken, denn nun kann ich mich um ihn kümmern und ihn lindern.«

Rhonda ist Mutter, Künstlerin und Lehrerin. Sie begleitete ihren Vater beim Sterben. In ihrer Geschichte geht es um die verschiedenen Mini-Retreats, die sie vor und nach seinem Tod machte.

»Als mein Vater im Sterben lag und ich sehr viel Zeit bei ihm im Krankenhaus zubrachte, machte ich meine Retreats, während ich am Strand spazierenging. Normalerweise suche ich auf diesen Streifzügen nach farbigen Muscheln, diesen wunderschönen Bewohnern des Ozeans, doch während jener Retreats fühlte ich mich dazu nicht in der Lage. Ich wollte keine hübschen Muscheln. Ich war traurig, wütend, verwirrt und fühlte mich verloren.«

»Also begann ich, Ausschau nach Treibholz zu halten. Ich suchte nach Holz, das alt und verbraucht war, das an einem anderen Ort gewachsen und weit gereist war, das gelebt hatte. Ich sammelte Treibholz. Jedes neue Stück war immer noch schöner als das, was ich eben gefunden hatte. Ich hatte das Gefühl, sehr viele Leben, sehr viele Geschichten in meinen Händen zu halten. Dieses Sammeln lenkte mich von den Schmerzen meines Vaters ab, ich fühlte mich mit etwas Größerem verbunden.«

»Nachdem mein Vater gestorben war, zog ich mich eine Zeitlang vollkommen in mich selbst zurück. Ich wollte mit niemandem sprechen. Der Trost, den mir der Rückzug in mein Haus bot, brachte mir aber gleichzeitig Erleichterung und Schmerz, da ich mich so meiner Trauer stellen mußte, statt einfach ein oder zwei Cocktails hinunterzukippen. Ich fuhr also fort, Mini-Retreats zu machen, und kam meinem Schmerz Zentimeter um Zentimeter näher. Ich bügelte. Ich las. Ich arbeitete im Garten. Ich mußte einfach die Erde spüren, ihr wachsen helfen und sehen, wie die Dinge wieder zum Leben erwachten. Und es war auch wichtig, daß ich Tag für Tag in der Stille zubrachte. Eines Tages holte ich meine Treibholzstücke heraus. Ich malte ein großes Stück Holz schwarz an und arrangierte darauf all diese kleinen, bildschönen Holzstücke, so daß sie aussahen, als seien sie zusammengewachsen. Tag für Tag kehrte ich an meinen Arbeitstisch zurück und klebte wieder ein paar Stücke fest. Mir gefiel diese Arbeit über alles. Meist konnte ich es gar nicht abwarten, wieder ein paar neue Stücke zusammenzubringen.«

»Beim Arbeiten dachte ich an den Strand, an die vielen Geschichten aus dem Leben meines Vaters und der anderen Menschen, die ich liebte. Diese Figur war sein Leben, seine Geschichte. Sie war ihm gewidmet. Ich dankte ihm dafür, daß er mein Vater war, und für alles, was wir miteinander gelernt, erlebt und geteilt hatten. Jedesmal wenn jetzt mein Blick darauf fällt, denke ich an meinen Vater.«

Tips für lange Retreats

Gerade auf langen Retreats kommt es oft zu Auseinandersetzungen mit dem Schmerz in uns. Das heißt nicht, daß dein Leben eine einzige Katastrophe ist oder daß mit dir etwas nicht stimmt. Es gehört einfach zum Grundmuster des Retreats. Das Wunderbare daran, daß du mehr Zeit hast, ist, daß du immer wieder zu diesem Thema zurückkehren und so jedesmal tiefere Schichten erreichen kannst. Achte darauf, daß du jemanden zur Verfügung hast, an den du dich wenden kannst, wenn du dich während eines längeren Retreats heiklen, schmerzhaften Themen zuwenden willst.

Tips für Mini-Retreats

Siehe: *Verschiedene Retreat-Vorschläge: Ein 1tägiges Trauer-Retreat*

Laß dich von der Tatsache, daß du nur begrenzt Zeit hast, nicht abhalten. Mini-Retreats können sehr hilfreich sein – gerade wenn es um Schmerz geht. Erinnerst du dich an die Rolle, die Holly Hunter in dem Film *Nachrichtenfieber* spielte? Jeden Tag, bevor sie mit der Arbeit begann, legte sie den Telefonhörer daneben (ihr Eröffnungsritual) und trauerte etwa ein, zwei Minuten lang – sie trauerte wegen all der schrecklichen und schlimmen Dinge, die sie als Nachrichtenmacherin an diesem Tag zu sehen bekommen würde. Dann legte sie den Hörer wieder auf und wandte sich dem täglichen Geschehen zu. Das zeigt, daß wir der Menschheit verbundener bleiben und selbst menschlicher werden, wenn wir in uns Raum für Trauer schaffen. Je öfter du dir eine kleine Aus-Zeit nimmst, um deinem Schmerz nachzugeben, um so geringer ist die Gefahr, daß diese Dinge zu Zeiten in dir hochbrodeln, in denen du sie nicht brauchen kannst.

Tips für Retreats in der Welt

Trauer ist kein geeignetes Thema für ein Retreat in der Welt. Allerdings gibt es wunderbare Möglichkeiten, ein Trauer-Retreat mit einem Ausflug in die Welt einzuleiten: eine Reise an den Ort, wo du als Kind gelebt hast; eine Bergwanderung, der Besuch eines Konzerts oder ein Ausflug zu einer bestimmten Kirche beispielsweise.

Tips für Retreats mit anderen Menschen

Nutzt die Kraft der anderen Frauen, um euch selbst zu heilen. Achtet aber darauf, daß ihr in eurem heiligen Raum nicht gestört werdet. Setzt euch in einem Kreis des Zuhörens zusammen, und beschäftigt euch mit den Themen »Trauer«, »Loslassen« und »Verlust«. Ihr könnt euch auch erzählen, was jede von euch erlebt hat, als sie die Übungen zu diesem Kapitel machte. Nachdem jede der Frauen Gelegenheit zum Sprechen hatte, sollten nun nacheinander die Frauen vortreten, die Hilfe brauchen. Legt eine Decke und ein Kissen in die Mitte eures Kreises (schon bevor ihr das Ritual beginnt) und bittet die Frau, sich hinzulegen. Legt sanfte Musik mit heilsamen Schwingungen ein. Nun versammelt euch um die Frau, die am Boden liegt. Jede von euch legt derjenigen von euch, die um Heilung bittet, eine Hand auf. Die folgenden Stellen sollten während des Rituals mindestens einmal mit sanftem Druck berührt werden: das dritte Auge (in der Mitte zwischen den Augenbrauen), Scheitel, Herz, Solarplexus (der weiche Teil unterhalb des Brustkorbs – dort, wo das Brustbein aufhört), Hände, Bauch, Knie und Füße. Dabei legen die Frauen, die sie berühren, ihre freie Hand auf den eigenen Körper, und zwar auf die Stelle, an der sie ihre Heilkraft spüren. Die Frau am Boden entspannt sich währenddessen und stellt sich vor, wie heilende Energie aus den Händen der anderen in sie einströmt. Die anderen Frauen wiederum visualisieren, daß sie ihre Heilkraft in den Körper der Frau einfließen lassen, wo diese sich mit dem Lichtstrom der Liegenden und dem der anderen heilenden Frauen verbindet. Dann kehrt das heilende Licht in euren eigenen Körper zurück. Stellt euch diesen Kreislauf vor, bis ihr ihn pulsieren fühlt. Meist wird bei diesem Ritual spontan gesummt, gesungen oder gechantet. Nun tauschen die Frauen, die sich um die Frau am Boden versammelt haben, langsam und

Siehe: *Im Retreat mit anderen Menschen: Der Kreis des Zuhörens* bedächtig ihre Position. Die Frau, die ihre Hand auf dem Kopf der Liegenden hatte, legt sie nun auf den Solarplexus. Die nächste geht weiter zum Bauch. Jede geht nun ganz allmählich weiter, bis ihr alle Teile des Körpers berührt habt und jede Frau wieder an ihrer Ausgangsposition angekommen ist. Laßt die Übung mit drei langen *Oms* tief aus eurem Bauch ausklingen.

Nun kommt die nächste Frau an die Reihe. Öffnet den Kreis für sie schweigend und mit ruhigen Bewegungen.

Meine Frauengruppe hat diese Übung einmal in abgewandelter Form für eines ihrer Mitglieder durchgeführt. Die Frau, die Heilung erfahren möchte, sammelt vor dem Ritual kleine Kieselsteine. Sie bittet die Steine dabei, an dem Ritual teilzunehmen. Wenn sie alle beisammen hat, hält sie sie im Schoß und denkt an das, wovon sie befreit oder geheilt werden und was sie loslassen möchte. Etwa eine Stunde vor der Zeremonie erhitzt sie dann die Steine im Backofen auf etwa 100 Grad. Während der Zeremonie legt ihr dann die warmen (nicht heißen!) Steine auf die Augen, den Mund, den Solarplexus und den Bauch der Frau. Außerdem hält sie einen Stein in jeder Hand. Die anderen Frauen legen ihre Hände dann auf die anderen Körperteile, oder sie lassen sie über der Frau schweben. Der Rest des Rituals bleibt gleich.

MEIN SPIRITUELLER WEG

»Ich habe — vom Glauben erfüllt — mein Gelübde eingehalten, gefastet und meine Gebete gesprochen«, sagte die Schülerin zur Meisterin. »Was kann ich denn noch tun, um endlich erleuchtet zu werden?« Und die Meisterin stand auf, streckte ihre Arme zum Himmel, spreizte ihre Finger und meinte: »Nun ja, wie wäre es mit — in Flammen aufgehen?«
Joan Chittister: *In a High Spiritual Season*

Die Suche nach spiritueller Erneuerung kann viele Gründe haben. Vielleicht hast du dich in der »dunklen Nacht der Seele« verloren, in ihren einsamen, toten, trostlosen Gegenden. Oder hast du dich von einem geistigen Pfad, dem du dich eigentlich verbunden fühlst, kurzzeitig abgewandt, weil du zu viele Verpflichtungen hattest, krank warst oder dich gelangweilt hast? Möglicherweise wendest du dich auch zum ersten Mal geistigen Fragen zu oder steckst mitten in einer tiefen Glaubenskrise. Wie dem auch sei, das Mitgefühl, das du dir selbst erwiesen hast, indem du dieses Retreat begonnen hast, wird auch deine Sehnsucht nach Gnade stillen.

Woran liegt es, daß du in diesem Bereich deines Lebens keinen Halt mehr findest? Ist dir auf deiner Suche die maßlose Frauenfeindlichkeit der großen Weltreligionen etwa sauer aufgestoßen? Oder hindert dich eine negative Erfahrung auf deinem spirituellen Weg daran, jetzt Hilfe zu suchen? Peg Thompson beschreibt in ihrem Buch *Finding Your Own Spiritual Path* häufig auftretende Hindernisse für eine spirituelle Erneuerung: die Angst, von der Gottheit verletzt oder verlassen zu werden; die Angst vor der Nähe zum Göttlichen; die Angst davor, daß jemand uns bis in die tiefsten Tiefen unseres Wesens hinein erkennen könnte; die Trotzphase nach einer streng religiösen Erziehung; Bitterkeit und Verzweiflung, weil wir auf frühere Gebete keine Antwort erhalten haben oder weil wir nur ein weiteres Mal aufgefordert wurden zu beten, ohne daß Hilfe kam; Scham, weil es nicht cool, intelligent und smart ist, ein spirituelles Leben zu führen; Hilflosigkeit, weil wir nicht wissen, wie wir beten, meditieren oder das Göttliche aktiv suchen sollen; Verwirrung, weil die großen Religionen dich nicht ansprechen, deine Versuche aber, eine Alternative zu finden, nicht erfolgreich oder nicht zielgerichtet genug waren.

Wie auch immer — jetzt hast du dir Zeit für ein Retreat genommen, und das kann dir helfen, die Verbindung zu deiner Spiritualität wiederherzustellen. Der Rückzug aus der Welt signalisiert deinem Selbst, daß du ein spirituelles Leben verdient hast. Wenn du immer auf dir herumhackst und dich gnadenlos antreibst, praktizierst du bloß Selbsthaß. Damit aber blockierst du die Verbindung zum Göttlichen. Dich selbst zu achten, wie du es im Retreat tun solltest, bringt hingegen oft eine spontane Wiedererweckung unserer Beziehung zum Heiligen.

Und das führt meist zu einer genaueren Untersuchung unserer spirituellen Bedürfnisse. Was fehlt dir? Wann hast du es verloren? Wonach sehnst du dich? Welche Hindernisse hast du dir selbst errichtet? Was hat dich verletzt? Was glaubst du?

WAS DU BRAUCHST:

Dein Tagebuch und einen Stift.

Ton oder deine Malsachen.

Meditative Musik.

DAS BILD DES GÖTTLICHEN

Karen Armstrong schreibt in ihrem Buch *Nah ist und schwer zu fassen der Gott*:

»Ich wünschte, ich hätte all das schon dreißig Jahre früher herausgefunden, zu der Zeit, als ich mich intensiv auf das religiöse Leben einließ. Sehr viele Bedenken und Befürchtungen wären mir erspart geblieben, hätte ich erfahren – und zwar von bedeutenden Monotheisten aller drei Glaubensbekenntnisse –, daß ich mir bewußt selbst ein Bild von Gott schaffen sollte, anstatt darauf zu warten, daß er von seinen höchsten Sphären zu mir herabstieg. . . . Sie hätten mich gewarnt, daß ich nicht erwarten durfte, ihn als objektive Tatsache zu erfahren, die auf die übliche Weise durch die Vernunft erfaßt werden konnte. Sie hätten mir gesagt, wie wichtig es ist, Gott in gewisser Hinsicht als Produkt der schöpferischen Phantasie zu betrachten wie die Dichtung und Musik, die ich als so inspirierend empfand.«

Als ich diese Worte las: »mir bewußt selbst ein Bild von Gott schaffen«, sprang sofort ein Funke über. Wie konnte ich das für mich umsetzen? Wenn früher Freunde oder Verwandte über ihre Beziehung zum Göttlichen gesprochen hatten, hatte mich das immer fasziniert und verwirrt zugleich. Ich wußte nicht, zu wem ich diese Beziehung hatte. Und ich wußte weder wie, noch zu wem ich beten sollte. Ich brauchte einfach einen Punkt, von dem ich ausgehen konnte. Bilder und Namen für das Göttliche, *die mir etwas sagten*. Vielleicht geht es dir ja genauso. Vielleicht wird die folgende Übung dir helfen, eine Brücke zu dem zu schlagen, wofür es letztendlich keinen Namen gibt, auch wenn es durchaus erfahrbar ist.

Schreib dir aus der untenstehenden Liste die Namen heraus, die in dir etwas zum Klingen bringen, die dich ansprechen oder verwirren. Schreib sie in dein Tagebuch. Laß die Namen weg, die du glaubst, aufschreiben zu müssen, die dich aber nicht wirklich anziehen.

Gott	Erleuchtung
Göttin	Maria
Gebenedeite Jungfrau	Messias
Atman	Mohammed
Adonai	Mutter
Geheiligter Geist	Vater
Buddha	Erlöser
Jesus Christus	Schechina
Schöpfer	Sophia
Tiefstes Selbst	Geist
Wahres Selbst	Vishnu
Das Göttliche	Weisheit

Eva	Jahwe
El	Der Mitfühlende
Das Ewige Licht	Liebende Führung
Herr	Atem des Lebens
Himmelskönigin	Geist des Lebens
Gaia	Universum
Große Mutter	Universeller Geist
Großer Geist	Geist des Kosmos
Höhere Macht	Geist der Natur
Heiliger Geist	Allmächtige, führende, schöpferische Intelligenz
Jehova	Große Wirklichkeit tief in uns
Kali	Der allmächtige Sinn und Rhythmus, der das Universum durchwaltet
Die Quelle	White Buffalo Calf Woman
Mutter allen Lebens	Krishna
Vater allen Lebens	Inanna
Göttliche Weiblichkeit	Ishtar
Göttliche Matrix	Ein Gott, der mir gleicht
Heiler	Mutter Erde
Astarte	Lilith
Die Stille Gegenwart	Die Gegenwart unendlicher Liebe
Cerridwen	

Wähl nun eines oder mehrere von deinen Wörtern aus, und laß dich davon zu einem Bild inspirieren, das du spontan mit Farben, Ton oder anderen Materialien umsetzt. Laß dich von deiner Intuition leiten. Was das bedeuten soll? Nun, es bedeutet, daß der Vorgang selbst − also wie es sich anfühlt, dieses Bild zu machen, und welche Gedanken und Gefühle dabei in dir auftauchen − wichtiger ist als das Ergebnis. Hier geht es nicht um Kunst, sondern um eine magische Entdeckungsreise. Du kannst deine Eindrücke bei der Umsetzung in deinem Tagebuch oder auf einem Diktiergerät festhalten.

Siehe: *Die Praxis des Zuhörens* und *Kontemplation*

Wenn du fertig bist, nimm dir ein paar Minuten Zeit, um still bei deinem Bild zu sitzen. Sprich mit ihm. Verleih ihm eine Stimme. Denk an Karen Armstrongs Worte: »Gott [ist] ein Produkt der schöpferischen Phantasie.« Über dieses Bild zu meditieren ist wie Beten, doch statt ein Bittgebet zu sprechen, verbindest du dich hier über das Bild mit der Gottheit. »Wir können das Gebet als etwas betrachten, was unsere Beziehung zum Göttlichen, so wie wir es sehen, fördert und zum Ausdruck bringt. . . . Wenn wir beten, *suchen wir aktiv nach einer solchen Verbindung*«, schreibt Peg Thompson. (Die Hervorhebungen stammen von mir.) Wenn wir das Gebet als das Eingehen einer dynamischen, ganz persönlichen Beziehung mit der ehrfurchtgebietenden Macht, die über das Universum wacht, ansehen können, hören wir auf, uns selbst als unwürdig und unfähig zu erleben. Wir beginnen, mit dem Göttlichen zu sprechen und mit ihm zusammen unseren eigenen Kosmos zu erschaffen. Das soll nicht heißen, daß das einfach wäre, so eine Art »Schaff-dir-deinen-eigenen-Gott«-Leistungspaket. Die Beziehung zum Göttlichen ist zuallererst und vor allem ein großes Geheimnis, eine Beziehung zum *mysterium tremendum*. Wir können uns zwar ein Bild davon machen, aber ganz erfassen werden wir es nie. Das Göttliche kann uns nahe sein und sich doch unserem Begreifen entziehen. Das Göttliche ist eben »keine objektive Tatsache, die auf die übliche Weise durch die Vernunft erfaßt werden könnte«. Um diese Beziehung aufbauen und pflegen zu können, ist vor allem Glaube vonnöten: Glaube in die Tatsache, daß du einer solchen Beziehung würdig bist und daß es wichtig ist, dein Leben mit Hilfe des universellen Geistes neu zu erschaffen, und daran, daß auch du geliebt wirst, selbst wenn du das Göttliche weder sehen noch hören, riechen, fühlen oder schmecken kannst.

Siehe: *Mut*. Dort findest du Tips zum Dialog mit dir selbst.

Ein Gebet kann auch sein: Dankbarkeit, Anbetung, Ehrfurcht und Geborgenheit zu empfinden oder sich bis in die tiefsten Tiefen der eigenen Seele erkannt zu wissen. Zwischen dem, was der Jesuit und Retreatleiter Anthony de Mello als liebevolles Blicken in die Leere, die Gott ist, beschrieb, und dem, was ich in meiner Kindheit in der Sonntagsschule der Baptisten, die ich kurz besuchte, als Gebet kennenlernte, liegt eine unendliche Vielfalt von Möglichkeiten, wie wir mit dem Heiligen in Kontakt treten können: Ich dachte immer daran, wie viele verschiedene Beziehungen ich zu Menschen, Orten und Tieren in meinem Leben hatte und daß diese Beziehungen sehr häufig wie Gebete waren. So wurde der Begriff des Gebetes für mich lebendig als die Art und Weise, wie ich für meine Tochter, meinen Garten, meinen Körper sorgte. Ich konnte mit meinem neuen Bild des Göttlichen durchaus auf diese Weise in Kontakt treten. Ich konnte es aber auch, indem ich tanzte, schrieb oder plauderte. Und ich fühlte mich würdig, eine Antwort zu erhalten.

Nun, da du dir ein Bild von dem gemacht hast, zu dem du eine Beziehung suchst: Was möchtest du ihm mitteilen? Sprich zu ihm nicht nur mit Worten. Versuch, deinen Körper eine Verbindung herstellen zu lassen. Drück deine Zweifel, deine Wünsche, deine Dankbarkeit für diese neue oder erneuerte Beziehung mit den Gesten und Bewegungen deines Körpers aus. Tanz! Wenn du aber Worte liebst wie die Dichterin Kathleen Norris, dann offenbare deine Gefühle für das Göttliche in Psalmen, Gedichten oder in dem, was du selbst schreibst. Vielleicht möchtest du den Namen der Gottheit immer und immer wieder vor dich hin sagen, während du dabei tief aus- und einatmest. Oder setzt du dich lieber still vor dein Bild und läßt es auf dich wirken? Probier aus, wie du eine lebendige Beziehung zum Göttlichen aufbauen und gestalten kannst, die zu dir paßt und die deinen Wünschen Nahrung gibt. Aber zwing dich zu nichts. Geh nicht mit dir ins Gericht, wenn diese Übung für dich vorläufig zu keinem Ergebnis führt. Laß es einfach für eine Weile bleiben. Andererseits solltest du einen neuen Weg, der sich dir dabei auftut, nicht deshalb ablehnen, weil er dir zu ungewohnt erscheint und von dem, was du glaubst, scheinbar zu weit abweicht. Vertrau darauf, daß das, was du heute kennengelernt hast, richtig für dich ist und daß dein Herz dir zeigen wird, ob du aufrichtig betest.

Was ist dein spirituelles Leben?

Manchmal verlieren wir den Kontakt zum Göttlichen nur deshalb, weil wir nicht genau wissen, was wir von dieser Verbindung erwarten oder welche Rolle Spiritualität in unserem Leben eigentlich spielt. Warum sich überhaupt einer spirituellen Praxis widmen? Weshalb willst du ein spiritueller Mensch sein? Was heißt denn eigentlich *spirituell*?

Eine mögliche Begriffsbestimmung findest du in der Einführung zu diesem Buch.

Aber manchmal geht uns der Kontakt auch verloren, weil wir versuchen, diese Beziehung zu kontrollieren, weil wir es sein müssen, die dieses Verhältnis bestimmen. Diese Beziehung kann so aussehen, daß wir lernen, mit uns selbst besser klarzukommen, positiv zu denken und unsere eigene Wirklichkeit zu erschaffen. Oder sie kann von strafenden Gedanken, vom Verurteilen und moralischem Druck geprägt sein.

Lies dir die Liste im Abschnitt »Kontemplation: Wie du mit Fragen und anderen Materialien arbeiten kannst« durch. Dort findest du Tips, wie du dich diesen Fragen nähern kannst. Zentrier dich, bevor du dich mit den folgenden Fragestellungen auseinandersetzt. Bitte um Hilfe, auch wenn du nicht weißt, wen du da eigentlich bittest.

• Wonach sehne ich mich in meiner Beziehung zum Göttlichen? Was fehlt mir in dieser Beziehung? Und was ist an Gutem vorhanden?

Akzeptiere es, wenn du keine Ahnung hast, was dir fehlt. Nimm es hin, wenn dir deine Wünsche kindisch erscheinen und du dir unersättlich vorkommst. Und blende deine Ideen nicht aus, nur weil sie dir in dem, was du bist und glaubst, fremd oder bedrohlich erscheinen. Hab Vertrauen zu dir selbst!

• Welche Grenzen habe ich meiner Beziehung zur Gottheit gesetzt? Was will und kann ich nicht akzeptieren? Welchen Dingen verschließe ich mich auf der Suche nach meinem spirituellen Weg?

Jetzt machen wir dasselbe noch einmal. Du zentrierst dich, bittest um Hilfe und wendest dich dann, in welcher Form auch immer, der Frage zu. Nimm dir soviel Zeit, wie du brauchst. Hör auf die Eingebungen deiner Imagination, auch wenn sie sich nur undeutlich abzeichnen. Achte sie.

• Was bedeutet für mich »spirituell«? Was ist eine »spirituelle Praxis«?

Und ein letztes Mal: Leg ruhig eine Pause ein, wenn du eine brauchst. Wende dich dann dem angefangenen Satz zu, der nun folgt, und vervollständige ihn fünfzigmal:

• Ich glaube ...

Welche Eindrücke hinterläßt diese Übung in dir? Was hast du dabei gelernt? Bist du überrascht? Beruhigt? Oder fühlst du dich herausgefordert und bedroht?

Randi entdeckte bei der zweiten Frage, daß sie ihrer Spiritualität Grenzen auferlegte, weil sie »Angst vor der Nähe zum Göttlichen« empfand. Jackie fand heraus, daß sie wünschte, sich »mehr dem Mysterium des Lebens hinzugeben und aufzuhören, alles und jedes zu kontrollieren«. Für Mona bestand Spiritualität darin, »die goldene Mitte zu finden, auch Menschen gegenüber, die sich im Supermarkt vor mir in die Schlange drängen oder in der U-Bahn laute Techno-Musik spielen«. Eine andere Frau meinte, daß sie das ganze Retreat dazu brauchen würde, um aufzuschreiben, was sie glaubte. »Es ist so leicht, über spirituelle Ideen zu reden, und so schwierig, sie wirklich ins eigene Leben einzubauen. Ich wollte einfach nichts niederschreiben, was ich nicht auch leben könnte. Also fragte ich mich selbst, nachdem ich meine Liste gemacht hatte: ›Lebe ich nach diesen Glaubenssätzen? Und wie mache ich das?‹ Und das inspirierte mich zu einer neuen Liste, auf der ich festhielt, wie ich diese Dinge gerne umsetzen wollte.«

Und du? Fallen dir ein oder zwei Dinge ein, die du in diesem Retreat unternehmen kannst und in denen deine Spiritualität zum Ausdruck kommt, wenn du liest, was du zu jeder Frage geschrieben hast? Was dir einfällt, kann einfach und grundlegend sein – wie z. B. nett zu dir und anderen zu sein – oder verwirrend und schwierig umzusetzen – wie Jackies Wunsch, sich dem Mysterium des Lebens hinzugeben: »Ich hatte keine Ahnung, wie ich das bewerkstelligen sollte. Mir fiel einfach kein ›erster Schritt‹ ein. Also versuchte ich, meine Höhere Macht zu befragen, was ich tun sollte. Ich verharrte still und wartete während des ganzen Retreats.« Was kannst du tun?

Werden wie ein leeres Gefäss

Mein spiritueller
Weg

Siehe: *Die Praxis
des Zuhörens: Sein*

Eines Morgens, als ich betete und um Hilfe für dieses Kapitel bat, nahm ich wahr, wie eine Stimme fragte: »Wie kann ich dir Fülle schenken, wenn du bereits voll bist?« Und in meinem Geist tauchte das Bild einer leeren Schale auf. Der Schock machte mich ganz still. In diesem Moment trat ich den berühmten Schritt zurück und erkannte, daß meine spirituelle Praxis hauptsächlich aus Danken und Sprechen bestand. Daß darin für Zuhören und Sein kein Raum war. Jetzt aber hatte ich das Gefühl, ein Hohlkörper zu werden – als dehne sich eine gewisse Leere von meiner Kehle ausgehend immer stärker in meinem Körper aus. Ich fühlte mich wie ein leeres Stundenglas und gab mir einen neuen Namen: »Leere Lauschende Frau«.

Ich beschloß, diese Praxis weiterzuverfolgen. Jeden Morgen brachte ich ein paar Minuten damit zu, mich still hinzusetzen und meinen Geist auf diese Empfindung des Hohlkörpers zu lenken: Leere, Offenheit, Klarheit. Ich sehe diese Übung als Gebet, doch statt zu fragen, zu klagen oder Dank zu sagen, konzentriere ich Herz und Geist auf dieses Gefühl des Leerseins.

Wenn ich dabeibleiben kann, wenn ich dem Bedürfnis, zu bitten und zu betteln, widerstehen kann, wenn ich meinen tosenden Gedankenstrom mit diesem Bild von meinem Körper als einem weiten, leeren Gefäß beruhigen kann, erfahre ich manchmal einen Moment der Gnade: Als würde etwas in mich ausgegossen. Manchmal fühlt sich das an wie ein Bild oder ein Gedanke, manchmal ist es aber auch nur ein Gefühl von Tiefe und Frieden, so als würde ich in eine unendliche Weite sinken. Versuche ich aber, dieses Gefühl zu erzeugen, dann geschieht gar nichts. Dann warte ich, und das fühlt sich nicht richtig an, denn es geht darum, sich einzig auf die Leere zu konzentrieren und auf nichts sonst.

So geschieht spirituelle Erneuerung häufig in diesem leeren Raum, in dem wir zum leeren Gefäß werden, in das die Gottheit einströmen kann. Laß in deinem Geist ein Bild der Leere aufkommen und meditiere darüber. Werde zur »Leeren Lauschenden Frau«.

DISZIPLIN

Disziplin hat einen schlechten Ruf. Dabei denken wir sofort an böse Nonnen mit Linealen und Fasten bis zur Ohnmacht. Und doch ist liebevolle Disziplin einer der Kernpunkte in unserer Suche nach Erneuerung und Lebenssinn. Natürlich geht es dabei nicht darum, dich zu Gebet, Meditation oder tätiger Nächstenliebe zu zwingen. Du erkennst ganz einfach, daß du jetzt einen Widerstand in dir spürst, klopfst ihm freundlich auf die Schulter und fährst mit dem fort, was du dir zu tun vorgenommen hast.

In den Quellen-angaben findest du Bücher über ver-schiedene Formen spiritueller Praxis.

Such dir eine spirituelle Praxis aus, die du bereits kennst oder zu kennen glaubst oder die du immer schon mal machen wolltest. Die Möglichkeiten sind unbegrenzt: Du kannst den Rosenkranz beten, über eines der buddhi-stischen Gebete für Liebe und Mitgefühl meditieren, den Koran lesen oder deinen Atem als Meditationsobjekt benutzen. Such dir nichts Kompliziertes aus – du solltest diese Praxis ohne große Vorbereitungen oder Schwierig-keiten auch im Retreat durchführen können. Entscheide dich für etwas, was mit Stille zu tun hat und nicht länger dauert als zehn bis dreißig Minuten. Führ sie nun in deinem Retreat regelmäßig aus – ohne lange Diskussionen, ohne Schwanken, ohne »Ich hab aber keine Lust«. Machst du ein Mini-Retreat, dann such dir eine entsprechend kurze Praxis aus (z. B. für fünf Minuten) und mach sie jede halbe oder ganze Stunde. Und laß es nicht einfach deshalb bleiben, weil du meinst, nicht zu wissen, wie man es richtig macht.

Und wenn dir keine Idee kommt, welche Praxis du machen könntest? Wenn dir absolut nichts einfällt? Dann kannst du die im Anhang genannten Bücher durchblättern und schauen, ob du darin etwas findest, oder einfach auf deinen Atem meditieren. Setz dich 20 Minuten lang hin und beobachte deinen Atem. Dazu brauchst du kein Mantra und keine speziellen Anwei-sungen. Ja, ich weiß, darüber, wie man einfach still dasitzt, sind ganze Bibliotheken geschrieben worden, und es gibt dazu Tausende verschiedener Anweisungen. Doch die gehen dich letztlich nichts an. Du sitzt einfach nur. Entscheide dich vor der ersten Sitzung, an welchem Ort und auf welche Weise du sitzen möchtest. Mach es dir bequem. Sorg dafür, daß dein unterer Rücken gut abgestützt ist. Du solltest immer aufrecht sitzen, wenn du körperlich dazu in der Lage bist, denn im Liegen schläft man sehr leicht ein. Kehr nun immer wieder in regelmäßigen Abständen an deinen Meditations-platz zurück, nimm wieder die gleiche Position ein und sitz still da. Stell dir einen Wecker, so daß du nicht auf die Uhr sehen mußt. Laß dir keine

Abweichungen durchgehen. Beobachte, was dich im Innersten gefangen-hält. Beobachte, wie die Stille über dich hereinbricht. Du brauchst keine klugen Schlüsse zu ziehen, und du brauchst nichts zu tun, außer zu sitzen.

Wenn du diese Übung früher schon einmal probiert hast und sie dir wirklich gegen den Strich geht, dann versuch es mit einem Spaziergang in der freien Natur — still natürlich. Ist dazu nicht genügend stille Natur vorhanden, dann nimm deinen Walkman mit und setz dir Kopfhörer auf. Leg ganz einfach strukturierte Instrumentalmusik auf, die dich nicht ablenkt. Auch hier gelten die gleichen Regeln: Alles, was du tust, ist gehen. Du sprichst mit niemandem. Beobachte deine Reaktionen, deine Widerstände, deine sich ständig wiederholenden Gedanken. Halt den Geist klar — keine Schlußfolgerungen, keine Ziele. Nur einfach Stille und Gehen.

Nachdem du auf diese Art und Weise liebevolle Disziplin praktiziert hast, wirst du spüren, wie du dich innerlich öffnest. Auf intellektueller Ebene hast du vielleicht nichts gelernt, du hast vermutlich auch keine Engel gesehen oder mit Gandhi persönlich Tee getrunken. Du läßt jetzt wohl nicht sofort deinen Kopf kahl scheren und nimmst die Bettelschale auf. Aber du *spürst* es: Irgend etwas in dir ist tiefer, lebendiger, leichter, aufmerksamer als zuvor. Hast du dieses Gefühl entdeckt, dann danke deiner Gottheit dafür.

(Wenn du diesen Abschnitt liest, bevor du im Retreat bist, und dir als spirituelle Praxis etwas einfällt, was eine bestimmte Umgebung erforderlich macht [z. B. einen Tag lang die Stundengebete einer bestimmten religiösen Gemeinschaft mitzumachen], dann zögere nicht, diesem Wunsch nachzugehen.)

DAS HERZ ÖFFNEN

Eine Möglichkeit, unsere spirituelle Sensibilität abzustumpfen, ist, die Reichtümer zu übersehen, die jeder Augenblick uns bietet. Wir vergessen, daß jeder einzelne unserer Fingernägel eigentlich ein Wunder ist. Wir verschließen die Augen vor der Schönheit des Sonnenlichts, das durch unsere weißen Mousselinevorhänge fällt. Wir denken nicht daran, daß die Pfirsche mit Sahne, die wir gerade verzehren, unserem Kopf die nötige Energie geben, die wir brauchen, um diese Zeilen zu lesen. Und wir überlassen die Ehrfurcht vor dem unbeschreiblichen Wunder des Lebens den Mystikern.

»Sieh dich um. Erfreu dich an dem Blühen der Büsche und dem Wachsen der Bäume, denn Gott hat sie deinetwegen so wunderbar geschaffen.« So die Worte der Heiligen Klara von Assisi.

Nun, es wird Zeit, die Mystikerin in dir zu erwecken.

Siehe: *Die Praxis des Zuhörens: Die Göttliche Landschaft: Die Natur als Spiegel*

Widme einen Teil deines Retreats (oder ein ganzes Mini-Retreat) dem Erkennen dessen, was dir täglich geschenkt wird. Stell dir vor, daß das Leben ein einziges gigantisches Geschenk ist, das dir deine Gottheit überreicht. Hüll es in Ehrfurcht ein. Setz dich irgendwo hin. Es muß kein bestimmter Platz sein. Atme tief ein und aus und empfange dein Geschenk. Du kannst mit folgenden Fragen beginnen:

- Was erhalte ich von allem, was heilig ist, als Geschenk?

- Welche Gaben des Geistes oder der Gnade empfange ich? Welche Botschaften hat die Gottheit für mich?

Setz all deine Sinne ein, um diese Frage zu beantworten. Sieh dich um. Woran können deine Augen sich ergötzen? Horch in die Welt hinaus. Welcher Schmaus bietet sich deinen Ohren? Woran können deine Geschmacksknospen sich ergötzen? Worin kann deine Nase schwelgen, was zieht sie über den Atem in dich hinein? Was bietet sich deiner Umarmung dar? Was teilt dir das leise Flüstern in deinem Herzen mit?

Nimm dir für diese Übung soviel Zeit, wie du möchtest: fünf Minuten oder auch eine Stunde, je nachdem. Sie ist zutiefst geheimnisvoll und kann dich von Grund auf verändern. Und du kannst sie überall machen – beim Spazierengehen, im Büro, im Bus oder in deinen eigenen vier Wänden. Während eines langen Retreats kannst du diese Übung immer wieder machen, um deiner Zeit einen Rhythmus zu verleihen. Stell dir einen Wecker, der dich alle drei bis vier Stunden daran erinnert, daß es jetzt Zeit ist. Setz dich hin, wo immer du bist, und öffne dich den Schätzen des Lebens.

Tauch ein in die Dankbarkeit ohne Worte.

Verschmelzen

Mein spiritueller
Weg

Siehe: *Trauer: Dein
emotionaler Raum*

Mach dir eine Liste von allem, was du an dir nicht magst, was du dir nicht verzeihen kannst und womit du dich selbst andauernd quälst. Du kannst diese Dinge auch bildlich festhalten. Die Techniken des spontanen Schreibens oder Malens werden dir helfen, wenn du eine Bestandsaufnahme all der Verletzungen, Fehler und wunden Punkte machst, die dir heute noch weh tun. Nichts wird deinem unbarmherzigen Blick entgehen.

Sobald du das Gefühl hast, mit deiner Liste fertig zu sein, legst du sie einem Bild deiner Gottheit zu Füßen. Das kann ein Bildnis sein, das du selbst angefertigt oder gefunden hast, aber auch etwas, was du schon lange kennst und liebst – ein Baum oder ein Fels beispielsweise. Vielleicht ist es aber auch dein persönlicher Altar.

Zentrier dich so, wie du es gewohnt bist. Schließ deine Augen und laß das Bild deiner Gottheit vor dir entstehen. Zensier nichts. Nimm dir ein paar Minuten Zeit, dich auf die Gegenwart des Göttlichen einzustimmen. Spür, wie deine Gottheit dich in die Arme nimmt. Öffne dich den damit verbundenen Gefühlen – der Liebe und Anerkennung, die du erfährst. Konzentrier dich nun auf deine Gefühle des Unfähig-, Unwürdig- oder Unrein-Seins. Stell dir vor, daß dein Heiliges Wesen dich in geweihtem Wasser badet. Nimm alles in dich auf: Wo du bist, wie das Wasser sich anfühlt, wie es riecht, ja sogar wie es schmeckt. Bleib einfach bei dieser Vorstellung. Was auch immer dabei geschehen mag, vertrau dir selbst.

Laß nun zu, daß während des Badens all deine Fehler, Verwundungen, Unzulänglichkeiten von dir abfallen. Visualisiere diesen Vorgang so, wie du es möchtest. Laß sie als Dunkelheit aus deinem Körper strömen. Du kannst auch jeder Einzelheit auf deiner Liste ein Symbol zuordnen und dann zusehen, wie dieses sich auflöst oder durch das Wasser verwandelt wird. Oder du liest im Geiste alles, was du an dir nicht magst, laut vor, während eine Stimme dir bei jedem einzelnen Thema sagt: »Auch dies ist dir vergeben.« Laß deine Vision über das Bad hinausgehen. Laß deiner Vorstellungskraft freien Lauf. Öffne dich all der Liebe, die da ist. Und laß deine Vorstellungen von dir selbst und der Welt außen vor. Konzentrier dich ganz auf das Gehalten-, Gebadet- und Angenommen-Werden.

UNSER KÖRPER, UNSER URSPRUNG

Frauen finden ihre spirituelle Erneuerung oft, indem sie ihre Beziehung zum Göttlichen mit dem Körper ausleben, ohne Worte und ohne Theorien. Tausende von Jahren hindurch mußten wir uns immer wieder anhören, daß unsere Körper unrein seien, daß wir nicht nach dem Abbild des Göttlichen geschaffen seien, ja daß wir, um spirituell zu sein, uns vom Körperlichen lösen müßten. Dadurch wurden wir unserer Weiblichkeit entfremdet und ein Wall von Selbsthaß umgab uns. Wir waren vom Göttlichen getrennt.

Wir können die häufig unfruchtbaren Versuche, dem Göttlichen mit unserem Verstand näherzukommen, umgehen, indem wir unseren Körper wieder mit unserem Geist verbinden. Das führt uns zu dem tiefen, heiligen Wissen, daß wir das Göttliche selbst und ein Teil des Ganzen sind. Eine körperbetonte Beziehung zur Gottheit läßt uns unsere Furcht vor ihr vergessen. Wir lernen, unseren Körper zu verehren, und erkennen die enge Verwandtschaft des Göttlichen mit unserem Körper, der Erde, unseren regenerativen Kräften und denen des Lebens selbst. Schließlich beruht Spiritualität nicht auf der Tätigkeit unseres Verstandes, sondern auf dem tief in unserem Körper verborgenen Wissen, daß wir untrennbar mit dem Ganzen verbunden sind.

Nun einige Zitate, die dir helfen sollen, dich der Gottheit anzunähern. Du findest darin auch Anleitungen für Rituale oder Körpergebete, die du jedoch nur als Ausgangspunkt für deine eigenen Erfahrungen nehmen solltest. Versuch, in einen nichtrationalen Zustand zu kommen, in dem Anweisungen bedeutungslos sind.

In *The Feminine Face of God* schreibt Maya Angelou:

»Man sagt immer ›Ich bin dein‹ zu dieser Kraft und Energie, die uns geschaffen hat. Nur wenn du wirklich alle Sorgen, die du dir machst (ob die Rechnungen bezahlt sind oder das Telefon gerade läutet), aufgeben kannst und dich mit dem Augenblick, mit diesem anderen Körper vereinigen kannst, erfährst du deine Sexualität in ihrer Ganzheit. Und genauso ist es mit wahrer Spiritualität. Du mußt dir nur eingestehen, daß du mit allem untrennbar verbunden bist, und schon überkommt dich vollkommene Freude.«

Setz dich still hin, und laß dir Mayas Worte durch den Kopf gehen, vor allem

---

die Worte »Sorgen aufgeben«, »vereinigen« und »untrennbar verbunden«. Such nun eine Körperhaltung, die zeigt, daß du verschlossen bist, getrennt von dem, was Maya beschreibt. Bleib eine Zeitlang in dieser Haltung. Du kannst sie sogar noch verstärken, wenn du willst. Versuch nun, eine Position zu finden, die genau das Gegenteil ausdrückt, nämlich daß du dich dem »Ich bin dein« öffnest, daß du deine Sorgen aufgeben, dich vereinigen und mit etwas, das größer ist als du selbst, verschmelzen willst. Nimm nacheinander immer wieder beide Haltungen ein. Vielleicht ändern sich ja deine Bewegungen während der Übung. Oder du stellst fest, daß du lieber länger in der geschlossenen Position verharrst. Vielleicht liegt dir auch der Übergang zwischen beiden am meisten. Versuch herauszufinden, welche Position dir vertrauter ist und nach welcher du dich mehr sehnst. Erlaub der »Kraft und Energie«, zu dir zu sprechen, durch dich zu sprechen. Laß zu, daß die Worte sich in deinem Körper materialisieren.

»Die Mutter kennt nur ein Gesetz: die Schöpfung. Tu, was auch ich tue . . . wandle eine Gegebenheit in eine andere um . . . Blut in Milch, Ton in eine Schale, Gefühle in Bewegung, Wind in ein Lied, ein Ei in ein Kind, den Faden in Stoff, Stein in Kristall, Erinnerungen in Bilder, deinen Körper in Verehrung.«

Dies ist das Credo der Künstlerin Meinrad Craighead, die früher Nonne war. Pick dir aus diesem Zitat ein oder zwei Sätze heraus, und bearbeite sie dann mit deinem Körper. Wie regt dich diese Aussage an, deine Spiritualität im Leben umzusetzen? Ich weiß, das klingt ein bißchen vage und esoterisch, aber ich bitte dich nur, deiner Vorstellungskraft einen Schubs zu geben. Es muß nicht immer alles Sinn haben. Beweg deinen Körper, tauch deine Hände in Ton, erheb deine Stimme: Laß Geist und Materie zusammenkommen.

»Auch ich kann meinen Atem in tieferliegende Bereiche schicken, dorthin wo meine Blutseele meinem Körper das zurückgibt, was die Gesellschaft ihm gestohlen und geraubt hat.«

»Einem offenen Herzen und einem geschmeidigen Körper, die in ihrer ganzen Wildheit sprechen, kann niemand widerstehen. So entsteht aus der Landschaft, die mich von außen umgibt, meine innere Kraft. Schönheit formt uns – rauh und sinnlich. Die Erotik eines Ortes macht unsere mediale Wahrnehmung sinnlich: Dampf steigt auf. Wasser kocht. Die Geysire schießen zum Himmel. In den Schlammlöchern gurgelt es. Das Atmen der Tiere.

Die stampfenden Hufe. Viele Flügel streifen uns. Der Himmel wird schwarz. Wolken ziehen sich zusammen, und Regen fällt. Die Flüße toben. Die Seen treten über ihre Ufer. Der Blitz schlägt ein. Bäume brennen. Der Donner verzieht sich wie Rauch, und unsere Augen sind weit geöffnet. Die Wölfe heulen im Yellowstone Park.«

Dieser Text stammt von Terry Tempest Williams, aus ihrem Buch *An Unspoken Hunger*. Such dir einen inspirierenden Platz draußen in freier Natur, wo du ihn lesen kannst. Wie kannst du mit deinem Körper aus der Landschaft um dich herum innere Stärke gewinnen? Wie kannst du zu einem »geschmeidigen Körper« werden, »der in seiner ganzen Wildheit spricht«? Das muß nicht bedeuten, daß du dich in die Wildnis zurückziehen mußt – Wildheit gibt es überall um uns herum. Meditier über einen Stein, während du in der Badewanne sitzt. Woher kommt dieses Stück Fels? Wo war es in seinem abermillionen Jahre dauernden Leben? Woher kommt das Wasser, in dem du sitzt? Fühlst du, wie die Wolken sich zusammenziehen, wie der Regen fällt? Du kannst diese Übung auch in deinem Garten machen, in einem Park oder auf der Dachterrasse. Sieh den Wolken nach. Das Ungezähmte ist immer mit dir. Du mußt es nur entdecken. Laß deinen Körper das Sprachrohr sein, über das du mit seiner Schönheit sprichst.

GESCHICHTEN

Barbara ist Therapeutin und Lehrerin für Körperbewegung. Außerdem leitet sie Frauenretreats.

»Dies ist der erste Morgen meines Retreats. Ich stehe mit der Sonne auf und praktiziere meine eigene Version von Yoga, eine Art Fließ-Yoga am Swimmingpool. Ich kann mich nur ganz langsam bewegen. Wie ein Lavastrom, der sich über das Land hinweg bewegt. Ich bin heiß und schwer, aber sehr machtvoll in all meiner Langsamkeit – entschlossen, bestimmt und von der Schwerkraft geleitet. Mein Körper flüstert mir zu: ›Bleib tief unten . . . tief in deinem Becken. Setz dich hierhin. Verweil in diesem wunderbaren Augenblick. Genieß jede Minute des Atmens, der Bewegung. Laß dir Zeit und gib dich hin. Du hast alle Zeit der Welt.‹«

»Gestern nachmittag döste ich auf der Veranda dahin. In mein nur halbwaches Bewußtsein schlich sich das Zirpen der Geckos. Wenn ich die Augen nur einen Spalt weit öffnete, konnte ich das glasige, zersplitternde Licht auf dem Ozean sehen . . . auf den Wolken . . . im Blätterdach der Bäume. Ich begann, mich aufzulösen . . . in meine Einzelteile zu zerfallen. Auf einer bestimmten Ebene ging mein molekularer Zusammenhalt verloren, so daß andere lebende Wesen sich in und zwischen meinen Bruchstücken einnisten konnten. Sich in einen bebenden Teppich aus Licht, Klang und Farbe aufzulösen schienen . . . wir waren ein einziges Gewebe. Und doch war mein beobachtendes Selbst immer noch da. Es registrierte dieses Phänomen nicht ohne einen Moment der Beunruhigung: Hoppla! Ich sollte das eigentlich nicht tun. Meine Aufgabe ist es, alles zusammenzuhalten. Dann – innerhalb weniger Sekunden – flackert Freude auf, Humor und schließlich eine Art Wiedererkennen: Ja, sicher. Das ist es . . .!«

»Später, als ich am Swimmingpool ein paar Körperübungen mache, rufe ich mir dieses Gefühl wieder ins Gedächtnis. Ich öffne meine Augen und lasse sie über den Horizont wandern: strahlende Bougainvilleen mischen sich mit graziösen Seidenbäumchen, Wolken und Meer, gepflügten Feldern, Palmen, die sich im Wind wiegen, eine Steinmauer, schließlich Wasser. Und eine (meine) Stimme sagt: ›Vater und Mutter sind eins.‹«

»Ich merke, daß ich leise weine. Plötzlich habe ich wie von selbst das einfache Lied meiner Freundin R. auf den Lippen:

Danke der Mutter Gaia.

Und Vater Sonnenschein.

Danke den Pflanzen im Garten,

wo Mutter und Vater sind eins.«

»Mehr Tränen. Ich werde daran erinnert, daß Männliches und Weibliches zusammengehören. Daß die männliche Gottheit genausoviel Respekt verdient wie die Göttin. Am selben Ort machte ich vor sechs Monaten eine tiefe und spontane Erfahrung mit einem Freund. Es war, als fiele endlich der Schleier von meinen Augen, und ich erkannte, wie sehr ich mich von Gott, dem Vater, entfernt hatte. Ich hatte eine sehr strenge christliche Erziehung genossen, und die Vorstellung von Schwefel und Höllenfeuer sowie einem kritischen, strafenden Vatergott hatte mich dieser Seite Gottes entfremdet. In meinen Zwanzigern hatte ich mich dann um Trost und Heilung an die

Große Mutter gewandt. Nun steht mir der nächste Schritt bevor. Es ist an der Zeit, daß ich mich der männlichen Seite der Gottheit (und meiner Seele) zuwende, um sie von falschen Vorstellungen zu befreien und endlich meine eigene, wahre Verbindung zwischen den beiden Seiten zu finden.«

»Um mein Annehmen dieser Aufgabe zu unterstreichen, springe ich kopfüber in den Pool. Ich trage nichts außer dem goldenen Ring mit dem dreieckigen Blautopas, den ich mir selbst als Symbol der heiligen Dreifaltigkeit geschenkt habe: Vater, Mutter und das Göttliche oder Erlöser-Kind.«

»Ich knie im Gras. Die Sonne scheint heiß auf mein Gesicht. So bete ich darum, daß mir ein Weg gezeigt werden möge, wie ich das männliche und weibliche Prinzip wahrhaft vereinigen kann. Als ich die Augen wieder öffne, sehe ich zwei strahlend rote Libellen im Hochzeitsflug voller Freude dahinschweben. Ich sage laut: ›Genau so! Wir können sein wie diese Libellen und gemeinsam tanzen und schweben.‹«

»Die Antwort auf mein Gebet war also keine minutiöse Blaupause und keine Liste von Dingen, die ich tun sollte. Aber ich vertraue darauf, daß der angestrebte Prozeß sich entfalten wird, wenn ich nur das Bild der Libellen in meinem Geist behalten kann.«

Tips für lange Retreats

Du findest Hinweise in: »Verschiedene Retreat-Vorschläge: Ein 3tägiges Retreat zur spirituellen Erneuerung«.

Tips für Mini-Retreats

Die Übungen »Was ist dein spirituelles Leben?«, »Disziplin«, »Verschmelzen« und »Unser Körper, unser Ursprung« eignen sich sehr gut als Mini-Retreat. Du kannst auch »Was ist dein spirituelles Leben?« mit »Disziplin« oder »Verschmelzen« kombinieren. Oder die Übung zur Disziplin mit »Unser Körper, unser Ursprung«.

Tips für Retreats in der Welt

Führ ein Eröffnungsritual nach deinen Wünschen aus, und besuch dann einen Gottesdienst oder eine Meditationssitzung einer religiösen Vereinigung, die du schon immer einmal kennenlernen wolltest. Oder besuch einen spirituellen Ort, den du verstehen möchtest. Meide dabei den Kontakt zu anderen Menschen: kein Grüßen, keine Namensschilder. Achte für diesen Augenblick darauf, daß du dir nimmst, was du brauchst, ohne dich selbst und andere zu verurteilen. Such dann einen Ort in der freien Natur auf oder begib dich an deinen Retreatort zurück. Mach jetzt die Übung »Was ist mein spirituelles Leben?«

Tips für Retreats mit anderen Menschen

Macht zuerst – jede für sich – die Übung »Was ist mein spirituelles Leben?« Setzt euch dann in einem Kreis des Zuhörens zusammen, um eure Ergebnisse zu teilen. Oder macht zusammen die Übung »Unser Körper, unser Ursprung«.

Siehe: *Im Retreat mit anderen Menschen: Der Kreis des Zuhörens*

SITZT DU AUF DEM FLUGHAFEN DES LEBENS FEST?

Nur wer zuhört, kann auch sprechen.
Dag Hammarskjöld

Als ich meine Freundin Vivian fragte, warum sie ein Retreat machen wolle, nannte sie mir verschiedene Gründe. Einen davon fand ich ganz besonders bemerkenswert: »Wir Frauen haben heute so viele Aufgaben und Belastungen, die uns niederdrücken. Ich bin immer vollauf damit beschäftigt, alles auf die Reihe zu bekommen. Ich wünsche mir ständig, ich hätte ein wenig Zeit, um etwas anders zu machen, Ordnung in meinem Kopf zu schaffen und mich an diesen Gedanken zu gewöhnen. Vielleicht würde ich mich dann nicht fühlen, als säße ich auf dem Flughafen des Lebens fest: Jeder läuft an dir vorbei und kriegt seinen Flug, nur du sitzt da. Du weißt zwar, daß du irgendwohin willst, aber wohin genau, ist dir schleierhaft.«

Ich habe für dieses Buch viele Gespräche mit Frauen geführt, und sehr viele erzählten mir, wie sie sich in die Einsamkeit zurückgezogen hatten, als sie nicht mehr weiter wußten, weil sie keinen Funken Energie mehr hatten oder die Alternativen, die sich ihnen boten, nicht sehen konnten. Gleichgültig ob du mit einem schöpferischen Projekt oder in einer erstarrten Beziehung festhängst oder ob du das Gefühl hast, im Sumpf des Lebens unterzugehen: Ein Retreat mit all seiner Bewegung, seiner bedrohlichen Wirkung, seinem Charakter von Ausbruch, Selbstliebe und liebevollem Akzeptieren der eigenen Vergangenheit *kann* deinem Leben neuen Schwung geben.

Natürlich kann man auf viele verschiedene Arten festsitzen. Ein Retreat kann Energie und Trost spenden, aber für einige von uns (oder für bestimmte Zeiten im Leben) ist dies oft nur der Anfang eines langen, mit Trauer verbundenen Wandels. Wenn du fürchtest, daß ein Retreat nicht genügen wird, um dein Leben zu verändern, laß dich davon nicht abhalten. Nicht anzufangen, nur weil nicht alle Probleme in ein paar Tagen oder Stunden lösbar sind, heißt, die Hoffnung aufzugeben.

WAS DU BRAUCHST:

Einen Kurzzeitwecker.

Dein Tagebuch und einen Stift.

Ein paar mittelschwere Dinge, die − wenn möglich − dein Festsitzen symbolisch darstellen sollen. Steine sind da sehr gut.

Heilschlamm oder Heilerde aus der Apotheke. Oder Hafermehl, Wasser und Honig.

Deine Malsachen.

Eine Rassel, Trommel oder ein anderes Percussions-Instrument.

Musik, zu der du tanzen kannst, und ein Abspielgerät.

Sitzt du auf dem Flughafen des Lebens fest?

WARUM SITZT DU FEST?

Wie gesagt − es gibt verschiedene Arten des Festsitzens. Manchmal mußt du dir ganz einfach guttun, um damit fertig zu werden. Oder du mußt dir verzeihen. Manchmal ist es aber auch nötig, immer tiefer in dieses Festsitzen einzutauchen, bis du mehr oder weniger zum unbeweglichen Faultier wirst. Andere Arten verlangen Veränderungen und Risiken von dir. Manchmal ist dieses Festsitzen auch Ausdruck einer Krankheit oder einer Depression − beides Dinge, die erst erkannt werden müssen, um geheilt werden zu können. Im folgenden habe ich ein paar Übungen zusammengetragen, die dir helfen werden, herauszufinden, weshalb du nicht weiterkommst.

- Beschreib deine Situation in genau drei Wörtern. Als ich diese Übung vor kurzem machte, waren meine Worte: *uninteressiert, müde, bla, bla* . . . Oder wie wär's mit: *gefangen, verängstigt, besorgt.* Und: *überfordert, dick, häßlich?*

Such dir nun eines der Wörter aus und schreib es auf ein Blatt Papier − in die Mitte. Dann mach ein Cluster davon. Halt deine Hand in Bewegung, bis das ganze Blatt voll ist. Wenn du hängenbleibst, fang mit einem der anderen

Siehe: *Und was soll ich tun: Die Qual der Wahl*

---

beiden Wörter einen neuen Zweig an. (Mach aber keinen neuen Cluster, bleib bei diesem Blatt Papier.)

- Nimm dein Tagebuch zur Hand, und füll drei Seiten (oder drei Minuten) mit dem foldenden Satz, den du vervollständigst. Achte auch hier darauf, daß deine Hand ständig am Schreiben ist, auch wenn du das Gefühl hast, daß es dich umbringt. Du kannst hinterher immer noch ein Päuschen machen.

Zum ersten Mal hatte ich das Gefühl festzusitzen, als . . .

- Vervollständige den nächsten Satz mit den folgenden Aussagen:

Um meinen Energiestrom, meine Gesundheit, mein Wohlbefinden wieder-herzustellen, muß ich . . .

mein Herz aufbrechen

meinen Körper bewegen

jemanden haben, der mich schüttelt

jemanden haben, der mich in den Arm nimmt

auf etwas oder jemanden zulaufen

vor etwas oder jemandem wegrennen

schluchzen

mich verstecken

mich zusammenrollen

knuddeln

nett zu mir sein

meine früheren Entscheidungen akzeptieren

einen Plan machen

meine Pläne zerreißen

mit jemandem sprechen, der mich verletzt hat

jemandem, der mich verletzt hat, einen wütenden Brief schreiben

jemandem danken, daß er mich geliebt und umsorgt hat

eine Zeitlang etwas vollkommen anderes tun

mein Leben eine Zeitlang verlassen

mich selbst und andere um Vergebung bitten

jemanden um Hilfe bitten

loslassen

nichts tun

essen und fernsehen

krank werden

gesund werden

schlafen

singen

tanzen

mich in der freien Natur aufhalten

- Lies, was du geschrieben hast. Welche Wörter und Handlungen fallen dir
dazu ein? Hast du vielleicht − in leicht abgewandelter Form − mehrmals
das gleiche geschrieben? Fühlst du, daß es Zeit ist, jetzt in diesem Retreat
etwas zu *tun*? Laß zu, daß deine Worte dich in Bewegung setzen: fahr an

Sitzt du auf dem Flughafen des Lebens fest?

einen See, leg Musik auf und tanz, mach einen Termin mit einer Therapeutin aus. Was könntest du jetzt sofort unternehmen, um wieder mehr Hoffnung, mehr kreative Energie in dir zu spüren und deiner Depression ein Schnippchen zu schlagen? Welchen winzigen Babyschritt – nur einen – könntest du jetzt tun?

SPÜR DEIN FESTSITZEN!

Manchmal kommt es zu keiner Veränderung, weil wir die Tatsachen nicht akzeptieren können. Such ein paar schwere Gegenstände zusammen, die für das stehen, was dir wie ein Mühlstein um den Hals hängt, dich runterzieht, dein Herz schwer macht und wie ein Damoklesschwert über dir hängt. Die Sachen sollten gerade schwer genug sein, daß du sie spürst, aber doch so leicht, daß du sie ohne größere Probleme auf deinem Körper und um dich herum plazieren kannst. (Wenn du körperlich behindert bist, dann bitte jemanden, dir in der Anfangsphase der Übung zu helfen und dich dann für zehn bis fünfzehn Minuten allein zu lassen.) Eine Frau nahm dazu ein altes Radio mit einem Gehäuse aus Eiche, das ihr Ex-Mann ihr geschenkt hatte. Sie stellte es sich auf die Brust. Eine andere benutzte die Ordner ihrer letzten Steuerprüfung und legte sie um ihren Körper herum aus. Miranda legte sich die schweren Kopien ihrer Doktorarbeit auf den Körper. Und eine befreundete Schriftstellerin nahm ihre alte manuelle Schreibmaschine und die nicht verkauften Exemplare ihres Buches. Wenn dir nichts Passendes einfällt, sammle einfach ein paar mittelgroße Steine und schreib darauf, für welche deiner Bürden sie stehen. Du kannst auch Hanteln benutzen, Raviolidosen oder Wasserflaschen, wenn du ihnen im Geiste ein Etikett aufdrückst, auf dem steht, was sie für dich darstellen.

Siehe: *Die Praxis des Zuhörens*. Außerdem: *Dein Eröffnungsritual*. Dort findest du Tips zur Gestaltung des Rituals.

Leg dich nun hin und achte darauf, daß du deine Symbole zur Hand hast. Nimm dir ein paar Minuten Zeit, um es dir bequem zu machen und dich zu zentrieren. Leg dir nun das Gewicht auf den Körper und/oder daneben. Keine Selbstkasteiungen bitte: Du sollst das Gewicht zwar spüren, aber natürlich soll es nicht weh tun. Schließ die Augen und atme ein paarmal tief ein und aus. Lies dir nun zuerst durch, was du über dein Festsitzen geschrieben hast. Erspür nun langsam das Gewicht auf dir. Atme in dieses Gefühl hinein. Wie fühlt es sich an, niedergedrückt zu werden? Eine Bürde zu tragen oder von solchen umgeben zu sein? Vielleicht gar nicht so schlecht? Fühlst du dich auf traurige Weise sicher? Atme auch in dieses Gefühl hinein.

Folge ihm. Bleib dabei, bis du das Gefühl hast, daß nun der Augenblick gekommen ist — es sei denn du fühlst dich unbehaglich. In diesem Fall dreh dich bitte um oder entfern das Gewicht, schließ dann die Augen und erspür, was du fühlst.

Es gibt nichts zu tun. Du mußt nur fühlen und annehmen.

Sitzt du auf dem Flughafen des Lebens fest?

Wo war ich?
Und wie bin ich dorthin gekommen?

Ich möchte immer von Punkt A nach Punkt E fliegen, ohne die Probleme und die wichtigen Lektionen der Zwischenstopps auf mich zu nehmen. Am liebsten würde ich einfach vergessen, daß ich E nicht erreichen konnte, ohne vorher in B, C und D gewesen zu sein. Nun ja, jetzt, wo ich festgestellt habe, daß Punkt E gar nicht so super ist, könnte ich ja vielleicht mal einen Blick in die Zwischenstopps werfen. Wenn ich nicht weiterkomme, ist es mir manchmal eine große Hilfe, frühere Entscheidungen (Wie du siehst, sage ich nicht etwa *Fehler*!) zu überprüfen, mich daran zu erinnern, warum ich sie getroffen habe, und mir vor Augen zu führen, welche Vorteile — wie winzig und unvorhersehbar sie auch sein mögen — sie mir gebracht haben. Manchmal gelingt es mir dann, aus meinem inneren Gefängnis auszubrechen: Ich höre auf, mir wegen vergangener Entscheidungen die Hölle heiß zu machen, die ich mir erschaffe, indem ich die Vergangenheit einfach umschreibe und alles Positive daraus entferne. Und ich höre auf, mir einzureden, daß ich es hätte besser wissen müssen, wenn das auch nicht stimmt.

Teil ein Blatt in vier Spalten auf. In die erste Spalte schreibst du jede deiner früheren Entscheidungen, die dir heute leid tut, die du in Frage stellst oder der du am liebsten ausgewichen wärst. Alle verpaßten Chancen, Fehler, Ungerechtigkeiten. Hier sind einige der Dinge, die ich persönlich bedauere: daß ich es über acht Jahre lang nicht geschafft habe, diszipliniert zu schreiben; daß ich unser Haus in der finanziell unsichersten Zeit seit den 20er Jahren gekauft habe; daß ich nicht mehr Zeit mit Lilly verbracht habe, als sie noch ein Baby war; daß ich die Zeit meiner Jugend, in der ich noch keine Verantwortung zu tragen hatte, nicht besser genutzt habe. Die Vorwürfe, die ich mir deshalb machte, haben mich mehr am Weiterkommen gehindert, als ich mir jemals eingestehen würde.

Füll die zweite Spalte nun mit den Vorteilen, die dir aus deinem Entschluß erwachsen sind und/oder den Gründen für deine damalige Entscheidung. Mitunter liegen die Vorteile gar nicht so klar auf der Hand. Vielleicht mußt du mit anderen Menschen sprechen, um dir ein klares Bild von dieser Zeit zu verschaffen. Als ich z. B. versuchte, herauszufinden, weshalb ich in den ersten Jahren meines Schriftstellerdaseins so wenig Disziplin aufgebracht habe, erkannte ich, daß ein wichtiger Vorteil dieser Zeit war, daß mein Leben langsam förmlich in seine Bestandteile zerfiel. Daß ich meine Zeit verschwendete und keine weiteren Anstrengungen zu schreiben unternahm, war einfach Teil meiner spirituellen Talfahrt (eine schreckliche Zeit von etwa zwei Jahren), die mich schließlich zu der außerordentlich fruchtbaren Suche nach mehr Selbstzuwendung und dem Sinn meines Lebens brachte − eine Suche, die heute noch andauert. Hätte ich damals diesen (und andere) Fehler nicht begangen, würde ich heute dieses Buch nicht schreiben.

In der dritten Spalte hältst du nun fest, was du wohl getan hättest, wenn deine Entscheidung anders ausgefallen wäre. Ich stellte mir vor, daß ich genau die richtigen Drehbücher geschrieben, genau die richtigen Leute kennengelernt und im richtigen Augenblick genau die richtigen coolen In-Sprüche losgelassen hätte, um heute eine gemachte Frau zu sein.

In der vierten Spalte setzt du dich damit auseinander, wie dein Leben aussehen würde, wenn diese Alternative Wirklichkeit geworden wäre. Ich malte mir aus, daß ich eine bessere Schriftstellerin geworden wäre. Daß ich das Drehbuch zu *Thelma und Louise* geschrieben und einen Oscar bekommen hätte. Und die Regale in meinem Wäscheschrank voll wären mit perfekt gebügelten Wäschestapeln und kleinen Lavendelduftsäckchen dazwischen.

Lies dir alles noch einmal durch, wenn du fertig bist.

- Hätte ich wirklich eine andere Wahl treffen können − als die Person, die ich zu der Zeit war, und mit den Informationen, die ich damals hatte? Verfügte ich wirklich über genügend Fähigkeiten, Erfahrung, Geld, Information oder Energie? Überprüf, ob du:

  das Positive außer acht läßt,

  dich zu einer anderen Person uminterpretierst,

  deine individuellen Umstände nicht beachtest,

die Vergangenheit umdichtest und in deinen Gedanken liest oder

überkritisch bist.

- Welche Vorstellungen über mich und andere Menschen sind durch diese Wahl entstanden oder verstärkt worden? Entscheidungen, die wir nicht akzeptieren, deren Wert wir nicht sehen und die wir uns nicht vergeben können, verstärken gewöhnlich kindliche Vorstellungen von Scham und Schuld. Manchmal sind sie sogar für die Entstehung neuer Ideen verantwortlich. Hier sind einige dieser Vorstellungen, die ich »abbekommen« habe: daß ich unfähig sei, mit Geld umzugehen, daß ich faul sei und einen schlechten Charakter hätte, weil ich nicht besonders clever war, und daß ich nichts richtig machen könne. Hast du diese Einstellungen dir selbst gegenüber erst jetzt entdeckt, dann konzentrier dich auf die wunden Punkte und untersuch, ob sie zu einer der oben aufgeführten Formen negativen Denkens führen.

Nimm am Ende all deine Vorstellungen und Entscheidungen, und mach die Übung, die im dritten Absatz von »Mein spiritueller Weg: Verschmelzen« beschrieben wird.

GEFÜHRTE IMAGINATION ZUR UMWANDLUNG EINES PROBLEMS

Diese Imaginationsübung stammt aus dem Buch *Staying Well with Guided Imagery* von Belleruth Naparstek, die Sozialarbeiterin in einem Heim ist.

Verleih dem Thema oder dem Bereich deines Lebens, den du verändern möchtest, symbolisch Gestalt. Sagen wir mal, du möchtest deine Unfähigkeit, deine Karriere voranzutreiben, umwandeln. Dann könnte das Symbol dafür eine verschlossene Tür sein. Oder du hast das Gefühl, daß dein Leben als solches feststeckt. Vielleicht drängt sich dir ja das Bild eines Buches mit lauter leeren Seiten auf. Laß die Vorstellung einfach entstehen. Zensier sie nicht. Analysier sie nicht. Vielleicht ändert sich dein Symbol auch während deiner Imaginationsübung. Das bedeutet, daß dein Unbewußtes daran arbeitet. Vertrau ihm! Es wird seine »Aufgabe weise und verantwortungsvoll erledigen« − wie Belleruth schreibt. Wenn dir kein Symbol einfällt, kannst du auf Bilder von den Menschen oder Dingen, mit denen du gerne arbeiten möchtest, zurückgreifen. Achte dabei darauf, daß du dich auf etwas konzentrierst, was in deiner Macht liegt, was du auch wirklich verändern kannst. Versuch nicht, die Visualisierung und dein Symbol zu analysieren, während du die Übung machst. Das kannst du später noch tun. Und zu guter Letzt: Verlier nicht den Mut! Diese Übung wird immer machtvoller, je öfter du sie machst. Am Ende wird sie »Flügel bekommen«.

Leg dich bequem hin. Erlaub deinem Körper, sich wohl zu fühlen. Kopf, Nacken und Wirbelsäule sollten möglichst gerade liegen.

Entspann dich zuerst ein paar Minuten lang. Reinige dich über deinen Atem: Atme tief in deinen Bauch hinein, und atme alle Spannung aus, die du vorfindest. . . . Leite deinen Atem in alle Teile deines Körpers, in denen du Schmerz oder Spannung fühlst. Atme beides aus. Mehr und mehr breiten sich Wärme und Entspannung in dir aus. Du fühlst dich ganz weich und aufnahmefähig. Bleib einen Moment bei deinem Atem und laß los. . . .

Wenn du vollkommen entspannt bist, begib dich geistig an deinen Lieblingsort − an den Ort, an dem du dich völlig sicher fühlst. Das kann ein realer Ort, aber auch ein komplett erfundener sein. Laß diesen Ort in deiner Vorstellung so wirklich wie möglich werden. Sieh dir deinen magischen Hain an. Welche Farben herrschen dort vor? Welche Formen gibt es? Atme tief ein und koste mit deiner Zunge die frische Luft. Worauf sitzt oder liegst du? Erspür es. Hör auf die Geräusche an diesem Ort. Erfasse seine vielfältigen Düfte.

Je klarer sich die Schönheit dieses Ortes vor deinem inneren Auge abzeichnet, um so deutlicher steigt in dir ein Glücksgefühl auf. Du bist dankbar, daß du hier sein kannst. Vielleicht fühlst du ein leichtes Kribbeln . . . ein angenehmes, anregendes Prickeln in der Luft um dich herum. Etwas Wunderbares wird hier geschehen. Du weißt es.

Plötzlich entdeckst du vor dir eine Art transparenten Bildschirm, der sich immer stärker herauskristallisiert, je länger du ihn betrachtest.

Auf diesem Bildschirm beginnt sich nun etwas abzuzeichnen, was allmählich immer klarer wird: Dein Symbol steht dreidimensional vor dir. Du weißt, daß dies das Symbol für die Sache ist, an der du arbeiten möchtest. Du betrachtest es, und es wird immer klarer, immer deutlicher. Du beobachtest es aufmerksam, aber mit ruhiger Gelassenheit − neugierig und besonnen zugleich. Laß das Bild sich drehen, so daß du es von allen Seiten anschauen kannst.

Sieh es dir ganz genau an: Welche Farben hat es? Welche Klänge bringt es mit sich? Ist ein bestimmter Duft oder Geschmack damit verbunden? Ist es hart oder weich? . . . Schwer oder leicht? . . . Groß oder klein? . . . Bitter, süß oder sauer? . . . Nimm dir einfach ein paar Minuten Zeit, um deiner Neugierde nachzugehen und dein Symbol mit freundlich gelassenem Interesse und all deinen Sinnen zu untersuchen . . . (Mach dann ein paar Minuten Pause.)

Wenn du jetzt dazu bereit bist, dann schau, ob das Bild auf dem Schirm sich irgendwie bewegen oder verändern möchte. In welche Richtung will es, wenn überhaupt? Forcier nichts! Laß es sich nur einfach wandeln, wenn es will und wenn du willst. Wenn nichts passiert, ist das auch in Ordnung. Es ist auch gut zu wissen, daß die Zeit für die Veränderung noch nicht gekommen ist. Aber wenn es sich verändert (Und das kann gut sein!), dann laß den Wandel einfach geschehen. Beobachte die Veränderung, wie leise oder laut sie auch sein mag, mit all deinen Sinnen . . .

Du solltest dir darüber klar sein, daß dieser Wandel nicht unbedingt vollständig vor sich gehen muß. Daß er vielleicht nicht einmal aufregend ist oder Sinn macht. Sieh einfach zu, und nimm das Geschehen mit all deinen Sinnen auf, gleichgültig wie lange es dauert. Nur das zählt. (Mach dann wieder ein paar Minuten Pause.)

Mach dir jetzt bewußt, daß du jederzeit zurückkommen und weiter mit dem Bildschirm und deinem Symbol arbeiten kannst. Nimm dir Zeit: Laß das Bild auf dem Schirm sich langsam in nichts auflösen. Danach verblaßt allmählich auch der Schirm.

Du kehrst an deinen Lieblingsort zurück . . . entspannst dich dort für ein paar Minuten . . . gehst deinen Körper durch . . . bemerkst, wo er sich leichter, weiter oder anders anfühlt . . . ob dein Geschmacks-, Geruchs- oder Tastsinn feiner geworden ist . . . atmest tief ein und aus, während du langsam in deine normale Umgebung zurückkehrst. Tief in dir weißt du, daß etwas sehr Wichtiges geschehen ist . . . und daß es dir deshalb besser geht . . .

Und so ist es tatsächlich . . .

Nimm dir noch ein wenig Zeit, um aufzuschreiben, was du erlebt hast. Oder mal ein Bild dazu.

Sitzt du auf dem Flughafen des Lebens fest?

ENERGIE ERSCHAFFEN

Manchmal sitzt man fest, weil es einfach an Energie fehlt. Immer derselbe alte Trott. Nichts verändert sich. Du mußt endlich einmal alles durcheinanderschütteln, um den Prozeß in Gang zu bringen.

Siehe: *Die Künstlerin in mir: Sei verwegen*

- Widme einen Teil deines Retreats (oder das ganze) dem Bemühen, die Dinge anders anzugehen als sonst. Setz dich zu Hause in andere Stühle als üblich. Oder stell diese an ungewöhnliche Plätze. Wirf einen Blick aus Fenstern, die du noch nie beachtet hast. Betrachte deine Möbel aus ungewohntem Winkel. Schlaf an einem anderen Platz. Iß merkwürdige Sachen zu merkwürdigen Zeiten. Iß verschiedene Gerichte zur selben Zeit. Iß gar nichts. Trink dein Essen. Stöbere ein wenig in alten Platten, oder stell einmal einen Radiosender ein, den du noch nie gehört hast, und hör wirklich zu. Lies Bücher, die du sonst nicht liest. Und unterwegs? Sprich jemanden an, den du sonst unter keinen Umständen anzusprechen wagen würdest. Such in deiner Stadt ein Viertel auf, in dem du noch nie warst. Meide alle täglichen Rituale, geh jedem dir bekannten Straßenschild aus dem Weg − und sei es nur ein wenig. Und setz dich am Ende dieser Übung hin, und geh mit spontanem Schreiben oder Malen der Frage nach:

Was sich in meinem Leben jetzt entwickelt, ist . . .

- Bedeck deinen ganzen Körper mit Heilschlamm, den du in der Apotheke kaufen kannst. Oder mach dir eine dicke Paste aus Hafermehl, ein wenig Honig und Wasser. Oder besorg dir eine riesige Packung grüner, ägyptischer Heilerde im Naturkostladen. Knausere nicht mit diesen Sachen; trag sie reichlich auf, und leg dich dann irgendwo hin, um sie trocknen zu lassen. Am schönsten ist es draußen in der warmen Sonne, aber im Notfall tut's auch ein Platz unter der Heizsonne oder auf dem (mit einem Laken abgedeckten) Sofa, wenn ein Heizlüfter daneben steht. Tu gar nichts, während du die Paste langsam trocknen läßt. Bleib ganz still liegen. Konzentrier dich auf das Gefühl der Spannung auf der Haut. Des Antrocknens. Warte, bis sich der »Überzug« anfühlt wie eine brüchige, schuppige Haut. Jetzt stehst du auf und begibst dich langsam und gemessenen Schrittes zu einem Spiegel, in dem du dich ganz sehen kannst. (Wenn du willst, kannst du dich ja auf ein Laken oder ein Handtuch stellen.) Steh einen Moment still und betrachte dich selbst − von Schlamm bedeckt. Stell dir nun vor, daß ein Energiestrahl durch deinen Scheitel in deinen Körper

Sitzt du auf dem Flughafen des Lebens fest?

dringt. Spür, wie er dich mit dem brennenden Wunsch erfüllt zu tanzen. Doch du bleibst immer noch ruhig stehen. Spür, wie die Energie sich in dir zusammenballt, dich aufheizt. Du willst dich bewegen, und doch hältst du dich zurück, damit die Energie sich zu einer stetigen Flamme entwickeln kann. Bist du nun soweit, daß du glaubst, verrückt zu werden, wenn du dich nicht endlich bewegen kannst, dann nimm noch einen tiefen Atemzug und laß dir noch eine gute Weile Zeit. Genieß diesen Augenblick: Du willst Energie haben. Du willst Energie sein. Und du erlaubst dir nicht, dich zu bewegen. Und dann: Brich aus! Laß deine Energie in einem Laut explodieren (einem Brüllen, einem Keuchen, einem Kampfgesang), beweg deinen Körper und laß alles hinter dir. Hör auf zu denken – tanz! Stoß mit dem Becken, wackle mit den Hüften, winde dich, schüttle dich, breite deine Arme aus. Spür, wie der Schlamm abbröckelt. Sieh, wie deine Hülle sich löst. Und setz jeden Körperteil ein, den du hast: den kleinen Finger, den Kiefer, die große Zehe, die Brüste, den Bauch und die Kopfhaut.

Nimm ein warmes Bad oder dusch dich. Schau zu, wie die Paste weggeschwemmt wird. Schließ deine Augen, und stell dir vor, daß die heilende Kraft des Wassers sich mit deinem Energiestrahl vereint, um dich mit genau der richtigen Mischung aus Selbstzuwendung und Selbstmotivation zu versorgen. Spür, wie diese Mischung in deinen Körper fließt und ihn belebt. Von nun an steht diese Energie dir immer zur Verfügung.

- Seit Hunderten von Jahren setzen Schamanen die Kraft der Klänge zu Heilzwecken ein. Such dir also Musik, die dich wirklich inspiriert und zu der du tanzen kannst. Es muß auf jeden Fall Musik sein, die dich in Bewegung bringt. Das Stück sollte wenigstens 20 Minuten lang sein.

Siehe: *Quellen*

Du brauchst dazu eine Rassel oder ein anderes Schlaginstrument, z. B. eine Trommel oder ein Tamburin. Außerdem solltest du dir einen Raum suchen, in dem du ungestört bist, und darauf achten, daß du Kleidung trägst, die dich inspiriert oder wenigstens nicht in deiner Bewegung behindert.

Nimm nun die drei Worte aus der ersten Übung im Abschnitt »Warum sitzt du fest?«, und stell ihnen drei Worte gegenüber, die beschreiben, wie du dich statt dessen gerne fühlen würdest.

Sprich nun die Worte, die für dein Festgefahren-Sein stehen, immer und immer wieder vor dich hin, ohne Musik und ohne Rassel. Nimm diese Worte in deinen Körper auf: Wie bewegen sie dich? Oder tun sie das gar nicht? Wiederhol sie immer und immer wieder, so lange, bis ein betäubender Gesang des Feststeckens daraus wird. Gibt dein Körper dir nun ein Signal, daß dieser Zustand lange genug gedauert hat (übereil diese Phase nicht), dann nimm deine Trommel oder Rassel, und schüttle die Energie, die die Worte in dir geschaffen haben, einfach ab. Schüttle deine Rassel und deinen Körper über, unter und rund um diese Worte, diese Energiesperre, aus. Wiederhol sie aber trotzdem immer weiter, bis du das Gefühl hast, daß die Energie sich verändert. Spürst du, wie sie sich wandelt? Dann geh zu deinen neuen Worten über, die für den Neubeginn und die Hoffnung stehen. Laß dich nun in eine Bewegung gleiten, die diese Worte verkörpert. Leg Musik auf und tanz dir deinen Weg in eine Welt, in der diese Worte möglich und wirklich werden. Fühl, wie ihre Energie deinen Körper durchdringt. Verankere sie in deinem Leib, indem du sie mit Bewegung und Klang verbindest. Tanz solange weiter, bis du glaubst, fertig zu sein.

Geschichten

Dies ist die Geschichte von Cynthia:

»Die Diagnose lautete: Prolaktinom (d. h. prolaktinproduzierender Tumor) an der Hirnanhangdrüse. Der Tumor war für eine gefährlich hohe Konzentration dieses Hormons in meinem Blut verantwortlich. (Ich hatte einen Wert von 190, normal ist 29 oder weniger.) Ein Nebeneffekt dieser Störung war, daß ich meine Regel nicht mehr bekam. Ich hatte seit über drei Jahren keine Blutung mehr gehabt.«

»Ich fand einen Arzt, der einverstanden war, mich medikamentös zu behandeln, und nicht operieren wollte. Dieses Medikament sollte angeblich den Tumor zum Verschwinden bringen und meine Prolactin-Werte senken.

»Unglücklicherweise hatte ich ziemlich mit den Nebenwirkungen zu kämpfen: Übelkeit, Schwindel und Verstopfung. Die meiste Zeit ging es mir ziemlich schlecht. Außerdem war im Geschäft gerade enorm viel los. Ich litt also nicht nur körperlich, sondern auch geistig und seelisch. Ich wußte, daß ich weg mußte. Aber wohin? Und wie?«

»Ich dachte zuerst an Mexiko, und war gerade dabei, die Reise zu planen, als wie durch ein Wunder plötzlich meine Freundin anrief und mir erzählte, daß sie in Baja ein Frauenretreat leiten würde. Ein verlängertes Wochenende mit einer kleinen Gruppe von Frauen in einem abgelegenen Privathaus an der Küste. Ich sagte sofort zu.«

»Die Reise führte mich in eine andere Welt. Wir kamen spät nachts an, und die Sterne funkelten über unseren Köpfen. Zum Schlafen waren wir in einer zweistöckigen strohgedeckten Hütte untergebracht, durch deren Fenster die kühle, klare Nachtluft hereinströmte. Es war einfach hinreißend.«

»Das Retreat war eher unstrukturiert. Wir aßen frisches, ungespritztes Obst und Gemüse aus dem Garten, hausgemachte Tortillas und Ziegenkäse. Es gab kein Telefon, kein Fax und keinen E-Mail-Anschluß. Gelegentlich trafen wir uns zu Meditation, Visualisierungs- oder Körperübungen. Alles lief sehr entspannt und gemächlich ab.«

»Am zweiten Tag beschloß ich, den unberührten Strand entlangzuwandern: 40 Kilometer und keine Menschenseele. Von einem Impuls getrieben, legte ich mich in den Sand und blieb − wie mir schien − eine ziemlich lange Zeit dort liegen. Es war, als würde ich Mutter Erde eine Botschaft zukommen lassen: *Nimm mich! Heil mich!*«

»Es gab nichts zu sagen, nichts, was ich darstellen mußte. Nur mich selbst. Mein Körper entspannte sich und gab sich vollkommen hin. Als ich schließlich aufstand, immer noch voller Sand, ging ich auf das Haus zu wie im Traum. Meine Freundin sah mich und fragte: ›Wo warst du denn?‹ Ich antwortete leise: ›Am Mittelpunkt der Erde.‹«

»Am nächsten Tag setzte meine Blutung ein. Ich konnte es kaum glauben und sprach mit niemandem darüber. Aber tief in mir wußte ich, daß ich in die Welt der weiblichen Gottheit in mir zurückgekehrt war − eine Heimkehr, die schon längst fällig war.«

Tips für lange Retreats

Lange Retreats sind natürlich wunderbar geeignet, um an diesem Gefühl des Nicht-Weiterkommens zu arbeiten. Verbinde die Übungen in diesem Buch mit anderen, die du in Büchern aus den Quellenangaben findest. Und versuch, mit anderen Menschen zu üben, um deine Motivation zu steigern.

Sitzt du auf dem Flughafen des Lebens fest?

Tips für Mini-Retreats

Winzige Schritte sind ein wichtiger Teil auf dem Weg zur Veränderung. Viele kleine Schritte sind es schließlich, die am Ende zu einem beträchtlichen Wandel führen. Und den meisten Menschen fällt es wesentlich leichter, die Aufgaben anzupacken, die unmittelbar vor ihnen liegen, als sich mit dem großen Ganzen auseinanderzusetzen. Such dir eine Übung aus und widme ihr ein kurzes Retreat. Einmal pro Woche vielleicht. Leg dir ein Tagebuch an, in dem du festhalten kannst, was sich an deiner Einstellung, deinem Verhalten oder in der Art, wie andere dich wahrnehmen, verändert hat.

Tips für Retreats in der Welt

Manchmal ist es wichtig, ein gewissen Risiko einzugehen, wenn man sich vom Gewohnten lösen will. Es wäre vielleicht eine gute Idee, über die Übungen in diesem Kapitel hinaus etwas zu tun, was dir neu und ein bißchen furchteinflößend vorkommt. Geh allein essen oder zum Camping. Nimm an einem Workshop teil, in dem du mehr über Karrierechancen erfährst. Tu irgend etwas draußen, in der Öffentlichkeit, was ein wenig Risiko birgt. Da du ja im Retreat bist, kannst du den Kontakt mit anderen Menschen meiden. Vielleicht fühlst du dich dadurch sicherer. Wichtig ist, daß du so stark wie irgend möglich auf dich selbst ausgerichtet bleibst. Vergiß nicht, eine Übung in dein Abschlußritual einzubauen, die dir erlaubt, über das, was du gelernt und empfunden hast, nachzudenken.

Tips für Retreats mit anderen Menschen

Mit anderen Menschen zusammen am Gefühl des Festsitzens zu arbeiten kann sehr hilfreich sein. Häufig braucht man die Energie anderer, um sich selbst zu motivieren. Versammle ein paar Freundinnen um dich. Verbringt einen Tag oder ein Wochenende damit, euch gegenseitig mit Energie aufzuladen. Beginnt und beendet jeden Tag mit einem Kreis der Bestätigung. Ihr könnt die Kreisform auch nutzen, um die erste Übung aus »Warum sitzt du fest?« gemeinsam zu machen. Wenn ihr das nicht wollt, laßt einfach jede Frau zehn Minuten lang über ihre Hemmungen und Hindernisse sprechen. Macht euch vor dem Retreat klar, daß es hier nicht darum geht, gute Ratschläge zu geben, außer wenn ihr darum gebeten werdet, und auch dann nur innerhalb eines Kreises des Zuhörens.

Siehe: *Im Retreat mit anderen Menschen: Der Kreis der Bestätigung* und *Der Kreis des Zuhörens*

DER ABSCHLUSS

HEIMKEHREN

»Ich möchte nicht nach Hause. Ich bin noch nicht bereit.« Die Sonne hatte sich hinter den Horizont verzogen. Die ersten Ausläufer des vorhergesagten Sturms, dünne, weiße Wolkenzüge, die ich ›Stutenschweif‹ nannte, verfärbten sich orange- und fuchsienrot. Der Tag war zu Ende. Mein altes Leben aber nicht. Es wartete irgendwo am Ausgangspunkt dieses schönen Sonnenuntergangs auf mich. Dasselbe Haus, dieselben Menschen, dieselben Muster. Nur ich war nicht mehr dieselbe. Ich hatte nicht die Absicht, einfach wieder in den alten Trott zu verfallen. . . . Bei dieser zweiten Hälfte der Reise ging es darum, sich vorzubereiten und wiederaufzubauen.
Ann Linnea: *Deep Water Passage*

Wie wird es sein, wenn ich wieder nach Hause komme? Diese Frage ruft vielleicht Angst und Bestürzung in dir hervor, wenn du gerade ein paar Tage, eine Woche oder länger mit dir allein warst. Werde ich meinen Partner/ meine Partnerin noch lieben? Wird mir meine Wohnung auf die Nerven gehen? Werde ich plötzlich eine unüberwindliche Abneigung gegen das Dasein als Mutter entwickeln? Kann ich mir überhaupt vorstellen, am Montag früh wieder zur Arbeit zu gehen? Oder werde ich mein Leben radikal umkrempeln? Es kann doch nicht alles gleich bleiben, wo sich für mich doch soviel verändert hat! Wie werde ich es schaffen, mir ein bißchen Zeit für mich selbst zu nehmen, für das, was ich mag – jetzt, wo ich diese innere Sehnsucht kennengelernt habe? Werde ich denn alles, was ich im Retreat gelernt, erworben und gefunden habe, vor allem mein neu erwachtes Gefühl für mich selbst, für mein Zentrum, wieder verlieren?

Zusammen mit diesen Fragen taucht häufig eine unglaubliche, ja schmerzliche Sehnsucht nach den Menschen oder Orten, die wir lieben, auf. Wenn ich von einem längeren Retreat per Auto oder Flugzeug nach Hause unterwegs bin, sehne ich mich manchmal so sehr nach meinem Zuhause, daß ich mich in meinem Sitz regelrecht nach vorne lehne. Beide Reaktionen, Angst und Sehnsucht, vermengen sich dann zu einer höchst brisanten Mischung zweischneidiger Gefühle. Dabei fühlt man sich, als würde man an einem stillen, schwülen Augustnachmittag auf den weiten Feldern von Indiana darauf warten, daß das Gewitter endlich losbricht. War dein Retreat nur von kurzer Dauer, lassen deine Gefühle sich vielleicht eher mit »Was, schon so schnell wieder zurück?« umschreiben. Vielleicht überfällt dich plötzlich eine bleierne Müdigkeit oder eine unbezähmbare Gereiztheit? Oder du denkst dir:

»Na ja, was soll's. Zehn Minuten verändern ohnehin nicht viel.«

Tatsache ist, daß die Rückkehr ins Alltagsleben immer ein wenig schwierig ist. Die Energie läßt einfach nach – und das um so stärker, je länger du weg warst und je vielgestaltiger die Erfahrung war, die du in deinem Retreat machen durftest. Man hat immer entweder nicht genug Zeit oder Angst, das Gewonnene wieder zu verlieren. Und manchmal sieht es so aus, als hätten das Wetter, dein Chef und deine sechs Jahre alte Tochter sich verschworen, um dir jeden Millimeter Frieden und Selbsterkenntnis, den du dir erworben hast, wieder zu entreißen. »Ich möchte in ein sauberes Haus kommen, in dem die Kinder friedlich schlafen, und den nächsten Tag so normal wie möglich beginnen. Wenn mich dazu zu Hause ein ausgewachsenes Chaos erwartet, würde ich mich am liebsten vom Hochhaus stürzen. Die ganze Retreaterfahrung wird dadurch geschmälert«, erzählt Diane, die zwei Kinder hat und ein eigenes Geschäft führt. Frankie meinte ein paar Tage nach ihrem Retreat: »Eigentlich müßte ich schon wieder ins Retreat gehen.« Vielleicht spürst du auch, wie dein frisch gewonnener Seelenfrieden sich mit besorgnis-erregender Geschwindigkeit in nichts auflöst. Und wenn deine Rückkehr in den Alltag ganz besonders schlecht verlaufen ist, denkst du möglicherweise, daß du nie wieder ein Retreat machen willst.

Wenn du die Früchte deines Retreats nicht schützt, werden sie dem Ansturm des normalen Lebens nicht standhalten. Bereitest du dich aber auf deine Heimkehr vor, indem du ein Abschlußritual durchführst, baust du dadurch einen gewissen Schutz auf. Die Rückkehr wird dir leichter fallen, und der Geist deines Retreats wird in dir länger lebendig bleiben. Und auch in Mini-Retreats verstärkt so ein Abschlußritual, wie kurz es auch immer sein mag, den Wunsch nach erneuter Zwiesprache mit deinem Selbst. Mit der Zeit fließen dann der Friede und die neuen Perspektiven, die du bei deinem Rückzug von der Welt gewinnst, in dein Alltagsleben ein.

WAS DU BRAUCHST:

Lies dieses Kapitel vor oder während deines Retreats.

VORBEREITUNG AUF DIE RÜCKKEHR

Was könnte dir nach einem Retreat die Rückkehr ins tägliche Leben erleichtern? Welchen Situationen, Ablenkungen, Problemen, Gewohnheiten oder Menschen solltest du für eine Weile aus dem Weg gehen? Was kann dir den Kontakt zu deinem inneren Selbst schneller als irgend etwas sonst rauben? Für Diana ist das die Rückkehr in ein schmutziges Haus, wenn sie gerade mal eine Nacht weg war. Loni haßt es, nach einer Stunde für sich im Park im Verkehr steckenzubleiben. Jackie hingegen kehrt nicht gern in ein leeres Haus zurück, wenn sie ihre Freundin in der kleinen Stadt am Meer besucht hat. Denk vor deinem Retreat (aber auch währenddessen) darüber nach, was deine Rückkehr für dich angenehmer und heilsamer machen würde. Was würde dir den Wiedereinstieg erleichtern? Vielleicht bittest du ja deinen Partner, die Kinder auf eine Pizza auszuführen, damit du in ein leeres Haus zurückkommen kannst. Wie wäre es mit einer Massage oder einem anderen Trostpflästerchen am Tag nach deiner Heimkehr? Mach den Termin ruhig schon vorher aus. Oder gehst du lieber mit guten Freunden, mit denen du dich wohl fühlst, essen? Möchtest du vielleicht ganz simpel dem Verkehr auf stark befahrenen Straßen oder in den Stoßzeiten aus dem Weg gehen?

Denk nach:

- Was hat mich in der Vergangenheit immer besonders bedrückt, wenn ich aus den Ferien oder dem Urlaub zurückkam?

- Wie sah meine beste Heimkehr aus den Ferien oder von einem Retreat aus?

- Wie sieht meine ideale Rückkehr aus diesem Retreat aus?

Eine meiner besten »Wiedereintrittsstrategien« nach einem längeren Retreat ist, mir in den nächsten Tagen ein paar Mini-Retreats zu gönnen: eine Massage, einen Yogakurs, ein heißes Bad oder einen Spaziergang ganz für mich allein. Ich empfinde es meist als schwierig, mir in dieser Situation noch mehr Retreat zu erlauben, da ich ohnehin schon das Gefühl habe, meiner Familie gegenüber selbstsüchtig zu sein und meine Arbeit vernachlässigt zu haben. Doch wenn ich mir selbst noch ein wenig mehr Vergnügen zugestehe, mir erlaube, es wirklich anzunehmen und zu genießen, gibt es trotz allem etwas, worauf ich mich freuen kann. Und ich kann das »Moralinsaure Rückstoß-Syndrom« (siehe weiter unten) vermeiden.

Wenn du allein lebst oder deine Kinder erst vor kurzem aus dem Haus gegangen sind, ist es vielleicht besser, wenn du deine Rückkehr mit deinem Partner/deiner Partnerin oder einer Freundin feierst. Gib gut auf dich acht! Warte mit der Planung dieses Ereignisses nicht bis nach deiner Heimkehr: Ruf schon vor dem Retreat an oder schreib ein paar Zeilen. Und wenn du vorher keine Zeit hattest, dann such dir im Retreat ein Telefon.

Wenn du bei Mini-Retreats oder Retreats in der Welt immer den Eindruck hast, daß die Früchte deines Rückzugs sich binnen weniger Minuten in nichts auflösen, dann nutz einen Teil deiner Retreatzeit dazu, deine Rückkehr langsam anzugehen. Hast du dir z. B. eine Stunde Zeit genommen, um dich in den Park zurückzuziehen, dann brich diese innere Einkehr bereits eine Viertelstunde früher ab, und nimm dir in deiner Wohnung oder im Büro noch ein wenig Zeit, ohne mit anderen Kontakt aufzunehmen. Versteck dich in deinem Schlafzimmer, schließ die Tür deines Büros und geh nicht ans Telefon. Laß dich ins Alltagsleben zurückgleiten.

HEILMITTEL GEGEN DAS RÜCKSTOSS-SYNDROM

Nach einem Retreat, das länger als ein paar Stunden gedauert hat, tritt oft ein gewisser Rückstoßeffekt, sprich das »Moralinsaure Rückstoß-Syndrom« auf. Es handelt sich dabei um Schuldgefühle, die sich hinter dem Bedürfnis verstecken, zu allen nett sein und sich um alles kümmern zu müssen. Vielleicht verbringst du eine ganze Nacht damit, allen Menschen zu schreiben, die du glaubst, vernachlässigt zu haben. Oder du unterziehst dich urplötzlich einer brandneuen Diät: Sojakäse und Weizengrassaft. Möglicherweise fühlst du dich auf einmal auf unerklärliche Weise zu härenen Bußgewändern und kleinen Lederpeitschen hingezogen.

Hüte dich vor diesen Verhaltensweisen!

Manchmal haben wir im Retreat brillante Ideen — Ideen, die wir am liebsten sofort in die Tat umsetzen würden. Wir möchten die Kraft der Inspiration nutzen. *In diesen Verhaltensweisen oder Ideen scheinen sich unsere neuesten Erkenntnisse widerzuspiegeln.* Super! Aber härene Bußgewänder kommen dabei selten vor. Die gegenteilige Reaktion aber, bei der wir uns schuldig fühlen, weil

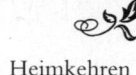

wir eine schöne Zeit hatten und endlich wieder einmal etwas für uns selbst getan haben, kann in uns manchmal den Wunsch auslösen, alles wiedergutzumachen. Du schränkst dich selbst ein, treibst dich an, ja bestrafst dich, indem du wirklich nette Dinge für andere tust – die allerdings ein wenig übers Ziel hinausschießen (z. B. alle Kuchen für die riesige Kuchenversteigerung in eurer Schule zu backen). Als nächstes schwingt (oder torkelt) das Pendel dann zurück (und du ißt womöglich alle Kuchen selbst auf, die du gerade gebacken hast). Wenn du spürst, daß du in diese Form der Selbstbestrafung oder des Alles-für-andere-Tun-Denkens verfällst, dann halt sofort inne und tu dir etwas Gutes. Frag dich: »Was möchte ich jetzt tief im Innersten haben?« Was auch immer jetzt als Antwort kommt (O.K., Sex mit Tom Cruise ist im Augenblick vielleicht nicht machbar!), gönn es dir. Ohne Wenn und Aber. Kauf dir keinen fettarmen Bananenjoghurt, wenn du lieber Bananasplitt willst. Geh nicht laufen, wenn du massiert werden möchtest. Und wenn du noch mal Zeit für dich brauchst, dann setz dich mit deinem Partner und deinen Kindern hin und erzähl ihnen von deinen Schwierigkeiten. Mach ihnen klar, daß es nichts mit ihnen zu tun hat. Erklär allen Menschen, mit denen du lebst, daß du eine wesentlich angenehmere Zeitgenossin bist, wenn du die Früchte deines Retreat erhalten kannst.

WIE DU IN DEINE BEZIEHUNGEN ZURÜCKKEHRST

Für jede enge Beziehung ist es schwierig, wenn die Partner sich bewußt Zeit ohne den anderen nehmen. Sogar in der partnerschaftlichsten aller Beziehungen gibt es dabei eine leichte Erschütterung im Unbewußten. Du begibst dich an einen Ort, an den er oder sie dir nicht folgen kann. Was in deinem Retreat geschieht, ist ein Geheimnis, das nicht erklärt werden kann, da es jenseits aller Worte stattfindet. Ja, das ist so, auch wenn es nach außen hin so aussieht, als wäre gar nicht viel passiert, oder wenn du nur eine Stunde lang weg warst. Daher müssen wir höchste Sorgfalt walten lassen, wenn wir nach unserem Retreat, vor allem wenn es länger gedauert hat, wieder in unsere Beziehung zurückkehren. Du wirst einen Weg finden müssen, dein Retreat in deine Partnerschaft einzubringen und euch beide eurer engen Bindung zu versichern, ohne das Persönliche und Heilige deiner Erfahrung preiszugeben.

»Was hast du bloß die ganze Zeit gemacht?« »Hast du mich vermißt?« »Liebst du mich noch?« »Warum brauchst du so viel Zeit für dich?« So sehen die Fragen aus, die uns (ob ausgesprochen oder nicht) zu Hause erwarten. Und dabei handelt es sich keineswegs um paranoide Versuche, jeden einzelnen unserer Schritte kontrollieren zu wollen. In ihnen zeigen sich vielmehr die Ängste unseres Partners/unserer Partnerin. Also bereite dich darauf vor, ihn oder sie auf eine Art und Weise deiner Liebe zu versichern, die er oder sie auch aufnehmen kann. Frag dich selbst: »Was ängstigt meinen Partner in unserer Beziehung am meisten?« Und: »Wie hat mein Weggehen diese Angst geschürt?« Wir alle haben Angst davor, verlassen oder auf dem nächsten Flohmarkt verschachert zu werden wie der Bauch-weg-Trainer vom letzten Jahr und sonstiger Trödel. Wir fürchten, unser Liebster könnte entdecken, daß das Leben allein viel interessanter ist als mit uns. Veränderungen jagen uns eine Heidenangst ein. Auch wenn wir bewußt unserem Liebsten nur das Beste wünschen, möchte das kleine Kind in uns, daß alles so bleibt, wie es war.

Bereitet euch auf deine Heimkehr vor. Wenn du ein ganzes Wochenende oder noch länger weg warst, könnt ihr euch zuerst außerhalb eures Heims treffen. Auch wenn ihr Kinder habt oder zusammen arbeitet, ist das eine gute Idee. Nehmt euch Zeit, außerhalb eures gemeinsamen Zuhauses miteinander in Kontakt zu treten, bevor euch der Wirbelwind der täglichen Verpflichtungen wieder mit sich reißt. Bedank dich zunächst bei deinem Partner – nicht nur, weil er die praktische Seite deines Rückzugs abgedeckt hat, sondern auch weil er dir damit hilft, dein Innenleben zu vertiefen. Frag ihn oder sie, was er während dieser Zeit so gemacht hat und wie er/sie es empfand, daß du nicht da warst. Wenn es dann soweit ist und du deine Erfahrungen mitteilen möchtest, dann greif möglichst auf ein sprachliches Bild zurück, das deine Retreaterfahrung zusammenfaßt: »Es war beinahe wie das entscheidende Tor in einem WM-Endspiel!« Oder: »Ich fühlte mich so stark wie an dem Tag, als wir zusammen den Mount Shasta bestiegen.« Oder: »Es war wie in der Kirche, wenn man nach dem Gebet so richtig ruhig geworden ist.« Vergiß nicht, ihm zu sagen, daß du ihn vermißt hast. Erzähl auch von deinen Ängsten, der Einsamkeit und Furcht, die du erlebt hast. Unsere Lieben zu Hause hören gern, daß wir im Retreat nicht nur auf Rosen gebettet waren.

Vielleicht möchtest du deinen Partner vorwarnen, ihm sagen, daß du in den nächsten Tagen möglicherweise etwas gereizt sein wirst. Versichere ihm oder ihr, daß dies nicht daran liegt, daß du lieber wieder fortgehen würdest,

sondern daß der Übergang von der »Gnadenzeit« ins Alltagsleben hohe Anforderungen an dich stellt. Bemüh dich, den Kanal zu deinem Partner offen zu halten. Verschiedene Paare und Familien mit beinahe erwachsenen Kindern in meinem Bekanntenkreis führen zu diesem Zweck eine Art gemeinsames Tagebuch. Es hilft ihnen, die Dinge zu formulieren, die sonst wohl untergegangen wären. Was auch immer du in dieser Hinsicht unternimmst, versuch auf jeden Fall, deine Erfahrung mitzuteilen. Wenn du in der Tür stehst und dein Partner dich fragt: »Na, wie war's?« und du ihm antwortest: »Nun ja, nichts Großartiges. Ich erzähl's dir später!«, dann sollte dieses »später« auch tatsächlich stattfinden, sonst stößt du vielleicht auf Unverständnis und Ablehnung, wenn du das nächste Mal ein Retreat machen möchtest.

Hast du dich in die Einsamkeit zurückgezogen, um über eine schwierige Partnerschaft nachzudenken, solltest du besonders sanft zu dir sein, wenn du zurückkommst, vor allem wenn du eine schmerzhafte Entscheidung treffen mußtest. Geh es langsam an. Hol dir zuerst Rat bei einer anderen, möglichst weisen Person, bevor du zur Tat schreitest. Bist du aber enttäuscht oder verzweifelt, weil sich dir keine markerschütternden Entschlüsse aufgedrängt haben, dann blättere zurück zum Kapitel »Die Praxis des Zuhörens« und lies dort den Abschnitt über das Sein. Versuch zu akzeptieren, daß diese Spannung des Nicht-genau-Wissens noch länger anhalten wird. Wenn du Änderungsvorschläge hast, die du mit deinem Partner besprechen mußt, dann überleg dir genau, wann und wo du dieses Gespräch führst. Warte ab, bis ihr beide ausgeruht seid, und wähl einen Ort, wo ihr nicht unterbrochen werden könnt. Von einem Retreat nach Hause zu kommen und deinem Partner all deine neuen, hoffnungsvollen Ideen überzustülpen wie einen zu großen Hut ist eine der sichersten Methoden, eine Katastrophe auszulösen. Das solltest du besser vermeiden!

Siehe: *Mut: Wie du die Wogen der Angst glätten kannst* und weiter unten *Wie du die Angst vor der Rückkehr umwandeln kannst*

Wenn dein Partner weiß, daß du aus dem genannten Grund ein Retreat gemacht hast, dann bist du es ihm schuldig, ihm mitzuteilen, was du gelernt und wofür du dich entschieden hast.

Kinder, Eltern und Freunde fühlen sich von deinem Retreat normalerweise weniger bedroht und interessieren sich daher auch weniger dafür. Nur kleine Kinder brauchen manchmal besonders viel Zuwendung, wenn du zurückkommst. Nimm dir ein bißchen Extra-Zeit für jedes Kind. Das ist immer schön. Es kann sein, daß du dich nach deiner Rückkehr auf einen Wutausbruch gefaßt machen mußt, wenn du noch kleinere Kinder hast. Oder auf

einen Tag, an dem sie besonders weinerlich sind. Sie drücken ihre Bestürzung darüber, daß du weg warst, dadurch aus, daß sie ihre intensivsten Gefühle für dich aufheben. Das ist ein Zeichen, daß sie dich lieben und sich dir verbunden fühlen. Nimm es also als positiven Anhaltspunkt und atme einmal tief durch. Denk daran: Auch das dauert nicht ewig.

Und wenn du ein Retreat gemacht hast, ohne jemanden mitzuteilen, daß es eines war, weil du dachtest, daß diese Vorstellung in den Ohren deiner Freunde und deiner Familie zu verrückt geklungen hätte? Oder weil du einfach deine Mittagspause oder die Zeit, zu der die Kinder in der Schule sind, genutzt hast, ohne große Ankündigungen zu machen? In diesem Fall solltest du dir jetzt, nachdem du diese Erfahrung gemacht hast, soweit vertrauen, daß du andere daran teilnehmen lassen kannst. Mach dir klar, aus welchem Grund du diese Erfahrung für dich behalten willst. Frag dich: »Was befürchte ich, wenn ich diese Erfahrung mit .... teile?« Manchmal sollen unsere Vorstellungen über die Reaktionen anderer Menschen auf unser Handeln uns nur vor wirklicher Nähe und der damit verbundenen Verletzlichkeit bewahren. Mitunter gründet aber unser Widerstreben, über unsere Erfahrungen zu sprechen, auch in der instinktiven Erkenntnis unseres wahren Selbst, das versucht, uns vor dem oberflächlichen und gefühllosen Verhalten anderer zu schützen. Erforsche dich selbst, statt einfach nur blind zu reagieren.

Eines der schlimmsten Dinge, die uns bei der Rückkehr aus dem Retreat geschehen können, ist, daß wir auf jemanden treffen, der sich über uns lustig macht, wenn wir von unseren Erfahrungen erzählen, diese herunterspielt oder uns kritisiert, weil wir diesen Rückzug gewagt haben. Obwohl du dir so sicher warst, kann es passieren, daß du Schuldgefühle, Zweifel und Scham empfindest. Oder Unmut und Zorn. Du könntest versuchen, dieser Person zu erklären, wie kostbar diese Zeit für dich war. Oder du könntest ihr sagen, wie vollkommen blöd, bescheuert, überflüssig und unfundiert du ihre Äußerungen findest. Reine Zeitverschwendung. Wenn es sich bei dieser Person allerdings um deinen Ehemann oder deinen Chef handelt, kann es sein, daß du deinen Kommentar für dich behalten mußt. Zieh dich von dieser Person so bald wie möglich zurück. Atme tief ein und aus, und ruf dir ein Bild aus deinem Retreat ins Gedächtnis, das dich in deine Mitte bringt. Hast du dir einen Talisman oder einen »Herzensschnappschuß« mitgebracht, dann ist jetzt der richtige Zeitpunkt, ihn hervorzuholen. Wenn dieses Erlebnis trotzdem weiterhin an dir nagt, dann mach sofort ein Retreat, und sei es nur für zehn Minuten. Laß nicht zu, daß engstirnige, unwissende Kleingeister dein

Siehe: *Dein Abschlußritual*

Vertrauen in deine Kraft, deine Weisheit, deinen Weg zerstören. Denk an das, was Audre Lorde gesagt hat: »Wir wurden dazu erzogen, das ›Ja‹ in uns zu fürchten . . . unseren tiefsten Sehnsüchten zu mißtrauen. Dieses Mißtrauen macht uns unsere Sehnsucht verdächtig. Es macht uns zu fügsamen, ergebenen, gehorsamen Menschen, die ihre eigene Unterdrückung hinnehmen und akzeptieren.« Nicht mit uns! Kommt überhaupt nicht in Frage!

WIE DU DIE ANGST VOR DER RÜCKKEHR UMWANDELN KANNST

Du solltest bewußt mit deinen Ängsten arbeiten, wenn du deine Heimkehr immer wieder aufschiebst und an ein Abschlußritual gar nicht zu denken wagst, wenn du immer wütender, gereizter und unmutiger wirst, je mehr dein Retreat sich seinem Ende zuneigt, und du dich immer ungeschickter fühlst, so als ob du in deinem Körper gar nicht zu Hause wärst, aber auch wenn dir – ganz im Gegenteil – deine Heimkehr gar nicht mehr aus dem Kopf geht. Setz dich jetzt damit auseinander.

Beende diesen Satz:

• Ich habe vor dem Nachhausekommen Angst, weil . . .

Mach dir eine Liste – im Kopf oder auf dem Papier. Und setz dich mit dem, was du entdeckst, hin, um darüber nachzudenken. Sitz wirklich still und geh so weit als möglich auf deine Furcht zu. Frag sie:

• Was möchtest du?

• Was versteckst du vor mir?

• Welche Gaben bringst du mir?

Nimm die Angst vor der Heimkehr nicht auf die leichte Schulter. Den eigenen Ängsten nachzugehen und sich ihnen zu stellen kann zum Kernpunkt eines Retreats werden. Vielleicht stellst du mitten im Retreat fest, worum es wirklich geht: dich selbst aus den Angeln zu heben, so daß du nicht wie üblich zum Alltagsgeschäft übergehen kannst.

Heimkehren

Siehe: *Mut: Wie du die Wogen der Angst glätten kannst*

Solltest du feststellen, daß du zu einem bestimmten Aspekt deines Lebens einfach nicht zurückkehren kannst, verfall nicht in Panik. Sag dir, daß du nichts unternehmen, nichts verändern wirst, bevor du nicht wirklich bereit dazu bist. Beruhige deinen Körper, indem du tief einatmest und dabei sagst: »Ich bin stark.« Dann atmest du langsam aus und sagst dir: »Ich bin ruhig.« Mach die Übung zum Thema »Vertrauen« aus dem Kapitel »Mach dir selbst den Hof: Wie du dich umwerben kannst«. Sprich mit deiner Angst. Wenn du dabei auf eine Frage oder Entscheidung stößt (Soll ich als alleinerziehende Mutter ein Baby haben, . . . meinen Mann verlassen, meinen Job aufgeben, nach Australien ziehen?), dann wende dich dem Kapitel »Entscheidungen« zu. Wenn du ein Mini-Retreat oder ein Retreat in der Welt machst, d. h. bald wieder zurückkehren mußt, dann verschwende deine Zeit nicht mit Panik und Nägelbeißen. Versuch, ruhig zu werden und Abstand zu gewinnen, statt unbedingt eine Entscheidung treffen zu wollen. Mach mit dir selbst einen festen Termin für ein weiteres Retreat aus − sobald als möglich. Schieb es nicht auf die lange Bank! Und achte darauf, daß du dieses Retreat mit einem klaren Abschlußritual beendest, damit du deine Fragen, deine Aufregung und deine Angst im Retreat lassen kannst, statt sie mit nach Hause zu schleppen, wo sie dein Leben vergiften.

»Alles wird klar« ist ein sehr tröstliches Mantra. Genauso wie »Schritt für Schritt«. Oder: »Alles wird gut werden, und alles wird gut werden, und alle Dinge werden auf jede erdenkliche Art und Weise gut werden.« Gebete, Meditation, Atemübungen, bei denen du in deinen Schmerz und deine Angst hineinatmest, sowie spontanes Malen oder Schreiben zur entscheidenden Frage sind ausgezeichnete Wege, im Hier und Jetzt zu bleiben und die Verirrungen zu vermeiden, die sich aus verdrängten Gefühlen normalerweise ergeben. Sobald du wieder zu Hause bist, such dir eine lebenskluge Person, mit der du über dein Problem sprechen kannst. Doch was auch immer du tun magst: Sitz nicht über dich selbst zu Gericht, und glaub nicht, daß es dir jetzt besser gehen würde, wenn du nur nicht ins Retreat gegangen, sondern bei deinem alten Trott geblieben wärst.

AUFTAUCHEN

Die ersten Minuten, Stunden oder Tage nach einem Retreat haben häufig eine besondere Qualität. Patricia Hart Clifford schreibt in *Sitting Still*, wo sie über ein einwöchiges Zenretreat christlicher Ausrichtung berichtet:

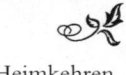

»Nach dem Retreat war ich einfach im Fluß. Die Luft roch frischer, das Laub leuchtete grüner, alle Nahrungsmittel schmeckten besser. Alle Ereignisse in meinem Leben schienen plötzlich miteinander im Einklang zu stehen – etwas, was ich noch nie vorher erlebt hatte. Alles schien zur richtigen Zeit am richtigen Ort zu sein. Eine überwältigende Freude erfüllte mich.«

Ich erinnere mich noch gut daran, wie ich nach einem dreiwöchigen Retreat in der Wildnis durch die kleine Eisenbahnstadt Moosenee im Quebec schlenderte. Ich kam mir vor wie ein Besucher vom Mars. Alles schien mir so erstaunlich neu, ob es nun die Käsepizza für 24 Dollar war oder die Inuit-Mädchen in ihren Guess-Jeans. Alles kam mir größer, lauter, schneller vor als vor dem Retreat. Ich hatte den Eindruck, mich unter Wasser fortzubewegen. Diese Reaktion fällt nach Mini-Retreats selten so stark aus. Nach einem kurzen Retreat fühle ich mich meist nur ein wenig langsamer, schwerer, zentrierter. Es ist ein wunderbares Gefühl, und ich wünschte, es würde länger andauern.

Beobachte dich beim Auftauchen. Das ist alles! Du mußt dich nicht großartig vorbereiten. Du mußt nichts ändern und deine Erfahrung nicht mitteilen. Leb darin. Klammere dich nicht daran! Sie wird sich in nichts auflösen. Genieß sie, solange sie andauert. Das ist die Gabe des Hier und Jetzt.

DEIN ABSCHLUSSRITUAL

Die Augen meiner Augen sind weit geöffnet.
e.e. cummings

Bewußtheit und Achtsamkeit sind am Ende deines Retreats genauso wichtig wie am Anfang. Ganz egal wie kurz dieser Zeitraum war und wie wenig eine Änderung in deiner Sicht der Dinge vielleicht spürbar wird: Du hast den Weg zwischen den Welten beschritten. Normalerweise wünscht man sich, im Retreat bleiben, das Urbild leben zu können – vor allem, wenn die Erfahrung sehr eindrucksvoll war. Doch das geht nicht. Du mußt dich zur Rückkehr ermahnen. Denk an die Frauen, die ihre Menstruationshütte verließen, um ein Fest zu feiern – sie kehrten nicht einfach so in ihr normales Leben zurück. Sie wurden anerkannt und gefeiert. Wenn du den Schritt in den gewöhnlichen Zusammenhang von Raum und Zeit ganz bewußt machst, feierst du dich selbst. Du kannst die Energie deines Retreats, die ganze ungebrochene Erfahrung mitnehmen. Das stärkt wiederum dein Vertrauen in den Rückzug von der Welt als Urmuster menschlichen Lebens, so daß du die Schätze deiner Zeit für dich in deinem täglichen Leben großzügig ausstreuen kannst.

WAS DU BRAUCHST:

Du wirst einige der Dinge, die du in deinem Eröffnungsritual gebraucht hast, wieder benötigen. Vielleicht sogar alle.

Ein Talisman, der dich an deine »heilige Zeit« erinnert.

Eine Opfergabe.

Ein Stück Text, das du zum Abschluß liest. (Vielleicht dasselbe wie zur Eröffnungszeremonie.)

EIN PAAR TIPS

- Lies dir noch einmal die Tips für das Eröffnungsritual durch. Was hat dir dabei am besten geholfen?

- Laß deine Retreaterfahrung noch einmal vor deinem inneren Auge Revue passieren. Frag dich: »Was hat in diesem Retreat für mich Herz und macht Sinn? Was möchte ich mit nach Hause nehmen?«

- Such dir nun einen Talisman, der das, was du mitnehmen möchtest – sei es ein Gefühl, ein Gedanke oder eine Erinnerung –, symbolisch darstellt. Dieses kleine Stück Erinnerung wird dir auf einer sinnlich erfahrbaren Ebene sagen, daß du dir wirklich Zeit für dich genommen und an deine innere Weisheit geglaubt hast. Marcie erklärte das so: »Ich verlasse mich da voll auf meine fünf Sinne. Sie helfen mir, wenn ich mich mit Worten aus der Erfahrung davonstehlen möchte.« Leider beginnen wir zu Hause meist sehr schnell, an unserer Retreaterfahrung zu zweifeln. Doch wenn du deine Sinne dazu nutzen kannst, »das Geheimnis unmittelbar zu erfassen«, wie Mircea Eliade schreibt, dann ist die Gefahr, deine persönliche Wirklichkeit wieder zu vergessen, geringer. Bernice, die Zahnärztin ist, trägt im Retreat immer eine purpurrote Strickkappe. »Wenn ich gestreßt bin, mich häßlich fühle oder bereits im voraus weiß, daß ich einen harten Tag haben werde, setze ich meine Kappe auf.« Candace, Therapeutin und Retreatbetreuerin, legt immer die Sonate auf, die sie auf ihrem ersten Retreat hörte, wenn sie sich mit dem Frieden eines Retreats verbinden will. Ich bringe von meinen Rückzügen immer einen Stein, eine Muschel, ein Stück angeschwemmtes Glas oder andere kleine Fundstücke mit nach Hause. Dort lege ich sie dann in eine Schale, wo ich sie oft betrachten und berühren kann. Mit der Zeit habe ich vergessen, welches Stück aus welchem Retreat stammt. Ich lasse mich vom Leuchten des Ganzen verzaubern.

Auch Farben und Gerüche eignen sich wunderbar als Talisman. Amie beispielsweise hat jahrelang mit ihrer Magersucht gekämpft. Während eines einwöchigen Yoga-Retreats mit Lehrer rieb sie ihre Haut dann eines Tages mit Sandelholzöl ein. »Seitdem greife ich immer zu Sandelholzessenz, wenn ich mit mir selbst im Clinch liege und mich fast zu Tode hungere. Der Duft berührt etwas in meinem Körper: Ich verschmelze wieder mit dem Ort, an dem ich dieses Retreat machte, und kann mich sofort besser annehmen.« Randi hingegen hat sich zu Hause einen kleinen Altar errichtet. Von jedem

Retreat bringt sie etwas mit, um es dort niederzulegen. »Diese Sammlung beruhigt mich. Wenn ich wieder ins Retreat möchte, aber dazu keine Gelegenheit habe, betrachte ich meine vielen Erinnerungsstücke und sage mir: ›Ich habe es schon früher getan. Ich kann es wieder tun.‹«

- Wiederhol die symbolische Handlung zum Verlassen deiner Alltagswelt, die du in deiner Eröffnungszeremonie eingesetzt hast. Oder kehr sie um, wenn das geht. Sollte dies nicht möglich sein oder sich irgendwie »unpassend« anfühlen, dann such ein Vorgehen aus, das für dich Abschluß, Vollendung und Ruhe symbolisiert. Der folgende Vorschlag stammt von Lola Rae Long, einer Retreatbetreuerin bei der *Ojai Foundation*: Die Retreatteilnehmer überschreiten eine Schwelle oder eine auf die Erde gemalte Linie und sagen dabei: »Ich bin bereit, den Schritt zurück in mein Leben zu tun.« Eine andere Form dieses Rituals ist es, die Teilnehmer diesen Satz sprechen zu lassen, wenn sie aus einem Bad in der Wanne, im See oder im Meer auftauchen. Lucinda Eileen, Spezialistin für Rituale und gleichzeitig Leiterin von Jugendgruppen, betont die Wichtigkeit eines Abschlusses: »Du kannst so etwas sagen wie: ›Ich habe dies getan, und deshalb .... (Setz ein, was dir einfällt.) Ich achte diesen Raum. Es ist vollbracht.‹« Es liegt eine gewaltige Kraft darin, deine eigene Wahrheit, wie du sie siehst und an sie glaubst, laut auszusprechen.

- Bring eine Opfergabe für dein Retreat dar. Du kannst es der Gottheit widmen und/oder deiner Familie, deinem Partner, deiner Freundin, deinem Retreatbetreuer, Sponsor oder Therapeuten. Oder du opferst dem Ort etwas, an dem du dein Retreat gemacht hast. Laß deine Dankbarkeit spontan fließen. Nach einem Retreat in der »Ojai Foundation« ließ ich z. B einen kleinen Kristall und ein Tabakopfer in der Astgabel einer alten Eiche zurück, die mir am Tag zuvor Zuflucht gewährt hatte, als ich weinen mußte. Meine Frauengruppe dagegen reichte bei einem Gruppenretreat in einem schmalen Canyon einen Klumpen Ton herum. Jede von uns formte ihn und drückte Blumen, Blätter oder seltsam geformte Dinge, die wir in der Natur gefunden hatten, hinein. Er hatte keine erkennbare Form und trotzdem umgab ihn der Glanz der Heiligkeit. Wir ließen ihn zum Verrotten im Wurzelbereich einer Kiefer zurück. Wenn du also Lust und Zeit hast, kannst du eine Opfergabe gestalten, die du an deinem Retreatort zurückläßt.

- Lies den Text, den du bei deiner Eröffnungszeremonie gelesen hast. Du kannst natürlich auch einen anderen nehmen.

- Leg Kraft in deinen Abschluß. Trällere einen Gospelsong mit. Mach einen flotten Spaziergang, wenn es draußen stürmt. Streck die Arme über deinen Kopf und laß dreimal ein lautes *Om* (Aum) ertönen. Nimm Rosmarin-Gel oder –öl, wenn du duscht, putz dir die Zähne, und nimm dir Zeit für einen Blick in den Spiegel. Was gibt es noch, das dir Energie geben könnte? Fühlst du dich bereit, dich auf den Weg zurück in dein Leben zu machen? Traust du dich, die Energie anzuzapfen und sie mitzunehmen?

Dein Abschlußritual
Siehe: *Quellen*

Tips für erfahrene Retreatteilnehmer

Du kannst ruhig den Talisman nehmen, den du seit Jahren bei deinen Retreats benutzt. Vielleicht brauchst du auch nicht für jedes Retreat ein extra Erinnerungsstück, sondern nimmst lieber etwas mit, was meine Freundin, die Schriftstellerin Randi Ragan, als »Herzensschnappschuß« bezeichnet – eine körperliche oder emotionale Erfahrung »zum Mitnehmen«. Das kann das heilkräftige innere Bild einer Lotosblüte sein, das dir in der Meditation erschienen ist. Oder die tröstliche Stärke des Felsens, auf dem du dich gesonnt hast. Vielleicht das Gefühl der Unterstützung, das dir dein Sofa gegeben hat, während du im Sitzen deine Gebete gesprochen hast. Oder das Gefühl, mit dem ganzen Universum verbunden zu sein, das dich in einem bestimmten Augenblick plötzlich überkam. Um so einen »Herzensschnappschuß« zu machen, solltest du während der Erfahrung einen Schritt zurücktreten und sie mit allen Sinnen »aufnehmen« wie eine Kamera. Sag zu dir: »Ich will mich daran erinnern, wie leicht mein Körper sich anfühlte. Wie die Kiefer duftete, das Thunfischsandwich schmeckte. Und an das leichte Piksen der Kiefernnadeln in meinem Nacken.« Während du dir diesen Moment genauestens einprägst, schließt du Daumen und Zeigefinger für ein oder zwei Minuten zu einem Kreis. Später dann, wenn du dir deinen »Schnappschuß« wieder vor Augen rufen möchtest, leg einfach deine Finger in derselben Geste aufeinander, und erinnere dich, was all deine Sinne damals aufgenommen haben.

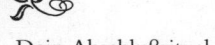

WIE EINE SOLCHE ZEREMONIE AUSSEHEN KANN

So könntest du beispielsweise deinen magischen Raum verlassen:

- Lies laut den Text, den du während deines Eröffnungsrituals gelesen hast. Geh in dich und forsche nach, ob diese Worte in dir nun neue Erkenntnisse oder Gefühle wachrufen.

- Wiederhol nun noch einmal laut dein Vorhaben. Denk darüber nach, wie du ihm nachgegangen bist, welche Antworten du bekommen hast, wie du mit deiner Retreat-Frage gelebt hast. Halte die Punkte, mit denen du dich beschäftigt hast, fest, wenn du das möchtest. Mach eine Liste all dessen, was du gelernt hast, oder ein Mandala, das deine Gefühle und Eindrücke enthält, sprich deine Erfahrungen in Form einer Litanei.

- Wähl dir einen Talisman aus. Halte ihn in der Hand, trag ihn, hör ihn oder schmeck ihn. Schließ deine Augen. Visualisiere das Göttliche (oder fühl seine Gegenwart): Jesus Christus, die Göttin, Maria, Buddha, Krishna, Gott oder eine strahlende Lichtquelle. Bitte die Gottheit, deinen Talisman zu segnen und ihn mit der lebendigen Kraft deines Retreats zu erfüllen. Sieh zu, wie dein Erinnerungsstück gesegnet und mit der unendlichen Liebe des Göttlichen gefüllt wird. Und du mußt für dieses Geschenk überhaupt nichts tun, außer es in Empfang zu nehmen. Lade deinen Talisman auf, indem du ein tief vibrierendes *Om* summst.

- Und wie soll nun dein Retreat in dein Leben hineinwachsen? Denk dir einen möglichst einfachen Satz aus, der besagt, wie dein Retreat sich in deinem Alltagsleben auswirken soll. »Ich will im Alltag die wirklich wichtigen Dinge nicht aus den Augen verlieren.« »Ich will jeden Tag ein paar Augenblicke ganz meinen Kindern widmen.« »Ich werde täglich 20 Minuten einfach sein.« »Ich möchte, daß der geistige Friede, den ich jetzt empfinde, in meinem Herzen weiter wächst.« Hier geht es nicht um großartige Veränderungen, sondern darum, daß du die Samen deines Retreats in fruchtbare Erde legst. Schließ deine Augen, und stell dir vor, daß dein Wunsch in großen leuchtenden Lettern quer über deinem Herzen geschrieben steht. Beobachte, wie die Gottheit deinen Wunsch segnet − so, wie du es für richtig hältst.

- Schließ nun deinen magischen Raum. Pack deine Sachen und säubere deinen inneren Zirkel. Mußt du z. B. das Badezimmer saubermachen oder deinen Altar abbauen, dann tu dies in einer achtsamen und liebevollen Haltung. Dank dabei dem Raum, daß er sich um dich geschlossen hat. Wenn du dein Retreat zu Hause gemacht hast, gib die Räume bewußt ihrem normalen Gebrauch zurück (vor allem, wenn du mit anderen Menschen zusammenlebst). Pack alles ein, was du bei deinem nächsten Retreat wieder brauchen wirst, und heb diese Dinge an einem sicheren und bequem erreichbaren Platz auf.

- Nimm nun deinen Talisman in die Hand und überschreite die Schwelle von deinem magischen Raum in die Alltagswelt – gleichgültig, ob du dabei dein Schlafzimmer, dein Haus, dein Auto, deine Yurte, dein Zelt oder dein Zauberrad verläßt. Sag dabei laut: »Mein Vorhaben in diesem Retreat war .... Ich achte mich selbst, weil ich ein Stück meiner Wahrheit gefunden habe. Das ist die Wahrheit. Und so sei es.«

- Erde nun die Energie deines Retreats in deinem Körper, indem du z. B. eine Tasse heißen Tee trinkst, einmal um den Block schlenderst oder den Berg hinuntergehst, etwas Ganzheitliches ißt, die Erde berührst oder jemanden umarmst, den du liebst.

GESCHICHTEN

Dies ist Patricia Hart Cliffords Bericht von der letzten Meditationssitzung in ihrem 1wöchigen, christlich geprägten Zen-Retreat.

»Als der Gong zum letzten Mal ertönte, verbeugten wir uns tief und berührten in einer Geste der Dankbarkeit mit unserer Stirn den Boden. Dann standen wir wieder auf und verneigten uns zum Klang der kleinen Glocke voreinander und vor dem Kreuz auf dem Altar. Dann verließen alle den Raum, um in der nahen Kapelle am Abschlußgottesdienst teilzunehmen. Ich jedoch blieb wie angewurzelt stehen. Durch die Fenster strömte Sonnenlicht herein und überflutete mich, die blauen Schatten auf dem Teppich und die Felsen in ihrem Sandbett. . . . Beim Mittagessen füllte der Speisesaal sich mit dem explosiven Gelächter fröhlicher Stimmen, und doch schien jede Kommunikation völlig überflüssig. . . . Wir verabschiedeten uns schnell voneinander. Dann stand ich plötzlich draußen und sagte dem Islandmohn adieu, dessen gekräuselte Blütenblätter in der Mittagssonne leuchteten. Ich fuhr durch das Tor, und meine Gedanken beschäftigen sich keineswegs mit dem, was mich erwartete. Mein einziger Gedanke war: ›Ich kann nicht glauben, daß ich das um ein Haar verpaßt hätte.‹«

Sandy hingegen machte ein 1tägiges Retreat bei sich zu Hause.

»In meinem Retreat ging es darum, mein wahres Selbst zu treffen. Ich hatte mich vor einigen Jahren in einer Zeremonie mir selbst versprochen, und so beschloß ich nun, dieses Versprechen als Teil meines Abschlußrituals zu wiederholen. Ich legte ›Long and Winding Road‹ auf, das ich auch damals gehört hatte, und verschiedene andere Songs, z. B. Holly Nears ›Sing to Me the Dream‹. Ich dankte meinem wahren Selbst dafür, daß es gekommen war. Dann steckte ich mir den Ring an. Ich hatte mir mein Gelöbnis mir selbst gegenüber aufgeschrieben. Diesmal waren die Versprechen abgeklärter als beim ersten Mal. Ich las sie laut vor. Dann legte ich ›Hymns to the Silence‹ von Van Morrison auf. Ich dankte dem Spiel, der Vergebung und der Freiheit, daß sie zu mir gekommen waren, und Buddha und all den anderen, die ich während meiner Eröffnungszeremonie angerufen hatte. Dann blies ich meine Kerze aus.«

Ein Abschlußritual erweckt in dir den Wunsch, immer wieder zurückzukommen. Willst du? Kannst du? Mußt du sogar?

NIMM DEIN RETREAT MIT

Du hast die erhabene Verpflichtung, für dich selbst zu sorgen, denn du weißt nie, wann die Welt dich brauchen wird.
Rabbi Hillel

In dir hat eine Veränderung stattgefunden. Dieser Wandel muß nun in dein Leben aufgenommen und eingebaut werden.

Vielleicht meinst du ja: »Aber ich fühle mich gar nicht großartig verändert. Meine Retreats waren alle zu kurz, zu oberflächlich und nicht spirituell genug, um wirklich etwas bewirken zu können.«

Und ich sage dir: In dir hat eine Veränderung stattgefunden. Du hast den Raum bewußter, heiliger Einsamkeit betreten und dadurch eine Beziehung zu deinem Selbst aufgebaut. Du hast eine Atempause eingelegt. Etwas ist anders geworden.

Wenn du an einem hektischen Tag deinen Retreat-Talisman zur Hand nimmst, spürst du, wie Ruhe und Bedächtigkeit dich einhüllen wie eine Decke. Plötzlich erscheint das Problem, mit dem du dich gerade beschäftigst, in einem ganz anderen Licht. Oder du stellst ein liebgewonnenes Laster ein, offensichtlich ohne die geringsten Schwierigkeiten. (Ich hörte z. B. nach einem längeren Retreat auf, soviel fernzusehen.) Vielleicht verspürst du plötzlich Lust, wieder Geige zu spielen oder eine Patchworkdecke anzufertigen, dem Kirchenchor beizutreten, Vegetarierin zu werden, einen deiner früheren Lover wiederzusehen oder ganz früh am Morgen aufzustehen und vors Haus zu gehen, um einen Augenblick lang den Himmel zu betrachten. Beharrlichkeit und sanftes, aber ehrlich gemeintes Bemühen werden diese Dinge mit der Zeit in deinem Tagesablauf verankern.

Die Frage ist nur: »Wie kann ich mein Retreat in meinen Alltag mitnehmen?« »Wie kann ich es darin verankern und zur Blüte bringen?«

AUFMERKSAMKEIT

Achte genau darauf, welche Auswirkungen dein Retreat mit sich brachte, denn sie verlieren sich nur allzu leicht. Du solltest diesen kleinen Veränderungen und Wandlungen deine ganze Aufmerksamkeit widmen. Deine innere Erneuerung wird sich kaum als ganzseitige Anzeige in der *Frankfurter Allgemeinen* kundtun. Vermutlich wirst du auch keinen Hasen als Schutzengel bekommen, der den ganzen Tag neben dir herhoppelt (und den außer dir natürlich keiner sehen kann). Wie eine Person, die ich zutiefst achte, einmal zu mir sagte: »Das Leben ist eine Spirale. Du kehrst immer wieder an die gleiche Stelle zurück, nur daß du jetzt eine Stufe weiter oben stehst.« Diese Stufen sind oft nur schwer auszumachen, vor allem wenn du deine Erfahrungen fast ausschließlich in Mini-Retreats machst.

Jedesmal wenn du ganz aus dir selbst heraus handelst, wenn du dich daran erinnerst, still zu sein und zu lauschen, wenn du einen Schritt unternommen hast, um etwas zu verändern, oder dir selbst einen Fehler vergibst, leg eine kurze Pause ein, und nimm diese Tatsache in dich auf. Sprich ein Dankgebet. Achte auf diese winzigen Wellen des Wandels.

Hier sind einige Tips, wonach du Ausschau halten kannst:

- Bist du mehr auf dich selbst konzentriert? Fragst du dich öfter: »Was denke, fühle, brauche oder wünsche ich?« Und weniger, was andere denken, fühlen, brauchen oder wünschen?

- Fühlst du dich stärker zentriert? Berührt Kritik von anderen Menschen dich nicht mehr so stark? Schlechte Nachrichten? Ärgerliche, aber letztlich unbedeutende Kleinigkeiten?

- Bist du offener und flexibler geworden? Wirft es dich nicht mehr so aus der Bahn, wenn du deine Pläne ändern mußt, das Haus nicht mehr so ordentlich aufgeräumt ist oder du 15 Minuten zu spät zu einer Party kommst?

- Bist du deinem inneren Kritiker und Richter weniger ausgeliefert als früher? Kannst du mit diesem Aspekt deines Selbst vielleicht sogar auskommen? Ihn lieben? In Dialog mit ihm treten? Empfindest du weniger Scham und Schuldgefühle? Denkst du nicht mehr so häufig, daß du dies oder jenes tun oder viel mehr Dinge viel schneller erledigen solltest?

- Fühlst du dich erleichtert? Hat sich deine Lebenseinstellung geändert? Bist du irgendwie hoffnungsvoller, optimistischer, lockerer geworden?

- Kannst du jetzt »nein« sagen, ohne Schuldgefühle zu kriegen und ohne dich tausendmal zu entschuldigen?

- Kannst du dir Zeit für dich selbst nehmen? Für die Dinge, die du am liebsten tust?

- Bist du dir deines Körpers und seiner Bedürfnisse stärker bewußt? Trinkst du auf einmal genug? Gehst du auf die Toilette, wenn du mußt und nicht, wenn es die Situation erlaubt? Ißt, wenn du hungrig bist? Streckst du dich und atmest tief durch, wenn du dich angespannt fühlst?

- Machst du des öfteren mal eine spirituelle Übung, die dir guttut?

- Hast du neuen Glauben gefunden oder deine spirituelle Praxis wieder aufleben lassen?

- Kommst du mit unangenehmen Gefühlen besser klar? Erlaubst du dir, sie in der Intimsphäre deiner vier Wände auszuleben und/oder sie offen auszudrücken, wenn es angemessen erscheint?

- Fühlst du, daß du für deine Kinder oder deine Arbeit mehr Energie hast? Bist du zielstrebiger geworden?

- Fühlst du dich mit der Natur und mit anderen Menschen mehr in Einklang?

- Behältst du in Krisensituationen klaren Kopf? Fällt es dir leichter, dich nicht hineinziehen zu lassen? Abstand zu halten? Dich darauf vorzubereiten?

- Hast du Frieden mit alten Entscheidungen geschlossen?

Niemand kann alles, was auf dieser Liste steht, nicht einmal Menschen, die zehn Jahre lang auf einem Bein auf einer zehn Meter hohen Säule mitten in der Wüste standen und sich von Heuschrecken und Ameisenblut ernährten, während sie so nebenher das buddhistische Herzsutra rezitierten. Ich habe sie *nur* zusammengestellt, damit du Dinge bemerkst, die du sonst vielleicht

Zeit für dich. Das große Retreat-Buch für Frauen

351

übersehen würdest. Wenn sie in dir das Gefühl erweckt, minderwertig zu sein oder genau das in deinem nächsten Retreat erreichen zu müssen, reiß sie heraus, verbrenn sie und schick mir die Asche. Ich werde Buße tun und sie auf mein Haupt streuen.

Trag dein Retreat in die Welt hinaus

Die berühmte Mystikforscherin Evelyn Underhill schreibt: »Das spirituelle Leben der Menschen muß sich in die Vertikale, hin zu Gott, und in die Horizontale, hin zu den Menschen, ausbreiten. Je mehr es in beiden Richtungen anwächst, um so weniger ichbezogen ist es, um so stärker spricht es das Selbst des Menschen an.« Und die Schriftstellerin Patricia Hart Clifford betont:

»An einem bestimmten Punkt muß spirituelle Einsicht sich in Handlung verwandeln, wenn sie nicht hohl werden soll. Die Stille in einem Retreat ist wie ein Kokon, in dem sich unsere Achtsamkeit entwickeln kann. Die Stille schützt den Geist vor Angriffen von außen, so daß die Schwingen der Freiheit sich ausbreiten können. Doch wenn die Stille auch die sich entfaltende Seele behütet, so erfolgt die wahre Prüfung doch erst, wenn wir wirklich fliegen. Kein Durchbruch im Retreat ist so wichtig wie die Handlungen in der Außenwelt, die daraus entspringen.«

Was würdest du antworten, wenn deine Gottheit, ein Kind oder ein Fremder auf offener Straße dich jetzt fragen würde: »Und wie willst du dein Retreat mitnehmen?« Mach dir keinen Druck damit. Bau dir kein neues »Soll« auf, aber frag dich trotzdem: »Wie soll meine Erfahrung (deine Erfahrungen) sich in meinem Leben verankern? Wie kann ich sie zum Blühen bringen?«

Die Möglichkeiten dazu sind so mannigfaltig wie die Frauen, die dieses Buch lesen. Vielleicht entsteht aus der Arbeit mit deinem inneren Kritiker das Bild einer Frau, die ihren Kindern täglich ein Beispiel für aktive, liebevolle Hinwendung zu sich selbst und anderen gibt. Möglicherweise endet die Diskussion mit deiner Retreatgruppe darüber, was ausreichend ist, in dem Wunsch, von nun an ein einfacheres Leben zu führen, weniger unnötige Dinge zu kaufen und weniger Energie zu verschwenden. Und ein Retreat zu Hause kann dazu führen, daß du einer obdachlosen Frau und ihrem Kind hilfst, von der Straße wegzukommen. Die Trauer über die Vergewaltigung, die du vor 10 Jahren erlebt hast, heilst du vielleicht dadurch, daß du in einer Frauen-Notruf-Stelle oder einem Therapiezentrum für die Opfer männlicher Gewalt mitarbeitest.

Laß es Gestalt annehmen. Sehr häufig sind wir zu sehr in unserem Zynismus, in Verweigerung und Überlebenskämpfen befangen, um etwas zu ändern. Und unsere Standards über das, was eine gute Frau alles zu schaffen hat, setzen uns obendrein noch zu. Irgendwo zwischen diesen beiden Extremen gibt es einen Freiraum, in dem der Dienst an anderen unser inneres Gleichgewicht und unser Gefühl für den Sinn des Lebens fördert, ohne daß wir uns zwischen Perfektionismus und Märtyrertum aufreiben müssen. Laß »dieses Wachsen in die Vertikale, hin zu Gott, und in die Horizontale, hin zu den Menschen« geschehen. Bleib offen für deine innere Stimme. Sie wird dir sagen, was du tun sollst.

DIE TÄGLICHE PRAXIS

Es ist letztlich dein inneres Wissen, das dein Retreat erschafft und leitet. Doch wie kannst du den Kontakt mit deinem inneren Wissen aufrechterhalten? Denn ohne ihn wird es schwierig werden, den Ruf für dein nächstes Retreat überhaupt wahrzunehmen. Um mit deinem wahren Selbst in Kontakt bleiben zu können, brauchst du einfache Methoden, die du täglich anwenden kannst.

Ich bevorzuge die folgenden »Kommunikationsmittel«:

- Du kannst einmal täglich die Übung aus dem Abschnitt »Überprüfen, wo du stehst« im Kapitel »Und was soll ich tun?« machen. Die Schriftstellerin und Therapeutin Gunilla Norris hat für diese Übung einen besonderen Trick entwickelt: Sie knipst all die Gedanken, die sie in ihr Leben einbauen möchte, in ihrer Vorstellung an einer Wäscheklammer fest. Das können Dinge sein wie »Hör dir zu!«. Oder: »Denk an die Welt.« Und: »Ruh dich aus!« Dann hängt sie die Wäscheklammer an einer Schnur auf und befestigt sie am Rahmen einer Tür. Jedesmal wenn sie durch diese Tür geht, streift sie leicht die Wäscheklammer. Dann bleibt sie stehen, atmet tief durch und ruft sich den entsprechenden Gedanken ins Gedächtnis. »Am besten scheint es zu sein, wenn die Klammer so tief hängt, daß ich regelrecht hineinlaufe«, erzählt sie auf ihrer Audiokassette *Being Home*. Ich nehme lieber Duftsäckchen als Wäscheklammern. Und ich stelle mir lieber eine Frage über meinen aktuellen Seelenzustand. »Was empfinde ich jetzt?« oder »Wie kann ich ruhiger werden?« sind meine augenblicklichen Lieblingsfragen. Den Teilnehmern meiner Workshops empfehle ich immer wieder die »Goldstern-Methode«: Schneid dir eine Menge goldener Sterne aus und verteil sie großzügig über dein ganzes Leben. Kleb sie an die Innenseiten des Medizinschränkchens im Badezimmer oder von innen an die Kühlschranktür. Befestige sie im Wandschrank und kleb einen winzigen auf den Rückspiegel oder auf die Sonnenblende deines Wagens. Mach sie bevorzugt dort fest, wo sie nicht sofort ins Auge fallen, am Rande deines Sichtbereichs sozusagen. Verteil sie auch in der großen, weiten Welt. Auf dem Weg in die Reinigung z. B. oder in einer der Toilettenkabinen im Büro. Auf dem Buggy deines Babys. Jedesmal wenn dein Blick auf einen dieser Sterne fällt, bleibst du stehen, atmest tief ein und aus und wiederholst eine Affirmation wie: »Ich kann mir Zeit für mich selbst nehmen.« Oder du überprüfst, wo du stehst: »Möchte ich so meine Zeit verbringen?« Du kannst deine Fragen und Affirmationen auch auf Kärtchen schreiben und diese dann in deinem Geldbeutel, deiner Brieftasche, zwischen deinen Akten und Büchern, in deiner Manteltasche, in der Krimskramsschublade, im Kühlschrank, zwischen den Gewürzstreuern oder in der Keksdose für deine Schokoladennotration verstecken. Eine andere Möglichkeit ist, deine Armbanduhr oder deinen Küchenwecker so einzustellen, daß sie mehrmals am Tag klingeln. Sobald du das Läuten hörst, fragst du dich: »Was brauche ich heute, um mir selbst gutzutun?« Und dann tust du genau das, sobald es geht.

- Ich zentriere mich, indem ich jeden Morgen mein ganzes Leben auf etwa drei Seiten in meinem Tagebuch festhalte.

- Einer der ältesten Wege zu ständiger Achtsamkeit ist die Sitzmeditation. Es gibt so viele Meditationsmöglichkeiten wie es Arten zu lächeln gibt, doch meine liebste ist immer noch diese: jeden Morgen, bevor die anderen erwachen, mit gerade aufgerichteter Wirbelsäule auf einem Kissen zu sitzen. Ich stelle meinen Küchenwecker auf 20 Minuten und schließe meine Augen. Ich atme und konzentriere mich entweder auf ein Wort (*Frieden, Om, Gott, Göttin, Göttliche Quelle, Jesus*) oder auf meinen Atem. Sobald mein Geist zu wandern beginnt (wie er das die meiste Zeit tut), rufe ich ihn zurück zum Gegenstand meiner Aufmerksamkeit.

- Ich habe sehr viel Yoga praktiziert, auch wenn das bedeutete, daß ich drei halbe Sonnengruß-Übungen oder gar die Asanas eines halben Yoga-Videos machen mußte. Eine weitere regelmäßige Praxis, die ich häufig als Teil meines Eröffnungsrituals durchführe, ist Gehen. Obwohl ich nie richtig in der Gehmeditation unterwiesen wurde, versuche ich, beim Gehen meine Aufmerksamkeit auf die äußere Welt zu richten – auf den sanften Lufthauch auf meiner Haut, auf die Sonne und die Schatten, die sie auf die Berge wirft, auf das Geräusch des Windes in den Bäumen – statt auf meinen kleinen, besorgten Geist.

- Manchmal beende ich den Tag mit einem spontanen Bild, in dem ich festhalte, wie ich zu diesem Tag stehe, was ich gelernt habe oder loslassen möchte. Ich mache das abends im Bett und zwar mit Buntstiften statt mit flüssigen Farben. (Das schützt die Bettwäsche!)

- Mein spirituelles Leben ist gekennzeichnet durch meine verschiedenen Versuche, einen Altar zu schaffen und ihn lebendig zu halten. Thomas Moore schreibt in *The Re-Enchantment of Everyday Life*: »Ein Altar verleiht vor allem diffus empfundenen, aber nicht immer konkret wahrnehmbaren Gefühlen oder Erkenntnissen äußere Form. Wichtige Einsichten und Empfindungen in bezug auf einen Platz für das Heilige in unserem Leben suchen nach einem passenden Ausdruck. So entsteht ein Altar.« Meine Freundin Diane hat sich in ihrem Schlafzimmer einen Altar rund um einen Gipsabguß von ihrem schwangeren Körper gebaut. Darauf liegen Federn, Bilder und eine Glocke. Auch Annas Altar hat ein Glockenspiel. Darüber hinaus finden sich darauf Bilder von ihr selbst, von ihren Patenkindern, Weihrauch, kleine Schachteln, Engel und eine Buddhafigur. Beide Frauen wenden sich ihrem Altar mindestens einmal täglich zu. Sie zünden dort eine Kerze an oder bringen Blumen dar, und schaffen auf diese Weise in ihrem Bewußtsein Platz für das Heilige.

Normalerweise empfinde ich gewisse Widerstände, wenn ich mich diesen Übungen zuwenden will, obwohl ich sie meist genieße, wenn ich erst einmal angefangen habe, und meist länger dabei bleibe, als ich ursprünglich geplant hatte. Um das in den Griff zu kriegen, sage ich mir: »Ich werde jetzt fünf Minuten lang malen (meditieren, gehen oder was auch immer). Wenn ich danach keine Lust mehr habe, erteile ich mir hiermit aus ganzem Herzen die Erlaubnis, die Übung ohne Schuldgefühle zu beenden.«

EINE WEITERE RETREAT-PRAXIS

Leider kannst du den Glanz deines Retreats nicht ewig aufrechterhalten. Die Vorbereitung auf das Verlassen deines Retreat-Raumes und dein Abschluß-ritual bieten zwar einen gewissen Schutz gegen den ersten Ansturm des Alltagslebens – aber auch nicht mehr. Es gibt leider keine Zauberstiefel, die es dir ermöglichen würden, durch den Sumpf des Lebens zu stapfen, ohne dich schmutzig zu machen. Du wirst auf jeden Fall etwas von dem verlieren, was du gefunden hast, sei es nun Energie, schöpferische Inspiration, eine neue Sicht der Dinge oder Zuneigung zu dir selbst. Du wirst immer wieder »arbeiten bis zum Umfallen« oder »leicht daneben sein«. So ist das Leben. Du stirbst tausend winzige seelische Tode. Und manchmal sind sie auch gar nicht so winzig. Aber du kannst eben auch tausendmal neu geboren werden. Wie in den vielen Auferstehungsgeschichten, die es in fast allen Kulturen gibt, kannst du dein Selbst wiederfinden. Früher geschah das, indem man sich einer sprituellen Praxis weihte. Eine Möglichkeit, dies zu tun, ist, regelmäßig in die Stille zurückzukehren.

Deine Verpflichtung dir selbst gegenüber kann verschiedene Formen annehmen, entscheidend dabei ist, daß du mit dir vereinbarst, dir zuzuhören und deinen eigenen Rhythmus zu beachten. »Die Zeit, die wir uns für eine geschäftliche Verabredung, für den Friseur, für eine Einladung oder für Einkäufe nehmen, wird respektiert. Sagt man aber: ich kann nicht kommen, denn das ist die Stunde, die ich ganz für mich allein reserviert habe, dann gilt man für ungezogen, egoistisch oder als Sonderling«, schreibt Anne Morrow Lindbergh in *Muscheln in meiner Hand*. Sie nahm sich einmal pro Jahr Zeit für sich und verbrachte drei Wochen am Meer – obwohl sie fünf Kinder hatte und selbst eine berühmte Persönlichkeit war. Regelmäßige Retreats sind sehr beruhigend für den Teil deiner selbst, der glaubt, daß du dem nachgeben mußt, was Lindbergh beschreibt, daß du wieder einmal die ewigen Anforderungen des Lebens oder die Meinung der anderen über deine eigenen Bedürfnisse stellen mußt.

Mit jedem Retreat, das du machst, beweist du dir deine eigene Wertschätzung. Erst jetzt, wo du weißt, daß du dir weiterhin zuhören und dich achten wirst, hast du die »geheime Pforte« gefunden. Das Vertrauen, das in dieser Verpflichtung steckt, wird dir helfen, mit der Enttäuschung, der Angst, der Wut und dem heillosen Schrecken fertig zu werden, die auftreten können, wenn du mitansehen mußt, wie dein Retreat unter der üblichen Lawine begraben wird: Abendessen machen, Termin einhalten, Konto ausgleichen und das kranke Baby versorgen. Wenn du dich verpflichtest zurückzukehren, wirst du andere Menschen nicht meiden müssen, weil du fürchtest, daß dann alles, was du mitgebracht hast, zerstört wird. Du kannst aus vollem Herzen geben, weil du weißt, daß du – wann immer es nötig ist – heimkehren kannst, heim zu dir selbst.

Pat hält ihre innere Einkehr einmal im Jahr an einem langen Wochenende zusammen mit alten Freunden. Und sie hat das Gefühl, daß ihre Ehe so gut läuft, weil sie und ihr Mann viermal im Jahr gemeinsam ins Retreat gehen. Randi feiert jedes Jahr ihren Geburtstag mit einem Retreat. Und auch Mary gönnt sich mit den Frauen ihrer Kirchengemeinde einmal pro Jahr Exerzitien. Wie Carol. Das Entscheidende dabei ist das Versprechen, das du dir gibst. »Ich hatte schon vor einer Weile geplant, an meinem 40. Geburtstag ein 1monatiges Retreat zu machen. Doch dann kam die 18jährige Nichte meines Mannes, um eine Weile bei uns zu bleiben. Sie litt unter starken Depressionen und war lernbehindert. Außerdem kannten wir sie nicht besonders gut. Die Versuchung war also groß zu sagen: ›Gut, dann mache ich also kein Retreat.‹ Statt dessen baten wir um Hilfe: Freunde, die Familie, unsere Gemeinde. So fühlte das Mädchen sich nicht im Stich gelassen. Und auch mein Gemahl fühlte sich nicht im Stich gelassen. . . . und ich konnte mich zurückziehen.« Versprich dir selbst einen Tag im Monat, ein Wochenende im Jahr und jeden Samstag zwei Stunden.

Frag dich:

- Sehne ich mich ehrlich nach mehr innerer Einkehr? Brauche ich sie?

- Wie sieht meine ideale Retreat-Praxis aus?

- Was wäre mir zuviel? Was würde sich zu einer Belastung, einem weiteren »Soll« entwickeln? Was wäre dagegen angenehm und machbar (Fang klein an!) und würde mir trotzdem das Gefühl geben, mich ausreichend zu fordern?

SO EINFACH WIE MÖGLICH

Natürlich wird es Momente geben, in denen all diese Übungen sinnlos erscheinen. Du hast es vielleicht übertrieben damit oder bist krank. Du vergißt deine Praxis oder läßt sie absichtlich sausen. Oder du steckst mitten in einer Krise. Aber wenn du die Verpflichtung eingehst, dich regelmäßig auf dich selbst zu besinnen und so deinen Tag bewußt zu gestalten, dann wird zwischen deinem Bewußtsein, deinem wahren Selbst und deinen inneren Rhythmen ein so starkes Band entstehen, daß du dir selbst nicht lange fern bleiben kannst.

Im Retreat mit anderen Menschen

Frauen, die zusammen solche Rituale erschaffen und der Stimme ihrer Schwestern aufmerksam lauschen, werden die Welt verändern.
Virginia Beane Rutter: *Woman Changing Woman*

Ein Retreat gemeinsam zu erleben ist − vor allem, wenn es sich dabei um ein selbstgestaltetes Retreat handelt − ein sehr intimes Geschehen, denn nur in Stille und Einsamkeit finden wir wahre Nähe. Sogar wenn ihr nur zur gegenseitigen Sicherheit zusammen seid, begebt ihr euch gemeinsam auf eure Reise ins Unbekannte. Ihr bekennt in der Gegenwart anderer, daß ihr Bedürfnisse und Sehnsüchte habt. Deshalb ist es so wichtig, daß ihr euch mit dem Menschen, mit dem ihr euer Retreat teilt, vollkommen wohl fühlt. Dein Retreat wird fehlschlagen, wenn du dich durch die Gegenwart anderer eingeschränkt und zu höflichen Artigkeiten gezwungen fühlst oder bestimmte Dinge vielleicht sogar ganz unterläßt. Such nach jemandem, mit dem du dich vollständig im Gleichgewicht fühlst, dem du auch deine Verwundbarkeit zeigen kannst und der die Stille der inneren Welten achtet. »Es ist besser, gar kein Retreat zu machen als eines, das dir entgleitet und das du eigentlich gar nicht willst«, rät die Therapeutin und Gruppenleiterin Marcie Telandar. Also such dir die Person, mit der du deinen Rückzug in die Stille planst, genau aus. Und achte darauf, daß du genügend persönlichen Freiraum und genügend Zeit für dich hast.

Das gilt natürlich nur, wenn du tatsächlich allein sein willst. Wenn du dich zwar nach einem Rückzug von der Welt sehnst, ihn jedoch lieber innerhalb einer Gruppe als allein wagen möchtest, dann solltest du dich nach einem organisierten Gruppenretreat umsehen.

Wenn du ein Retreat mit anderen Menschen planst, überleg dir als erstes, mit wem du diesen Rückzug gerne machen würdest. Bittest du eine enge Freundin, die noch dazu offen ist für seelische Vorgänge, mitzukommen, wird dein Retreat anders aussehen, als wenn du einfach drei Frauen in deinem Buchclub oder in der Synagoge ansprichst. Und es wird einen Unterschied machen, ob du den Schritt in die Zwischenwelt mit deiner Frauengruppe machst, die sich schon seit Ewigkeiten trifft, oder mit einer Gruppe, die sich nur für dieses Retreat zusammenfindet.

Siehe: *Quellen: Bücher über Retreats im allgemeinen.* Dort findest du Tips, wie und wo du eine bestimmte Art von Retreat machen kannst.

Und wenn dir niemand einfällt? Du könntest dich in ein Retreatzentrum zurückziehen und dort mit einem Retreatbetreuer arbeiten. Oder du nimmst an einem organisierten Retreat teil und hoffst, dort ein oder zwei Gleichgesinnte zu treffen, mit denen du den Weg in die Stille weiter verfolgen kannst. Vielleicht suchst du dir auch einfach eine Gruppe, in der ihr zusammen meditiert, studiert, lernt, wandert, betet oder euch mit Kunst beschäftigt. Möglicherweise triffst du dort jemanden, der diese Aktivitäten auch einmal zu einem Retreat ausdehnen möchte.

Hast du jemanden gefunden, der in Frage kommt, dann solltest du dir als erstes überlegen, weshalb du eigentlich ein gemeinsames Retreat machen willst, bevor du die Person darauf ansprichst. Möchtest du eine tiefere Beziehung zu einer Freundin schaffen? Oder eine Gruppe intensiver gestalten? Möchtest du von anderen Frauen lernen? Suchst du Unterstützung und Rückmeldung für deine eigene Entwicklung? Glaubst du, so leichter neue Verhaltensweisen annehmen bzw. den alten Trott hinter dir lassen zu können? Ist es nur so möglich, eine Hütte oder eine kleine Pension zu mieten? Fühlst du dich zu mehreren sicherer in der Natur? Kannst du nur auf diese Weise eine bestimmte Praxis ausüben (wie z. B. Traumarbeit)? Daß du dir klarmachst, weshalb du mit anderen arbeiten möchtest, heißt nicht, daß du die Gruppe leiten wirst. Wovon ich hier spreche, ist eine Gruppe ohne Leitung bzw. eine Gruppe, in der jeder leitende Funktion hat. Jede Frau ist für sich selbst verantwortlich. Du kontrollierst oder führst nicht, sondern gibst Denkanstöße vor, welche die anderen dann aufnehmen. Jede Frau ist selbst dafür verantwortlich, wie es ihr in der Gruppe geht und welche Rolle sie darin spielt. Mach es so einfach wie möglich. Überlaß dich den unvermeidlichen Irrungen und Wirrungen, die entstehen, wenn mehrere Menschen aufeinandertreffen, und du wirst sehen: Es geschehen tatsächlich Zeichen und Wunder.

Möchtest du hingegen ein Retreat leiten, dann solltest du dir darüber im klaren sein, daß du nicht dieselben tiefen Erfahrungen machen wirst wie die anderen Teilnehmer. Auf dich warten harte Arbeit und eine Menge Projektionen. Gerade für Freundschaften kann das manchmal eine ziemlich harte Nuß sein. Geh auf jeden Fall vorsichtig zu Werke, und überprüf vorher ganz genau deine Gründe — überprüf weshalb du dieses Retreat leiten möchtest. Suchst du Anerkennung als Expertin, als spirituelle Führerin? Oder glaubst du, daß nichts passieren wird, wenn du es nicht in die Hand nimmst?

Nimm dir ein bißchen Zeit, um darüber nachzudenken, welche Art von

Gemeinsamkeit du für dieses Retreat erwartest. Im folgenden habe ich ein paar Möglichkeiten skizziert:

- Du fährst mit deiner Freundin aufs Land, und ihr mietet euch miteinander ein Häuschen. Ihr seht euch regelmäßig zum Abendessen und setzt euch dann zu einem Kreis des Zuhörens zusammen. Du solltest dich wohl fühlen, wenn ihr schweigend zusammensitzt oder wenn ihr euch zufällig im Haus trefft. Achte darauf, daß rund um das Haus genügend Platz zum Spazierengehen und Alleinsein ist.

Siehe weiter unten:
*Der Kreis des
Zuhörens*

- Vier Frauen derselben Konfession ziehen sich gemeinsam zurück, um voneinander zu lernen. Eine der Frauen liebt Lyrik und bringt Texte zum Arbeiten mit. Eine andere versteht sich auf das Legen von Tarotkarten. Die dritte hat bereits einen Traumkreis geleitet. Und die vierte kennt sich mit Stimmarbeit und Singen aus. Jede Frau denkt sich eine kurze, einfache Sitzung zum Thema »Selbsterkenntnis« aus. Dazwischen gibt es lange Pausen, in denen sie allein sein und mit sich selbst arbeiten können.

- Drei Frauen, die an einem (nach dem Musterprogramm der Anonymen Alkoholiker gestalteten) 12-Stufen-Programm teilnehmen, treffen sich, um sich gegenseitig bei ihren Zielen und Projekten zu unterstützen. Sie machen Übungen wie »das Füllen der Scheune« und »den Kreis des Zuhörens« oder nutzen Brainstorming-Techniken. Damit überwinden sie ihre Trägheit und ihre Furcht in bezug auf den neuen Job, die Beziehung, die sie beenden müssen, oder den Roman, den sie anfangen wollen zu schreiben. Die Hälfte der Zeit verbringen sie damit, allein an ihrem Retreat-Thema zu arbeiten.

- Zwei alte Freundinnen treffen sich, um neue Kraft für ihre Freundschaft und sich selbst zu finden. Einen Teil der Zeit nutzen sie zur Erholung. Zwischendrin üben sie sich im Sein. Den Rest der Zeit verbringen sie damit, sich – gestützt durch die Macht des Kreises – mit ihrer Freundschaft auseinanderzusetzen, zu klären, was klärungsbedürftig ist, und dem Großen Geist für dieses Geschenk zu danken.

Siehe: *Verschiedene
Retreat-Vorschläge:
Ein 1tägiges Retreat
mit einer Freundin*

- Danach kannst du auf die Menschen zugehen, mit denen du gerne ein Retreat machen möchtest, und ihnen deine Grundidee erläutern. Warte dafür einen ruhigen Moment ab, wenn ihr auch ein bißchen Zeit zum Reden habt. Erklär zuerst ganz allgemein deine Vorstellung: »Ich möchte gerne ein Retreat machen, aber es würde mir besser gefallen, wenn ich dabei ein bißchen Unterstützung und Gesellschaft haben könnte, deshalb habe ich an dich gedacht. Es soll kein richtiges Gruppenretreat werden. Ich dachte, daß wir den größten Teil der Zeit allein verbringen und für uns selbst arbeiten. Aber zu bestimmten Zeiten könnten wir zusammenkommen, um bestimmte, vorher abgesprochene Übungen miteinander zu machen. Wir könnten uns auch weiterhin unterstützen, wenn wir wieder zu Hause sind.« Dann kannst du mehr ins Detail gehen: »Wir könnten eine Hütte im Schwarzwald mieten. Vielleicht könnten wir uns dort gegenseitig helfen, uns in der Natur sicherer zu fühlen. Morgens könnten wir einen Traumkreis abhalten und abends miteinander über den Stand unseres Retreats sprechen.« Erklär deutlich, daß du dich nicht als Leiterin verstehst und daß du deine Idee selbst nur als ersten Anstoß siehst. Bring doch dieses Buch zu dem Gespräch mit. Dann kannst du dich selbst darauf beziehen, während die anderen es kurz durchblättern. Schlag zwei oder drei verschiedene Termine vor. Obwohl ihr euch wahrscheinlich noch ein paarmal treffen müßt, ist Zeit für ein Retreat zu finden fast immer das Schwierigste. Es schadet also nicht, wenn du dieses Thema frühzeitig ansprichst.

Habt ihr beschlossen, zusammen ein Retreat zu machen und auch das genaue Datum geklärt, dann könnt ihr euch folgenden Fragen zuwenden:

- *Euer Gemeinsames Thema.* Wenn ihr das noch nicht getan habt, könnt ihr (vielleicht bei einem der Planungsgespräche) euer persönliches Retreatvorhaben festlegen. Vervollständigt dann – jede für sich – folgenden Satz: »Was mir bei der Erforschung dieses Themas helfen würde, ist . . .« Lest euch vor, was ihr geschrieben habt, und schmiedet daraus ein gemeinsames Thema. Vergeßt nicht, es als Frage zu formulieren. Ein Beispiel: Drei Freundinnen beschließen ein gemeinsames Retreat. Ihre persönlichen Themen sind:

Ich möchte mich fragen: »Wie kann ich ruhiger werden und mir selbst zuhören?« Bei der Erforschung dieser Frage würde es mir helfen, wenn ich langsamer machen und meinen inneren Kritiker überwinden könnte.

Ich möchte mich fragen: »Was fehlt in meinem Leben?« Es würde mir helfen, wenn ich jemanden hätte, der mir Rückmeldung gibt, wenn mir dazu etwas einfällt.

Ich möchte mich fragen: »Wie kann ich meine schöpferischen Kräfte besser in mein Leben einfließen lassen?« Es würde mir helfen, wenn ich mit anderen zusammen kreative Dinge machen könnte, die meine schöpferische Kraft anregen, und wenn ich über meine Ängste und Blockaden mit jemandem sprechen könnte.

Daraus entstand das folgende gemeinsame Thema:

In diesem Retreat möchten wir uns gegenseitig unterstützen, indem wir uns gegenseitig zuhören, gemeinsam meditieren, malen, schreiben und uns gegenseitig Bestätigung geben.

Denkt immer daran, daß das Retreat ein Rückzug in die Einsamkeit ist. In einem Gruppenretreat geschieht es sehr leicht, daß man plötzlich alles miteinander tut, doch diese Gemeinsamkeit überdeckt möglicherweise die Stimme deiner inneren Weisheit. Außerdem sollte man dazu einige Erfahrung mit Gruppenprozessen haben. Mindestens die Hälfte eurer Zeit, wenn nicht noch mehr, solltet ihr daher allein zubringen.

- *Die Struktur des Retreats.* Vermeidet einen festen Zeitplan. So etwas kann zu Spannungen und Konflikten führen. Blättert lieber dieses Buch durch, und erstellt euch eine Liste von Übungen, die ihr gerne miteinander machen würdet. Fügt eure eigenen Ideen hinzu. Alles, was nicht zu eurem Thema paßt, laßt ihr weg. Wenn es nötig sein sollte, könnt ihr einen Kreis des Zuhörens einberufen, um die Liste auf das richtige Maß zu bringen. Entscheidet danach, was ihr wann tun wollt. (Wenn das überhaupt nötig ist.) Wenn ihr z. B. miteinander am nahe gelegenen Strand spazierengehen wollt: Wann? Wenn ihr einen Traumkreis machen möchtet: Um welche Uhrzeit wollt ihr euch etwa treffen? »So einfach wie möglich« − laßt das euer Motto sein!

- *Und wo?* Trefft euch möglichst nicht im Haus einer Retreatteilnehmerin. Das ist zwar bequem, doch die betreffende Frau fühlt sich dann meist als Gastgeberin und flitzt ständig die Treppen rauf und runter, um noch dies oder jenes zu holen. Wenn es nicht anders geht, solltet ihr euch vorher darüber Gedanken machen, wie man ihr dieses Problem abnehmen kann. Mit dem Ort, an dem ihr euch trefft, sollten alle einverstanden sein. Er sollte für alle sicher, bezahlbar und nicht schwer zu erreichen sein. Möglichst keine endlosen Anfahrtswege. Nichts bringt das Schlechteste (aber auch das Beste) im Menschen so schnell zum Vorschein wie Reisen. Haltet die Anfahrt also so kurz wie möglich und plant sie gut. Wenn ihr ein Retreat in der Welt machen wollt und eine längere Fahrt notwendig wird, überlegt vorher, wie ihr Streß aus dem Weg gehen und euren Zauberkreis aufrechterhalten könnt. Gute Plätze für ein Retreat sind: Hütten oder Ferienwohnungen (vielleicht sogar ein Nationalpark); private Grundstücke, wo man Zelte aufschlagen kann; Retreatzentren; Haus oder Hütte der Freundin einer Freundin; ein Wohnwagen oder Wohnmobil.

- *Wie lange?* Muß eine von euch zu einem bestimmten Zeitpunkt wieder zu Hause sein?

- *Wer bringt was mit?* Geht die Liste mit den Übungen durch, die ihr machen wollt, und schreibt auf, was ihr dazu alles braucht. Behaltet die Kosten im Auge. Nehmt vorzugsweise Dinge, die leicht zu beschaffen sind, und teilt die Materialkosten genau unter euch auf.

- *Wo trefft ihr euch? Wann? Und wie kommt ihr dorthin?* Legt die Ankunftszeit nicht auf die Stunde genau fest, sondern macht einen gewissen Zeitraum aus, so daß die später Kommenden die anderen nicht stören.

- *Was eßt ihr? Wer bringt was mit? Wer kocht?* Eintöpfe sind für solche Gelegenheiten wunderbar, genauso wie gesunde Fertiggerichte. Ihr könnt euch auch etwas ins Haus liefern lassen, wenn das geht. Gestaltet Frühstück und Abendessen möglichst einfach. Und denkt daran, daß man normalerweise miteinander spricht, wenn man gemeinsam kocht. Wollt ihr aus den gemeinsamen Mahlzeiten eine Gruppenaktivität mit Wein, Fleisch und Süßigkeiten machen? Oder wollt ihr, daß die Mahlzeiten schweigend eingenommen werden?

- *Hausarbeit.* Wer übernimmt was? Plant euer Retreat an einem Ort, an dem ihr euch nicht großartig um Hausarbeiten kümmern müßt, wo es keine teuren Sofas gibt, die unter euren Aktivitäten leiden könnten, und wo ihr euch keine Sorgen machen müßt, wer hinterher die Bettwäsche wäscht.

- *Störungen.* Wie wollt ihr Störungen durch die Außenwelt verhindern? Was wollt ihr tun, wenn es trotzdem welche gibt? Falls ihr euch in eine menschenleere Gegend in der Natur begebt: Wie kann man euch im Notfall erreichen?

- *Wie eröffnet ihr euer Retreat? Wie beschließt ihr es?* Es kann jede vor, nach oder neben eurer gemeinsamen Zeremonie noch eine eigene halten. Viele Gruppenretreats beginnen damit, daß alle Teilnehmer im Kreis beisammensitzen und erzählen, warum sie hier sind, was sie sich von diesem Retreat erhoffen, was sie befürchten und welche Vorteile sie in einem gemeinsamen Retreat sehen. Bei einem Trip in die Wildnis, bei dem ich Co-Leiterin war, hielten wir einmal solch eine Zeremonie ab. Jede der zwölf Frauen schilderte, warum sie gekommen war und was sie von dieser Woche erwartete. Dieser Vorgang hatte zu einem fühlbaren Ansteigen der Energie im Raum geführt. Als ich später die ortskundige Ojibwa-Indianerin traf, die unsere Schwitzhüttenzeremonie leiten sollte, sagte sie zu mir: »Gott war in diesem Raum. Wenn du diesen Druck und diese Stille auf dir lasten fühlst, ist Gott anwesend.«

Jede Frau könnte z. B. einen Teil des Eröffnungsrituals planen und alles dazu Notwendige mitbringen. Eine Gruppe von fünf Frauen wählte als Motto für das Retreat das Thema »Erneuerung«. Ihr Vorhaben formulierten sie so: »Auf diesem Retreat wollen wir uns gegenseitig dabei unterstützen, die Kontrolle aufzugeben, auch einmal nur herumzublödeln und uns wirklich zuzuhören.« Sie beschlossen vor dem Retreat, ihr Eröffnungsritual zu tanzen. Eine Frau brachte Musik und eine tragbare Stereoanlage mit. Eine andere Rasseln und Federboas. Wieder eine andere brachte große Federn mit, die man während des Tanzes auf der Hand behalten sollte. Diese Zeremonie dauerte 1½ Stunden. Die Frauen tanzten, sangen und weinten. Am Ende rief jede Frau laut ihr Vorhaben, bevor sie alle im Kreis um ihren Retreatort tanzten.

Denkt euch auch ein Abschlußritual aus. Die Versuchung ist groß, diesen Teil ganz wegzulassen oder ihn zumindest auf ein Minimum zu begrenzen. Nehmt euch also genug Zeit dafür und überstürzt es nicht.

- *Grundregeln.* Was wollt ihr tun, wenn es zu unerwünschtem Geplauder kommt? Wie geht ihr mit Nervosität, emotionalen Krisen, Meinungsverschiedenheiten und verletzten Gefühlen um? Oder mit dem Bedürfnis, auszuflippen und Energie loszuwerden?

Sucht einen Weg, wie ihr Stille und Konzentration aufrechterhalten könnt. Das größte Problem in Frauenretreats ist meist, daß alle so wahnsinnig nett zueinander sein wollen und deshalb leicht in Versuchung geraten, zuviel zu schnattern, ihre Mitte zu verlieren und aus der inneren Ruhe herauszufallen. Diese Gefahr besteht vor allem, wenn Frauen miteinander schweigen und die Spannung eines spirituellen Augenblicks oder eines Rituals erfahren. In so einem Fall hilft etwas, was die Ritualmeisterin Lucinda Eileen »den Kreis umdrehen« nennt. Eine Möglichkeit dazu ist folgendes: Jede Frau legt die

Spitze ihres Zeigefingers auf den Hals, dorthin wo sie ihr Herz schlagen fühlt. Zusammen atmet ihr nun dreimal tief ein und laßt den Atem mit einem lauten »Ah« wieder ausströmen (gut bei Nervosität). Ihr könnt euch auch auf einen bestimmten, vorher ausgewählten Punkt konzentrieren, z. B. einen Baum, einen Altar oder ein Blumenarrangement. Haltet bewußt die Spannung aufrecht, dann wird eure Erfahrung sich vertiefen. Sucht miteinander nach einem Weg, der euch dies erleichtert. (Ihr könntet z. B. eine Glocke oder ein Glockenspiel mitbringen. Sobald eine von euch denkt, die Energie lasse nach, läutet sie die Glocke und ruft die anderen auf, sich zu zentrieren.)

Legt Zeiten fest, in denen ihr Energie loswerden und ungeniert miteinander herumalbern könnt. Nicht jeder Augenblick im Retreat muß feierlich sein. Hemmungsloses Gelächter und Rumgeblödel sind sogar unverzichtbar. Aber überlegt euch, wie ihr diese Energie kanalisieren könnt, so daß sie nicht zu einem Weg wird, transzendente Erfahrungen oder starke Gefühle zu vermeiden. Außerdem solltet ihr die Konzentration der anderen nicht stören. Nehmt euch Zeit für Gruppenspiele. Arbeitet mit Ton, macht die Übungen aus dem Kapitel »Saft und Kraft«, bewegt euch gemeinsam, oder erzählt euch Witze und unanständige Geschichten. Versucht nicht, eure Rituale und euren Aufenthalt im feierlichen Raum des Retreats zu lange auszudehnen. Ein Stunde Konzentration ist wirklich genug.

Wenn ihr Unterstützung in einer Krise braucht oder das Gefühl habt, daß keiner auf euch hört, beruft einen Kreis des Zuhörens ein. Ein angenehmer Nebeneffekt eines Gruppenretreats ist, daß man lernt, wie man »von Herz zu Herz« mit jemandem spricht, der einen verletzt hat, oder wie man seine Gefühle deutlich macht, wenn man sich mißverstanden fühlt. Manchmal bringt der Ablauf eines Retreats solche Momente mit sich. Nutz sie, indem du sie mit der Macht des Kreises verbindest, und schau, was dabei herauskommt.

Wenn ihr mit Konflikten zu kämpfen habt oder den Boden unter den Füßen zu verlieren droht, könnt ihr die Übung »Überprüfen, wo du stehst« aus dem Kapitel »Und was soll ich tun?« als Gruppe machen. Jede Frau kann zu dieser Gruppenübung aufrufen, wenn sie denkt, es sei nötig. Jede von euch stellt sich dieselbe Frage. Vielleicht: »Was empfinde ich?« Oder: »Was brauche oder möchte ich?« Und: »Wie geht es mir?« Auch: »Welche Art von Unterstützung brauche ich?« Setzt euch im Kreis zusammen und zentriert euch, bevor jede zuerst sich selbst fragt. Teilt euch dann gegenseitig mit, was ihr entdeckt habt. Spielt den Kreis so lange durch, bis eine Lösung oder ein neuer Ansatz gefunden ist. Diese Übung kann auch am Anfang eines Kreis des Zuhörens stehen. Sie fördert das Gefühl der Verantwortlichkeit sich selbst gegenüber.

Nachdem du die letzten Seiten gelesen hast, kommt dir ein Gruppenretreat vielleicht ziemlich aufwendig vor. Das muß aber nicht so sein. Halt deine Pläne so einfach wie möglich. Mach das Retreat vielleicht mit höchstens einem oder zwei anderen Menschen. Und folge deinem eigenen Rhythmus.

DER KREIS DES ZUHÖRENS

»Wirklich zuhören ist sowohl für den Sprecher als auch für den Zuhörer eine wunderbare Sache. Wenn uns nämlich jemand einfach offen und wirklich interessiert zuhört, ohne uns zu verurteilen, öffnet sich unser Geist«, schreibt Sue Patton Thoele in ihrem Buch *A Woman's Book of Courage*. Im Retreat jemanden zu haben, der dir auf diese Weise zuhört, schenkt deinen Gefühlen einen sehr starken magischen Raum, in dem du neue Höhen und Tiefen erreichen, mutiger und beharrlicher sein kannst. Wenn du das, was du auf deiner Reise nach innen erlebst, aussprichst und siehst, daß andere sich dafür interessieren, wird dein Weg dadurch wirklicher und kostbarer. Und zu hören, womit andere zu kämpfen haben, führt uns dazu, uns weniger allein zu fühlen, so daß wir nicht gar soviel Mitleid mit selbst uns haben müssen.

Das ist der Zweck des Im-Kreis-Sitzens: ohne Unterbrechung, Ratschlag oder Urteil einfach angehört zu werden. Die simple Tatsache, daß ihr in einem Kreis zusammensitzt, kann eure Retreaterfahrung enorm vertiefen, ja sogar euer ganzes Leben verändern. Diese Grundregeln beruhen auf der Arbeit von Christina Baldwin und Ann Linnea vom Peer-Spirit-Circle.

Du kannst die Macht des Kreises in fast jeder Lebenssituation für dich nutzen. Christina Baldwin bringt in ihrem erstaunlichen Buch *Calling the Circle* verschiedene Beispiele von Geschäfts-, Gemeinde-, Familien- und spirituellen Zirkeln. Im Retreat wird das Hauptaugenmerk sich wohl in erster Linie darauf richten, wie es den einzelnen ergeht. Ihr könnt euch auch auf eure Retreat-Fragen, eure Träume oder ein bestimmtes Motto konzentrieren. Oder eine bestimmte Übung besprechen, die ihr gemeinsam gemacht habt. Ein Kreis ist ein heiliger Ort, der unsere Geschichten enthalte und uns »Raum« schaffe, sie zu erzählen, meint Baldwin. Auch in diesem heiligen Raum gibt es einige Grundregeln, die uns helfen, damit richtig umzugehen.

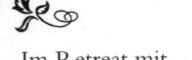
Diese Grundregeln sind:

- Setzt euch in einem Kreis zusammen.

- Jede Frau legt in die Mitte des Kreises etwas, was für sie das Göttliche symbolisiert. Dies heiligt den Raum und schafft die nötige Stimmung, um sich auf die Führung des Großen Geistes einzulassen. »Jede Person legt all ihr Vertrauen in die Mitte des Kreises und nimmt dann ihren Platz am Rand ein. ... Der Große Geist darf den Kreis nicht verlassen. Die Aufmerksamkeit konzentriert sich am Rande, wenn die Menschen miteinander sprechen, und in der Mitte, wenn Stille herrscht oder die Bitte um Führung ausgesprochen wird«, schreibt Christina Baldwin in *Calling the Circle*.

- Eröffnet den Kreis dann mit einem einfachen Ritual. Lest ein Zitat vor, singt ein Lied miteinander, trinkt nacheinander Wasser — alle aus einer Schale. Ihr könnt auch ein paar Minuten still meditieren. Das hilft, um euch zu zentrieren und die Stimme eures Herzens zu finden.

- Beschließt, worüber ihr sprechen wollt, oder wiederholt euer Thema einmal laut. »Worum soll es in diesem Kreis gehen?« »Was soll durch unser Beisammensein erreicht werden?« Im Retreat wird sich das Gespräch häufig um die Erfahrung des einzelnen in der Arbeit mit sich selbst drehen. Benutzt ein Sprechsymbol, etwas, was die Sprecherin in der Hand hält, um sich daran zu erinnern, daß sie mit der Stimme des Herzens spricht, und das die anderen daran erinnert, daß sie jetzt nur zuhören.

- Sprecht nacheinander über das festgelegte Thema. Die Sprecherin sagt, was sie in diesem Augenblick denkt oder fühlt. Sprecht nur in Ich-Sätzen. Sprecht immer weiter, auch wenn ihr lachen oder weinen müßt. Aber redet nicht, nur um euch reden zu hören. Konzentriert euch auf das, was ihr sagen wollt. Mitunter ist es eine gute Idee, einen Küchenwecker zu stellen. So hat jede Frau genausoviel Zeit wie alle anderen. Das läßt Groll über zu lange Sprechzeiten erst gar nicht aufkommen.

- Während eine Frau spricht, konzentrieren sich die anderen ganz aufs Zuhören. Das bedeutet: Ihr denkt nicht darüber nach, was ihr jetzt gleich sagen werdet. Euer Geist ist frei von Vorurteilen. *Unter keinen Umständen unterbrecht* ihr die Sprecherin. Ihr gebt keine Kommentare ab, wenn ihr nicht darum gebeten werdet. Und sogar dann müßt ihr warten, bis die

Sprecherin am Ende angekommen ist. Tratsch, unerbetene Ratschläge und Dazwischenreden zerstören die Macht des Kreises.

- Beendet den Kreis mit einem einfachen Ritual. In meiner Frauengruppe, die ich laufend besuche, liest eine Frau immer eine der Kurzbiographien aus Judy Chicagos Ausstellungskatalog »The Dinner Party« vor. Und Dennie LaTourelle, die Leiterin der Aluna Community in Santa Barbara, beendet ihre Zirkel, indem sie jede Frau bittet, auf eine andere Frau im Kreis ein Loblied zu singen. Eine andere gute Möglichkeit ist ein Kreisgebet, in dem jede Frau laut für sich selbst, für andere Menschen und den ganzen Planeten betet.

Hier sind einige wichtige Grundsätze, die ihr euch ins Gedächtnis rufen solltet, bevor ihr beginnt:

- Was innerhalb des Kreises geäußert wird, verläßt den Zirkel nicht. Dies stiftet eine Vertraulichkeit, die den Teilnehmerinnen hilft, offen zu sein, da sie sich darauf verlassen können, daß nach dem Kreisritual nicht über sie getratscht wird.

- Im Kreis üben wir Einsicht, nicht etwa das Fällen von Urteilen. Es gibt keine richtigen oder falschen Ansichten; sie unterscheiden sich nur einfach. Du kannst durchaus zuhören und mitreden, auch wenn du ganz anderer Meinung bist.

- Jede Person ist selbst dafür verantwortlich, daß sie den Kreis um die Unterstützung bittet, die sie wirklich braucht.

- Die Leitung des Kreises geht reihum. Jede Frau unterstützt den Zirkel dadurch, daß sie für kleinere Aufgaben die Verantwortung übernimmt. Auch die Verantwortung für das Einberufen des Kreises, seine Eröffnung, sein Ablauf (wie z. B. die Überwachung des Kurzzeitweckers) und seinen Abschluß sollten reihum gehen.

- Jede Person übernimmt die volle Verantwortung dafür, ob sie an bestimmten Übungen teilnimmt oder nicht. So ist es durchaus möglich, daß jemand sagt: »Ich unterstütze dieses Ritual nicht, aber ich habe nichts dagegen, wenn die Gruppe ohne mich weitermacht.« Jede Frau hat genügend Raum, um an den gemeinsamen Aktivitäten teilzunehmen oder sie auszulassen. Das schafft Vertrauen in die Gruppe und in euch selbst.

- Keine Unterbrechungen.

- Wenn ihr unglücklich seid und Gefühle der Frustration oder Angst in euch hochsteigen, dann bittet den Kreis um Stille, ein Lied oder eine Pause. Ihr könnt euch auch an den Händen fassen und gemeinsam atmen, um so die Konzentration auf die Mitte wiederherzustellen und die Teilnehmerinnen daran zu erinnern, daß jede von euch spirituelle Hilfe benötigt.

- Gewalt in Wort und Tat ist verpönt. Wenn ihr Konflikte ansprecht, verpflichtet ihr euch vorher, dies auf respektvolle Weise zu tun.

- Fragt, bevor ihr jemanden berührt. Jede Person hat in dieser Hinsicht ihre eigene Geschichte, vielleicht sogar negative Erfahrungen mit körperlicher Berührung gemacht. Sehr häufig nimmt man fälschlicherweise an, daß Umarmungen und Schulterklopfen unter Frauen immer erwünscht sind. Fragt lieber vorher.

Der Kreis des Zuhörens kann im Retreat auf viele mögliche Arten eingesetzt werden. Im folgenden findest du ein paar Beispiele.

DER TRAUMKREIS

Der Traumkreis ist das erste, was ihr morgens nach dem Aufstehen tut. Eine Frau erzählt dabei ihren Traum. Du kannst auch ein Bruchstück oder einen Traum, den du ein anderes Mal hattest, beschreiben. Wenn sie fertig gesprochen hat, berichtet jede Frau im Kreis, was sie empfunden hat, während sie dem Traum zuhörte, und zwar mit folgendem Satzanfang: »Wenn das mein Traum wäre, . . . « Trotzdem ist das keine Interpretation, denn ihr gebt dabei nur eure Reaktionen auf die Traumbilder und -emotionen wider. Du sagst also nicht (nicht einmal zu deiner besten Freundin, die du besser kennst als dich selbst): »Als du von der verstopften Toilette erzählt hast, habe ich sofort an deine Ehe gedacht.« Sondern du sagst: »Wenn das mein Traum wäre, würde ich die verstopfte Toilette als Blockade empfinden. Als du über deinen Traum gesprochen hast, mußte ich sofort an all das denken, was mir Schuldgefühle verursacht oder was ich noch alles zu erledigen habe. Und ich machte mir Sorgen, wie ich diesen Scheißfleck auf dem Teppich wegkriegen sollte.« Bleib bei *deinen* Gefühlen. Sprich in Ich-Sätzen. Nachdem alle Frauen ihre Reaktionen auf den Traum geschildert haben, spricht die Träumerin selbst: »Wenn das *mein* Traum wäre, . . . « Dabei schildert sie alle Aha-Erlebnisse,

die bei ihr möglicherweise aufgetreten sind, als sie den anderen Frauen zuhörte. Normalerweise wird am Ende noch kurz über das Ganze gesprochen. Dann ist die nächste Frau an der Reihe. Wie du siehst, ist das keine kurze Übung, doch sie kann, wenn man sie jeden Morgen ausführt, vor allem auf langen Retreats eine enorme Bereicherung darstellen.

DER KREIS DER BESTÄTIGUNG

Es gibt zahlreiche Möglichkeiten, wie ihr den Kreis nutzen könnt, um euch gegenseitig Bestätigung zu geben.

- Beschließt den Zirkel, indem ihr jeder Teilnehmerin eine positive Rückmeldung gebt zu dem, was sie bei diesem Kreisritual oder in diesem Retreat gesagt oder getan hat. Zum Beispiel: »Ich schätze dich, weil du so ehrlich über deine Probleme mit deinem Stiefsohn gesprochen hast.« Oder: »Ich schätze es, daß du mir in diesem Kreis so gut zugehört hast.«

- Diese Übung ist für größere Gruppen (von mindestens zehn Leuten) gedacht: Die Hälfte der Gruppe setzt sich bequem im Kreis hin, schließt die Augen und atmet tief ein und aus. Die Sitzenden konzentrieren sich ganz aufs Sich-Öffnen und Empfangen. Die andere Hälfte der Teilnehmer stellt sich im Kreis um die Sitzenden. Dabei legt jede die Hände auf die Schultern der vor ihr sitzenden Frau. Jede der Stehenden denkt sich nun zwei Affirmationen aus, die sie der Sitzenden gerne sagen würde, und zwar Affirmationen, die die sitzenden Frauen in dem, was sie in diesem Retreat erreichen wollen, unterstützen. Beispiele dafür wären: »Ich entscheide mich, genügend Energie aufzubringen, um einen Job zu finden, der mir Spaß macht.« Oder: »Ich beschließe, in meinem Leben genügend Zeit für mich selbst zu finden.« Und: »Ich entscheide mich dafür, diese Scheidung anzunehmen und mich trotzdem weiterhin zu lieben.« Wie du siehst, handelt es sich bei den Affirmationen um Ich-Sätze. Das verleiht ihnen eine machtvolle Unmittelbarkeit, so als würde die sitzende Frau ihre eigene Stimme hören und ihren positiven Aussagen lauschen.

Nun beugt die Stehende sich hinunter und flüstert der Sitzenden eine Affirmation ins Ohr. Danach machen die stehenden Frauen einen Schritt nach rechts, so daß sie hinter einer anderen Frau stehen, und flüstern auch dieser eine Affirmation ins Ohr. Dieser Vorgang wird sooft wiederholt, bis jede Frau wieder bei der Frau angekommen ist, hinter der sie ursprünglich

Zeit für dich. Das große Retreat-Buch für Frauen

371

stand. Beugt euch dann vor und flüstert die zweite Affirmation. Geht wieder durch den ganzen Kreis. Dann tauscht ihr still die Plätze: Die Frauen, die vorher gestanden haben, setzen sich und konzentrieren sich ganz aufs Zuhören und Empfangen. Mit leiser Musik im Hintergrund wird diese Übung noch schöner.

- Jede Frau schreibt drei bis fünf Affirmationen auf, die sie gerne hören möchte, jede auf ein extra Blatt Papier. Eine Frau fängt an und gibt eines der Blätter an die Frau zu ihrer Rechten weiter. Die Frau rechts davon schaut ihr tief in die Augen, sagt deutlich ihren Namen und liest ihr die Affirmation laut vor. Wenn ich z. B. mit Randi und Maggie im Kreis sitze, reiche ich Randi eines meiner Blätter, und sie sagt zu mir: »Jennifer, du bist eine gute und liebevolle Mutter.« Dann macht Maggie dasselbe. Schließlich wiederholen Randi und Maggie zusammen: »Jennifer, du bist eine gute und liebevolle Mutter.« Die Frau, die die Affirmationen niedergeschrieben hat, läßt nun ihren inneren Kritiker zu Wort kommen, wenn sie das möchte, und ihn all die schrecklichen Dinge sagen, die ihr durch den Kopf geschossen sind, während sie der Affirmation zuhörte. Danach antworten alle Frauen im Kreis noch einmal mit derselben Affirmation.

Als nächste ist Randi dran. Macht so die Runde, bis jede Frau all ihre Affirmationen als Echo gehört hat und ihr innerer Kritiker die Gelegenheit hatte, entsprechend Dampf abzulassen.

- Macht eine »Prahlhans-Sitzung«. Jede Frau steht auf und lobt sich selbst über den grünen Klee. Schneidet auf, gebt an, protzt rum, was das Zeug hält. Schreit alles, was ihr an euch super findet, in den drastischsten Formen in die Welt hinaus. Haut auf den Putz! Zeigt, wer ihr seid. Genießt es, einfach Spitzenklasse zu sein. In diesem Zirkel sind Unterbrechungen erlaubt: Ihr dürft euch gegenseitig anstacheln, bis ihr völlig neue Ufer der Prahlerei erschlossen habt. Für die meisten Frauen ist diese Übung ausgesprochen schwierig.

DER KREIS DER EINEN STIMME

Der Kreis der einen Stimme ist die Übung, die meine Frauengruppe hauptsächlich benutzt. Wir suchen uns ein Thema und sprechen zuerst in einem Kreis des Zuhörens darüber, wobei jede von uns zwischen drei und fünf Minuten Zeit hat. Wenn eine Frau fertig ist, können Fragen gestellt werden.

Im Retreat mit
anderen Menschen

Dann ist die nächste an der Reihe. Nach dieser Anfangsrunde machen wir mit kürzeren Runden weiter, in denen wir auf Ideen eingehen, die in der ersten aufgetaucht sind, und auf das antworten, was die anderen zu sagen wußten. Auch in diesen Runden gibt es keinerlei Unterbrechung. Wenn wir unsere Gedanken über ein bestimmtes Thema äußern und dabei Gehör finden, entstehen in uns Klarheit, Einsicht und Mitgefühl für uns selbst. Und den Gedanken der anderen Frauen zu lauschen, die manchmal so verschieden von den unseren sind, das erweitert unsere Sicht der Welt und führt so zu mehr Toleranz. Bei dieser Übung geht es also nicht um eine Art Gruppentherapie oder um die tausendste Variante von Gruppenarbeit, sondern darum, von einem sehr persönlichen Standpunkt aus mehr Klarheit über die eigenen Werte und Ideen zu gewinnen.

Bei einem Gruppenretreat könnte jede Frau kleine Zettel mitbringen, auf denen sie je ein Thema notiert hat. (Ein bis fünf Themenvorschläge sind erlaubt.) Werft sie alle miteinander in eine Schüssel oder einen Hut und bestimmt eine Frau zum Ziehen. Ihr könnt auch in einem Brainstorming Themen auswählen, die mit eurem Retreat und eurer Frage zu tun haben.

Im folgenden habe ich ein paar von unseren Lieblingsthemen ausgesucht, die für ein Retreat gut passen würden:

Schöpferkraft	Masken
Tod	Feminismus
Helden und Heldinnen	Frauen- und Männerrollen
Sex	Liebe
Zufällige Akte der Freundlichkeit	Gnade
In zehn Jahren	Was ist genug?
Freundschaft	Inspiration
Ziel	Hingabe
Leiden	Macht

Scham	Abenteuer
Was ist Gott?	Frieden
Wenn ich fünf weitere ... Leben hätte	Glaube
Wahrheit	Heilung
Vertrauen	Ausgeglichenheit
Charakterstärke	Selbst-Zuwendung
Mut	Verzeihen

GEMEINSAME RETREATS IN DER WELT

Wenn ihr ein gemeinsames Retreat in der Öffentlichkeit plant, trefft ihr euch am besten vorher, um einen Weg zu finden, wie ihr euch gegenseitig darin unterstützen könnt, euren magischen Raum aufrechtzuerhalten. Manchmal genügt es schon, wenn ihr einfach zusammen seid, um euch von der Alltagswelt zu trennen, aber kleine Gesten, wie dieselbe Anstecknadel zu tragen, gemeinsam zu schweigen (zumindest die meiste Zeit) oder euch gegenseitig von Zeit zu Zeit ein zentrierendes Wort (wie *Frieden, Atem* oder *Eins-Sein*) zuzuflüstern, ist in diesem Fall sehr hilfreich. Stellt euch vor, wie euch strahlendes Licht in allen Regenbogenfarben einhüllt, bevor ihr beginnt.

DANACH

Eines der Wunder eines gemeinsamen Retreats ist, daß ihr euch hinterher auch helfen könnt, die Retreaterfahrung in euer Leben einzubringen. Das kann ganz einfach sein: Als ich beispielsweise mit meiner Freundin Barbra ein Retreat machte, blinzelten wir uns während des gemeinsamen Abendessens mit unseren Familien manchmal heimlich zu. Ihr könntet euch einmal pro Woche eine Postkarte mit ein paar aufmunternden Worten zukommen lassen. Oder ihr telefoniert miteinander. Vielleicht beschließt ihr auch, eine Woche lang jeden Morgen um genau dieselbe Zeit zu meditieren.

Wenn ihr euch stärker darin unterstützen wollt, euer Retreat in euer Alltagsleben einzubringen, könnt ihr »Freundschaftsabkommen« miteinander treffen. Dieses System lernte ich in einem 1wöchigen Retreat kennen, bei dem ich Co-Leiterin war. Jede Frau nahm sich zwei Sachen vor, die sie für sich selbst tun wollte. Und sie verpflichtete sich zu einem »Akt der Schönheit«, wie Brooke Medicine Eagle die Versprechen nennt, die sie den Menschen abnimmt, »nicht nur für das eigene Wohl, sondern zum Wohle aller Wesen«. Sie meint: »Diese Akte der Schönheit . . . tragen unsere persönliche Ganzheit in die Welt hinaus, da wir dadurch der Erde das schenken, was wir hierher mitgebracht haben. . . . Wir sind nicht nur auf der Welt, um uns weiterzuentwickeln und zu wachsen, sondern auch, um unsere Gaben und Talente mit den anderen zu teilen.«

Nachdem ihr euch also ein wertvolles und konkretes Ziel gesteckt habt, das ihr bis zu einem bestimmten Tag erreicht haben wollt, überlegt ihr, was ihr aufgeben wollt, wenn ihr eure Ziele nicht erreicht. Ihr verpflichtet euch auch, jede Frau durch Briefe und Telefonanrufe zu ermutigen und sie nach ihren Fortschritten zu fragen. Wenn du dir z. B. versprochen hast, 30 Seiten eines Romans innerhalb von drei Monaten zu schreiben, und das nicht schaffst, dann verpflichtest du dich, die Hälfte deiner persönlichen Bibliothek für wohltätige Zwecke zu stiften. Oder ein Jahr lang den Menschen im Obdachlosenheim einmal im Monat kostenlos die Haare zu schneiden. Oder sechs Monate lang nicht mehr in deinen geliebten Yogakurs zu gehen. Vielleicht hast du dich verpflichtet, ein Buch über Marketingstrategien zu lesen und innerhalb eines Monats fünf Blindbewerbungen zu starten. Sollte das nicht klappen, willst du bei der Hochzeitsfeier deiner Cousine, auf der nur illustre Gäste erwartet werden, die offizielle Ansprache halten. Achte darauf, daß die Verpflichtungen, die du eingehst, so klar wie möglich formuliert sind, daß du dir genügend (aber nicht zuviel) Zeit läßt und daß der Einsatz angemessen ist.

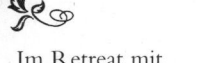

Ein Vertragsbeispiel

Ich, ... (setz hier deinen Namen ein), empfinde genügend
Achtung und Zuwendung für mich selbst, um die Gaben meines Retreats
in meine Alltagswelt mitzunehmen. Ich gelobe, dies zu tun, indem ich bis
zum .... (hier das Datum einsetzen) folgendes tue:
....

Indem ich meinen Namen unter diesen Vertrag setze, stehe ich mit
meinem ganzen Sein für diese Verpflichtung ein. Als Zeichen der Ernsthaf-
tigkeit meines Versprechen bin ich gewillt, freiwillig folgendes dafür zu
geben ....

....
Unterschrift und Datum

Laß sich die Gruppe auflösen, wenn du keine Unterstützung mehr
brauchst. Manchmal macht ein Retreat soviel Spaß und gibt uns soviel
spirituelle Nahrung, daß wir die anderen Teilnehmer gerne weiterhin
sehen würden. Aber hat das wirklich Sinn? Haben alle den gleichen
Wunsch? Und hat jeder Zeit? Es ist nicht ganz in Ordnung, aus dem, was
eigentlich eine einmalige Erfahrung hätte sein sollen, eine laufende Gruppe
zu machen. Und meist klappt das auch nicht. Das letzte, was David
Knudsen, unser Retreatleiter bei einem intensiven 3wöchigen Retreat in
der Wildnis, zu uns sagte, war: »Was ihr sucht, ist nicht hier in Northwater.
Ihr tragt es vielmehr in euch.« Mach es wie die kleine Dorothy im *Zauberer
von Oz:* Schlag dreimal die Absätze deiner Schuhe zusammen, und schon
wirst du dort sein, wo du in Wahrheit zu Hause bist.

VERSCHIEDENE RETREAT-VORSCHLÄGE

Ich erinnere mich an einen Moment, wo ein paar kleine Mädchen in einem Garten Teegesellschaft spielten, mit Porzellan, das nicht zusammenpaßte, und ebensowenig wie die Dekoration: eine frisch gepflückte Stiefmütterchenblüte, eine Muschel, ein schimmernder Penny, ein winziger Kreis leuchtend roter Beeren und ein Farnwedel, der feucht auf dem Holz des Tisches lag. Die unscharfe Silhouette tat noch ein übriges, um den Zauber des Augenblicks zu verstärken. Sie hatten weder den Knigge konsultiert noch den rituellen Martini vor der Ankunft der Gäste getrunken. Ihre Ideen kamen direkt aus dem Herzen. Sie taten das, was ihnen Spaß machte, und brachten liebevoll ihre Opfergabe dar. Sie hatten ein kleines Paradies geschaffen, indem sie aus dem, was sie als ihr Ureigenstes erachteten, etwas machten. Aus der Wahrheit ihres Seins heraus.
Elizabeth Berg: *The Pull of the Moon*

Wie soll denn dein Retreat nun eigentlich genau aussehen? Was willst du wann tun?

Rein äußerlich betrachtet, macht es möglicherweise nicht viel her. Du gehst unter die Dusche und schlüpfst danach langsam und bedächtig in bequeme Kleider. Vielleicht baust du dir mit Kerzen und Fotos, die dich zu verschiedenen Zeiten deines Lebens zeigen, einen kleinen Hausaltar auf. Spazierst einen Bach entlang, läßt dich eine Weile an seinem Ufer nieder und tauchst deine Füße ins Wasser. Gehst dann heim, nippst an einer Tasse Tee und liest ein Gedicht. Ziehst die Vorhänge zu, tanzt lange und läßt dich weinend auf den Boden fallen. Dann wird es ganz still in dir, und du schreibst Tagebuch. Machst dir einen köstlichen Salat und ißt ihn voller Achtsamkeit. Später, während du eingehüllt in duftende Badeessenzen in der Wanne liegst, machst du eine geführte Meditation. Du stellst rund um dein Bett Kerzen auf und liest laut einen Abschnitt aus einem Buch, das dich spirituell inspiriert, bevor du dich schlafen legst. Träume besuchen dich. Du erwachst, schreibst deine Träume nieder, arbeitest ein bißchen mit ihnen. Voll Freude begrüßt du den neuen Tag. Und so weiter.

Traditionelle Formen des Retreats folgen einem festen Zeitplan, der sich ganz um Meditation bzw. Gebet dreht, so z. B. die Stundengebete des Benediktinerordens oder die streng geregelten Sitzzeiten während eines Zen-Retreats. Diese Art des Umgangs mit der Zeit kann auf eine altehrwür-

dige Geschichte zurückblicken und hat ihre Wirksamkeit bewiesen. Nun taucht aber gerade im Zusammenhang mit Frauen und Zeit ein Problem auf: Wir haben selten das Gefühl, genug Zeit zu haben. Die meisten Frauen auf dieser Welt führen ein Leben voll »unbeschreiblicher Schinderei«, wie Kathleen Norris in ihrem Buch *The Cloister Walk* schreibt. Als ich in der Zeitung über eine Frau aus Los Angeles las, die täglich vier Stunden mit dem Auto zur Arbeit pendelte und ihr kleines Kind neben sich auf den Beifahrersitz setzte, damit es sie durch Rippenstöße vom Einschlafen abhielt, begann ich mich ernsthaft zu fragen, ob Frauen auch noch einen Zeitplan haben müssen, wenn sie ins Retreat gehen. Oder ist der größte Segen eines Frauenretreats vielleicht die Empfindung, daß sich ein Meer an Zeit um dich ausbreitet, das ganz allein dir gehört, wenn du nur danach greifst.

Ein 1tägiges Wohlfühl-Retreat

Dieses Retreat eignet sich am besten für solche Retreat-Themen, die sich um Ruhe drehen, z. B. wenn du dich erschlagen, krank oder unausgeglichen fühlst.

Was du brauchst:

Dein Tagebuch und einen Stift.

Malkasten, Papier etc.

Meditationsmusik und Musik zum Tanzen.

Eine Trommel oder eine Rassel.

Sachen, die dir guttun, wie z. B. Samtpantoffeln, eine neue Schreibfeder, ein Strauß aus Lilien und Freesien, eine erfrischende Gesichtsmaske.

Dein Eröffnungsritual könnte eine Massage beinhalten, ein warmes Bad und − warum nicht? − ein kleines Nickerchen. (Du fängst mit deinem Eröffnungsritual an, legst dich ein bißchen aufs Ohr, und schließt es ab, wenn du aufgewacht bist.)

Mach die Übungen im Kapitel »Sammlung« (Seite 193 ff.). Nimm dir dafür Zeit, so lange du möchtest, von einer halben bis zu zwei Stunden.

Trink Wasser oder Tee mit Achtsamkeit und Hingabe. Richte deine Aufmerksamkeit auf deine Empfindungen.

Überprüf, wo du stehst, mit einer der Techniken aus »Und was soll ich tun? Überprüfen, wo du stehst« (Seite 108 ff.). Deine Frage könnte lauten: »Was brauche ich, um gesund zu sein?« Verändere oder erweitere diesen Retreatplan, wenn du neue Botschaften bekommst.

Ab Seite 177 im Kapitel »Die Praxis des Zuhörens« werden die Techniken des spontanen Schreibens und Malens vorgestellt. Erforsche mit ihrer Hilfe, was dir Worte wie *Wohlbefinden, Gesundheit* und *Ausgeglichenheit* bedeuten.

Probier die Übungen aus »Die Praxis des Zuhörens: Balsam für die Seele« (Seite 173 ff.) aus. Bereite dir selbst ein prächtiges Fest.

Geh ins Freie und beobachte die Natur, auch wenn das bedeutet, daß du ein paar Minuten lang nur den Wolken nachschaust. Wenn es die Umstände erlauben, bohr deinen nackten Fuß ins Erdreich oder leg dich ins Gras.

Schreib eine Vertrauensliste, wie ich sie in »Mach dir selbst den Hof« (Seite 232) aufgestellt habe.

Was könntest du jetzt tun, was richtig aufregend, heiß und wunderbar ist? Was kommt dir da in den Sinn? Baut es dich auf? Dann vertrau dir und tu es. Hast du keine solchen Eingebungen – auch gut!

Erforsche deine Bedürfnisse. Eine mögliche Frage wäre: »Was brauche ich?« Hast du Hunger, dann iß etwas, was du wirklich gerne essen möchtest, mit deiner gesamten Aufmerksamkeit. Schau dabei nicht fern. Lies nicht.

Ergründe das *Sein* (Seite 218 ff.).

Nimm dir Zeit für deinen Körper. Tu etwas Entspannendes mit deinem Körper: mach einen Spaziergang, ein paar Yoga-Übungen oder Stretching zur Musik. Du kannst auch zu Trance-Musik tanzen.

Siehe: *Quellen*

Überprüf, wo du stehst.

Mach eine der Übungen zum Thema »Sein« aus dem Kapitel »Die Praxis des Zuhörens« (Seite 158 ff.).

Eine letzte »Standortüberprüfung«. Frag dich: »Was muß ich in diesem Retreat noch tun?«

Mach die Übungen aus »Saft und Kraft« (Seite 212 ff.).

Schließ dein Retreat mit einem Ritual ab. Überschütte dich selbst mit Dankbarkeit, weil du dir diese Zeit für dich selbst gegönnt hast. Schreib deine Einsichten nieder und geh deine Liste aufmerksam durch. Leg vor dir selbst das Versprechen ab, in der kommenden Woche täglich eine liebevolle, wohltuende Sache für dich selbst zu tun. Halt dieses Versprechen so einfach und realistisch wie möglich, aber weich nicht von deinem Entschluß ab, deine Zeitplanung so zu verändern, daß sie dir mehr Zeit für dich selbst läßt. Bau in dein Ritual etwas ein, das dir das Gefühl gibt, daß dieser Vertrag mit dir selbst für dich ebenso wichtig und bindend ist wie deine anderweitigen Verpflichtungen.

Ein Retreat für die Mittagspause

(Ein halbe bis eine ganze Stunde lang)

Dieses Mini-Retreat kannst du auch am Ende eines Tages machen als Übergang zwischen deiner Arbeit und der Zeit daheim oder um dich auf ein wichtiges Treffen oder eine Verabredung vorzubereiten.

Was du brauchst:

Einen Walkman und Musik, die dich in die Ruhe deines inneren Raumes versetzt.

Leite dein Eröffnungsritual ein mit einer Erklärung folgenden Inhalts: »Ich beende jetzt meine Arbeit. Für den Augenblick habe ich mein Bestes getan. *Ich bin genug*« (Seite 161 f.).

Verlaß deinen Arbeitsplatz und deine Kollegen – auch innerlich. Mach einen

Spaziergang in den nahen Park, bleib ein wenig in dem verlassenen Pavillon, den nie jemand eines Blickes würdigt, steig die Stufen zur Terrasse hinauf, schau an dem plätschernden Brunnen vorbei, geh in eine verstaubte Bibliothek, die alle Geräusche verschluckt, oder finde ein ruhiges, ungestörtes Plätzchen in einem Restaurant. Im Gehen hörst du deine Musik über Kopfhörer.

Sobald du das Gefühl hast, in deinem magischen Raum zu sein (Musik und Bewegung bringen dich dorthin; beide sind notwendig), mach zehn sehr tiefe, langsame Atemzüge. Laß dabei deine Schulterblätter kreisen, abwärts und aufeinander zu.

Geh dein Inneres durch und frag dich: »Was brauche ich jetzt in diesem Augenblick, um mir selbst gutzutun?« Ist es dir möglich, deine Einsichten jetzt oder später in die Tat umzusetzen?

Mach die Übung »Das Herz öffnen« (Seite 305 f.) im Gehen oder Sitzen fünf Minuten lang dort, wo du gerade bist. Sieh, fühl, hör, schmeck all das, was auf dich zukommt, um dich zu nähren. Schau, ob nicht Dankbarkeit an die Tür zu deinem Herzen klopfen will.

Stell dir vor, wie das Göttliche, so wie du es siehst, vor dir steht. Du kannst das mit offenen Augen im Gehen machen, oder ein behagliches Plätzchen aufsuchen und dort ein paar Minuten sitzen bleiben. (Wenn es irgendwie blöd wirkt, die Augen zuzumachen, dann setz eine Sonnenbrille auf.) Deine Gottheit läßt die goldene Essenz reinen Friedens und spirituellen Schutzes auf dich herabregnen. Etwas sagt dir, daß alles Schlimme, Schmerzhafte, Anstrengende und Stressige, das dir für den Rest des Tages noch über den Weg laufen könnte, an deinem Zauberschild abprallen und herabgleiten wird, sobald du mit dieser magischen Substanz gesalbt worden bist.

Nimm dein Mittagessen mit Achtsamkeit zu dir. Richte deinen Geist darauf, dein Tempo herunterzufahren, den Geschmack deines Essens wahrzunehmen und all die Gaben deiner Nahrung in Empfang zu nehmen. Wenn du dein Essen bestellst, halt einen Moment inne und frag dich: »Was braucht mein Körper?«

Das Ende deines Retreats vollzieht sich in zwei Teilen. Teil I besteht in einer Danksagung und schnellen, energischen Bewegungen deines Körpers, während du zurück an deinen Arbeitsplatz gehst. Du könntest deine Arme schwingen und schnell gehen, oder, wenn es möglich ist, deine Arme hoch über deinen Kopf strecken und dir dabei vorstellen, wie du die Energie aus dem Himmel herab holst. Mach zehn tiefe Atemzüge und sag dabei jedesmal leise: »Ich bin jetzt bereit für den Rest des Tages. Ich bin voller Energie. *Ja!*«

Teil II geschieht am Abend, wenn du heimkommst. Nimm eine Dusche (am besten im Dunkeln oder bei Kerzenlicht), und während das Wasser alles abwäscht, zählst du den ganzen Müll auf, der sich im Laufe des Tages angesammelt hat, das ganze Zeug, das von deinem goldenen Schutzschild abgeprallt ist.

Ein 2tägiges Künstler-Retreat

Dieses Retreat eignet sich für alle Vorhaben, bei denen es darum geht, ein neues Projekt in Gang zu bringen, neues Leben und Vertrauen in deine schöpferischen Kräfte zu erwecken, Probleme zu lösen oder eine allgemeine Depression zu lindern. Ändere dieses Schema so ab, daß es deinen kreativen Bedürfnissen und Fähigkeiten gerecht wird.

Was du brauchst:

Dein Tagebuch und einen Stift.

Beispiele findest du in: *Die Künstlerin in mir*

Kunstgenuß (Seite 238).

Mehrere Bögen Zeichenpapier.

Ein Foto von dir.

Illustrierte zum Ausschneiden und sonstiges Material für Collagen (Seite 250).

Musik, eine Trommel oder eine Rassel.

Siehe: *Quellen*

Biographien von Künstlerinnen.

Ausgezeichnetes Essen.

Kleider à la Boheme.

Platz zum Spazierengehen.

Stille.

Erster Tag

Berühr all deine Sinne mit deinem Eröffnungsritual, besonders die, die du mit frischer Kraft aufladen möchtest. Wenn du z. B. malst, solltest du in dein Eröffnungsritual Visualisierungen aufnehmen oder dich eine Viertelstunde lang mit einer kühlen Kompresse auf den Augen hinlegen. Überprüf deine Erwartungen. Du solltest dich nicht darauf versteifen, daß nun der Einfall des Jahrhunderts über dich kommt, der dich reicher machen wird, als der vermögendste Ölprinz es jemals war. Erwartungen dieser Art machen deinem Retreat schneller den Garaus als der Wunsch, unseren Herrn Jesus Christus heute zum Abendmahl bei dir zu haben.

Mach die Übungen aus »Saft und Kraft« (Seite 212 ff.).

Lies etwas über schöpferisch tätige Frauen. Such dir ein oder zwei Künstlerinnen aus und mach sie zu Schutzpatroninnen deines Retreats. Hast du das Gefühl festzustecken, spürst du Langeweile oder Angst oder glaubst gar, daß du bestenfalls Durchschnitt bist, dann wende dich an eine von ihnen, und bitte sie um Beistand. Stell dir vor, sie zu sein oder eine der Qualitäten zu verkörpern, die du an ihr bewunderst.

Such dir gemäß der Anregungen in »Die Künstlerin in mir: Tauch tief ein« (Seite 238 ff.) eine Möglichkeit des Kunstgenusses aus und aale dich darin (etwa ein bis drei Stunden). Denk daran, neue Möglichkeiten auszuprobieren. Sei bereit, dafür unter Umständen einige Augenblicke Langeweile oder Unzufriedenheit in Kauf zu nehmen. Sorg dafür, daß du deinen magischen Raum mitnimmst, wenn du in die Welt hinausgehst (Seite 352 f.).

Wende eine der Techniken aus »Und was soll ich tun?« (Seite 102 ff.) an, um deinen Standort zu bestimmen. Frag dich: »Was braucht mein schöpferisches Selbst?« Ruf deine künstlerische Schutzpatronin um Hilfe an.

Gönn deinem Körper eine Pause. Dehn deinen Rücken, iß Pastete und

---

Cracker, und trink dazu Cidre. Tu deinem Körper ganz bewußt gut. Entspann dich.

Tauch ein in »Ich bin genug« im Kapitel »Die Praxis des Zuhörens« (Seite 161 f.).

Mach Inventur und schreib alles auf, was du je kreativ gemacht hast. Nichts ist unbedeutend. Erweitere deine Definition von Kreativität. Sobald dir etwas einfällt, schreib es auf. Du wirst dir diese Liste noch ein paarmal vornehmen. Am Ende deines Retreats werden da *mindestens* 100 Sachen drauf stehen.

Jetzt ist es Zeit, sich noch tiefer in die Kunst zu versenken. Hast du gelesen, dann mach etwas, was deine Augen anspricht. Warst du draußen in der Welt unterwegs, dann tu etwas in deinen vier Wänden. Wagst du dich jedoch nicht über deine häusliche Schwelle, dann solltest du ganz gezielt Pläne für Museumsbesuche machen und z. B. eine Ausstellung zeitgenössischer Fotografie besuchen oder zu einem Diavortrag über die Kunst Balis gehen.

Der Moment danach: Was hält deine Kunstpatronin von deinen jüngsten Erfahrungen?

Iß etwas wirklich Tolles, vielleicht sogar etwas Verbotenes. Verweile aufmerksam bei deinen Geschmacksempfindungen.

In dem Moment, in dem wir in das Reich des Schlafes hinübergleiten, sind wir nicht selten äußerst empfänglich für großartige Ideen. Leider erinnern wir uns kaum an unsere Eingebungen. Probiers mal mit einem Nickerchen à la Thomas Edison. Sitz entspannt im Bett, stütz dich mit Kissen ab, und halte irgend etwas in der Hand, z. B. ein Buch. Wenn du einnickst, wirst du den Gegenstand fallen lassen und davon aufwachen. Irgendwelche Ideen? Diese Ideen können mit jedem beliebigen deiner Lebensbereiche zusammenhängen. Bring sie zu Papier. Wenn du willst, kannst du anschließend ein ganz »normales« Schläfchen machen.

Nach dem Aufwachen solltest du dich wieder fragen: »Was braucht mein schöpferisches Selbst?« Achte auf jeden Traum, denn du hast.

Mach die Übung »Anrufung der Muse« im Kapitel »Die Künstlerin in mir« (Seite 242 f.).

Versenk dich noch tiefer in die Kunst. Vielleicht möchtest du etwas von dem, was deine künstlerische Schutzpatronin geschaffen hat, lesen, betrachten oder anhören.

Trink ein Glas Wasser, als würdest du einen schöpferischen Akt begehen.

Bewege dich, um deine gedanklichen Aktivitäten zu beruhigen und deine Emotionen auszubalancieren. Verschiedene Möglichkeiten hierzu wären die Übung aus »Saft und Kraft« (Seite 212 ff.), »Die Praxis des Zuhörens: Körper und Schweiß« (Seite 164 ff.), und »Unser Körper, unser Ursprung« im Kapitel »Mein spiritueller Weg« (Seite 308 ff.).

Jetzt ist's an der Zeit, einen Happen zu essen. Wie wär's mit einem Ausflug ins Café, um die Leute dabei zu beobachten, wie sie heißen Kakao oder einen Vino schlürfen? Aber denk dran, in deinem magischen Raum zu bleiben! Geh jeglichem Geplapper aus dem Weg! Stell dir vor, wie jedes Wort, das du sprichst und hörst, für alle Ewigkeit in Granit gemeißelt wird.

Horch in dich hinein: »Was brauche ich?« Oder: »Was fühle ich?«

Wenn es Zeit wird, ins Bett zu gehen, oder wenn du schon hineingekrabbelt bist, ist der Moment gekommen, dich noch tiefer in die Kunst zu vertiefen. Wenn du bei dir daheim bist, solltest du an einem anderen Ort als gewöhnlich schlafen − draußen in einem Zelt, auf dem Sofa oder mit dem Kopf am Fußende des Bettes. Umgib dich mit Bildern, Musik und − wenn du das magst − mit Weihrauch. Leg auf alle Fälle einen Stift und dein Tagebuch neben dein Bett.

Schreib ein paar Zeilen über die Erfahrungen, die du an diesem Tag gemacht hast, bevor du dich schlafen legst. Halte vor allem fest, was du empfunden hast. Vor dem Einschlafen bekräftigst du ein paarmal mit lauter Stimme, daß du dich an deine Träume erinnern wirst. Bitte dabei deine Muse und Kunstpatronin(nen) um Hilfe.

Zweiter Tag

Zu Beginn deines Tagwerks, bevor du irgend etwas tust, gehst du deine Träume durch. Schreib alles auf, was dir in den Sinn kommt, selbst Wortfetzen oder Bruchstücke von Bildern. Halt Zwiesprache mit einer deiner

Siehe: *Mut*

Traumgestalten oder einem Ding aus deinem Traum. Wenn du dich an nichts erinnern kannst, dann arbeite mit einem früheren Traum. Oder schreib oben auf ein Blatt: »Was habe ich letzte Nacht über mein schöpferisches Selbst erfahren?« Atme ein paarmal tief durch, und dann schreib mit der Hand, die du normalerweise nicht benutzt.

Wenn du Lust hast, läßt du deinen Pyjama noch eine Zeitlang an.

Mach die Übung »Das Herz öffnen« im Kapitel »Mein spiritueller Weg« (Seite 305 f.). Verweil mindestens eine Viertelstunde lang bei dem, was du geschenkt bekommst.

Trink deine morgendliche Tasse Kaffee bzw. Tee einmal nicht in der gewohnten Art und Weise und nicht am gewohnten Platz. Mach es genauso mit deinem Frühstück. Koch dir Nudeln mit Ei, mach dir einen Toast mit Erdnußbutter und Bananen drauf, oder genehmige dir ein butterweiches Croissant.

Arbeite weiter an deiner Kreativliste.

Zieh Sachen an, die dir das Gefühl geben, eine Künstlerin zu sein: einen Schal, einen Schlapphut, ein langes Kleid, funkelnden Schmuck, seidene Pyjamas.

Horch in dich hinein. So könntest du dich z. B. fragen: »Worauf hat mein schöpferisches Selbst heute Lust?« oder »Was möchte meine Kunstpatronin heute machen?«

Versenke dich noch tiefer in künstlerische Betätigung. Vielleicht findest du eine schöpferische Ausdrucksform, die in Beziehung zu deinen Träumen steht oder zur Anrufung deiner Muse oder zu dem, was du gefühlt oder wahrgenommen hast, als du auf eine Botschaft deines Herzens gelauscht hast.

Praktiziere die Meditationsübung »Ich bin genug« im Kapitel »Die Praxis des Zuhörens« (Seite 161 f.), während du einen langen Spaziergang machst. Das ist aber nicht der Moment, dir Gedanken zu machen, ob du genügend Kalorien verbrennst. Richte deine Aufmerksamkeit lieber auf den Rhythmus deiner Schritte und deines Atems.

Sitz 20 Minuten in völliger Stille da. Hol dir Anregungen aus dem Kapitel

»Mein spiritueller Weg: Disziplin« (Seite 304 f.). Horch in dich hinein, wenn die 20 Minuten um sind. Eine mögliche Frage wäre: »Welche göttliche Führung brauche ich in meinem Leben?«

Und wieder: Aale dich in Kunst. Achte darauf, deine Ausdrucksformen zu variieren und neue Mittel und Wege zu erproben.

Frag dich: »Wie und was würde meine Kunstpatronin essen?« bzw. »Wie und was würde ich essen, wenn ich davon überzeugt wäre, ein begabter, schöpferischer Mensch zu sein?« Wenn du dann Hunger hast, iß genau das.

Mach ein Nickerchen à la Thomas Edison und anschließend noch ein »richtiges«, wenn du Lust dazu hast. Wenn du nicht schlafen magst, sei ein paar Augenblicke lang einfach nur da (Seite 158 ff.).

Halte Zwiesprache mit deiner Muse, deiner Kunstpatronin, deinem schöpferischen Selbst. Dieses Gespräch verfolgt keinen Endzweck. Es gibt kein Richtig oder Falsch. Probier einfach rum (Seite 114 ff.).

Tu etwas Verwegenes. Selbst solche Kleinigkeiten wie ein anderer Lippenstift oder Kleidung, die du normal nie anziehst, können die Dinge in einem neuen Licht erscheinen lassen.

Sitz in aller Stille und frag dich: »In was würde ich mich von Herzen gern stürzen? Was würde ich tun, wenn es nicht zu .... (teuer, gewagt, schwer zu bekommen, verrückt) wäre?« Wenn es irgendwie möglich ist, dann tu es jetzt.

Formulier einen Wunsch bezüglich deiner Kreativität. Vielleicht möchtest du mehr Energie haben, jemanden finden, der mit dir singt, mehr Selbstvertrauen haben, ein bestimmtes Projekt anfangen oder beenden. Zentrier dich, schließ die Augen und visualisiere, wie dein Wunsch Wahrheit wird. Stell dir lebhaft mit all deinen Sinnen vor, wie du bekommst, was du dir wünschst. Gib dir die Erlaubnis, diese Vorstellung zu genießen. Fühle, wie sich die Energie in deinem Herzen ausbreitet. Wenn du anfängst, in deinem Szenario rumzustreichen, weil es sich einfach zu gut und zu großartig anfühlt: Stop! Schluß mit Klein- und Bescheiden-Sein! Sieh dich selbst vollenden, fühlen, wachsen, auflösen, genießen, erblühen.

Als Schlußritual für dein Retreat machst du eine Collage, die deine Wünsche

ausdrückt und ihnen Energie gibt. Mitten auf einen großen Bogen Papier klebst du ein Foto von dir. Um dich herum befestigst du Bilder (selbstgemacht, aus Illustrierten ausgeschnitten, Fotos) und Objekte (vom Trödler, aus Perlenläden, Bastelgeschäften, New-Age-Buchläden), die deine wachsende Kreativität ansprechen und die Erfüllung deines Wunsches verkörpern. Wenn du feststellst, daß du deine Collage an den Dingen mißt, die du in den letzten zwei Tagen angeschaut hast, brich hier ab und mach die Meditationsübung »Ich bin genug« (Seite 161 ff.).

Dein Schlußritual könnte auch ein »Dankeschön« an deine Muse oder Kunstpatronin beinhalten oder an jede göttliche Führung, die dir zuteil geworden ist. Wenn du dein Retreat zu Hause gemacht hast, stell einen künstlerischen Hausaltar mit deiner Anrufung der Muse und deiner Collage auf.

EIN HALBTÄGIGES VERTRAUENS-RETREAT

Dieses Retreat ist speziell für jene Frauen gedacht, die das Gefühl haben, die Stimme ihres inneren Selbst nicht zu hören. Es eignet sich auch gut, wenn du kein konkretes Vorhaben hast, der Gedanke an ein Retreat dich nervös macht oder du noch nie ein Retreat gemacht hast.

Bei diesem Retreat ist es besonders wichtig, sich körperlich und seelisch sicher zu fühlen.

Was du brauchst:

Einen Spiegel.

Dein Tagebuch und einen Stift.

Eine kreative Grundausstattung, Ton oder andere Möglichkeiten, dich den Fragen im Kapitel »Kontemplation« zu nähern.

Eine rundes Tablett und Gegenstände, die die verschiedenen Seiten deines Selbst symbolisieren. (Du kannst die Suche nach diesen Dingen zu einem Teil deines Retreats machen oder diesen Teil ganz weglassen.)

Musik, die dich nach innen bringt.

Stille.

Dein Eröffnungsritual könnte einige Affirmationen enthalten, die dein Selbstvertrauen stärken. Darin sollte das Wort *entscheiden* vorkommen: »Ich entscheide mich, mir selbst zuzuhören und zu glauben.« Du kannst diese Affirmationen auch vor einem Spiegel wiederholen.

Tu am Anfang ein paar Minuten lang überhaupt nichts. Vielleicht fällt dir das schwer. Mach dir nichts draus, bleib einfach dran. Schon fünf Minuten sind ein wunderbarer Erfolg.

Lies »Und was soll ich tun? Überprüfen, wo du stehst« (Seite 108 ff.). Entscheide dich für eine Frage, mit der du arbeiten willst. »Was will ich absichtlich nicht sehen?« Oder: »Was empfinde ich?« Wenn du dich entschieden hast, dann bleib dein ganzes Retreat über bei dieser Frage.

Mach eine Liste von zehn oder mehr Gelegenheiten in deinem Leben, in denen du innere Führung erhalten hast – eine spontane Eingebung, eine Stimme, die dir riet, eine andere Straße zu nehmen oder einen Freund anzurufen, das Gefühl, bei einer Prüfung, einem Test, einem Vorstellungsgespräch von höheren Mächten erfüllt gewesen zu sein – und von Fällen, in denen deine Gebete erhört wurden. Nichts ist zu unbedeutend.

Mach die Übung im Kapitel »Sammlung« (Seite 193 ff.). Vielleicht hast du den Wunsch, den Mandalateil aus Zeitgründen abzukürzen oder ganz wegzulassen. Hör dabei auf deine innere Stimme.

Mach eine kurze Pause für ein Körpergebet. Sieh nach im Abschnitt »Die Praxis des Zuhörens: Körper und Schweiß« und »Bewegung als Gebet« (Seite 164 ff.), oder erwecke die Worte *Hymne der Zuversicht* mit deinem Tanz zum Leben.

Horch in dich hinein. Lies »Und was soll ich tun? Überprüfen, wo du stehst« (Seite 108 f.).

Stell eine Vertrauensliste auf, wie in »Mach dir selbst den Hof« (Seite 232) beschrieben.

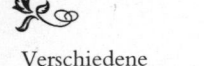

Mach eine Pause und iß etwas. Frag deinen Körper, welche Nahrung er braucht. Mach deinen Geist frei von Absichten – mindestens eine halbe Stunde lang.

Horch wieder in dich hinein. Wohin hat dich diese Absichtslosigkeit geführt? Was hast du gemacht?

Probier eine der Übungen im Abschnitt »Kontemplation« (Seite 184 ff.) aus, die mit Vertrauen zu tun hat oder die dich besonders anzieht.

Aus »Entscheidungen« (Seite 258 ff.) machst du den Teil 1, der mit den Worten »Stell dir nun ein liebevolles Wesen vor« beginnt und einen Absatz später schließt mit »keinen Ort, an den du gehen müßtest«.

Sprich in deinem Abschlußritual Dankesworte für alle Arten der inneren Führung, die du bekommen hast, für das Vertrauen, das du in dich gesetzt hast, indem du diesen Retreatplan deinen Bedürfnissen entsprechend abgewandelt hast, und gib dir selbst das Versprechen, in der anschließenden Woche wenigstens zweimal in dich hineinzuhorchen.

Ein 3tägiges Retreat zur spirituellen Erneuerung

Das ist ein tolles Retreat, um deine Erwartungen hinsichtlich deiner Spiritualität abzuklären. Manchmal gehen wir mit der Hoffnung ins Retreat, dort Gott zu treffen oder zehn Pfund abzunehmen oder ein Dutzend Choräle zu komponieren wie Hildegard von Bingen. Nun, vielleicht mußt du *das* aufs nächste Mal verschieben.

Was du brauchst:

Bevor du ins Retreat gehst, machst du eine Maske von deinem Gesicht. Dazu brauchst du eine Freundin, die dir hilft. Ferner nehme man schnelltrocknende (*nicht* die superschnell trocknenden) Gipsbinden (die bekommst du in Sanitätshandlungen und Apotheken), Vaseline, ein Band zum Hochbinden der Haare, eine Schere, eine Schüssel mit Wasser und zwei Wattepads. Da das

Abformen einer Gesichtsmaske dir Anflüge von Klaustrophobie verursachen kann, solltest du die ganze Sache an einem ungestörten Ort machen — zusammen mit einer Person deines Vertrauens. Schneide die Binden in Streifen (einen guten Zentimeter breit, du brauchst aber auch ein paar schmälere). Binde oder steck dein Haar zurück, und schmier dir das Gesicht dick mit Vaseline ein, vor allem am Haaransatz. Jetzt legst du dich hin. Deine Freundin deckt deine Augen nun mit den Wattepads ab. Zuerst baut sie das Grundgerüst für deine Maske auf. Dazu legt sie mehrere breite Streifen Gipsbinden kreuzförmig über dein Gesicht: in Längsrichtung über Stirn, Nase und Kinn, in Querrichtung unterhalb der Augenpartie. Die einzelnen Streifen liegen immer etwas versetzt übereinander. Dann baut sie einen Ring um den Rand deines Gesichts. Dieser Ring wird mit zwei weiteren Lagen verstärkt. Dann füllt sie die restlichen Bereiche auf. Mund und Nase werden bis zuletzt ausgespart. Die Maske braucht knapp fünf Minuten, um durchzutrocknen. Du kannst es spüren, wie sie sich während des Trocknens allmählich vom Gesicht ablöst. Hilf dem Ganzen ein wenig nach, indem du mit Mund und Backen ein paar Grimassen machst. Laß dir von deiner Freundin beim Abnehmen helfen. Insgesamt dauert das Ganze ungefähr eine Viertelstunde. Die Maske muß danach ein paar Tage lang liegen, um völlig durchzutrocknen. Zum Schluß kannst du noch fertigen Kreidegrund auftragen (gibt's in Künstlerbedarfsgeschäften) oder auch weißen Holzleim, um die Oberfläche zu glätten.

Wasserlösliche Farben, Zierat, Perlen, Blumen, Kräuter, Rubbeltattoos sowie Holzleim, um deine Maske damit zu schmücken. Lies »Das Porträt deines wahren Selbst: Was du brauchst« (Seite 250). Dort findest du Tips, wo du Symbole finden kannst.

Zeichenutensilien und vielleicht Ton.

Ein oder zwei Bücher für inspirierende Lektürestunden, z. B.: Emily Dickinson, T. S. Eliot, Bücher über die spirituelle Suche von Frauen, die Bibel, den Koran, buddhistische Sutren, die Bhagavad-Gita.

In den Quellenangaben findest du noch mehr Tips.

Musik, die dich nach innen bringt, Musik, die dich antreibt zu tanzen, und/oder eine Trommel oder Rassel.

Einen Wecker.

Erster Tag

Laß dir reichlich Zeit für dein Eröffnungsritual. Du brauchst völliges Vertrauen in die Kraft deines magischen Schutzraumes, denn drei Tage können ziemlich lang werden. Vielleicht gerätst du in Versuchung, aus deinem magischen Raum auszubrechen, aber wenn er sich sehr echt und stark anfühlt, kann er dir dabei helfen, in diesem Zwischenzustand zu bleiben. Vielleicht möchtest du eine symbolische Handlung, die sich auf deine Suche nach spiritueller Erneuerung bezieht, in dein Ritual einflechten. Shelley z. B. machte ihr Retreat in einem katholischen Exerzitienhaus, obwohl sie schon vor 20 Jahren aus der Kirche ausgetreten war. Der Grund hierfür war nicht, daß sie ihren alten Glauben wieder auffrischen wollte, sondern weil sie ein Zeichen der Aussöhnung mit ihrer religiösen Vergangenheit setzen wollte. Vielleicht hast du auch Lust, ein Bild oder eine Collage anzufertigen, die dein Vorhaben ausdrückt.

Lies den Abschnitt »Mein spiritueller Weg: Disziplin« (Seite 304 f.) und such dir eine einfache Übung aus, die dich in dein Zentrum bringt. Diese Praxis machst du während des ganzen Retreats. Widme dieser Übung zehn bis zwanzig Minuten. Wenn du willst, kannst du deine Meditationszeiten auch ausdehnen. Wenn du fertig bist, antworte mit einem Bild oder mit Worten auf die Frage: »Nachdem ich diese Übung gemacht habe, fühle ich mich . . .«

Tips für erfahrene Retreatteilnehmer

Wenn du regelmäßig eine bestimmte spirituelle Praxis machst und das Gefühl hast, daß deine Meditation schal und kraftlos geworden ist, solltest du ein paar Minuten darauf verwenden, mit dir selbst abzuklären, ob du sie während deines Retreats praktizieren willst oder nicht. Zentrier dich und stell dir folgende Frage: »Was soll mir dieses Retreat wirklich geben?« Wenn keine Antwort kommt, dann geh ein wenig spazieren und frag dich dann noch einmal. Vielleicht stellt sich heraus, daß du in diesen drei Tagen einmal etwas ganz anderes ausprobieren möchtest. Das kann sich wie ein radikaler und auch etwas beängstigender Neuanfang anfühlen. Hier kann es hilfreich sein, wenn du deinen Glauben von neuem bekräftigst, deine Gottheit um ihren Segen bittest oder für dich (eventuell in schriftlicher Form) festhältst, daß du nach diesem Retreat deinen gewohnten spirituellen Übungsweg wieder aufnehmen wirst. Stell dir vor, du machst spirituellen Urlaub. Andererseits könntest du auch herausfinden, daß du zu sehr an deiner Praxis klebst und

diese Neuausrichtung brauchst, um deine spirituellen Lebenssäfte wieder zum Fließen zu bringen. Du bist dein eigener Seelenführer. Du kannst dir vertrauen.

Mach die zweite Übung aus dem Abschnitt »Energie erschaffen« (Seite 324 f.) im Kapitel »Sitzt du auf dem Flughafen des Lebens fest?«. Deine Aufmerksamkeit richtet sich natürlich auf dein spirituelles Leben. Mach sie auch dann, wenn du nicht das Gefühl hast, blockiert zu sein bzw. überhaupt nicht weißt, warum und wieso du festgefahren sein solltest. Vielleicht ist das – zumindest teilweise – der Grund, warum du dieses Retreat machst.

Leg nun eine Ruhepause ein. Wenn es sich einrichten läßt, solltest du dabei mit Erde, Wasser oder einem Baum in Körperkontakt kommen.

Mach die Übung in »Was ist dein spirituelles Leben?« aus »Mein spiritueller Weg« (Seite 301 f.).

Jetzt wird es Zeit für eine genußvolle Pause. Laß Körper und Sinne ausruhen. Verweil im Sein und laß es dir einfach gutgehen. Räkle dich in der Sonne, tauch in ein warmes Bad ein, iß frische Himbeeren mit selbstgeschlagener Sahne.

Mach die Übung »Das Herz öffnen« (Seite 305 f.). Merk dir die Uhrzeit und den Ort. Während deines Retreats kommst du nun immer zur selben Zeit an diesen Ort. Such eine Möglichkeit, wie du dich rechtzeitig daran erinnern kannst.

Wenn möglich, leg Musik ein, die dir ein Gefühl von Zuversicht und Weite gibt, oder trommle eine Zeitlang. Du könntest auch eine Kerze anzünden. Meditier ein paar Minuten über deine weiße Maske. Dann machst du eine Liste mit 100 Dingen, die du an dir toll findest, magst oder zumindest akzeptierst. Das können Dinge sein, die du getan hast oder gerne tun würdest, Situationen, in denen du körperliche, geistige, seelische oder spirituelle Qualitäten bewiesen hast. Jawohl, ganz genau einhundert. Und du solltest dabei ganz genau sein. Hier ein kleiner Auszug aus meiner eigenen Liste:

1. meinen Sinn für Humor

8. meine Zähigkeit

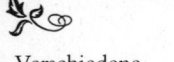

11. mein Talent zu schreiben

25. meine Liebe zu Büchern über kreatives Arbeiten

31. meine Leselust

59. meine Liebe zur Gärtnerei

61. daß ich einmal abends die Küche meiner Freundin geputzt habe.

Mach die Übung »Das Bild des Göttlichen« (Seite 296 ff.). Nachdem du dein Bild der Gottheit angefertigt hast, kommuniziere damit. Erforsche vor allem deine Ängste, Wut oder auch Neugier hinsichtlich dieses (möglicherweise) neuen oder einfach nur umfassender gewordenen Bildes.

Mach eine achtsame Pause in Absichtslosigkeit (mindestens eine halbe Stunde, aber nicht länger als zwei Stunden). Die Achtsamkeit besteht darin, daß du dir vorher überlegst, welcher heilsamen, dich selbst stärkenden, unbeschwerten Aktivität du dich überläßt. Aber paß auf, daß du deinen magischen Kreis nicht dadurch zerstörst, daß du etwas Triviales (Gewöhnliches) tust wie z. B. telefonieren, fernsehen oder zuviel essen.

Tanz ein Körpergebet. Siehe dazu »Körper und Schweiß« (Seite 164) oder »Unser Körper, unser Ursprung« (Seite 308 ff.).

Mach eine innere Bestandsaufnahme und frag dich: »Was braucht mein spirituelles Selbst?« Tu alles, was dir in den Sinn kommt. Brems dich nicht aus, nur weil es vielleicht verrückt aussehen könnte, einen Baum zu umarmen, mit Pflanzen zu reden oder dich selbst mit Öl zu salben. Folge der Stimme deines Herzens.

Eine kurze Übung in Achtsamkeit. Iß, trink, streck dich oder geh und sei dabei offen für deine Sinneseindrücke und Reaktionen.

Mach die Übung »Das Herz öffnen« (Seite 305 f.) wieder an derselben Stelle wie vorher.

Wende dich nun wieder deiner spirituellen Praxis zu. Dehn sie um fünf bis zehn Minuten aus. Wenn du fertig bist, antworte (mit Pinsel oder Stift) auf folgende Frage: »Wie hängt meine spirituelle Praxis mit meinem Bild des

Göttlichen zusammen?«

Lies jetzt mit Bedacht eine Textstelle aus einem der Bücher, die du mitgebracht hast. Lies laut. Lies leise. Laß die Worte Teil deines Körpers werden. Wenn du magst und noch Kraft übrig hast, kannst du mit deinem Text nach einer der Methoden arbeiten, die ich am Anfang von »Kontemplation« (Seite 184 ff.) beschrieben habe.

Beende dein Tageswerk mit einer Dankeszeremonie. Du könntest auch noch einmal die Übung »Das Herz öffnen« (Seite 305 f.) machen. Zähl all das auf, wofür du dankbar bist. Du könntest ein Dankgebet an deine Gottheit richten, mit deinem neuen Bild des Göttlichen kommunizieren. Stell fest, ob es in dir irgendwelche Enttäuschungen gibt, weil etwas noch nicht eingetreten ist, und such nach Erwartungen im Hinblick auf das, was in den kommenden zwei Tagen geschehen soll. Laß sie dann völlig los.

Zweiter Tag

Begrüße den neuen Tag mit einer Zeremonie, in der du dein Vorhaben wieder aufnimmst. Gleich nach dem Aufwachen widmest du dich als erstes in der von dir festgelegten Weise deinem Vorhaben. Welche Form der Auseinandersetzung ist für dich richtig? Vielleicht möchtest du es einige Male laut lesen? Oder möchtest du eine Art spontaner Zeremonie oder ein Gebet daraus machen? Meditiere über dein Vorhaben, gib ihm Leben in einer Form, die für dich innerlich stimmig ist.

Arbeite mit deinem Träumen in der Art, wie es für dich am besten ist. Siehe dazu das Kapitel »Im Retreat mit anderen Menschen: Der Traumkreis« (Seite 370 f.).

Kommuniziere mit dem Bild des Göttlichen, das du dir gestern geschaffen hast, tritt in Beziehung zu ihm, nutz es für dein Gebet.

Mach aus deiner Morgenwäsche einen Akt der Verehrung und Hingabe. Dein Körper ist der wertvollste Körper des Weltalls. Mach dir ein wirklich himmlisches Frühstück. Andererseits, wenn du immer nur deswegen ißt, weil es eben Essenszeit ist, horch in dich hinein und frag dich, ob du überhaupt schon hungrig bist. Wenn es dir nicht allzu schwerfällt, laß Kaffee und Zucker weg.

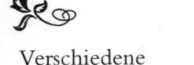

Mach wieder deine von dir ausgewählte spirituelle Praxis.

Wende dich danach der zweiten Übung aus »Warum sitzt du fest?« (Seite 315 ff.). Sie beginnt mit »Nimm dein Tagebuch zur Hand . . .«. Ändere den Satz in »Zum ersten Mal hatte ich das Gefühl festzusitzen, als . . .«.

Schau nach, um welche Uhrzeit du die Übung »Das Herz öffnen« gemacht hast und wiederhole sie dann.

Lies »Das Porträt deines wahren Selbst« (Seite 249 ff.). Wenn du merkst, daß du dich langweilst oder dich festbeißt, dann hör auf und mach ein Körpergebet. Du kannst auch die Übungen aus »Saft und Kraft« (Seite 212 ff.) machen oder joggen gehen. Statt eines Porträts in Lebensgröße machst du eine Maske deines spirituellen Selbst. Lies dir die Fragen im Übungsteil durch, und ersetz die Fragen für jedes Lebensalter durch folgende:

Wie habe ich in diesem Alter meine Spiritualität gelebt?

Welche Bilder, Empfindungen, Orte und Ereignisse stehen für mein wahres geistiges Selbst?

Wenn du in die Gegenwart kommst, konzentrier dich auf folgende Aussagen:

Am meisten schätze ich in meinem Leben . . .

Mein wahres Selbst erinnert mich an . . .

Bevor du zum besinnlichen Teil dieser Übung kommst, setz deine Maske auf und schau in den Spiegel.

Probier die Übungen aus »Den Schmerz hervorlocken« (Seite 280 ff.), auch wenn augenblicklich alles glatt läuft in deinem Leben.

Mach eine der Übungen aus »Die Praxis des Zuhörens: Die Göttliche Landschaft« (Seite 170 ff.).

Leg nun eine Pause ein und üb dich darin, dich gehen zu lassen. Schlaf, übe, iß, näh, hör Musik, lies. Wenn du dich ein bißchen hinlegst, dann achte auf

deine Träume und Gefühle beim Aufwachen. Wenn du spazieren gehst, achte darauf, welche Figuren und Formen du in den Steinen, Bäumen, Häusern siehst und in den Gesichtern der Menschen, die dir begegnen.

Kehr danach wieder zu deiner spirituellen Praxis zurück. Wenn du damit fertig bist, frag dich: »Was braucht mein spirituelles Selbst?« Schreib alles auf, was dir einfällt. Setz es sofort in die Tat um, wenn das möglich ist.

Geh völlig in einem ekstatischen Gebetstanz auf. Siehe dazu »Bewegung als Gebet« (Seite 167 ff.).

Ergib dich ganz der Übung »Verschmelzen« (Seite 307 ff.).

Schreib weiter an der Liste der 100 Dinge, die du an dir magst.

Ist es nun wieder Zeit für »Das Herz öffnen« (Seite 305 ff.)?

Lies mit Bedacht eine Textstelle aus einem Weisheitsbuch. Arbeite mit dieser Passage so, wie du möchtest. Siehe dazu die Kapitel »Kontemplation« (Seite 184 ff.) und »Die Praxis des Zuhörens« (Seite 158 ff.).

Beschließ den Tag mit einem Glaubensritual. Untersuche die verschiedenen Bedeutungen des Wortes »Glauben«:
1) überzeugtes Glauben an Wahrheit, Wert und Vertrauenswürdigkeit eines Menschen, einer Idee oder einer Sache;
2) Glauben, der nicht auf logischen Schlußfolgerungen oder handfesten Beweisen beruht;
3) Loyalität gegenüber einem Menschen oder einer Sache; Treue;
4) religiöse Tugend im Sinne des festen Glaubens an ein göttliches Wesen und der vertrauensvollen Hinnahme des Willens dieses göttlichen Wesens;
5) der dogmatische Aufbau einer Religion;
6) eine Sammlung von Prinzipien und Überzeugungen.

Woran glaubst du? Scheint es dir unmöglich, an etwas zu glauben? Kommst du dir dabei dumm vor? Hast du deinen Glauben verloren? Laß deinen Geist um diese Fragen kreisen. Meditiere über deiner Maske. Leg sie vor dem Einschlafen auf dein Kopfkissen, damit du sie gleich als erstes beim Aufmachen siehst.

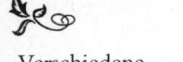

Dritter Tag

Beginn den Tag mit einem Zwiegespräch mit deinem Bild der Gottheit und deiner Maske. Was fühlt sich richtig an, was nicht? Lies dein Vorhaben durch. Was will es dir noch sagen? Was ist noch unerledigt?

Und wieder gehst du liebevoll und zärtlich mit deinem Körper um. Gönn dir den bestmöglichen Start in den Tag. Wie wär's mit einem ausgiebigen Bad?

Mach deine spirituelle Praxis.

Zähl deine spirituellen Hindernisse und Sehnsüchte auf. Formulier sie als hoffnungsvolle Fragen nach dem Muster: »Wie könnte mein spirituelles Leben aussehen, wenn . . .?« Im Kapitel »Entscheidungen: Erster Teil der Übung« sind verschiedene Möglichkeiten aufgeführt, wie du dieser Frage nachgehen kannst (Seite 258 ff.).

Tauch ein ins Reich der Sinne. Versuch's mit »Balsam für die Seele« im Kapitel »Die Praxis des Zuhörens« (Seite 173 ff.).

Denk daran, wieder die Übung »Das Herz öffnen« (Seite 305 f.) zu machen: zur selben Zeit, am selben Ort.

Lies dir das Kapitel »Heimkehren« (Seite 331 ff.) durch. Jetzt ist der Zeitpunkt gekommen, ein paar Gedanken aufs Nachhausekommen zu verwenden. Welche Gefühle steigen dabei in dir auf? Was gibt es zu planen?

Mach eine der Übungen zum Sein aus »Die Praxis des Zuhörens« (Seite 158 ff.).

Beende deine Liste der 100 Dinge, die du an dir magst. Zähl nach, ob es auch wirklich einhundert sind.

Wiederhol jetzt noch einmal deine Meditationsübung.

Arbeite mit dem zweiten Zitat aus »Unser Körper, unser Ursprung« (Seite 308 ff.). Wenn du damit fertig bist, bleib still sitzen und frag dich: »Was tritt nun in meinem spirituellen Leben zutage?« Male, modelliere die auftauchenden Gedanken und Gefühle oder faß sie in Worte.

Hör dir Musik an, die dich aufbaut, und tu nichts anderes nebenher. Wenn du draußen in der Natur bist, leg dich ins Gras und hör die Musik um dich herum.

Nimm den Satz »Ich bringe die Erfahrungen dieses Retreats in mein Alltagsleben ein . . .« und versuch, dich ihm mit der Technik des spontanen Schreibens zu nähern. Drei Seiten oder drei Minuten lang. Halt deine Hand in Bewegung. Keine Zensur, keine Änderungen!

Überlaß dich für den Rest der Zeit, die dir noch bleibt, ganz der Führung durch dein inneres Selbst und hör ihm zu. Mach keine andere Praxis. Folge nur deinen eigenen Sehnsüchten und Eingebungen.

Beende diesen Tag und dieses Retreat mit einer Zeremonie der Hoffnung. Mal ein Bild mit deinen Wünschen. Rezitiere eine Litanei der Dinge, auf die du hoffst und vertraust. Nimm dein liebstes spirituelles Zitat bzw. eine sonstige Textstelle und bau deine Zeremonie darum herum. Ehre und feiere dich selbst, das Göttliche und alle und alles für dieses Retreat.

EIN 1STÜNDIGES RETREAT ZUM KLAR-WERDEN

Ein leichtes Retreat, das du oft machen kannst. Wahrscheinlich hast du noch kein Vorhaben formuliert, darum ist das hier Teil der Übung.

Was du brauchst:

Dein Tagebuch und einen Stift, möglicherweise auch einige einfache Zeichenutensilien.

Etwas, um dich selbst zu verwöhnen: ein warmes Bad, eine Hand- oder Fußmassage, eine Hängematte, um drin zu schaukeln.

Arbeite zwei oder drei Minuten lang mit den ersten beiden Sätzen im Kapitel »Mein Vorhaben« (Seite 61):

»Wenn ich in diesem Moment das Wort ›Retreat‹ höre, denke und fühle ich . . .«

»Wonach ich mich im Augenblick in einem Retreat am meisten sehne, ist . . .«

Sei offen für Überraschungen aller Art.

Erfinde ein kurzes, von deinem Vorhaben inspiriertes Einleitungsritual. Oder entspann dich, atme ein paar Minuten lang tief ein und aus, und versuch's hiermit: Visualisiere dich selbst in deinen aktuellen Lebensumständen – nur mit dem kleinen Unterschied, daß alles ganz genau so ist, wie du es haben willst (die allerschärfste Kontrollphantasie!): die Wäsche ist gebügelt und liegt im Schrank, die Speisekammer wohlgefüllt, die Briefe sind alle geschrieben, die Pflichten alle erfüllt. Zu guter Letzt wäschst du dir Gesicht und Hände oder putzt deine Zähne und sagst: »Jetzt bin ich von allem gereinigt und in einem heiligen Raum.«

Leg dein Schreib- bzw. Zeichenzeug in Griffweite. Mach den letzten Teil der Übung aus »Auf dem Gipfel deines Lebens« (Seite 207 ff.) ab da, wo es heißt *Hol dir noch ein Blatt Papier* bis zu den Worten *in dem nur die Intuition zählt* ein paar Absätze weiter. Meditiere über das, was dir in den Sinn kommt, halte Zwiesprache damit.

Tu etwas Schmeichelhaftes für dich selbst. Wenn dir nichts einfällt, blättere mal den Abschnitt »Balsam für die Seele« im Kapitel »Die Praxis des Zuhörens« (Seite 173 ff.) durch oder mach eine der Übungen, die im Kapitel »Mach dir selbst den Hof« (Seite 228 ff.) vorgeschlagen werden.

Vergiß nicht, so was wie ein Schlußritual durchzuführen, auch wenn es nur ganz kurz ausfällt. Such dir ein Kraftwort oder einen »Refrain« aus, der dir dabei hilft, dich an dieses Gefühl von Frieden oder Wohlsein zu erinnern, das du in dieser Stunde vielleicht verspürt hast. Wiederhol dieses Wort still immer wieder während der kommenden Stunden und Tage.

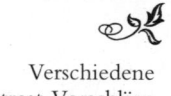
Ein halbstündiges Retreat zum Erwecken deiner Kreativität

Mach dieses Retreat, bevor du ein kreatives Projekt anfängst, ehe du zu einer Arbeitsbesprechung gehst oder Zeit mit einem kleinen Kind verbringst. Dieses Retreat kannst du auch draußen in der Welt machen. Sollte dein Arbeitsplatz aber die Ausmaße eines Schuhkartons haben und keine Möglichkeit bieten, dich zurückzuziehen, mußt du dir anderswo ein ruhiges Plätzchen suchen oder spazierengehen.

Was du brauchst:

Alles Nötige für dein Einleitungs- und Schlußritual.

Arbeite, was dein Vorhaben angeht, ein paar Minuten mit dem zweiten Satz im Abschnitt »Mein Vorhaben« (Seite 61):

- »Was ich in einem Retreat jetzt am liebsten hätte, ist . . .«

In deinem Einleitungsritual mußt du deinen räumlichen Aufenthaltsort ändern. Begib dich mit deinem Körper an eine andere Stelle. (Wenn du in deinem Büro oder Arbeitszimmer bist, dann geh ins Freie.) Machst du dieses Retreat öfter, dann geh immer an die gleiche Stelle. Um dich zu zentrieren, legst du dich hin, bedeckst deine Augen mit einer Schlafbrille und setzt Kopfhörer auf. Du hörst dir Musik an, die deine Inspiration und Phantasie beflügelt, und trinkst ein Glas Wasser ganz langsam und mit völliger Achtsamkeit. Du kannst auch duschen oder die Übung »Ich bin genug« im Kapitel »Die Praxis des Zuhörens« (Seite 161 f.) machen.

Wenn du mit deinem Einleitungsritual fertig bist, mach bitte die Übung »Anrufung der Muse« aus dem Kapitel »Die Künstlerin in mir« (Seite 242 f.). Konzentrier dich auf den Abschnitt, der mit »*Zentrier dich mit einer beliebigen Methode deiner Wahl*« beginnt und mit »*Bittet sie dich um etwas?*« aufhört. Laß dir etwa zehn Minuten Zeit für diese geleitete Phantasie.

Mach etwas ganz Unerhörtes, etwas, was so gar nicht zu dir paßt, etwas, was du um diese Uhrzeit niemals tun würdest. Sag laut »Ich liebe dich« zu dir selbst, nimm dir vor, anschließend deinen Liebsten anzurufen und ihn mit einem erotischen Telefongespräch völlig aus der Fassung zu bringen. Gib auf dem Weg zurück ins Büro einem Passanten zehn Mark, iß Schokolade zum Mittag, oder zieh alles aus und wälz dich hinter deinem Haus auf der Erde.

Mal dir lebhaft aus, daß du körperlich völlig, total und ganz und gar bereit bist, dein kreatives Feuerwerk zu entfachen. Fühl in deinem ganzen Körper, wie dein kreativer Motor auf Hochtouren kommt. Sieh, wie deine schöpferischen Geister erwachen. Hörst du, was dir deine Muse ins Ohr flüstert? Fühl, wie du schon mitten in der Arbeit steckst, in sie hineintauchst, spür, wie phantastisch du dich fühlst. Sag dir wieder und immer wieder (wenn möglich, laut): »Ja! Jetzt geht's los! Ja, ich bin bereit!«

Das Retreat schließt mit einem Bewegungsritual. Du wiederholst immer wieder die obigen Worte (»Ja! Jetzt gehts los! Ja, ich bin bereit!«) und bewegst dich auf deinen Arbeitsplatz zu. Du bewegst dich nicht bloß, nein, du stürmst auf deine Arbeit los wie ein Tornado. Kaum bist zurück an deinem Arbeitsplatz, in deinem Atelier, an deinem Computer, deinem Klavier, bei deiner Arbeitsbesprechung oder deinem Kind, dann stellst du dir vor, wie dich die Muse segnet, dich mit feurigem, stärkendem Licht überschüttet. Sieh, wie dieses Licht aus deinen Fingerspitzen strömt, aus deinen Augen, deinem Mund. Bekräftige vor dir selbst, daß du aus deinem Retreat zurück bist und bereit, etwas auf die Beine zu stellen.

EIN 1TÄGIGES TRAUER-RETREAT

Es muß kein spezieller oder tragischer Trauerfall vorliegen. Dieses Retreat kannst du machen, wenn du deprimiert bist, zu nichts Lust hast, dich von deinem Innenleben abgeschnitten fühlst oder wenn es einen großen oder kleinen Schlußpunkt in deinem Leben gegeben hat.

Was du brauchst:

Einen wirklich sicheren magischen Raum (physisch und emotional) und einen Retreatbegleiter, der jederzeit erreichbar ist (Seite 121 ff.).

Etwas freie Natur.

Musik, die dich mit Trauer in Berührung bringt, mit Kraft und tiefen Gefühlen. Und Musik, die dich zum Tanzen bringt.

Dein Tagebuch und einen Stift.

Einige Bögen Zeichenpapier, Zeichenzeug, vielleicht auch Ton zum Modellieren.

Eine Trommel oder Rassel.

Schaff dir einen besonders stärkenden und sicheren physischen Schutzraum im Rahmen deines Eröffnungsrituals. Vielleicht hast du den Wunsch, einen Traueraltar zu errichten mit Bildern und Symbolen von dem, worüber du trauerst.

Mach als erstes die Übung »Die Natur als Spiegel« (Seite 172 f.).

Wenn du den Gegenstand deiner Trauer noch nicht kennst oder mehr Klarheit darüber brauchst, dann versuch es mit der Übung »Klarheit erlangen« (Seite 283 ff.).

Beweg dich zunächst, dann entspann deinen Körper. Ein flotter Spaziergang in der freien Natur oder eine Massage (wenn jemand bei dir vorbeischauen kann) wären ideal – oder ein paar Yoga-Übungen, gefolgt von einem heißen Duftbad.

Direkt im Anschluß daran machst du die Übung »Den Schmerz hervorlokken« (Seite 280 ff.). Zum Schluß hörst du dir Musik an, die deine Stimmung aufheitert, gehst noch einmal in die Badewanne, löffelst heißen Kakao, machst ein kleines Nickerchen oder die Dinge, die du dir vorher sorgfältig ausgesucht hast und die dir das Gefühl geben, umsorgt zu sein.

Probier eine der folgenden Übungen: »Auf dem Gipfel deines Lebens« (Seite 207 ff.), »Warum sitzt du fest?« (Seite 315 ff.) oder »Ein Ritual zum Loslassen« im Kapitel »Trauer« (Seite 287 f.).

Kümmere dich um deine körperlichen Bedürfnisse mit großer Liebe und Fürsorge.

Aus dem Abschnitt »Wie du dich umwerben kannst« (Seite 230 ff.) machst du

die Übung, die mit den Worten »Stell dir vor, wie Liebe aus deinen Hand-flächen strahlt« beginnt.

Von den Übungen »Das Bild des Göttlichen« (Seite 296 ff.) bzw. »Ver-schmelzen« (Seite 307) machst du soviel, wie du magst.

Wiederhol ein letztes Mal die Übung »Die Natur als Spiegel« (Seite 172 f.).

Swing dich in »Saft und Kraft« (Seite 212 ff.) ein und gleite dann nahtlos in dein Abschlußritual hinüber.

Vielleicht kannst du dieses Retreat mit einer Geste des Loslassens beenden. Du könntest etwas verbrennen, vergraben, verschicken (aber bitte keine Briefbomben) oder weggeben. Du könntest auch die zweite Übung aus »Energie erschaffen« (Seite 324 f.) machen – die eine, bei der du dich in Heilschlamm hüllst. Der Schlamm würde dann für deine Trauer stehen. Faß sie in Worte, bevor du sie abwäschst. Vielleicht hast du den Wunsch, einen Gedenkakt zu begehen: Geld im Namen eines geliebten Menschen für eine Sache spenden, die dir am Herzen liegt; eine Collage zusammen-kleben, die eine bestimmte Zeit in deinem Leben darstellt, die unwider-ruflich vorüber ist.

EIN 1TÄGIGES GEBURTSTAGS-RETREAT

Dieses Retreat kann zu einer Wochenendfeier mit anderen Menschen ausgedehnt werden. Bedenke dabei aber, daß alles länger dauert und du bereit sein mußt, Veränderungen vorzunehmen, wenn du mit anderen Menschen feierst.

Was du brauchst:

Fotos von dir, die dich in verschiedenen Lebensphasen zeigen.

Dein Tagebuch und einen Stift.

Musik, die dich auf dem Weg nach innen führt.

Erstklassige Zutaten und Möglichkeiten, um dich selbst zu verwöhnen: Routen für einen wunderbaren Ausflug, einen Luxusimbiß mit frischem Hummer und echter Schweizer Schokolade, ein Plätzchen zum Hinlegen auf einem warmen Felsen.

Zu deinem Eröffnungsritual gehört, daß du einen Altar baust. Auf diesem Altar stehen Fotos von dir als Kind, als Jugendliche, Fotos von dir in wichtigen Momenten deines Lebens und vom Hier und Jetzt, von deiner Gegenwart. Vielleicht hast du den Wunsch, ein oder zwei Worte, die deine Wünsche für das kommende Jahr ausdrücken, in eine Kerze zu ritzen. Zünde die Kerze an und laß sie während deines ganzen Retreats brennen. (Sei aber vorsichtig! Laß sie nicht unbeaufsichtigt stehen, vor allem nicht draußen!)

Gib dir selbst Liebe mit »Deine Sehnsüchte gehören dir« (Seite 229 f.).

Greif mit vollen Händen bei allem zu, was dir guttut und dich aufbaut. Mach die Übung »Überprüfen, wo du stehst« (Seite 108 ff.) bzw. wende dich noch einmal den Fragen zu, mit denen du dich in der vorherigen Übung beschäftigt hast. Das bringt dich in die richtige Richtung.

Mach eine Liste von allem, was du letztes Jahr getan hast und worauf du stolz bist: alles, was dir gefallen oder Spaß gemacht hat, was du gemocht und genossen hast.

Horch in dich hinein und leg eine Pause ein. Hör dabei auf deine innere Stimme.

Spiel mit der Übung in »Übergänge« (Seite 269 f.) bzw. »Das Porträt deines wahres Selbst« (Seite 249 ff.).

Mach die Übung »Den Schmerz hervorlocken« (Seite 280 ff.), auch wenn es keinen Grund dafür zu geben scheint.

Es ist nun Zeit für »Das Herz öffnen« (Seite 305 f.)!

Halte Zwiesprache mit deinem geliebten Selbst.

Schwing deine Beine in Richtung »Bewegung als Gebet« (Seite 167 ff.).

Mach einen Entwurf für dein Leben, setz Zeichen, faß einen Beschluß für das

Wenn du die Übung *Das Porträt deines wahren Selbst* machst, lies dir bitte erst im entsprechenden Kapitel den Abschnitt »Was du brauchst« durch.

neue Jahr. Finde mit Hilfe der Übung zum »Sein« (Seite 218 ff.) heraus, was du brauchst und was du gerne möchtest. Sorg dafür, daß einer dieser Beschlüsse dahin geht, daß du dich selbst besser akzeptierst.

Frag dich selbst »Was möchte ich?«, und nimm es dir dann.

Beende dein Retreat mit einer Zeremonie, die dir Kraft und Energie schenkt und die Verpflichtung gegenüber deinen neuen Zielen besiegelt. Alles Gute zum Geburtstag!

EIN 1TÄGIGES RETREAT MIT EINER FREUNDIN

Dieser Retreat-Vorschlag soll dir helfen, die Beziehung zu einem Menschen wieder aufzufrischen, den du sehr gern magst, aber lange nicht mehr gesehen hast. Sie ist auch gut, wenn du mit jemandem wieder ins reine kommen willst.

Was du brauchst:

Jede von euch sollte sich überlegen, wie sie das Retreat einleiten und wieder beenden möchte. Vielleicht habt ihr den Wunsch, Fotos mitzubringen oder irgendwelche Erinnerungsstücke, die mit eurer Freundschaft zusammenhängen, und einen Altar für eure Freundschaft zu errichten. Jede von euch sollte sich auch noch einmal die Grundlagen des Zuhörens durchlesen.

Tagebücher und Schreibzeug.

Gegenstände, die euer individuelles Selbst darstellen. (Ihr könnt sie während des Retreats sammeln oder basteln.)

Siehe: *Quellen*   Musik zum Meditieren und Tanzen.

Trommeln oder Rasseln (ganz nach Belieben).

Wenn ihr euch an eurem Retreatort trefft, gönnt euch genug Zeit, um Distanz abzubauen und wirklich anzukommen. Macht ab, an welchem Ort sich euer Retreat in der Hauptsache abspielen soll.

Verschiedene
Retreat-Vorschläge

Siehe: *Im Retreat
mit anderen
Menschen*

Führt die Übungen im Kapitel »Mein Vorhaben« (Seite 60 ff.) gemeinsam aus. Formuliert ein Vorhaben für euer gemeinsames Retreat. Wenn ihr wollt, könnt ihr diesen Teil auch schon vorher machen. Sprecht kurz darüber, wie die Eröffnungs- bzw. Abschlußzeremonie aussehen soll. Plant aber nicht jedes Detail ganz genau im voraus. Sprecht statt dessen über eure Absichten und Vorstellungen. Legt fest, wie ihr die Übungen im Kreis des Zuhörens jeweils einleiten wollt. Euch bei den Händen halten, bewußtes Atmen oder eine Kerze anzünden wären einfache, doch sehr schöne Möglichkeiten.

Geht miteinander spazieren und plaudert ein bißchen. Einigt euch darauf, mindestens die letzten zehn Minuten eures Spaziergangs schweigend zu verbringen, in Stille an euren Retreatort zurückzukehren und schweigend euer Einleitungsritual zu beginnen.

Mit dem feierlichen Eröffnungsritual beginnt eure gemeinsame Zeit. All die Bausteine, die jede von euch mitgebracht hat, werden sich zusammenfügen, wenn jede genau auf sich und auf die andere hört.

Schreib eine Vertrauensliste (Seite 232). Verwende sehr viel Sorgfalt darauf. Zähl alles auf, worin du deiner Freundin vertraust. Lest euch anschließend gegenseitig vor, was ihr geschrieben habt.

Setzt euch einander gegenüber, so daß eure Knie sich berühren. In einem Kreis des Zuhörens erforscht ihr nun folgende Fragen und Themen. Ihr könnt das Ganze auch als Übung zum spontanen Schreiben (mit Zeitbegrenzung) gestalten und euch anschließend die Ergebnisse vorlesen.

- »Freundin« heißt für mich ...

- Warum sind wir Freundinnen?

- Was gibt mir unsere Freundschaft?

- Was bringe ich in unsere Freundschaft ein?

- Was möchte ich an unserer Freundschaft verändern?

- Was würdest du gerne mit mir in diesem Retreat machen?

Zum Abschluß dieser Übung umarmt ihr euch, dehnt und streckt euch gründlich oder tanzt miteinander.

Macht dann allein, jede für sich, eine Pause.

Getrennt macht ihr dann die Übung »Sammlung« (Seite 193 ff.). Kommt anschließend wieder zusammen und arbeitet an euren Mandalas. Wenn ihr fertig seid, diskutiert ihr im Kreis, was ihr dabei gelernt habt. Ergänzt gegenseitig eure Mandalas.

Jetzt wird es aber Zeit für eine gemeinsame Pause. Geht spazieren, eßt, lacht, entspannt euch. Schert euch nicht um die Uhr. Bleibt achtsam, damit ihr nicht den Kontakt zu euren Gefühlen verliert oder aus Angst vor Nähe tiefen Gesprächen aus dem Weg geht. Wenn etwas dergleichen passiert, registrier es und sprich es in der nächsten Sitzung an. Während eurer Pause solltet ihr für einen kurzen Moment innere Einkehr halten.

Es geht weiter mit einem Kreis des Zuhörens. Die Themen lauten diesmal:

- Was ist deine wichtigste spirituelle Erfahrung?

- Was denkst du über das Göttliche?

- Was verursacht dir den größten Kummer?

- Was macht dir am meisten Freude?

- Was hältst du für deinen wichtigsten Beitrag an das Leben?

- Wovor hast du am meisten Angst?

Beschließt diese Runde mit der ersten Übung aus dem Abschnitt »Wie du dich umwerben kannst« (Seite 230 ff.).

Zeit, ein bißchen allein zu sein. Ein Nickerchen oder eine spirituelle Übung wären jetzt angebracht. Achte einmal darauf, um wieviel mehr du deine Freundschaft schätzt, wenn du auch Zeit für dich hast.

Horch in dich hinein. Schau dir dazu das Kapitel »Die Praxis des Zuhörens« (Seite 158 ff.) an.

Kommt jetzt wieder zusammen. Macht eine der Übungen aus dem Kapitel »Kontemplation« (Seite 184 ff.) gemeinsam.

Lest euch die Übung »Verschmelzen« (Seite 304) vor und macht sie gemeinsam.

Pause! Ruhe und Spaß stehen auf dem Programm. Geht allmählich zu den bewegteren Übungen aus »Saft und Kraft« über (Seite 212 ff.). Spielt mit eurer Energie. Blödelt gemeinsam herum!

Kommt noch einmal zu einem letzten Kreis des Zuhörens zusammen. Die Themen sind:

- Gibt es noch etwas, was du wissen sollst und was ich dir noch nicht gesagt habe?

- Ich traue mich nicht dir zu sagen, daß . . .

Im Rahmen eurer Abschlußzeremonie dankt ihr euch gegenseitig dafür, daß ihr den Mut hattet, euch in solch schreckliche, weil höchst intime Bereiche vorzuwagen. Versprecht euch feierlich etwas, was geeignet ist, eurer Freundschaft den strahlenden Glanz zu erhalten. Sucht euch ein Zeichen, das euch an eurer Versprechen erinnert. Ihr könnt auch selbst eines schaffen. Macht schließlich ein festes Datum für ein neues gemeinsames Retreat aus.

EIN ZWEI-MINUTEN-RETREAT

Dieses Retreat kannst du immer und überall machen.

Was du brauchst:

Wenn du problemlos nach draußen, in die freie Natur, kannst, dann tu das.

Mach fünf tiefe, reinigende Atemzüge. Laß den Unterkiefer hängen. Atme in deinen Bauch hinein. Fahr dir mit den Händen durchs Haar. Zieh dabei sanft an den Haarwurzeln. Zieh die Schultern bis zu den Ohren hoch und laß sie nach der Anspannung wieder locker fallen. Das Ganze machst du dreimal.

Zur Eröffnung deines Retreats visualisierst du dich in einem Kegel aus weißem, schützenden Licht (Seite 91 f.). (Diese Übung kannst du auch wunderbar mit geöffneten Augen machen, z. B. während einer Besprechung oder in der U-Bahn. Alles, was du dazu brauchst, ist ein bißchen Übung und Abstand zu deinen Zweifeln.)

Wenn du dadurch nicht ungewollt ins Rampenlicht der Öffentlichkeit gerätst, kannst du auch die Arme über den Kopf strecken, dich ganz lang machen und dir dabei vorstellen, wie du dieses helle, heilende Licht durch deine gestreckten Hände in den Körper ziehst. Wenn du das nicht machen kannst, stell dir vor, wie das Licht durch dein Kronenchakra eintritt.

Laß das Licht überall dorthin strömen, wo du Müdigkeit, Angst, Trauer oder Sorge spürst. Laß das Licht diese Stelle ein paar Augenblicke lang durchfluten.

Lächle (auch wenn dir nicht danach ist), und sag leise zu dir selbst: »So sieht es im Moment aus. Es gibt es etwas Gutes in dieser gegenwärtigen Situation. Ich vertraue darauf, daß ich es sehen werde.«

Zum rituellen Abschluß bedankst du dich bei diesem Lichtkegel und stellst dir vor, wie er sich in der Innenfläche deiner Hände verdichtet, so daß deine Handteller vor Wärme und Kraft nur so glühen. Leg eine Hand auf dein Herz, oder leg die Handflächen aneinander.

Zu guter Letzt

Die Leute sagen, daß wir alle nach einem Sinn des Lebens suchen. Ich glaube nicht, daß es das ist, was wir wirklich suchen. Ich glaube, was wir suchen, ist eine Erfahrung des Lebendigseins, so daß unsere Lebenserfahrungen auf der rein physischen Ebene in unserem Innersten nachschwingen und wir die Lust, lebendig zu sein, tatsächlich empfinden.
Joseph Campbell, in *Die Kraft der Mythen*, interviewt von Bill Moyers

In der Welt der Spiritualität geschieht zur Zeit etwas, was ich etwa so beschreiben möchte: Die ewigen Wahrheiten treten überall zutage, in verschiedenen Formen zwar, doch überall mit derselben Dringlichkeit. Es ist, als ob Gott verzweifelt versuchte, jedem von uns die gleiche Information zukommen zu lassen – so verpackt, daß jeder sie begreifen (und davon ergriffen werden) kann. Das führt letztendlich dazu, daß fast jedes Buch, jedes Video, jeder Lehrer dasselbe zu sagen scheint. Gunilla Norris z. B. drückt diese Botschaft so aus:

»Es sind nicht die Politiker und Visionäre, die uns in das Heiligtum des Lebens zurückführen werden. Nein, es werden ganz normale Männer und Frauen sein, die ihre Nachbarn und Freunde um sich versammeln und ihnen erklären: ›Atme tief durch. Achte auf das, was du fühlst. Gib acht auf dich. Achte das Leben.‹ Laßt uns dies gemeinsam tun: für uns selbst, für unsere Kinder und Kindeskinder.«

Mach langsamer. Sei achtsam. Atme tief ein und aus. Handle aus deinem Bauch heraus. Verlier nicht den Kontakt zu deinen Gefühlen. Sei nett zu dir selbst. Denk daran, daß die Auswirkungen dessen, was du tust, sieben Generationen lang spürbar bleiben werden. Auf diese Art und Weise versuchen wir zu leben. Ein Retreat ist nur einer von vielen Wegen, dies in die Tat umzusetzen.

Die Ritualkünstlerin Cynthia Gale glaubt: »Idealerweise wäre unser aller Leben so ausgeglichen, daß wir gar kein Retreat brauchen würden. Die meisten Menschen, die ich kenne, ziehen sich ins Retreat zurück, weil sie den Kontakt mit sich selbst verloren haben. Das Ideale wäre also, wenn dieser Verlust gar nicht erst eintreten würde.« Versuch, diesen Glauben zu leben: Gut, ich bin nicht vollkommen, aber ich bin hier, und ich tue mein Bestes.

Ich bin genug. Und mein Genügen ist mit dem Genügen aller anderen tief verbunden. Auf diese Weise dreht sich das unendlich kostbare Ganze, unser kosmisches Inter-Net, immer weiter.

Ich würde so gerne etwas von dir, meiner Leserin oder meinem Leser, erfahren. Aber ich weiß: die Zeit für einen Brief ist kostbar. Trotzdem möchte ich dich bitten, mir von deinen Retreats zu erzählen, wenn es dir möglich ist: Schreib mir, was funktioniert hat, was dich gestört hat und wie du das ganze Material hier in deine Erfahrung umgewandelt hast. Diese Geschichten könnten irgendwann ein neues Buch ergeben:

Jennifer Louden
P.O. Box 3584
Santa Barbara, California 93130
E-Mail: loudenbks@aol.com

Ich bitte das Große Geheimnis um Segen auf eurer Reise zu mehr Selbstvertrauen und Ausgeglichenheit.

Atme tief ein und aus.

Namasté – Ich grüße das Göttliche in dir.

QUELLEN

Es gibt so viele ausgezeichnete Bücher und andere schöne Dinge, die dir den Aufenthalt in deinem magischen Raum verschönern können. Die unten angegebenen Hinweise stammen durchweg aus Interviews oder Gesprächen mit anderen Frauen.
ACHTUNG: Es ist sehr leicht, sich in der Menge der angegebenen Quellen zu verlieren. Denk immer an das wichtigste Gebot: So einfach wie möglich!

BÜCHER

Geschichten von starken Frauen, von Frauen im Retreat und Frauen, die ihr eigenes Leben führten

Anderson, Lorraine (Hrsg.): *Sisters of the Earth.* Vintage, New York 1991. Eine Sammlung, in der Frauen ihre Beziehung zur Natur beschreiben. Hier findest du eine Menge Material zu den Themen »Einsamkeit« und »Retreat«.

Angelou, Maya: *Ich weiß, daß der gefangene Vogel singt.* Fischer, Frankfurt a. M. 1990. Gut, wenn du dich mit den Themen »Heilung«, »Mut« und »Spirituelle Erneuerung« auseinandersetzen möchtest.

Anderson, Ruth und Patricia Hopkins: *The Feminine Face of God.* Bantam Books, New York 1991. Randvoll mit bewegenden Geschichten darüber, wie Frauen ihren eigenen Weg zum Göttlichen gefunden haben, manchmal durch ein Retreat.

Armstrong, Karen: *Through the Narrow Gate.* St. Martin's Press, New York 1981. Die spirituelle Reise einer brillanten Theologin.

Atwood, Margaret: *Der lange Traum.* 2. Aufl., Fischer, Frankfurt a.M. 1995. Dieses Buch solltest du lesen, wenn du nach Selbsterkenntnis in der Beziehung zu deinem Vater suchst. Oder dich für Retreats in der Wildnis interessierst.

Barnes, Kim: *Into the Wilderness.* Doubleday, New York 1996. Ebenfalls interessant für Retreats in der Wildnis bzw. wenn du dich mit dem Thema »Herkunft und Familie« beschäftigst.

Bender, Sue: *So einfach wie das Leben. Eine Frau bei den Amischen.* München 1996. Gut, wenn du Mut oder spirituelle Nahrung brauchst oder in deine Mitte kommen willst.

Berg, Elizabeth: *The Pull of the Moon.* Random House, New York 1996. Dieses Buch hilft dir, über Gefühle des Ausgebrannt-Seins hinwegzukommen, vor allem in der Ehe.

Quellen

Blixen, Tania: *Jenseits von Afrika.* Heyne, München 1982. Über seelische Stärke.

Boucher, Sandy: *Turning the Wheel.* Harper & Row, New York 1988. Lies dieses Buch, wenn du dich für die buddhistische Retreatpraxis interessierst.

Cather, Willa: *Das Lied der Lerche.* Goldmann, München 1997. Eine junge Opernsängerin, die ihrer Kunst alles schenkt.

Chernin, Kim: *Reinventing Eve.* Times Books, New York 1977. Gut in einer Zeit, in der alles bergab zu gehen scheint. Oder für spirituelle Retreats.

Hart Clifford, Patricia: *Sitting Still.* Paulist Press, New York 1994. Ein ausgezeichnetes Buch, wenn du Christin bist und östliche Meditationstechniken in deine spirituelle Praxis einbeziehen möchtest. Sehr schön auch unmittelbar vor einem Meditationsretreat.

Davidson, Robyn: *Spuren – Eine Reise durch Australien.* Rowohlt, Reinbek 1982 und *Unter Nomaden – Meine Reise zu den Rabari,* Rowohlt, Reinbek 1997. In diesem Buch findest du: Abenteuer, Mut und eine gute Verbindung zur Wildnis. Du solltest es lesen, wenn du in deinem Leben etwas ändern möchtest. Eine tolle Lektüre für Geburtstage.

Dillard, Annie: *Der freie Fall der Spottdrossel.* Klett-Cotta, Stuttgart 1996, und *Holy the Firm* sowie *Teaching a Stone to Talk,* Harper & Row, New York 1977 und 1982. Lange, fruchtbare Passagen, in denen sie über die Natur, Gott und die Einsamkeit meditiert.

Flinders, Carol Lee: *Enduring Grace.* HarperSanFrancisco, San Francisco 1993. Über spirituelle Erneuerung, Mut und die geschichtlichen Aspekte des Rückzugs in die Einsamkeit.

Franklin, Miles: *My brilliant Career.* Bantam Books, New York 1980. Ein inspirierendes Buch für junge Frauen und für solche, die den Schneid ihrer Mädchentage nicht vergessen wollen.

Goldberg, Natalie: *Long, Quiet Highway.* Bantam Books, New York 1993. Lies dieses Buch, wenn du dich gerade auf ein Zen-Retreat vorbereitest oder wenn du den Tod einer geliebten Person bzw. deines spirituellen Lehrers betrauerst.

Grumbach, Doris: *50 Days of Solitude.* Beacon Press, Boston 1994. Ein prima Buch für ältere Frauen oder wenn du dich im Retreat nicht besonders wohl fühlst.

Halifax, Joan: *The Fruitful Darkness.* HarperSanFrancisco, San Francisco 1993. Sie zeigt verschiedene Wege ins Retreat, beschäftigt sich mit schamanischen Erfahrungsebenen und mit der Natur.

Hall, Linda: *The Solitary.* Scribner, New York 1986. Dieses Buch eignet sich besonders für junge Frauen oder Mütter von heranwachsenden Kindern. Sehr gut auch für Lehrer und alle Menschen, die mit Kids im gefährlichen Alter zu tun haben.

Halpern, Sue: *Migrations to Solitude.* Vintage, New York 1993. Gedanken über die verschiedenen Formen der Einsamkeit. Ein elegantes, sehr intellektuelles Buch, das zum Nachdenken anregt.

Hampl, Patricia: *Virgin Time*. Ballantine Books, New York 1992. Gut für spirituelle Erneuerung.

Harding, Esther: *Frauen-Mysterien einst und jetzt*. Zürich 1949. Harding interpretiert Mond-Mythen aus antiken Kulturen im Hinblick auf die innere Selbstfindung von Frauen.

Hepburne, Katherine: *Me*. Knopf, New York 1991. Eine starke Frau, die die Einsamkeit liebt.

Hogan, Linda: *Sonnenstaub*. Berlin 1997. Seit Ewigkeiten einer meiner Lieblingsromane. Eine wunderbare Lektüre für junge Frauen im Retreat. Oder für Mütter mit heranwachsenden Töchtern. Oder für das verwundete Kind in dir.

Hubbel, Sue: *A Country Year. Living the Questions*. Random House, New York 1986. Ein tolles Buch, wenn du dich danach sehnst, auf dem Land zu leben, und den Draht zur Natur und deiner eigenen Kraft wiederzufinden.

Koller, Alice: *An Unknown Woman* und *Stations of Solitude*. Bantam, New York 1983 bzw. 1990. Diese Klassiker nähren Geist und Mut.

LaBastille, Anne: *Woodswoman*. Dutton, New York 1976. Über Inspiration, Mut und Verbindung zur Natur.

Leonard, Linda: *Meeting the Madwoman*. Bantam Books, New York 1993. Lies dieses Buch über ein Künstler-Retreat, wenn deine Kreativität von der Sorge um andere nahezu aufgefressen wird oder wenn du Angst vor dem Alleinsein hast. Vor allem die Kapitel über die Muse und die Einsiedlerin sind sehr inspirierend.

Lessing, Doris: »Zimmer Neunzehn« in: dies.: *Die Frau auf dem Dach – Erzählungen*. Band 2, Klett-Cotta, Stuttgart 1982. Wenn du dich nicht entscheiden kannst, endlich ein Retreat zu machen, dann lies dieses Buch.

Lessing, Doris: *Das goldene Notizbuch*. Fischer, Frankfurt a. M. 1994. Für Frauen, die gerne Tagebuch schreiben, sich feministisch oder politisch engagieren und große Literatur lieben. Lies es in Zeiten des Umbruchs.

Levertov, Denise: *Tesserae*. New Directions, New York 1995. Die Gedanken einer Dichterin. Lies vor allem den Abschnitt »Pilgrimage«.

Linnea, Ann: *Deep Water Passage*. Little, Brown & Company, New York 1995. Hier findet sich, eingehüllt in eine wunderbare Geschichte, das Urbild des Retreats wieder.

Lindbergh, Anne Morrow: *Muscheln in meiner Hand*. 35. Aufl., dtv, München 1985. Für Retreat-Anfängerinnen, Mütter und Retreats am Strand.

Zeit für dich. Das große Retreat-Buch für Frauen

415

Markham, Beryl: *Westwärts mit der Nacht.* Goldmann, München 1988. Gibt Mut und Entschlossenheit.

Maxwell, Florida Scott: *The Measure of My Days.* Knop, New York 1968. Ein schönes Geburtstagsgeschenk. Es gibt dir Mut, wenn du dich deinen Untiefen näherst und wenn du Unterstützung beim Älterwerden suchst.

Norris, Kathleen: *The Cloister Walk.* Riverheas Books, New York 1996. Zum Thema »Kontemplation«. Für Menschen christlichen Glaubens und Dichter. Brillant!

Politzer, Anita: *A Woman on Paper.* Touchstone Books, New York 1988. Georgia O'Keeffes Biographie zu lesen weckt die eigenen Lebensgeister.

Rawlings, Marjorie Kinnan: *Cross Creek.* Scribner's Sons, New York 1942. Verleiht Mut und Entschlossenheit, vor allem wenn Veränderungen im Leben anstehen.

Ritter, Christiane: *Eine Frau erlebt die Polarnacht.* Frankfurt a. M. 1980. Wenn du Angst vor dem Alleinsein hast und neue Perspektiven suchst.

Rogers, Susan Fox: *Solo. On Her Own Adventure.* Seal Press, Seattle 1996. Eine ganz erstaunliche Essay-Sammlung über nahezu alle Wechselfälle des Retreatlebens. Vor allem gut für Übergangsrituale.

Sandel, Cora: *Alberta Alone.* Orion Press, New York 1966. Dreiteilige Geschichte, in der eine Frau darum kämpft, ihre Persönlichkeit zu finden – für sich und in Beziehungen. Kommt aus Schweden.

Sarton, May: *Mrs. Stevens hört die Meerjungfrauen singen.* München 1979 und *Plant Dreaming Deep, Journal of a Solitude*, House by the Sea, New York 1968, 1973 und 1977. Vor allem für ältere Frauen, Schriftstellerinnen und Künstlerinnen. Und wenn du über die Frage nachdenkst, wie du künstlerisch tätig sein und trotzdem noch eine Art Liebesleben haben kannst. May Sartons spätere Tagebücher sind eine unschätzbare Hilfe, wenn du dich mit den Themen »Kranksein« und »Altern« auseinandersetzt.

Shulman, Alix Kate: *Drinking the Rain.* Farrar Straus Giroux, New York 1995. Ein Buch für Feministinnen, Schriftstellerinnen, Köchinnen und Frauen, die in Scheidung leben.

Truitt, Anne: *Daybook. The Journal of an Artist.* Pantheon Books, New York 1982. Über Künstler-Retreats. Und für Mütter, die ein wenig Ermutigung brauchen. Ältere Künstlerinnen sollten sich ihr Buch *Prospect* ansehen.

Walker, Alice: *Die Farbe Lila* und *Im Tempel des Herzens.* Rowohlt, Reinbek 1984 und 1992 sowie *Living by the Word*, Harcourt, Brace, Jovanovich, New York 1989. Seelenfutter und Trauerhilfe.

Walker, Barbara: *Amazone.* Fischer, Frankfurt a. M. 1996. Voller Stärke und Humor. Schenkt dir neue Perspektiven.

Wear, Delese: *The Center of the Web. Women and Solitude.* State University of New York Press, Albany, New York 1993. Frauen, die im Unibetrieb arbeiten, sollten dieses Buch auf jeden Fall lesen. Und alle anderen, die im Retreat lernen wollen, wie sie in einer Männerwelt überleben können.

Welty, Eudora: »Why I live at the P.O.«, in: *The Collected Stories of Eudora Welty.* Harcourt, Brace, Jovanovich, New York 1980. Lies sie, wenn du unbedingt von zu Hause weglaufen möchtest.

Williams, Terry Tempest: *An Unspoken Hunger.* Pantheon, New York 1994. Das richtige Buch, wenn du dich der Natur auf dem Umweg über die Sprache nähern möchtest. Sie hat einen umwerfenden Stil.

Williams, Terry Tempest: *Refuge.* Random House, New York 1986. Dieses Buch solltest du lesen, wenn du um einen geliebten Toten trauerst.

Woolf, Virginia: *Zum Leuchtturm, Mrs. Dalloway* und *Ein Zimmer für sich allein.*, alle Fischer, Frankfurt a. M. 1991, 1992, 1990. Bei diesen Büchern wirst du immer wieder verstehend nicken. Außerdem geben sie dir den Mut, dein eigenes Leben einzufordern. Nimm es auf Künstler-Retreats mit.

Bücher über Retreats im allgemeinen

Cooper, David: *Silence, Simplicity and Solitude.* Belltower, New York 1992, und *Renewing Your Soul*, HarperSanFrancisco, San Francisco 1995. Rabbi Cooper ist ein Pionier des aktuellen Retreatgeschehens. Seine Bücher sind all jenen zu empfehlen, die ein Retreat mit jüdischer Glaubensausrichtung machen möchten oder ein einfaches Meditationsretreat.

Boorstein, Sylvia: *Don't Just Do Something, Sit There.* HarperSanFrancisco, San Francisco 1996. Sylvia Boorstein ist jüdische Großmutter des amerikanischen Buddhismus. In diesem Buch führt sie dich Schritt für Schritt durch ein 3tägiges buddhistisches Meditationsretreat. Eine ausgezeichnete Lektüre!

De Waal, Esther: *A Seven-Day Journey with Thomas Merton.* Servant Publications, Ann Arbor (Michigan) 1992. Ein christlich geprägtes Retreat, das auf den Schriften und Bildern Thomas Mertons beruht.

Bücher über Retreatzentren, –leiter und Abenteuer

Drews, Gerald: *Der große Klosterführer. Deutschland. Österreich. Schweiz.* Pattloch, Augsburg 1998, und *Kirchen. Klöster. Wallfahrtsorte. Ein Führer zu Orten der Kraft*, Pattloch, Augsburg 1997. Rundum-Info für deine Reise in die Stille, wenn du in ein Kloster gehen willst. Ein praktischer Führer und Lesebuch zugleich.

Raab, Peter: *Meditieren – wie und wo.* Herder, Freiburg 1995. Mit einem interessanten Adressenverzeichnis und einem großen Angebot an unterschiedlichen Retreatmöglich-keiten.

Romano, Cesare: *Abteien und Klöster in Europa. Illustrierter Führer zu 480 Zentren monasti-schen Lebens.* Pattloch, Augsburg 1997. Wenn du als Gast irgendwo in Europa in einem Kloster aufgenommen werden willst.

Schindler, Gerhard T.: *Klosterführer. 270 spirituelle Zentren von Christentum, Buddhismus, Hinduismus, Sufismus und Zen. Deutschland. Österreich. Schweiz.* Knaur, München 1994. Bietet einen umfassenden Einblick in die Traditionen unterschiedlicher religiöser Ge-meinschaften. Mit Adressen und Unterkunftsmöglichkeiten für die problemlose Planung.

Der Seminarhaus-Führer für Selbsterfahrungs- & Weiterbildungs-Seminare im deutschsprachigen Raum. Verlag Drei Sterne, Gschwend 1997. Ein gutes Nachschlagewerk, wenn du dich mit anderen Frauen in einem speziell auf spirituelle Gruppen ausgerichteten Haus ein-quartieren willst.

Bücher, mit denen du im Retreat arbeiten kannst

Diese Bücher zeigen dir zusätzlich Wege, wie du dich im Retreat deinem wahren Selbst zuwenden kannst. Ich habe sie ausgewählt, weil sie in der Atmosphäre eines Retreats besonders gut wirken.

Arrien, Angeles: *Der vierfache Weg. Der Pfad des Kriegers, Lehrers, Heilers und Sehers.* 2. Aufl., Verlag Hermann Bauer, Freiburg 1996. Für alle, die sich für einen von der Erde inspirier-ten spirituellen Weg interessieren.

Andrews, Frank: *Lieben statt verletzen. Liebe geben – Liebe erhalten.* 2. Aufl., Peter Erd, München 1994. »Liebe kann man lernen« meint Frank Andrews, der an der Universität von Kalifornien Ethik lehrt. Er führt uns auf einen Weg des Herzens, auf dem wir Geduld und Vertrauen üben können, um mit liebevollem Bewußtsein an das Leben und unsere Mitmenschen herangehen zu können.

Baldwin, Christina: *Das kreative Tagebuch – Tagebuchschreiben als Zwiesprache mit sich selbst.* Scherz, München 1992. Die Weisheit dieses Buchs ist grenzenlos.

Baldwin, Christina: *Calling the Circle*. Swan Raven & Company, Newberg (Oregon) 1994; überarbeitete Neuauflage Bantam, New York 1998. Das beste Buch, wenn man einen Kreis Gleichgesinnter ins Leben rufen und am Laufen halten möchte. Pflichtlektüre für Gruppenretreats.

Beckett, Wendy (Sister Wendy): *Bilder zum Frieden — Gedanken von Wendy Beckett*. Köln 1996 und *Meditations on Love, Meditations on Joy, Meditations on Silence*. Dorling Kindersley Publications, New York, alle 1995. Sister Wendy lehrt uns, wie wir mit künstlerischen Mitteln unserer verkümmerten Spiritualität wieder näherkommen können. Ein tolles Buch für Künstler-Retreats.

Beckett, Wendy: *Contemporary Women Artists*. Universe Books, New Jersey 1988. Spirituelle Meditation über zeitgenössische Kunst von Frauen.

Cameron, Julie: *Der Weg des Künstlers — Ein spiritueller Pfad zur Aktivierung unserer Kreativität*. Knaur, München 1996. Und: *Vein of Gold*, Jeremy Tarcher, New York 1996. Für Künstler-Retreats. Der Weg des Künstlers ist vor allem gut, wenn du dich gerade von einer schweren Krankheit erholst.

Cassou, Michel und Stewart Cubley: *Life, Paint and Passion*. Jeremy Tarcher, New York 1995. Wie man malt, ohne sich zu große Sorgen über Begabung und Können zu machen.

Campbell, Joseph: *Die Kraft der Mythen — Bilder der Seele im Leben des Menschen*. Artemis, Zürich, München, London 1989. Der große Mythenforscher Joseph Campbell erläutert in diesem Interview, wie die Geschichten des Mythos uns helfen können, unser Leben in Einklang mit der Wirklichkeit zu bringen.

Childs-Gowell, Elaine: *Heilungsrituale. Aktive Hilfen zum Akzeptieren und Überwinden von Schmerz und Verlust*. Edition Tramontane im Verlag Hermann Bauer, Freiburg 1994. Ein Buch voller praktischer Übungen und Rituale, die es uns ermöglichen, Schmerz und Trauer bewußt zu durchleben und so darüber hinaus zu gelangen. Wir unterstützen die Zeit dabei, unsere Wunden zu heilen.

Cornell, Judith: *Mandala*. Quest Books, Wheaton (Illinois) 1994. Dieses Buch zeigt Schritt für Schritt, wie du Mandalas zur Selbstheilung schaffen und mit ihnen arbeiten kannst. Leicht verständlich.

Cruden, Loren: *Jeder Ort ist heilig — Regeln, Riten und Erfahrungen für ein Leben im Einklang mit den Rhythmen von Himmel und Erde*. Ansata-Verlag im Scherz Verlag, Bern, München, Wien 1997. Die Schamanin und Hebamme Loren Cruden präsentiert hier ein 12-Monats-Programm zur Schärfung unserer Wahrnehmung natürlicher Vorgänge. Das Medizinrad dient ihr dabei als Vorlage. Du findest hier Übungen zu den Themen »Trance« und »Visionsfasten« und zum Finden deines Totemtieres.

Diaz, Adriana: *Freeing the Creative Spirit*. HarperSanFrancisco, San Francisco 1992. Super für Künstler-Retreats. Die von Adriana Diaz vorgeschlagene Übung zum Thema »Selbstporträt« hat mir Anregungen für mein Kapitel »Das Porträt deines wahren Selbst« gegeben.

Quellen

Dowrick, Stephanie: *Nähe und Distanz − Das Selbsthilfe-Therapiebuch*. Frauenoffensive, München 1996. Mit diesem Buch kannst du lernen, Grenzen zu setzen. Du erfährst, wie du zwischen deinem Bedürfnis nach Nähe und nach Alleinsein ausgleichen kannst. Die Übungen in diesem Buch sind gerade für Mini-Retreats ausgezeichnet.

Duerk, Judith: *Circle of Stones und I Sit Listening to the Wind*. Lura Media, San Diego 1989. Diese Bücher schaffen einen undurchdringlichen magischen Kreis. Das kannst du für dein Eröffnungs- und Abschlußritual nutzen.

Eliot, T. S.: *Gesammelte Gedichte 1909−1962*. Suhrkamp, Frankfurt a. M. 1988. »Die Vier Quartette« sind ganz wunderbare Texte, wenn du dich mit dem Thema »Zeit« und ihrem Werden und Vergehen auseinandersetzen willst.

Pinkola Estés, Clarissa: *Die Wolfsfrau − Die Kraft der weiblichen Urinstinkte*. Heyne, München 1993. Jedes Retreat gewinnt höhere Dimensionen, wenn du in diesem außergewöhnlich tiefschürfenden Buch liest. Sieh dir vor allem das Kapitel »Der Heimweg: Rückkehr zum Selbst« an. Du kannst auch aktive Imaginationsübungen mit den dort vorgestellten Märchen und Legenden machen. Meine Zitate aus diesem Buch befinden sich auf den Seiten 302, 315 und 332 der 8. deutschsprachigen Auflage.

Fox, John: *Finding What You Didn't Loose*. Jeremy Tarcher, New York 1995. Wenn du dein Leben gerne mit literarischen Mitteln schildern möchtest, aber nicht recht weißt, wie du anfangen sollst, ist dies eine ausgezeichnete Wahl.

Frank, Frederick: *The Zen of Seeing*. Vintage, New York 1973. Für Meditations- und Künstler-Retreats.

Harris, Maria: *Jubilee Time*. Bantam Books, New York 1995. Eines der besten Bücher, wenn es darum geht, Frauen zu helfen, ihr Älterwerden zu feiern.

Lerner, Harriet: *Wohin mit meiner Wut? Neue Beziehungsmuster für Frauen*. 4. Aufl., München 1988. Ein Klassiker. Harriet Lerner zeigt, wie wir unsere Wut als Wegweiser für unsere persönliche Entwicklung nutzen können. Der Lohn für die Auseinandersetzung mit unserer Wut kann ein klares Bewußtsein unserer selbst und eine neue, zufriedenstellendere Form von Beziehung sein.

Meador, Betty DeShong: *Uncursing the Dark*. Chiron Publications, Wilmette (Illinois) 1992. Hierin findest du die ganze Geschichte des Mythos von Thesmophoria. Toll für eine aktive Imaginationsübung − stell dir vor, du bist dort.

Meinrad, Craighead: *The Mothers Songs. Images of God the Mother* und *The Litany of the Great River*. Paulist Press, New York 1986 und 1991. Wunderbar für spirituelle Retreats. Und für Künstler-Retreats.

Metzger, Deena: *Writing for Your Life*. HarperSanFrancisco, San Francisco 1992. Ein brillantes Buch. Gut für Künstler-Retreats, für Umbruchsituationen und spirituelle Erneuerung. Lies vor allem die Seiten 78−83.

Murdock, Maureen: *Der Weg der Heldin − Eine Reise zur inneren Einheit.* Hugendubel, München 1994. Zeigt den spirituellen Weg der Frau als Heldin.

Naperstek, Belleruth: *Staying Well with Guided Imagery.* Warner, New York 1994. Phantastisch, wenn du Heilung suchst, ob bei Depressionen, Allergien oder bei Verlusten.

Norris, Gunilla: *Being Home* und *Sharing Silence.* Belltower, New York 1991 und 1992. Für Retreats zu Hause.

Reilly, Patricia Lynn: *A God Who Looks Like Me.* Ballantine, New York 1995. Ein tolles Buch, wenn du spirituelle Erholung von einer allzu strengen religiösen Praxis suchst. Auch für Gruppenretreas geeignet.

Rico, Gabriele: *Garantiert schreiben lernen − Sprachliche Kreativität methodisch entwickeln. Ein Intensivkurs auf der Grundlage der modernen Gehirnforschung.* Rowohlt, Hamburg 1984. Gabriele Rico hat die Methode des Clustering entwickelt, eine Form assoziativer Ideenverknüpfung, mit Hilfe derer sowohl die rechte als auch die linke Gehirnhälfte gleichermaßen aktiviert werden kann. In diesem Buch zeigt sie, wie wir diese Methode sinnvoll einsetzen können, um unsere sprachliche Kreativität methodisch aufzubauen.

Rilke, Rainer Maria: *Briefe an einen jungen Dichter.* Suhrkamp, Frankfurt 1989. Zehn Briefe, die der Lyriker Rainer Maria Rilke an einen jungen Mann auf der Schwelle zum Dichter-Sein richtete. Lesenswerte Ratschläge für alle, denen das Schreiben wie das Leben am Herzen liegt.

Roberts, Elizabeth und Elias Amidon: *Earth Prayers.* HarperSanFrancisco, San Francisco 1991. Eines meiner Schatzkästlein. Wunderbar für Eröffnungs- und Abschlußrituale. Zeigt dir, wie man beten und meditieren kann.

Rutter, Virginia Beane: *Woman Changing Woman.* HarperSanFrancisco, San Francisco 1993. Nahrung für das zutiefst Weibliche in uns.

SARK, Succulent: *Wild Woman.* Fireside, New York 1997. Alle Werke von SARK sind heilsam. Sie erweitern unseren Horizont und bieten starke Nahrung für unser kreatives Selbstbewußtsein.

Snowber-Schroeder, Celeste: *Embodied Prayer.* Triumph Books, Liguori (Missouri) 1995. Ein christlicher Weg, der zeigt, wie man den Körper nutzen kann, um der Seele neue Kraft zu geben.

Snow, Kimberley: *Keys to the Open Gate.* Conari Press, Berkeley 1994. Eine tolle Sammlung spiritueller Praktiken, Ideen und Rituale. Verwende es wie ein Kochbuch: Probier einfach alles durch.

Taylor, Jeremy: *Where People Fly and Water Runs Uphill.* Warner Books, New York 1992. Eines der besten Bücher, wenn du deine Träume verstehen und mit ihnen arbeiten willst.

Thompson, Peg: *Finding Your Own Spiritual Path.* Hazelden, San Francisco 1994. Eine gute

Lektüre, wenn du dich von einer schweren Krankheit erholst oder noch am Anfang deiner spirituellen Suche stehst.

Wiederkehr, Macrina: *Song of the Seed*. HarperSanFrancisco, San Francisco 1995. Anleitung, wie du täglich ein Mini-Retreat zur spirituellen Erneuerung durchführen kannst.

Woodman, Marion und Elinor Dickson: *Dancing in the Flames*. Shambala, Boston 1996. Wunderbar zur Kontemplation.

Woodman, Marion: *Heilung und Erfüllung durch die Große Mutter – Eine psychologische Studie über den Zwang zur Perfektion und andere Suchtprobleme als Folgen ungelebter Weiblichkeit.* Ansata-Verlag 1988. Und: *The Pregnant Virgin*, Inner City Books, Toronto 1982. Diese beiden Klassiker gehören im Retreat zur Pflichtlektüre, vor allem wenn du Heilung suchst von der verbreiteten Seuche des »immer schneller, immer mehr, immer besser«.

VIDEOS

Viele dieser Videos findest du in gutsortierten Videotheken oder vielleicht sogar in deiner Bibliothek. Einige davon mußt du unter Umständen bei einem großen Video-Versand bestellen. Eine Möglichkeit wäre zum Beispiel JPC, Schallplatten- und Videoversand, Lübecker Str. 9, 49124 Georgsmarienhütte (Internet-Adresse: http//www.jpc.de). Du kannst es auch bei *Ladyslipper* versuchen. Die Adresse findest du im Abschnitt »Audiokassetten«. Dort wirst du auch die weniger gängigen englischsprachigen Titel finden. Wenn es mehrere Filme mit dem gleichen Titel gab, habe ich in Klammern das Jahr oder den Regisseur hinzugefügt.

Für Künstler-Retreats

World of Light: A Portrait of May Sarton (auch zum Thema »Altern«)
Ein Engel an meiner Tafel (die Kämpfe der Schriftstellerin Janet Frame)
Camille Claudel
Cinema Paradiso
Sylvia
Vincent and Theo
Shine – Der Weg ins Licht (über D. Helfgott)
Michelangelo – Inferno und Ekstase
Children of Theatre Street (Dokumentarfilm über die Schule des Kirov-Balletts)
Zwischen den Zeilen
Frida Kahlo – Es lebe das Leben
I Dream too Much (leicht verständliche Einführung in die Opernwelt, verpackt in eine seichte Liebesgeschichte)
Ludwig van B. – Meine unsterbliche Geliebte (Beethoven)
Verliebt in Chopin (über das Leben der Schriftstellerin George Sand)

In the Shadow of the Stars (Blick hinter die Kulissen der Oper)
Isadora (über das Leben der Tänzerin Isadora Duncan)
Die schöne Querulantin (über eine junge Frau, die die Rolle der Muse spielt,
ein französischer Film)
La Traviata
Madame Butterfly (1990)
The Magic of the Bolshoi
The Magic of the Kirov Ballett
Mahler (über sein Leben)
Manon (Oper)
Wilde Jahre in Paris (Paris in den 20ern)
The Most Beautiful Ballets
Viel Lärm um nichts
Rembrandt van Rijn — Licht und Schatten
Die siebente Saite (ein französischer Film)
Van Gogh

Für Retreats mit Freundinnen und wenn du dich dafür interessierst, welche Beziehungen Frauen untereinander eingehen können

Strangers in Good Company (auch gut zum Thema »Älterwerden«)
Absolutely Fabulous (6 Videos mit jeweils 3 Episoden dieser schrillen, britischen TV-Serie)
Freundinnen
Alles über Eva (über das Älterwerden und den unerbittlichen Konkurrenzkampf
zwischen Frauen)
Antonia und Jane (über Eifersucht zwischen alten Freundinnen)
Die Trennung (über einen heftigen Kampf zwischen Schwiegermutter und -tochter)
Verbrecherische Herzen
Entre Nous
Vier Abenteuer von Reinette und Mirabelle
Grüne Tomaten
Hannah und ihre Schwestern
Der schmale Weg des Glücks
Der lange Weg
Nichts als Ärger mit dem Typ
Passion Fish
Personal Best
Wenn das Schicksal es will (Taschentücher nicht vergessen!)
Menschen am Fluß (ein Film über Indianer)
Shell Be Wearing Pink Pajamas (ein britischer Film)
Magnolien aus Stahl
Ein blühendes Leben
Swing Shift — Liebe auf Zeit
Zeit der Zärtlichkeit
Am Wendepunkt

Zeit für dich. Das große Retreat-Buch für Frauen

423

Quellen

Die Frauen
The Women of Brewster Place
The Women's Room

Bilder von starken Frauen, die inspiriert waren, ihr Leben selbst in die Hand genommen, auf sich aufgepaßt und sich in die Einsamkeit zurückgezogen haben

Radiant Life: Meditations and Visions of Hildegard of Bingen
Lily Sold Out (über Lily Tomlin)
Die Nacht vor der Hochzeit, Pat und Mike, Leoparden küßt man nicht, Ehekrieg, Morgen früh, so Gott will (Katherine Hepburne als starke, lebenslustige, freimütige Frau)
Starfighter des Todes (auch für das Thema »Trauern«)
Alice lebt hier nicht mehr (einer der ersten Filme über eine alleinerziehende Mutter)
Die tolle Tante
Die Geschichte der Jane Pittman (auch für das Thema »Trauern«)
Bagdad Café
Little Jo — Eine Frau unter Wölfen
Hausfreunde sind auch Menschen
Frühstück bei Tiffany
Nashville Lady
Die Farbe Lila
Cross Creek — Wo meine Sehnsucht wohnt
Miss Daisy und ihr Chauffeur
Rita will es endlich wissen
Verzauberter April (überhaupt der beste Videofilm fürs Retreat)
Gloria, die Gangsterbraut
Sommer auf Grand Isle
Die Geschichte der Dienerin
Und wenn der letzte Reifen platzt
Hester Street
The Hour of the Star (ein brasilianischer Film)
Schwarz bin ich, stolz bin ich
Geheimnis einer Mutter (über eine starke Mutterfigur)
Solange es Menschen gibt
Die Herberge zur sechsten Glückseligkeit (mit Ingrid Bergman)
Isabels Choice (für Geschäftsfrauen)
Jean Florette (ein französischer Film)
Töchter des Himmels (Tränenreich!)
Julia
Julia und die Geister (ein Fellini-Film)
Eine Klasse für sich
Lianna
Die große Sehnsucht der Judith Hearne
Major Barbara
Manon of the Spring (ein französischer Film)

Margaret Bourke-White (eine filmische Biographie der Life-Fotografin)
Marie
Marlene
Miss Firecracker
Warum eigentlich bringen wir den Chef nicht um?
Norma Rae
Allein gegen den Wind
Orlando
Jane Austens Verführung
Ein Piano für Mrs. Cimino (über das Älterwerden)
Das Geheimnis der Braut (1995)
Ein Platz im Herzen
Günstling einer Königin
A Private Matter
Liebe niemals einen Fremden
The Rector's Wife
Zimmer mit Aussicht
Rosalie Goes Shopping
Serafina
Die scharlachrote Kaiserin
See How She Runs
Sinn und Sinnlichkeit
Shirley Valentine
Gefangene der Wildnis / In der Stille des Nordens (über eine Frau, die ganz allein im kanadischen Hinterland lebt)
Silkwood
Sister Kenny
Solo (über eine Frau, die per Anhalter durch Neuseeland reist)
Die Geschichte der Qin Ju (ein chinesischer Film)
Frauensache (französischer Film)
Sylvia
Heimkehr nach Bountiful
Goldgräber-Molly
Victor und Victoria
Land hinter dem Horizont (ein australischer Film)
Karawane der Frauen
Tina — What's love got to do with it?
Die Witwen von Widow's Peak
A Woman called Golda (über Golda Meir)
Eine Frau unter Einfluß
A Woman's Tale (für Einzelgängerinnen, die älter werden)

Geschichten von mutigen jungen Mädchen

Anne auf Green Gables
Georgy Girl

Quellen

Lauras Mädchenjahre
A Girl of Limberlost
Jane Eyre (Die Verfilmung von 1944 ist eindeutig die beste.)
Natty Ganns Reise ins Abenteuer
Klein Dorrit (epischer Zweiteiler)
Die kleine Prinzessin (1939 und 1995)
Vier Schwestern/Kleine tapfere Jo/Betty und ihre Schwestern
(Die Verfilmung von 1933 ist die beste.)
Meine brillante Karriere
Nancy Drew, Detective (Schau dir die Nancy-Drew-Filme aus den 30ern an, nicht die Verfilmung aus den 70er Jahren.)
Kleines Mädchen, großes Herz
Princess Caraboo
Die Lust der schönen Rose
Der geheime Garten (1949 und 1993)
A Tiger Walks
Ein Baum wächst in Brooklyn
Immer Ärger mit den Engeln
Das Herz der Amazone
Amy und die Wildgänse
Pippi Langstrumpf

AUDIOKASSETTEN

Spirituelle Weisheit von Kassette – eine wunderbare Möglichkeit, mit einem Lehrer an deiner Seite zu üben. Ich nehme zu Kassetten Zuflucht, wann immer ich mich einsam fühle oder meine Mitte verloren habe. Oder ich höre sie beim Spazierengehen über meinen Walkman.

Sounds True Catalog hat tolle Kassetten. Du kannst den Katalog unter folgender Adresse bestellen: Sounds True Catalog, P.O. Box 8010, Boulder, CO 80306-8010, Telefon 001-800-333-9185.

Meine Lieblingskassetten fürs Retreat sind: *My Life as My Self* von Alice Walker, *Loving-kindness Meditation* mit Sharon Salzberg, *Awakening Compassion* mit Pema Chödron, *Healing Yourself with Your Own Voice* von Don Campbell, *Drink from the Well* mit Michele George, *Dreams. Language of the Soul* von Marion Woodman, *Exploring the Cosmic Christ Archetype* von Mathew Fox, *Enduring Grace* mit Carol Flinders und *Home. The Making of Sanctuary* mit Gunilla Norris. Und natürlich sind alle Aufnahmen von Clarissa Pinkola Estés einfach toll, vor allem *Theatre of the Imagination*.

Die unten angegebenen Audiokassetten findest du bei *Ladyslipper Catalog*, P.O. Box 3124, Durham, NC 27715 (Tel.: 001-800-634-6044; Fax: 001-919-3833525; Internet: http// www.ladyslipper.org). Auch die nicht so gängigen Video-Titel in englischer Sprache und die meisten der von mir angegebenen Musiktitel erhältst du dort.

A Radio Profile of Audre Lorde mit Audre Lorde, *Wouldnt Take Nothing* mit Maya Angelou und *River of Stars* mit Noirin Ni Rain.

MUSIK

Wie bei allen musikalischen Tips, die ich in diesem Buch gebe, solltest du darauf achten, daß du die Titel irgendwo anhören kannst, bevor du sie kaufst, denn vielleicht findest du meine Vorschläge schrecklich oder sie haben eine völlig andere Wirkung auf dich. Die meisten der hier angegebenen CDs kannst du bei JPC bestellen (siehe die Angaben zu den Videos). Ich habe mich kurz gefaßt:

Musik zum Meditieren und Zentrieren

Conferring with the Moon − William Ackerman
Shamanic Dream − Anugama (meditative, zur Reise nach innen anregende Musik)
Le Mystère des Voix Bulgares − Bulgarian Voices − Angelite
Eight String Religion − David Darling (auch gut zum Dehnen und Strecken)
Adagio und Adagio II − Karajan
Sounds of Peace − Nawang Khechog
The Source − Osamu Kitajima (Musik wie ein Wasserfall)
Spirit − Caroline Lavelle
Tear of the Moon − Coyote Oldman (amerikanischer Ureinwohner)
Dreamtime Return − Steve Roach (2 CDs)
Stillpoint − Gabrielle Roth and the Mirrors (auch gut für langsames Tanzen)
Global Meditation − Verschiedene Künstler (4 Cds)
The Secret of the Roan Inish − Verschiedene Künstler (Einfach bezaubernd!)

Musik zum Tanzen

Cross of Changes − Enigma (eine Mischung aus Tanz und Meditation)
Logozo − Angelique Kidjo (viel Energie, zum Auf-den-Boden-Kommen, afrikanische Musik)
Mosaique − Gipsy Kings
Epiphany. The Best of Chaka Kahn, Vol. 1 − Chaka Kahn (Frauenpower, Seelenstärke und Tanz)
Diva − Anne Lennox
Deep in the Heart of Tuva − Verschiedene Interpreten (Obertonsingen aus der Inneren Mongolei)
Mustt Mustt und Night Song − Nusrat Fateh Ali Khan mit Michael Brook (Trance-geeignete Musik)
Drums of Passion − Babatunde Olatunji
Rhapsodie zu einem Thema von Paganini − Rachmaninoff

Endless Wave, Totem, Initiation und *Trance* – Gabrielle Roth and the Mirrors (tolle Musik zum Tanzen, In-Trance-Fallen und zum Freisetzen von Gefühlen)
Dawn Until Dusk – Tribal Song und Didgeridoo (Didgeridoo-Musik ist wunderbar, um Bewegung in die Hüften zu bringen)
Irland. Riverdance – Verschiedene Künstler (keltische Tanzmusik)
Trance Planet, Weltmusik-Sampler, Vol. 3 – Verschiedene Künstler (Trancetanz)
Circlesongs – Bobby McFerrin (für Trance und Kreistanz)
Charcoal Gipsies – The Musicians of the Nile (Feiert das Leben!)

Musik für Zeremonien

Diese Musik eignet sich für verschiedene Eröffnungs- und Abschlußrituale und für Gruppenretreats.

The Mysts of Time – Aine Minogue
Vision: The Music of Hildegard von Bingen – Hildegard von Bingen
Songs of the Sacred Wheel – Earth Dance Singers (Gesänge zum Lob der Erde; toll für Gruppenretreats)
Fire Within und *A Circle is Cast* – Libana (Songs quer durch die verschiedenen Kulturen; »I Will Be Gentle With Myself« ist ein tolles Thema fürs Retreat)
El Canto de la Sibila, Vol. 1 und 2 – Montserrat Figueras (mittelalterlich, sybillinisch)
Isle of View –- The Pretenders (»Hymn to Her« ist ein toller Song für eine Eröffnungszeremonie, für Körpergebete und Tanz)
Heaven – Jimmy Scott (Als ginge man in die Kirche.)
Hymns to the Silence und *Enlightenment* – Van Morrison
Tibet, Tibet – Yungchen Lhamo (tibetische Spiritualität)
New Dawn – Waaberi (Feiert das Leben!)

Musik, die dir Kraft und Mut gibt und deine Schöpferkraft anregt

Me, Myself, I – Joan Armatrading (»Me, Myself, I« gibt dir wirklich Mut!)
Nothing But a Burning Light – Bruce Cockburn
Friends – Bette Midler (für Freundschaftsretreats)
Miles of Aisles (»Circle Game« für Geburtstage), Hejira und Blue (»All I Want« setzt den Geist der Weiblichkeit frei) – Joni Mitchell
Tigerlily – Natalie Merchant (Hör dir »Wonder« an!)
Sky Dances, Fire in the Rain und *Dont Hold Back* – Holly Near
Cleaning House – Saffire: The Uppity Blues Women
The Best of Nina Simone – Nina Simone
Good News in Hard Times – Sisters of Glory (glanzvoller Gospel)
The Great Gospel Women – Verschiedene Künstlerinnen
Crossroads – Tracy Chapman

Von Jennifer Louden sind im Verlag Hermann Bauer erschienen

Tu dir gut!
Das Wohlfühlbuch für Frauen

249 Seiten, kartoniert, ISBN 3-7626-0497-5

Dieses Buch richtet sich an all jene Frauen, die dazu erzogen worden sind, an sich selbst zuletzt zu denken; die stets Rücksicht auf die Bedürfnisse anderer nehmen, sich kümmern und sorgen und dabei ihre eigenen Wünsche vergessen. Ein solches Aufopfern nützt weder den Frauen noch den Menschen ihrer Umgebung. Aus vollem Herzen geben und wahrhaft fürsorglich sein kann nur, wer auch selbst Zuwendung bekommt, wer sich auch seiner eigenen Wünsche und Bedürfnisse annimmt.
Die Autorin zeigt, wieviel Kraft Sie aus der Befriedigung der eigenen Bedürfnisse − seien sie geistiger, emotionaler oder körperlicher Art − schöpfen können. In 51 Kapiteln finden sich eine Fülle praktischer Tips, neuer Verhaltensstrategien, Rituale, Meditationen zum Atemschöpfen und Sich-selbst-Besinnen. Schon beim Lesen werden Sie fröhlich, wohlgelaunt und bekommen neue Lust aufs Leben!

Tut euch gut!
Das Wohlfühlbuch für Paare

339 Seiten, kartoniert, ISBN 3-7626-0525-4

Nach ihrem sensationellen Bucherfolg *Tu dir gut! Das Wohlfühlbuch für Frauen* stellt Jennifer Louden nun ein einfühlsames, witziges und höchst anregendes Partnerbuch vor. In *Tut euch gut!* dreht sich alles um Zärtlichkeit, Erotik, Zuwendung, Verständnis füreinander und Lebensgenuß zu zweit. Und darum, wie im alltäglichen Zusammenleben grundlegende Bedürfnisse nach Zuwendung, Geborgenheit und Wohlgefühl erfüllt werden können − durch ein wenig Bewußtsein, ein paar Veränderungen im Tagesablauf, einige neue Gewohnheiten und kleine Rituale. Viele Einzel- und Partnerübungen helfen, sich selbst und den anderen besser kennenzulernen und eigene Wünsche klar zu formulieren, so daß trotz Alltagshektik und Streß die zärtliche Liebe nicht zu kurz kommt und auch eine festgefahrene Beziehung wieder flottzukriegen ist.

Verlag Hermann Bauer · Freiburg im Breisgau

Von Jennifer Louden ist im Verlag Hermann Bauer erschienen

Wir tun uns gut!
Das Wohlfühlbuch für Schwangere

372 Seiten, kartoniert, ISBN 3-7626-0562-9

Dieses einfallsreiche und praktische Nachschlagewerk übermittelt eine so einfache, aber lebenswichtige Botschaft: »Tu dir selbst gut, während du schwanger bist, und du legst damit den Grundstein für eine glückliche und gesunde Mutter-Kind-Beziehung.«
Mit dem Witz und Sinn für praktischen Humor, die ihre ersten beiden Wohlfühlbücher so beliebt gemacht haben, führt die frischgebackene Mutter Jennifer Louden in die Welt der Schwangerschaft ein.
Sich selbst zu spüren steht ganz im Mittelpunkt dieses für Mutter und Kind gleichermaßen hilfreichen Buches, denn was die Mutter für ihre Gesundheit, ihr Wohlbefinden und ihre seelische Ausgeglichenheit tut, ist auch für das kleine Wesen in ihrem Bauch eine Wohltat. Mit zahlreichen Tips und praktischen Übungen steht sie werdenden Müttern und auch deren Partnern in 29 Kapiteln mit Rat und Tat zur Seite. Themen rund um die Schwangerschaft und die ersten Monate nach der Geburt, wie die körperlichen und psychischen Veränderungen, Träume, das Schreiben eines Schwangerschaftstagebuchs, die Ängste in der Beziehung zum Partner, das Thema Essen, eine Gruppe von Helfern zu organisieren, sich selbst zu »bemuttern«, Kleidung, Arbeit, Sexualität, die spirituelle Seite der Schwangerschaft, Geburtsvorbereitung, und und und, werden unter die Lupe genommen.

Verlag Hermann Bauer · Freiburg im Breisgau

Von Jennifer Louden ist im Verlag Hermann Bauer erschienen

Tu dir gut!
Wohlfühlmusik für Frauen

Mit Musik von
Bettine Clemen und Kim Robertson, Deuter, Shantiprem, Hans-André Stamm und Rupesh
CD: Best.-Nr. 8743-9, MC: Best.-Nr. 8742-0, Spieldauer: ca. 65 Minuten

Nahrung für die Seele

Das »kleine« Wohlfühlbuch für Frauen

112 Seiten, gebunden, ISBN 3-7626-0553-X

»Das kleine Wohlfühlbuch für Frauen« richtet sich an alle Frauen, die ihr Leben angenehmer gestalten möchten. Dieses Geschenkbuch faßt einige der einfachen, aber sehr wirkungsvollen Tips und praktischen Übungen zusammen, wie man sich selbst Gutes tun kann.

Das »kleine« Wohlfühlbuch für Paare

112 Seiten, gebunden, ISBN 3-7626-0590-4

Oftmals sind es die kleinen Dinge des Alltags, die eine Partnerschaft prickelnd und lebendig erhalten. »Das kleine Wohlfühlbuch für Paare« spricht Frauen und Männer gleichermaßen an. Dieses unkomplizierte, warmherzige und humorvolle Geschenkbuch umfaßt einige der einfachen, aber sehr wirkungsvollen Tips für eine harmonische Beziehung, in der gegenseitiges Zuhören und Verständnis füreinander genauso wichtig sind wie Zärtlichkeit und Erotik.

Verlag Hermann Bauer · Freiburg im Breisgau